教育部高等学校道路运输与工程教学指导分委员会"十三五"规划教材

Yunshu Qiye Caiwu Guanli
运输企业财务管理

云 虹 主 编
周国光 杨 红 副主编
吴群琪 主 审

人民交通出版社股份有限公司
北京

内 容 提 要

本书为教育部高等学校道路运输与工程教学指导分委员会"十三五"规划教材。本书主要内容包括：运输企业财务管理概论、价值管理的基本方法、运输企业筹资管理、运输企业投资管理、运输企业流动资产管理、运输企业固定资产管理、运输企业成本费用管理、运输企业营业收入管理、运输企业利润管理、运输企业财务分析，共十章。

本书可作为交通运输专业的教材，也可作为会计学、统计学、工商管理、信息管理与信息系统、物流管理、市场营销、工程管理等专业选修运输企业财务管理课程的教学用书，也可作为道路运输企业管理人员、财会人员和道路运输管理部门有关经济管理人员在职培训教材和自学用书。

图书在版编目（CIP）数据

运输企业财务管理／云虹主编．—北京：人民交通出版社股份有限公司，2020.3
 ISBN 978-7-114-16252-7

Ⅰ.①运… Ⅱ.①云… Ⅲ.①公路运输企业—财务管理—高等学校—教材 Ⅳ.①F540.58

中国版本图书馆 CIP 数据核字（2020）第 008650 号

书　　名：	运输企业财务管理
著 作 者：	云　虹
责任编辑：	时　旭
责任校对：	赵媛媛
责任印制：	刘高彤
出版发行：	人民交通出版社股份有限公司
地　　址：	（100011）北京市朝阳区安定门外外馆斜街 3 号
网　　址：	http://www.ccpcl.com.cn
销售电话：	（010）59757973
总 经 销：	人民交通出版社股份有限公司发行部
经　　销：	各地新华书店
印　　刷：	北京市密东印刷有限公司
开　　本：	787×1092　1/16
印　　张：	19.5
字　　数：	459 千
版　　次：	2020 年 3 月　第 1 版
印　　次：	2020 年 3 月　第 1 次印刷
书　　号：	ISBN 978-7-114-16252-7
定　　价：	48.00 元

（有印刷、装订质量问题的图书由本公司负责调换）

前言

为深入贯彻落实《国家中长期教育改革和发展规划纲要(2010—2020年)》及国务院关于《统筹推进世界一流大学和一流学科建设总体方案》，根据教育部《深化教育教学改革的指导意见》及教育部、科技部《关于加强高等学校科技成果转移转化工作的若干意见》，进一步提高(道路)交通运输专业本科核心课程教材的质量，打造高质量、高水平的精品教材，充分发挥教材建设在人才培养过程中的基础性作用，教育部高等学校道路运输与工程教学指导分委员启动了"十三五"规划教材的编写申报工作。经过各高校老师申报及材料初审、专家评审和教指委秘书处审定，(道路)交通运输专业有9本教材通过编写大纲审批，被列为教指委"十三五"规划教材计划出版发行。

运输行业作为最具有活力的行业之一，其发展长期以来受到国内外人士的高度关注。我国铁路网、公路网和城市道路网建设事业的快速发展，特别是高速公路网规模在2018年超过14万km，远超美国，在世界上位居第一，极大地提高了运输行业的声誉，也为我国进一步提高运输服务质量和水平、促进全国国民经济与社会协调、可持续发展奠定了雄厚的物质基础。

运输企业从事的运输业务，包括旅客运输业务和货物运输业务。运输业务财务管理既具有与其他现代企业财务管理在制度规范、规律和内容方面的共性，也具有体现业务特点的特定要求。伴随着我国运输事业的快速发展，社会各界对道路运输企业财务管理问题的关注也日益提升。为了总结和体现道路运输业务财务管理活动的内在规律和具体要求，撰写一部既具有现代企业财务管理一般要求，又体现运输业务特点的财务管理教材就显得非常必要。

我们长期以来一直从事着道路运输业务财务管理的理论研究和教学工作，对道路运输业务财务管理学科建设有深厚的感情和较多的时间与精力投入。多年来我们撰写了大量的涉及道路运输财务管理理论与方法的学术论文，并通过《财会月刊》《财会通讯》《财务与会计》《交通企业管理》等刊物发表，也从事了大量相关的科技项目研究，为本教材的撰写奠定了良好的专业基础。

我们同时也密切关注到业内专家和学者对交通运输行业财务管理学科建设所作出的新贡献。王福田先生、孟逢先先生、吴群琪先生、曹杉青女士、邵瑞庆先生、古尚宣先生、谷名淮先生、汤永胜先生等在著作、教材、学术论文和研究报告中涉及的有关运输企业财务管理问题精辟的论述，给我们留下非常深刻的印象，使我们受益匪浅。这些论述也对本教材的编写有重要的影响。

本教材根据教育部的教材建设规划和大学本科交通运输类专业财务管理类课程的教学需要编著完成。本教材在简要概述运输业务和运输企业的基础上，侧重于讨论现代企业从事道路运输业务财务管理的基本理论与方法,以及国家有关企业财务管理的规章制度,并结合从事道路运输业务的相关上市公司的案例,针对道路运输业务财务管理的特定要求进行了必要的案例分析。鉴于目前现代企业从事的道路旅客运输经营业务比较规范,本教材侧重于旅客运输业务财务管理的讨论。

本教材在介绍现代企业财务管理一般理论与方法的基础上,主要研究和讨论现代企业从事道路运输业务所涉及的财务管理的专门理论与方法。根据目前我国道路运输事业发展和道路运输企业管理体制改革对大学本科交通运输类专业毕业生业务素质的要求以及交通运输专业学生毕业后可能的就业方向,本教材有助于学生较好地了解目前我国有关道路运输行业财务管理的政策法规和规章制度,基本掌握道路运输业务财务管理的基础理论和方法,为今后从事道路运输财务管理和相关业务管理工作奠定良好的基础。

本教材的主要内容曾由何公定副教授在最近几年由长安大学负责举办的全国交通系统道路运输企业领导干部培训班财务管理课程教学中试用。经广泛征求意见进行修改,形成本教材的基本框架。

本教材由云虹教授负责教材编写大纲的拟定和对全书的总纂。编写的具体分工为:云虹教授负责第七章、第八章和第十章的编写;周国光教授负责第一章和第四章的编写;杨红副教授负责第五章和第六章的编写;王楠讲师负责第二章和第三章的编写;李辽宁讲师负责第九章的编写。

本教材在编写的过程中,得到了广东粤运交通股份有限公司、苏州汽车客运集团有限公司的大力协助,在此表示衷心的感谢。

由于编者水平及调研范围所限,加之改革进程不断推进,本教材缺点和不足之处在所难免。恳请诸位专家、同行和读者赐教,以便在再版时修改完善。

编　者
2019 年 7 月

目录

第一章 运输企业财务管理概论 ... 1
- 第一节 运输企业概述 ... 1
- 第二节 运输企业财务管理概述 ... 6
- 第三节 运输企业财务管理的目标和社会责任 ... 8
- 第四节 运输企业财务管理的特点 ... 10
- 第五节 运输企业财务管理的环境 ... 14
- 复习思考题 ... 26

第二章 价值管理的基本方法 ... 27
- 第一节 资本时间价值 ... 27
- 第二节 运输企业风险与报酬 ... 34
- 第三节 证券估值 ... 41
- 复习思考题 ... 45

第三章 运输企业筹资管理 ... 46
- 第一节 运输企业资本需要量预测 ... 46
- 第二节 运输企业股权资本筹集 ... 52
- 第三节 运输企业债务资本筹集 ... 58
- 第四节 运输企业混合筹资 ... 71
- 第五节 运输企业资本结构决策 ... 78
- 复习思考题 ... 89

第四章 运输企业投资管理 ... 90
- 第一节 运输企业投资管理概述 ... 90
- 第二节 项目投资现金流量计算与分析 ... 96
- 第三节 投资决策分析的一般理论与方法 ... 100
- 第四节 运输业务投资管理 ... 106
- 第五节 运输企业对外投资管理 ... 112
- 复习思考题 ... 119

第五章　运输企业流动资产管理 ……………………………………………… 120

　第一节　运输企业流动资产管理概述 …………………………………… 120
　第二节　运输企业现金管理 ……………………………………………… 122
　第三节　运输企业应收账款管理 ………………………………………… 132
　第四节　运输企业存货管理 ……………………………………………… 146
　复习思考题 ………………………………………………………………… 160

第六章　运输企业固定资产管理 ……………………………………………… 161

　第一节　运输企业固定资产管理概述 …………………………………… 161
　第二节　运输企业固定资产投资管理 …………………………………… 163
　第三节　运输企业固定资产日常管理 …………………………………… 172
　复习思考题 ………………………………………………………………… 181

第七章　运输企业成本费用管理 ……………………………………………… 182

　第一节　运输企业成本费用管理概述 …………………………………… 182
　第二节　运输企业成本预测、计划与控制 ……………………………… 197
　第三节　运输企业成本分析 ……………………………………………… 206
　复习思考题 ………………………………………………………………… 220

第八章　运输企业营业收入管理 ……………………………………………… 221

　第一节　运输企业营业收入管理概述 …………………………………… 221
　第二节　运输企业营业收入计算与分析 ………………………………… 224
　复习思考题 ………………………………………………………………… 237

第九章　运输企业利润管理 …………………………………………………… 238

　第一节　运输企业利润管理概述 ………………………………………… 238
　第二节　运输企业利润预测与分析 ……………………………………… 240
　第三节　利润分配管理 …………………………………………………… 251
　复习思考题 ………………………………………………………………… 261

第十章　运输企业财务分析 …………………………………………………… 263

　第一节　运输企业财务分析概述 ………………………………………… 263
　第二节　运输企业偿债能力分析 ………………………………………… 272
　第三节　运输企业营运能力分析 ………………………………………… 278
　第四节　运输企业盈利能力分析 ………………………………………… 282
　第五节　运输企业发展能力分析 ………………………………………… 289
　第六节　运输企业财务综合分析 ………………………………………… 291

复习思考题 ··· 295

附录 ··· 296
附录1 ·· 296
附录2 ·· 297
附录3 ·· 299
附录4 ·· 301

参考文献 ·· 303

第一章　运输企业财务管理概论

运输企业财务管理是现代企业财务管理的重要分支,也是运输企业经营管理的重要组成部分;运输企业财务管理具有明显的交通运输业务特色。本章在讨论现代企业财务管理理论与方法的基础上,侧重于结合道路运输经营业务的特点讨论道路运输企业财务管理的理论与方法。

第一节　运输企业概述

运输企业包括道路运输企业和其他运输企业。运输企业从事的经营业务包括客货运输业务、运输站场经营业务和其他经营业务。了解运输企业及其经营业务,有助于为进一步学习和研究运输企业财务管理奠定业务基础。

一、运输企业基本概念

(一)运输企业的定义与组成

运输企业一般是指以营利为目的,依托城市道路、公路、航道、航线、铁路等运输基础设施,借助各种运输工具向社会公众提供有偿运输服务的经济组织。按照运输方式可划分为道路运输企业、水路运输企业(可进一步划分为内河运输企业、沿海运输企业、远洋运输企业等,例如中国远洋海运集团有限公司)、民航运输企业(例如中国国际航空股份有限公司)、铁路运输企业(例如中国国家铁路集团有限公司)等;按照运输对象可划分为旅客运输企业、货物运输企业、客货兼营运输企业。

道路运输企业是运输企业的重要组成部分。由于不同运输方式的技术经济特征差异较大,由此决定了它们之间财务管理具体方法的差异。本教材侧重于讨论道路客货运输企业财务管理相关理论与方法,主要包括筹资管理、投资管理、资产管理、收入管理、成本费用管理、利润及其分配管理等的共性要求,也体现了明显的客货运输业务财务管理的特点。

(二)道路运输企业的定义与特征

道路运输企业是指以营利为目的、依托道路基础设施借助运输车辆向社会公众提供有偿客货运输服务的经济组织。

需要说明的是一些专业道路运输企业的经营业务中,道路运输业务是其最主要的构成内容。例如德力西新疆交通运输集团股份有限公司2018年营业收入为1.70亿元,其中旅客运输收入和客运站站务收入分别为0.94亿元和0.19亿元,分别占营业收入的55.29%和11.18%;江西长运股份有限公司2018年营业收入26.31亿元,其中旅客运输收入和货物运输收入分别为13.01亿元和3.24亿元,分别占营业收入的49.45%和12.31%。伴随着市场化的发展导向,一些道路运输企业开始迈出多元化筹资、多样化投资、多角化经营的步伐,以道路运输业务为主营业务的特征在逐步淡化。例如福建龙洲运输股份有限公司属于从事道路客货运输业务的道路运输企业,但其 2018 年营业收入(68.39 亿元)中,汽车客运及站务服务收入只有 4.87 亿元,仅占 7.12%;货运物流收入 0.28 亿元,仅占 0.41%;而汽车制造、销售及服务收入 31.32 亿元,占 45.79%;沥青供应链业务 21.23 亿元,占 31.04%。此外,该公司还从事包括港口码头综合服务、成品油及天然气销售服务和其他服务的其他业务。为了适应现代物流业发展的需要,一些道路货运企业在深化改革中被重组为物流企业,但道路货物运输仍属于物流企业的主营业务。本教材主要围绕道路客货运输业务阐述财务管理相关理论与方法。

(三)运输企业的组织形式

我国现行法律规范的企业组织形式,包括个人独资、合伙和公司制三种类型。虽然一些运输企业在 20 世纪 90 年代末期曾改制为股份合作制的组织形式,但是能够代表运输行业发展动态的运输企业则基本采取了公司制的组织形式,包括国有独资公司、一人有限责任公司、多元持股的有限责任公司和股份有限公司。具备条件的股份有限公司可分别在深圳证券交易所和上海证券交易所或者香港联合交易所等证券市场挂牌上市(例如德力西新疆交通运输集团股份有限公司发行的 A 股于 2017 年 1 月在深圳证券交易所上市,广东粤运交通股份有限公司发行的 H 股于 2005 年 10 月在香港联合交易所上市)。

伴随着企业改制重组的不断推进,目前的大中型运输企业,基本属于按照《中华人民共和国公司法》(以下简称《公司法》)的规范要求投资设立的公司制企业。对此,本教材以公司制道路运输企业为对象来讨论其财务管理事项。

(四)道路运输企业与公路运输企业

道路运输企业曾经被称为"汽车运输企业"或"公路运输企业"。在西方国家,公路运输企业也许可以作为道路运输企业的同义语。在我国,具有"公路"和"道路"两种不同的概念界定。1987 年 10 月国务院公布、2008 年 12 月修订的《中华人民共和国公路管理条例》(国务院令第 543 号)中,曾将公路定义为"经公路主管部门验收认定的城间、城乡间、乡间能行驶汽车的公共道路。公路包括公路的路基、路面、桥梁、涵洞、隧道"❶,并要求交通运输部、省级公路主管部门、县(市)级公路主管部门和乡镇人民政府分别承担修建、养护与管理公路的职责。1996 年 6 月国务院公布的《城市道路管理条例》(国务院令第 198 号)中采取了城市道路的称谓,并将其定义为"城市供车辆、行人通行的,具备一定技术条件的道路、桥梁及其附属设施",并规定"国务院建设行政主管部门主管全国城市道路管理工作。省、自治区人民政府城市建设行政主管部门主管本行政区域内的城市道路管理工作。县级以上城市人民政府市政工程行政主管部门主管本行政区域内的城市道路管理工作"。2018 年底我国公路总里程为 484.65 万 km,不包括城市道路。2017 年底,我国城市道路总里程为 39.78 万 km。与此相对应,在 20 世纪 90 年代中期以前曾经由政府城市建设主管部门分管城市道路运输(主要是城市公交和城市配送),政府交通运输主管部门分管公路运输。

---

❶《中华人民共和国公路管理条例》已被 2011 年 3 月 7 日公布的《公路安全保护条例》(国务院令第 593 号)替代。目前还缺乏其他法律法规中对公路的界定。

为了有利于实行"公路"与"道路"的联网运输,交通部从1990年开始采取了"道路运输"的称谓;20世纪90年代中期以后,在运输行业逐步开始使用"道路运输"和"道路运输企业"的表述,加上从2008年以后,城市道路运输逐步划归交通运输部门统一管理;一些城市公交企业和公路运输企业一起被并入一体化的交通运输集团,"公路运输"或"汽车运输"和"公路运输企业"或"汽车运输企业"的表述被逐步淡化。为了适应这种大趋势,本教材统一采取"道路运输企业"的称谓。需要说明的是本文阐述财务管理理论与方法不涉及城市道路运输(城市公交属于公用事业,不以营利为目的,其财务关系有特殊性,通常还要依赖财政补贴)。

二、运输企业的发展历史进程

1983年以前,我国道路运输企业只有两类,一类是没收官僚资本并通过财政投入组建的国营汽车运输企业;另一类是改造民族资本并通过企业自身筹资建立的集体汽车运输企业。这两类汽车运输企业一般实行公司、运输站场(分公司)、运输车队三级管理,在规定的行政区域范围内按照统一货源、统一调度、统一运价、统一核算、统一管理的方式从事有计划的道路运输生产活动。

1983年,中央一号文件提出允许农用车参与公路运输活动;1983年,在全国交通工作会议上交通部提出"有水大家行船、有路大家行车";1984年,在全国交通工作会议上交通部再提出"鼓励国营、集体、个体一起上,谁投资、谁受益"等一系列政策作用下,道路运输运力快速增长、经济成分日趋多样化,最显著的变化是个体运输户数量井喷式增加。为适应这种变化,原来的国营汽车运输企业、集体汽车运输企业逐步推行了以"单车承包"和"单车租赁"为主要形式的企业内部经营责任制。化整为零的分散化管理模式,在一定程度上适应了道路运输"点多面广、流动分散"的特殊生产经营作业要求。

1992年中共十四大确立了建立社会主义市场经济体制的改革总目标。在党中央、国务院提出积极鼓励个体车辆参与道路运输政策导向的同时,交通部基于道路运输安全与管理需要等多方面的考虑,对个体车辆从事旅客运输严格限制,个体车辆挂靠❶道路运输企业从事道路客运的现象就在所难免。

20世纪90年代中期,伴随着企业通过改制、重组等建立现代企业制度的总体发展趋势,越来越多的国有道路运输企业改制重组为国有控股、国有持股,或非国有法人、个人或者企业员工持股的多元持股有限责任公司或股份有限公司,国有资本在逐步退出一些地区的道路运输领域。

鉴于单车承包、单车租赁、挂靠运输等分散化经营的诸多局限性,20世纪90年代中后期,交通部和地方人民政府交通主管部门开始逐步倡导道路运输企业向集约化、公司化经营方向发展。2008年12月19日印发的《重庆市人民政府关于规范道路客运企业公司化经营的意见》(渝府发〔2008〕136号)对道路客运行为的规范,是这方面的一个典型例证。2014

---

❶ 在道路运输领域,"挂靠"经营是一种比较特殊的经济现象。挂靠的形式比较多,内容也比较复杂,但其实质是经济关系独立的经营者以某运输企业的名义从事客货运输经营业务,同时向被挂靠的企业交纳一定的挂靠费用。挂靠经营现象形成的历史原因比较复杂,交通部曾支持和肯定过。但在20世纪90年代中期,交通部就发文明令禁止挂靠车辆从事高速公路客运;从2000年开始全面清理企业挂靠车辆。目前挂靠经营现象还在一定程度上存在。

年3月6日印发的《交通运输部关于促进道路运输行业集约发展的指导意见》（交运发〔2014〕61号），进一步明确了推进集约化经营的改革思路。

在道路运输业大力推行集约化经营的同时，仍大量存在着单车承包、单车租赁和挂靠运输行为。这是当前道路运输经营活动的一个基本特征，也必然会对道路运输企业的财务管理产生重要影响。

在深化道路运输管理体制改革的进程中，一些国有及国有控股的道路运输企业，通过重组上市迈出了市场化发展的步伐；一些非国有资本主体也开始通过投资组建道路运输企业，参与运输市场的有序竞争。

三、运输企业的经营业务

在1993年1月8日财政部印发的《运输企业财务制度》（财工字〔1992〕第577号）❶中，曾将运输企业的主营业务划分为客货运输业务、货物装卸业务、货物堆存业务、客货运输代理业务、客货站场经营业务、车辆维修业务和其他经营业务。

（一）客货运输业务

可以认为旅客运输业务和货物运输业务是运输企业的基本业务。由于运输企业的旅客运输业务和货物运输业务分别是由客车和货车来完成的，故在有些运输企业，是分车型来归集运输业务的。

1. 旅客运输

运输企业从事的旅客运输活动属于旅客运输经营活动。交通运输部2005年7月12日发布、2016年12月6日第六次修正后发布的《道路旅客运输及客运站管理规定》（交通运输部令2016年第82号）中对道路客运经营的定义是"道路客运经营是指用客车运送旅客、为社会公众提供服务、具有商业性质的道路客运活动，包括班车（加班车）客运、包车客运、旅游客运"。

2. 货物运输

运输企业从事的货物运输活动，属于货物运输经营活动。交通运输部2005年6月16日发布、2019年6月20日第五次修正后发布的《道路货物运输及站场管理规定》（交通运输部令2019年第17号）中对道路货物运输经营的定义是"道路货物运输经营，是指为社会提供公共服务、具有商业性质的道路货物运输活动。道路货物运输包括道路普通货运、道路货物专用运输、道路大型物件运输和道路危险货物运输"。

其中，道路货物专用运输是指使用集装箱、冷藏保鲜设备、罐式容器等专用车辆进行的货物运输。

（二）货物装卸业务

货物装卸业务是指随货物运输和保管而附带发生的作业，是物流作业的一项职能。具体来说，它是指在物流过程中对货物进行搬运移送、堆垛拆垛、放置取出、分拣配货等作业的总称。

---

❶ 该文已于2016年8月18日被财政部令第83号宣布废止。

货物运输离不开货物装卸业务，故货物装卸业务成为运输企业主营业务的一个重要组成部分。

（三）货物堆存业务

货物堆存包括场地堆存和仓库堆存。仓库堆存即仓储。货物堆存需要占用一定的场地空间或仓库，提供场地或仓库的单位也需承担对堆存货物的保管义务。对此也有必要依据有关规定向货主收取一定的服务费，使得货物堆存成为一项经营业务。

提供货物堆存服务的经营单位一般是货运站或物流中心，故堆存业务也就构成货运站或物流中心经营业务的组成部分。

（四）客货运输代理业务

客货运输代理业务是联运发展的产物。在大力发展综合运输体系的今天，客货运输代理业务已经不再局限于道路运输业，而是进一步向水路运输、铁路运输、民航运输等领域拓展。

（五）客货站场经营业务

1. 客运站经营业务

由于20世纪90年代初期尚未存在对外独立经营的客运站，对此《运输企业财务制度》中并没有规范客运站经营业务。20世纪90年代以来，客运站基础设施逐步与客运企业分离，成为独立经营的法人实体，已成为客运站建设与运营管理的一个重要发展趋势。即使是运输企业内部设置的非独立法人客运站，由于也在逐步对公司以外的车辆提供进站服务，使得客运站经营管理逐步成为与旅客运输业务相分离的一项相对独立的经营业务。

《道路旅客运输及客运站管理规定》中定义的客运站经营，是指以站场设施为依托，为道路客运经营者和旅客提供有关运输服务的经营活动。

2. 货运站经营业务

同样的原因，《运输企业财务制度》中也没有规范货运站经营业务。《道路货物运输及站场管理规定》中定义的道路货物运输站（场），是指以场地设施为依托，为社会提供有偿服务具有仓储、保管、配载、信息服务、装卸、理货等功能的综合货运站（场）、零担货运站、集装箱中转站、物流中心等经营场所。

（六）车辆维修业务

车辆维修业务属于运输企业的辅助生产业务。该业务一般由运输企业内部设置的汽车修理厂等机构来承担。如果从事车辆维修业务的机构脱离运输企业成为独立的法人企业，则该项业务不再属于运输企业经营业务的一部分。

（七）其他经营业务

其他经营业务包括客运站为旅客提供的商品销售服务业务、饭店餐饮与住宿服务业务、小件行李存放业务等。如果客运站属于运输企业的内部单位，则这些业务归属于运输企业的其他业务；如果客运站属于独立法人企业，也可以认为这些业务属于客运站经营业务的延伸。

第二节　运输企业财务管理概述

作为现代企业的组成部分，运输企业财务管理具有现代企业财务活动和财务管理的共性特征和内容。了解这些共性特征和要求，是进一步学习运输经营业务财务管理的前提条件。

一、现代企业财务活动

财务概念最早的提出是源于企业融资的需要。现代企业财务由资金筹措、资金运用和资金分配等内容构成。现代企业的财务活动具有共性的要求，但从事不同的经营业务、不同的经营组织方式的财务活动也具有不同的特点。

（一）现代企业的筹资活动

在市场经济条件下，要发起设立一家企业，发起人应投入一定数量的资金，形成企业设立初期筹措的股权资金，为企业开始从事正常经营活动提供基础性的资金保障。为了满足扩大生产经营活动的需要以及实现提高企业净资产收益率的财务目标，企业还需要通过银行等金融企业以及其他企业和个人筹措一定的债务资金，以发挥财务杠杆作用。企业筹措的股权资金和债务资金，形成了企业的资本结构。伴随着金融市场化的发展，运输企业除了可直接向投资者募集资金以外，还可通过证券市场发行普通股、优先股、永续债等方式筹措股权资金；通过证券市场发行企业债券、公司债券、中期票据、短期融资券等方式筹措债务资金。

传统企业的筹资，往往是为了满足企业投资和从事生产经营活动的需要。现代企业树立的筹资引领的新理念，使得企业的筹资职能也会对企业的投资以及生产经营活动产生促进或制约作用。

（二）现代企业的资金运用活动

现代企业的资金运用，包括将取得的资金进行投放，以形成各项经营性资产的业务活动（投资活动），以及在生产经营过程中所涉及的资金使用、资金耗费、资金补偿以及资金增值等价值活动，还包括经营资产的使用、运输成本费用的发生、运输收入的取得以及运输利润的形成等。

1. 资金投放活动

现代企业筹措的资金需要按照投资决策的结果投放到具体的项目中去，形成各项经营性资产，以组织为获取利润为目标的生产经营活动。由于对外投资收益计入了营业利润，故对外投资也属于经营性资产的组成部分。运输企业的投资一般包括购买营运客车和营运货车的投资，建设道路客运站和货运站的投资，购买燃料、轮胎、车辆维修材料等存货的投资以及对外投资。

2. 资金使用活动

企业投资活动的结果形成企业的各项经营性资产，包括流动资产、对外投资、投资性房地产、固定资产、无形资产等。形成哪项资产，取决于企业打算从事哪类生产经营活动。如何维护与管理这些经营性资产,提高经营性资产的使用效率,是现代企业财务管理的一项重要任务。

3.资金耗费活动

运输企业在从事运输生产经营活动中会发生一系列的资金耗费,包括支付企业职工薪酬的耗费,购买燃料、轮胎和支付营运车辆维修费用等耗费,支付企业经营管理费用和财务费用的耗费等。伴随着营业税改征增值税改革的逐步推进,企业应当依法交纳的各种税费(包括增值税、房产税、城市维护建设税、教育费附加和地方教育附加和企业所得税等)也可视为是一种资金耗费。企业既然要从事生产经营活动,就不可能不发生耗费,如何在保证经营活动正常进行前提下有效控制和降低资金耗费,是资金耗费管理的主要目标。

4.资金补偿活动

企业的资金耗费要通过营业收入的取得来予以补偿,才能保证再生产经营活动的可持续进行。运输企业经营活动中的资金补偿,一般表现为通过提供运输服务所取得的客货运输收入、客货站场服务费收入和其他营业收入。这形成了运输企业财务活动的一个重要方面:运输企业的营业收入管理。

5.资金增值活动

市场经济条件下的现代企业以营利为目的,所以企业在经营活动中不仅要求资金补偿,而且还要求实现资金的不断增值。企业的资金增值主要表现为再生产经营活动终了所取得的营业利润。一般来说,营业利润越多,体现的资金增值额也就越大,企业经营效益越好。

除了正常生产经营活动以外,企业的非正常业务活动取得的利得和发生的损失,对企业的资金增值也有重要的影响。此外,运输企业提供公益性旅客运输服务所获得的政府补助,也对资金增值有重要的影响。

(三)企业的资金分配活动

企业资金分配的主要内容是利润分配。企业在经营活动中所获取的利润,在弥补以前年度经营亏损后,首先需要依据《公司法》等法律法规的规定计提盈余公积金,然后根据企业利润分配决策的结果决定向投资者分配利润或者将利润留存在企业用于经营发展。企业利润分配所引发的资金运动,也是企业财务活动的重要组成部分。

二、现代企业财务管理

(一)现代企业财务管理的基本要求

现代企业在从事财务活动中,为了提高经济效益,需认真研究如何科学地筹措资金,依法监督经营资金的合理使用,努力控制成本费用,增加营业收入,提高盈利水平,以及合理分配资金等问题。在市场经济条件下还需要认真处理好企业同各方面的财务关系。这些工作,形成了现代企业的财务管理工作。财务管理区别于其他管理的特点,在于它是一种价值管理,是对企业再生产过程中的价值运动进行的管理,是一项综合性的管理工作。

(二)现代企业的财务关系

财务关系反映了现代企业为从事生产经营活动,与社会各方面以及企业内部单位之间形成的经济关系。现代企业的财务关系可以概括为以下方面。

1. 企业与政府部门之间的财务关系

现行管理体制下，企业需要依法向税务机关缴纳增值税、所得税、教育费附加等税费；也有可能因提供一些公共服务而从财政部门取得补助资金。除此以外，政府其他相关部门（包括发展改革、工商、行业主管部门等）可通过出台相关的宏观与区域经济发展政策、行业发展政策和财税政策，对企业的生产经营活动以及获利能力产生非常重要的影响。因此现代企业财务管理必须要认真关注并正确落实各级政府和政府部门的政策，并处理好与政府以及政府部门之间的财务关系。

2. 企业与投资者、债权人之间的财务关系

为有序从事运输生产经营活动，运输企业有必要向投资者和债权人筹措所需的生产经营资金。投资者投入的资金形成了企业的所有者权益；企业需要定期向投资者分配经营获得的利润，维护投资者的合法权益。债权人投入的资金形成了企业的债务；企业需要按照借款合同的约定按期向债权人还本付息。企业与银行等金融企业之间的财务关系属于企业与债权人之间财务关系的重要组成部分。

3. 企业与其他企事业单位以及个人之间的财务关系

运输企业由于需要投资建造客货运输站场等基础设施，购买运输车辆等固定资产和燃料、轮胎、维修材料等流动资产以及向客户提供运输服务，必然会产生与其他企事业单位以及个人之间的应收、应付或其他结算等内容的财务关系。

4. 企业与内部单位之间的财务关系

在运输生产经营中，运输企业与所属运输分公司、非独立核算的运输场站、车辆修理厂或车间、运输车队等基层单位之间将经常发生有关缴拨款等经济事项；各基层单位之间也将因相互提供商品（领用燃料、轮胎等）和劳务（维修车辆，供应电力、热力、动力等）而需要进行计价结算，由此形成彼此之间的财务关系。

5. 企业与员工之间的财务关系

在市场经济条件下，企业与员工之间的财务关系主要表现为根据企业与员工签订的劳动合同，以及员工所提供劳动的数量和质量，向员工定期支付工资、津贴、奖金等，提供劳保福利，为员工缴纳社会保险费等的经济联系。

第三节　运输企业财务管理的目标和社会责任

运输企业具有与其他现代企业共性的财务管理目标和社会责任。运输企业在努力实现其财务目标的同时，不应当忽略应承担的社会责任。

一、运输企业财务管理的目标

明确企业财务的目标，是做好财务工作的前提。企业财务管理是企业管理的核心，因而企业的目标与企业财务的目标应具有一致性。在社会主义市场经济条件下，企业财务目标在不同时期、不同条件下有不同的表现形式。在本部分，主要涉及以下两方面事项的讨论：

(1) 市场化导向下现代企业财务管理的目标及其选择；
(2) 运输业务的特点对其财务管理目标的影响。

市场化导向下公司制企业的财务目标,一般包括企业价值最大化、净资产收益率最大化、企业销售最大化、企业利润最大化、企业生存等。

(一) 企业价值最大化

企业价值最大化又可以表述为企业所有者财富最大化。上市公司的所有者财富最大化,又可表述为每股市价最大化。目前,西方国家和我国的大多数理论工作者均赞同将价值最大化作为企业理财的目标。这一目标的科学性在于企业价值综合考虑了企业盈利、经营与财务风险以及资金时间价值等问题,也充分体现了投资者对企业资产保值增值的要求,有利于制约企业管理当局由于有期限的任期目标责任,片面追求短期利益行为的倾向。

企业价值最大化也可以理解为是现代企业可持续发展在财务目标上的综合体现。企业追求价值最大化并不是不考虑当期利润,而是在不影响未来利润的前提下努力实现当期利润的最大化。它的本质是要求企业经营者以企业长远利益为重,正确处理好当前利益与长远利益之间的关系。

用价值最大化作为企业财务目标的局限性在于,除了上市公司可在一定程度上用股票市价来衡量公司总值以外,尚缺乏具有可操作性的客观衡量企业价值的方法和手段。如果无法或者难以计算企业的价值,就很难将价值最大化这一财务目标落实到企业财务管理具体工作的实处。

(二) 净资产收益率最大化

如果企业缺乏科学、客观地衡量企业价值的技术手段,则将净资产收益率(ROE)最大化作为财务目标,也许是一种理想选择。按照中国证监会的规定,我国用于反映上市公司投资者投入资金获利能力最主要的财务指标就是每股收益(包括基本每股收益和稀释每股收益)和加权平均净资产收益率。运输企业应当在不影响未来可持续发展的前提下,通过向货主和旅客提供优质的运输服务,并科学权衡财务杠杆作用与财务风险,努力提高净资产收益率。

(三) 企业销售最大化

追求销售最大化的目标实质上也是在追求市场占有率最大化的目标。提高市场占有率的主要作用在于增强企业在市场上的影响力,使企业具备在未来持续、稳定的获利能力。

要努力提高自身在运输市场的占有率,运输企业就需要在提供价廉质优的运输服务方面下功夫,要经得起激烈运输市场竞争的考验。还有可能需要以牺牲眼前利益或者短期利益为代价,来换取未来经营效益的不断提高。

(四) 企业利润最大化

利润最大化是现代经济学的理论基础。根据现代经济学的观点,利润代表了企业新创造的财富。这意味着企业利润越多,企业财富增加得也就越多,也就越接近企业的目标。

虽然利润最大化目标具有明显的缺陷,但在现阶段,利润最大化目标也许是国有运输企业确定财务目标的一种现实选择。国务院国有资产监督管理委员会于2016年12月8日修订后发布的《中央企业负责人经营业绩考核办法》(国务院国有资产监督管理委员会令第33号)中仍将利润总额作为基本考核指标之一。

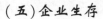

（五）企业生存

如果企业以生存作为财务目标，则所追求的是财务风险与投资风险最小化。事实上，弱小企业只有在竞争中求得生存、站稳脚跟，才有可能在未来发展与壮大。

二、运输企业的社会责任

运输企业在追求财务目标的同时不可忽视其社会责任问题。一般来说，现代企业对社会应承担以下责任。

（一）维护消费者的利益

维护消费者的利益，是现代企业义不容辞的社会责任。对此我国还专门制定了《消费者权益保护法》，此外还有其他相关法律的严格约束。特别需要强调的是客货运输服务过程直接与旅客和货物安全联系在一起，在尽一切可能实现安全生产方面不允许有任何疏漏。因此运输企业财务管理在保障运输生产安全的资金投入方面应优落实。从企业自身发展来看，在市场经济条件下用户就是上帝。只有通过向货主和旅客提供质优价廉的运输服务，维护好货主和旅客的合法权益，才能够赢得他们的信赖，才有利于占领和扩大运输市场，为运输业务的进一步发展创造条件。

（二）保证员工的工资随效益增长

控制员工工资总额对降低运输成本和管理费用具有重要的影响。但随着社会进步与国民经济的发展，员工的工资水平应当逐年增长，与公司效益的增长相适应。这不仅有利于调动公司员工的工作积极性，也是员工对公司效益增长所做努力而得到的一种回报。从这一意义上，运输企业应逐步适应并大力推进运输智能化发展，通过控制员工人数、提高员工工作效率等方式来控制员工的工资总额，降低成本费用总额中的工资费用比重。

（三）在用人方面男女平等

在用人方面没有性别歧视，尽可能为妇女提供就业机会，是社会稳定和发展对公司用人制度提出的要求。运输企业一般应当在相关业务领域（如服务岗位、财会岗位等）为妇女提供较多的就业机会，为男女平等就业和社会公平发展尽到自身应尽的责任。

（四）支持教育事业

在市场经济发达的国家，对企业员工继续教育的投入通常被认为是企业履行社会责任的重要方面，这不仅是提高企业员工素质的需要，对提升国民整体素质也有重要的影响。

（五）注重环境保护

注重环境保护，意味着运输企业在努力增加利润、控制运输成本费用的同时，应当采取有效措施尽可能减少运输生产过程对大气污染、噪声污染等方面的不利影响，为环境保护多作贡献。

第四节　运输企业财务管理的特点

运输企业财务管理具有明显的业务特点。这些特点是由运输业务的特点所决定的。对此应当密切关注运输业务的特点以及这些特点对运输企业从事运输业务财务管理的重要影响。

一、运输业务的特点

与一般制造、商品销售经营活动相比，运输生产经营活动具有以下特点。

(一) 运输提供的是旅客和货物的空间位移活动

运输生产过程不改变劳动对象(旅客、货物)的属性和形态、不提供实物产品，只是改变其空间位置使旅客和货物产生有目的的空间位置移动的服务。运输企业提供运输服务的数量表现为客货运输量。运输量有两个计量指标：其一是客货运量，表示运送旅客和货物的数量，反映运输对象的规模。客运量通常用"人"或"千人"作计量单位；货运量则以"吨"或"千吨"作计量单位。其二是客货运输周转量，反映运输对象运输的空间范围。客运周转量一般采用"人公里"或"千人公里"来计量；货物周转量用"吨公里"或"千吨公里"来计量。

(二) 运输生产呈现时空不均衡的特征

运输生产过程是在广阔的空间内进行的，具有流动性、分散性以及在时间和空间上不平衡性的特点。时间不均衡主要表现为有高峰期和非高峰期之分；空间不均衡主要表现为有重载方向和轻载方向之分。在运输对象时空分布不均衡的状况下，运输的均衡生产就成为难以解决的问题。衡量运输均衡生产效率的主要指标对于营运货车来说是里程利用率；对营运客车来说是座位利用率。如何有效提高里程利用率和座位利用率成为运输业务财务管理关注的一个重要问题。

(三) 运输成本主要体现为运输工具的耗费

运输生产过程中的消耗是由劳动工具未装载运行而发生，主要包括营运车辆自身的磨损(折旧)、营运车辆驾驶员的职工薪酬，为维持车辆正常运转所发生的燃料、轮胎等消耗以及交纳的车辆通行费等费用。而在正常装载情况下因满载增加的消耗占变动成本的比重一般在10%~15%，因车型而异。前者称为车辆空驶成本，后者称为重载附加成本。特别需要强调的是只有载重运行才能获得生产成果，但空车运行发生的所有费用需要计入获得的生产成果的成本中。

(四) 运输生产过程与消费过程统一

运输过程是实现人或物的位移，其产品(即"位移")具有非实体性、非储存性的特点，其产品的生产、消费是同一过程。但这并不意味着运输业务不存在销售过程。现代企业管理认为，企业完整的销售活动应当由商品推销(事前销售)、商品所有权的转移(事中销售)和商品售后服务(事后销售)三个环节构成。虽然生产运输劳务的过程，同时也就是提供和消费运输劳务的过程，但这并不能否认推销运输劳务和运输活动结束后提供完善的售后服务的重要性。在西方国家一些大型的道路运输企业(如 TNT 公司、灰狗公司等)，同样存在着相对独立、与生产部门和管理部门并驾齐驱的销售部门。销售部门的主要职责是：通过广告宣传、新闻媒介和销售部门成员上门宣传，发挥推销运输劳务的重要作用；通过上门征求客户对本企业运输服务的意见和建议，稳定与争取客户，改进服务，为未来扩大运输劳务创造条件。西方国家运输企业管理的宝贵经验，为我国运输企业改善经营管理提供了有益的借鉴。

(五)道路运输可提供门到门运输服务

运输业是社会生产领域和消费领域的中介、桥梁和纽带,在国民经济及社会发展中具有基础性、先导性、战略性、服务性的地位和作用。实践表明,国民经济发展水平在一定程度上影响和制约着运输业的发展水平;反过来,运输业的发展又在一定程度上影响、制约和促进着国民经济与社会的发展。作为运输业的重要组成部分,道路与其他运输方式相比,是实现门到门运输的主要运输方式。可以这样说,没有道路运输门到门的运输服务,铁路、水路、航空运输将难以独立发挥应有的作用。这是道路运输的最独特的作用,也是最鲜明的优势。

以上特点决定了与运输业务相关的资产构成、成本构成等与制造业务、商品销售业务等有所不同,其具有相对独立的特征和财务管理的特殊要求。

二、运输业务特点对其财务管理的影响

运输业务的特点对运输业务的财务管理有重要的影响。受运输业务特点影响的运输业务财务管理的特点主要体现在以下方面。

(一)运输企业资金筹集的特点

1. 流动负债所占比例较大

运输企业的资金需求,包括长期资金需求和短期资金需求。所谓长期资金需求,是指那些企业必须占用,且占用量比较大和占用量比较稳定的资金。企业一般通过筹措股权资金和长期债务资金来满足对长期资金的需求。所谓短期资金需求,是指企业因季节性生产、季节性储备以及市场供求关系波动的影响所产生的对资金的临时需求。企业一般通过筹措流动债务来满足对资金的临时需求。

受季节性运输需求波动和运输市场竞争的影响,运输企业对资金的需求具有较大的不稳定性。这意味着与工商企业相比,运输企业的资金来源中流动负债应占有较大的比重。但流动负债比例过大,有可能导致企业出现资金短缺的危机(如企业在偿还到期债务后有可能难以筹措到新的资金),所以又叫作风险筹资;股权资金和长期负债资金所占比重过大,有可能导致资金闲置,所以又叫作保守筹资。如何科学选择资金来源,属于运输企业筹资决策的一个重要问题。

2. 经营责任制形成的债务资金

在一定的经营责任机制约定下,运输企业购买部分运营车辆所需的资金,有可能是由员工提供的,还通常采用融资租赁的方式购买。由此形成了企业的一项长期负债:长期应付款。

(二)运输企业流动资产管理的特点

1. 应收账款管理的特点

应收账款在运输企业流动资产构成中占有较大的比重。在市场经济条件下,由于运输市场供大于求,运输企业,特别是货物运输企业存在大量的待结算运费的管理问题。1987年以来在运输企业普遍推行的单车承包与单车租赁经济责任制又使得应收承包费和应收租赁费成为流动资产管理的一个突出问题。

班线旅客运输企业由于在提供旅客运输服务前就可通过售票将这些款项收回，故应收账款管理的矛盾并不突出。

2. 存货管理的特点

运输企业存货构成中具有明显运输业务特色的是燃料、轮胎和零配件。运输生产经营活动不提供任何实物产品，对此运输生产经营过程中不存在构成产品实体的原材料或辅助材料库存；为维持运营车辆正常行驶所发生的燃料耗费，属于运输成本的主要构成部分，因此运输企业库存燃料也就成为运输企业存货的重要组成部分。

由于燃料耗费属于营运车辆在运行过程中的耗费，对此营运车辆在企业领用燃料，或者付款在社会加油站添加燃料，并不属于燃料的耗费。对此有必要根据营运车辆对燃料的实际耗费来计量与核算燃料的发出事项。

轮胎也属于营运车辆在运行过程中由于磨损所发生的耗费。轮胎的磨损耗用时间较长，具有固定资产的特征。由于轮胎价值较低，故将其纳入存货进行管理。为了体现轮胎的实际磨损与耗费，轮胎管理也许需要不同于一般存货管理的思路。车辆零配件存货管理与轮胎类似。

运输企业从事的经营业务以及采取的相关管理体制对其存货构成及其管理有重要的影响。同时从事产品制造、商品销售、房地产开发等多种经营业务的运输企业，其存货构成中的燃料、轮胎等所占比重有可能并不大；如果运输企业采取在外补充燃料、更换轮胎的管理体制，存货中的燃料和轮胎有可能趋向为零；如果运输企业从事成品油或轮胎的销售业务，则其存货中的成品油和轮胎有可能与运输业务无关。

（三）运输企业固定资产管理的特点

运输企业有行业特色的固定资产是客货站场基础设施和客货营运车辆。

1. 客货运输站场管理的特点

（1）货运站投资建设与管理。货运站（或物流中心）属于货物运输重要的中心枢纽，发挥着为营运货车和货物提供仓储、保管、配载、信息服务、装卸、理货等服务的重要作用。货运站配置属于国家交通基础设施区域布局的重要组成部分，故其投资建设与运营管理具有不同于一般工矿企业不动产投资建设与管理的特点。货运站具有一定的社会公益性质，因此在其投资与经营效益受到政策、环境等方面影响时有必要向政府部门申请货运站投资建设补助或者经营管理补助。

（2）客运站投资建设与管理。客运站属于社会公益性明显的道路交通基础设施，应当按照向进出站旅客提供优质服务的原则，来确定客运站的投资建设规模和质量标准，故客运站的投资额可能会超过按照经营活动取得的现金流入收回投资并有合理回报的需要。客运站的经营也应当以向进出站的旅客提供优质服务为宗旨，以低廉价格甚至免费提供相关服务，这是公益性服务的一个显著特征。在这种状况下，运输企业更有必要向政府部门申请客运站投资建设补助或者经营管理补助。

2. 营运车辆管理的特点

营运车辆是从事运输业务重要的劳动工具，所以营运车辆属于运输企业固定资产的重要组成部分。运输流动分散的特点决定了运输企业对营运车辆的管理应在明确各级管理部门和基层单位权责的基础上，采取归口管理与分级管理相结合的方式进行。

运输生产在空间和时间上不平衡的特点,意味着运输企业如果保有较多的营运车辆,则可能在运输淡季时导致车辆闲置的损失;但如果少备营运车辆,则可能难以应付运输旺季的需求而丧失获利的机会。

(四) 运输业务成本管理的特点

运输业务中的耗费,主要表现为营运车辆在运行过程中的耗费。燃料耗费是营运车辆耗费的主要内容。在经济全球化发展以及中国大陆原油进口依存度不断扩大的今天,国际市场燃油价格的变动,对燃料成本及其在运输成本中所占比重有重要的影响。另一方面,伴随着高速公路网络的不断扩大、延伸,以及高速公路运输的不断发展,车辆通行费也成为运输成本的主要组成部分。对此,如何有效地降低营运车辆在运行过程中的燃油耗费,如何通过对收费高速公路运输与普通公路运输的合理选择来有效控制车辆通行费成本,就成为运输业务成本管理的一项重要任务。除此以外,轮胎成本、车辆维修成本等,也是运输业务成本的重要组成本部分。

运输耗费主要体现在营运车辆运行过程中的耗费,而运输生产成果则体现在用周转量计量的客货位移上。所以,运行耗费的节约也许不是真正的节约;只有单位周转量成本的降低才真正体现了经济上的高效率。这意味着,降低运输业务的成本,提高营运车辆的运用效率(包括运转效率和载运效率)要比降低运行耗费更为重要。

(五) 运输业务收入管理的特点

运输企业实行的多样化的经营管理模式,对运输收入管理有重要的影响。采取公车公营的经营模式,客货运输收入是由分散在广阔区域内的基层营业站点(包括城市客运站、农村客运停靠站点以及货物运输车队等)取得的。只有将这些营业票款通过银行收入专户汇集到企业财务账户,才会形成企业的营业收入。对此,运输企业运输收入管理的重点应当放在基层的营业站点上。

另一方面,采取责任经营的模式,企业的运输收入可能与公车公营模式一致,也可能会表现为责任人向企业上缴承包费或者租赁费的方式。采取合作经营(或者挂靠经营)模式,企业的收入主要体现为合作方(或者挂靠方)上缴企业的管理费用。

对于旅客运输业务而言,向旅客收取的票款,无论在客票上是否注明,都有必须划分为旅客运输收入(含燃油附加费)和站务费收入两部分。一方面,按照《财政部　国家税务总局关于全面推开营业税改征增值税试点的通知》(财税〔2016〕36号)的规定,客运收入和站务费收入分别适用3%的征收率和6%的增值税率;另一方面,提供客运站经营服务和旅客运输服务,有可能属于不同的法律主体,或者同一法律主体内部的独立核算主体。这使得划分旅客运输收入和站务费收入成为必要。

第五节　运输企业财务管理的环境

除了运输企业财务管理自身的特点和要求以外,运输企业的外部环境及其内部环境对其财务管理都有重要的影响。在学习运输企业财务管理时应当关注企业内外部环境对其财务管理的相关影响。

一、企业财务管理的产生与发展

讨论企业财务管理的产生与发展的历史进程,有助于正确理解企业外部环境和内部环境对其财务管理的影响。在本部分,主要讨论西方国家企业财务管理产生与发展、中华人民共和国成立后企业财务管理的产生与发展以及运输企业财务管理的发展动态。

(一)西方国家企业财务管理的产生与发展

企业财务管理是近代大生产方式的产物。18世纪发生的产业革命,工厂化的机器生产方式代替了过去的手工作坊、工场手工业的生产方式,而在企业的经营管理上,主要仍属于个人独资经营或者合伙经营,利用传统的会计核算工作来反映企业的财务状况和经营损益。直至19世纪中下叶,出现了托拉斯,庞大的生产规模所需要的大量资金,就非个人独资或者合伙所能承担,而只能依靠较多的投资者或者财团予以供应。这样就出现了两个问题:一是托拉斯要在法律上成为"法人",并明确其在投资、经营、交易等方面所有债权、债务的权利和责任;二是要在经济上制定投资方案,包括生产规模、经营方针、资金来源、利润计划等,取得保证生产经营必要的资金,按期向投资者和债权人反映经营状况和财务成果,分析比较企业的盈利水平,并对企业的损益进行分配。这一系列新的业务构成一项新的职能:筹措、使用和分配资金。这使得企业财务管理实践逐步出现在19世纪中叶以后的历史舞台。

学术界普遍认为,1897年美国经济学家格林出版的《公司财务》一书,详细论述了公司资本的筹集问题,标志着企业财务理论开始形成。1910年米德出版了《公司财务》,主要研究企业如何最有效地筹集资本,为现代企业财务理论的形成与发展作出了重要的贡献。

(1)19世纪末至20世纪初,以筹集资金为主,开始形成企业的财务管理工作。

20世纪初期的基本格局是:新的工业部门和生产企业不断出现,生产发展很快,财务管理的核心是"筹措资金",对资金使用的管理尚未形成,对资金使用效益还不够重视,所以生产规模虽有扩大,企业经营却内含危机,成为进一步发展的障碍。美国通用汽车公司(以下简称通用公司)的发展就是典型例证。通用公司的创始人是威廉·C·杜兰特,他在开创企业、扩大规模、筹措资金方面很有能力,但是在经营上,对资金使用效益重视不够。例如,通用公司成立后十多年间,兼并了大量的企业,从汽车零件、钢材轧制、橡胶、皮革,直至推土机和电冰箱,布局分散,战线拉长,只讲投资,不计效益;有的长期不能投产,有的连年亏本;另外,产品生产方向紊乱,生产组织不合理,各企业之间相同零部件重复生产,品种和产量与市场需求脱节,造成生产效率低下,成本高昂,缺乏市场竞争力;又如,经营管理分散,各工厂采购物资、销售产品、对外借款筹资等,均各自为政,造成物资严重积压,资金周转困难。在此情况下,通用公司1920年的汽车产量虽然增加到了39万辆,资产总额达到5亿美元,获得净利润3700万美元,表面上一片兴旺,实际上危机四伏。到1921年,通用公司就暴露出严重的物资积压、产销脱节、资金短绌等问题,不得不把汽车产量压缩到21万辆,出现经营亏损3800万美元,资产损失8500万美元,失去了持续经营的能力。后来由于担心通用公司垮台后牵扯面太广,杜邦和摩根财团给予了其一定的财务支持,通用公司才未倒闭,但不久被这两个财团吞并,杜兰特下台,由A·斯龙上台执政,并对通用公司的经营管理进行了全面的调整与改革,建立了新的职能分工负责管理体制,调整了汽车生产布局,组织专业化协作,推行生产合理化和均衡生产等。在此基础上,对企业经营和财务管理进行了彻底改革,采取了统一制定经营决策、核算投资效益、严格控制投资、制定存货标准、建立采购预算、控制流动资金使用、核定各单位的用款限额、统一对外借款、平衡调度资金、制订标准成本、实行内部结算、对盈亏进行考核等一系列有效措施,改善了通用公司的财务状况,恢复了其强有力的市场竞争能力。1922年,通用公司的产量比上年增加了112%,资金占用反而比上年压缩了16%,夺回了被福特公司抢占的市场,并扭亏为盈,实现利润5400万美元。不断提高的经营管理水平和不断改善的财务状况是通用公司度过20世纪30年代世界经济大危机的重要保证。

(2) 自20世纪30年代以来,以财务监督为主,健全企业财务管理工作。

在20世纪30年代发生的经济大危机中,美国有40%以上的企业资金不能正常周转,失去支付能力,垮台倒闭。深刻的教训使得幸存下来的企业,认识到财务收支不加以控制、资金使用放任自流、生产消耗缺少监督、经济效益不予以重视是企业经营失败的主导因素。要解决这些问题,主要的原则就是要与生产管理方式相适应,明确职能分工和责任制度,建立一定的标准进行监督、控制与管理。因而,这一时期财务管理工作就侧重于通过制定财务标准、财务预算和财务指标,来对企业的生产经营活动实行有效的财务监督。这一阶段主要开展了以下财务工作:

① 建立存货标准,严格控制资金的有效使用。企业存货(包括材料、在产品和产成品等物资)都由主管业务部门根据产供销的具体条件,按照生产需要的重要程度,划分为A、B、C三类,分别制定"经济批量",用以确定采购和投入周期,建立储备标准,安排采购预算,对主要材料、协作件、在产品和产成品的采购、投入、运销以及储备量进行监督,控制资金按照预算要求使用。

② 监督生产消耗。以标准产量为基础,依据工时和材料消耗标准,制定费用预算和分配比率,建立产品的标准成本,据以发放材料、考核工时,控制费用开支,对生产成本进行比较、分析和监督。在此基础上,制定标准价格,进行内部结算,考核各事业部或工厂的盈亏,并作为进行市场竞争和经营决策的工具。

③ 实行预算管理。在企业中,从生产、采购、销售以及科研、设计和各业务部门,都根据自己的任务、目标、进度和预期的效果划分项目、编制预算,经过集中审查,预计主要的财务状况和盈亏结果(即预计资产负债表和损益表),然后平衡核定,据以控制财务收支,并考核任务执行的进度和效果。

④ 控制收支平衡。在大型企业中,对各项资金实行统一管理,集中办理对外借款业务,规定各事业部或者工厂最高存款限额,建立短期收支计划,平衡调度资金,以保证企业具有适当的支付能力和偿债能力。

⑤ 开展财务分析。通过建立财务指标分析体系(例如美国杜邦公司在20世纪20年代末建立的"杜邦财务分析体系")对企业的偿债能力、支付能力、获利能力、资金运用效果等进行分析和评价。

(3) 自20世纪50年代初以来,以"事前控制"为主,逐步形成了企业财务管理的控制系统。

第二次世界大战以后,西方国家经济的发展出现了新的形式:世界市场扩大,国际大资本、跨国公司形成;通货膨胀加快,国际金融不稳定;运输、通信、计算工具的改革,经营敏感度的提高;生产技术发展加快、产品大量创新以及政治经济的动荡(如石油危机等)都在不断扩大矛盾,加剧竞争,加深危机。在新的形势下,企业的生产技术如果不继续发展,管理工作如果不改进提高,就要被挤垮、淘汰,因此,加强竞争能力就成为企业要解决的首要问题。怎样加强? 这就需要掌握科研发展、产品生产、市场销售的情况,作出正确的经营决策,确定发展生产技术的方案,以坚强的经济实力,从产品品种、质量、价格、交货期、服务等方面投入竞争。这给企业的财务管理带来了许多新的课题,例如怎样根据商情预测和参与决策,怎样组织计划平衡,事先控制产品成本? 怎样加快资金周转,提高资本收益率,怎样保证企业由坚强的财力提供加快发展生产技术需要的资金,这都不是过去采取生产中的、日常的或者事后的财务监督所能够解决的。要着重于事前的控制,在科研、设计、研制、生产、销售、服务全过程,在技术、生产、经营各方面,有计划目标,有控制手段,有保障措施,全面提高企业的经济效益,使得企业的财务实力能够巩固、充实、提高。这些新的任务和要求,促使企业财务管理工作转入以事前控制为重点,在内容上有了进一步的发展与变革。

①参与经营决策。现代企业管理把"经营决策"作为管理工作的首要环节。没有经营决策,企业的生产技术就没有发展方向,不能提出正确的共同奋斗目标。企业财务管理在参与经营决策中应当发挥重要的作用。

②实行预算控制。随着经营决策的开展,企业预算管理的内容也发生了重要的变化。经营决策通过经营计划来贯彻;企业预算以经营计划为基础来制定。这个时期的财务预算具有以下特点:一是在经营计划中,以盈利指标为中心,对产品的数量、质量、品种、价格、成本等进行综合平衡,以保证企业盈利目标的顺利实现;将企业经营计划中对技术、生产、经营效益的控制及其所导致的现金收支体现在企业的长期、中期和短期财务预算中。二是企业的长期、中期或者短期经营计划需要根据市场供求关系的变化以及其他影响因素的变化进行定期调整,一般采取滚动预算的形式。三是企业财务预算与经营预算、资本预算相结合,形成企业全面预算体系。同时积极推行零基预算法,注重提高预算管理的效益。

③开展事前分析。针对过去的财务分析主要侧重于事后分析的状况以及激烈的市场竞争要求企业开展对未来的预测、对未来实施科学规划,一些企业开始强调将管理的重点由事后转向事前,积极开展系统的经济分析,以注重提高企业的经营效益。对此,价值工程、本量利分析等理论与方法的研究和应用得到了较快的发展。

④建立措施规划。为了在激烈的市场竞争中站稳脚跟,并有利于发展和壮大,现代企业管理要求通过建立措施规划来落实经营目标,保证实现目标利润。对此,存货控制中的经济批量法和 ABC 控制法、成本管理中的标准成本控制法、资金管理中的定额控制法等,得到了广泛的应用和发展。

(4) 20 世纪 80 年代以来,以资本运作为重心,企业财务管理进入综合管理新阶段。

20 世纪 80 年代以后,随着市场经济特别是资本市场的不断发展,企业财务管理开始朝着综合性管理的方向发展。主要表现在:

①财务管理被视为企业管理的中心,资本运作被视为财务管理的中心。财务管理通过价值管理这个纽带,将企业管理的各项工作有机地协调起来,综合反映企业生产经营各环节的情况。

②财务管理要广泛关注以资本运作为中心的资本筹集、资本运用和资本收益分配,追求

资本收益的最大化。

③财务管理的视野不断拓展,新的财务管理领域不断出现。通货膨胀引起了通货膨胀财务问题;跨国经营和经济全球化的发展引起了国际财务管理问题;企业并购引发了并购财务问题;网络经济的发展导致了网络财务问题;知识经济的到来也急需人们加大对知识经济财务的关注;人工智能的发展对财务智能化发展提出的新要求等。

④计算模型在财务管理中的应用变得越来越普遍。

⑤电子计算机、网络和大数据的应用促进了财务管理手段的重大变革,大大提高了财务管理的效率。

当前,财务管理理论研究的重点主要集中在有效市场理论、资本结构与融资决策、股利政策、风险管理理论、重组财务理论、市场微观结构中财务理论等问题上。

(二)我国企业财务管理的产生与发展

中华人民共和国成立以来,我国国有(国营)企业财务管理体制的建立与发展经历了以下发展阶段:

(1)建立集中统一的财务管理体制。

自中华人民共和国成立到1953年,经过国民经济恢复,我国开始执行第一个国民经济发展五年计划。为了使国家能够集中有限的财力来保证国民经济快速发展的需要,国家对当时的国营企业实行了高度集中的财务管理体制。在这种体制下,国营企业实现的利润除了按照规定提取企业奖励基金和主管部门从超计划利润中提取一定比例的分成以外,全部上缴各级政府财政;国营企业出现的经营亏损全部由政府财政弥补。国营企业计提的折旧基金也全部上缴政府财政;国营企业所需的基本建设投资和流动资金,以及技术组织措施、新产品试制、劳动保护措施、零星固定资产购置等所需的资金,全部列入各级政府财政预算,由财政拨款予以解决。

(2)中央企业下放,适当扩大国营企业财权。

从1958年开始我国进入"大跃进"运动时期。为了探索我国社会主义建设的道路,对国民经济管理体制进行了较大的改革,大批中央直属企业下放到地方管理,与此同时在财务管理体制上也进行了较大的改革。

①在国营企业试行"全额信贷"的做法,即企业所需的流动资金,由国家拨款改为由银行贷款解决。

②试行利润留成制度,企业可将留用的利润用于职工福利和生产发展。

③企业的固定资产变价收入可以留用。

这些改进措施使得企业有了一定的财权,对于调动企业和职工的生产积极性和主动性起到了一定的作用。

(3)国民经济调整,重新实行集中统一的财务管理体制。

鉴于国民经济比例严重失调,国家财政经济和人民生活面临巨大困难,国家从1962年开始对国民经济实行"调整、巩固、充实、提高"的八字方针,在国营企业又重新恢复了高度集中的财务管理体制。原来下放到地方管理的企业,大部分又重新收回由国务院各部门进行管理。财务管理体制上发生的主要变动有:

①在流动资金管理上,实行定额管理制度,即定额流动资金由政府财政拨款,超定额流

动资金由银行贷款解决。工业企业定额流动资金由储备资金、生产资金和成品资金三项构成,结算资金和货币资金属于非定额流动资金。

②取消利润留成制度,恢复企业奖励基金办法。

③国营企业的"四项费用"仍然由政府财政拨款解决。

(4)"文化大革命"期间国营企业财务管理体制的变化。

"文化大革命"期间国营企业财务管理体制的主要变化有:

①从1967年开始,实行折旧基金下放制度,同时国营企业的"四项费用"改由国营企业留用的折旧基金开支。

②从1969年开始,停止企业从实现利润中提取奖励基金的制度。只允许企业按照工资总额的11%提取职工福利基金,用于职工福利和医药费开支。

(5)贯彻"八字"方针,进一步改革财务管理体制。

中共十一届三中全会决定进行国民经济管理体制改革,对企业财务管理体制产生了重大影响。1978年开始,国家在国营企业开始实行企业基金制度,其基本内容是:凡是全面完成国家规定的产量、质量、利润和供货合同四项指标(道路运输企业需要完成四项指标是:客货周转量指标、运输安全指标、实现利润指标和百元收入占用流动资金指标)的企业,可以按照职工工资总额5%提取企业基金,用于职工福利、职工奖励以及改进生产技术措施等方面的开支。

为了进一步扩大企业财权,调动企业职工的生产积极性,从1979年下半年开始,国家开始在国营企业逐步推行利润留成制度。利润留成制度的基本内容是:企业在全面完成产量、品种、质量、成本降低和利润五项计划指标的前提下,可以按照规定的比例从所实现的利润中提取,建立企业的新产品试制基金、职工福利基金、职工奖励基金和生产发展基金。利润留成的形式有全额利润留成、上缴利润包干和超额利润分成等。

1979年,国家在部分国营企业试行基本建设拨款改基本建设贷款制度。1985年在国营企业全面推行国家预算内基本建设拨款改为基本建设贷款制度。

1981年开始实行资金有偿占用制度。按照国家规定,对于国营企业占用的国家固定资金和流动资金,都需要按照规定的比率缴纳资金占用费。

1983年7月1日起,国家全面推行全额信贷制度。按照规定,企业所需的流动资金,均需要通过银行借款解决。国家不再给国营企业增拨流动资金。

1983年7月1日起国家对国营企业实行第一步"利改税"的改革,其基本特征是"利税并存"。企业实现的利润除了按照55%的企业所得税率上缴财政和按照有关规定留利以外,剩余利润采取多种方式上缴财政。1984年9月18日,国务院发布《中华人民共和国国营企业所得税条例(草案)》,标志着第二步"利改税"工作从1984年10月1日起全面实施。其基本内容是:国营大中型企业,适用55%的固定比例税率;国营小型企业、饮食服务企业和营业性的宾馆、饭店、招待所等,适用八级超额累进税率。

1984年3月5日,国务院以国发〔1984〕34号通知发布了《国营企业成本管理条例》,以促使国营企业加强成本管理,降低成本耗费,提高经济效益,增加社会财富。1984年4月26日,财政部以财工字〔1984〕138号通知颁发了《国营工业、交通道路运输企业成本管理实施细则》,对国营工交企业实施《国营企业成本管理条例》、加强成本管理作出了具体规定。

1985年,国务院以国发〔1985〕63号发布了《国营企业固定资产折旧试行条例》;1986年,财政部以财工字〔1986〕106号通知颁发了《国营企业固定资产折旧试行条例实施细则》,规范了企业计提固定资产折旧的行为。

1989年3月,财政部和国家体改委制定了《关于国营企业实行利税分流的试点方案》,开始在3000家国有大型企业中进行利税分流的改革试点。1991年,财政部、国家体改委以财改字〔1991〕4号通知印发了《国营企业实行"税利分流、税后还贷、税后承包"的试点办法》,使得利税分流的改革试点得到了进一步的发展。

1985年,国家开始进行"两权分离"的改革探索,"国营企业"的称谓逐步由"国有企业"所取代。从20世纪90年代初期开始,政府部门和社会媒体均不再采用"国营企业"的称谓。

(6)与社会主义市场经济体制相适应的企业财务管理体制的改革与发展。

1992年10月中共十四大所确立的建立社会主义市场经济体制的总目标,对企业财务管理的改革与发展提出了新的要求。与此相适应,财政部于1992年11月30日发布了《企业财务通则》,随后又陆续印发了工业、商品流通、施工房地产、运输、旅游饮食服务、邮电通信、金融保险、对外经济合作、农业等10个分行业财务制度,标志着我国企业财务制度改革进入了新的发展阶段。

新的企业财务制度主要体现了以下特点:①建立了企业资本金制度;②改革资金管理办法,赋予企业充分的理财自主权;③改革了企业固定资产折旧制度,取消计提固定资产大修理基金的做法;④改革成本管理制度,采用制造成本法;⑤规范了企业利润分配,扩大了企业对税后利润的支配权;⑥建立了新的企业财务报告制度;⑦初步建立了企业的财务评价指标体系。

1993年12月13日,国务院令第137号发布了《企业所得税暂行条例》;1994年6月,财政部出台所得税会计的相关政策,对企业财务行为作出了以下重大的调整:①引入净利润的概念,将利润分配的对象由利润总额改为净利润;②引入所得税费用的概念,将所得税由企业利润分配改为净利润的扣除部分;③用于抵补被没收财物损失、支付违反税法规定的各项滞纳金和罚款由利润分配改为计入营业外支出。

1996年初,国家开始积极推行"邯钢经验",目标管理和成本否决制等现代企业财务管理理论和方法再次得到了企业界的高度关注。

1999年财政部、国家经贸委、人事部、国家计委印发的《国有资本金效绩评价规则》中确立的工商竞争类企业效绩评价指标体系由基本指标、修正指标和评议指标构成。其中,基本指标中包括反映财务效益状况的净资产收益率和总资产报酬率指标;反映资产运营状况的总资产周转率和流动资产周转率指标;反映偿债能力状况的资产负债率和已获利息倍数指标,以及反映发展能力状况的销售(营业)增长率和资本积累率指标。

在修正指标中,反映财务效益状况的指标有资本保值增值率、销售(营业)利润率和成本费用利润率;反映资产运营状况的指标有存货周转率、应收账款周转率、不良资产比率和资产损失比率;反映偿债能力状况的指标有流动比率、速动比率、现金流动负债比率、长期资产适合率和经营亏损挂账比率;反映发展能力状况的指标有总资产增长率、固定资产成新率、三年利润平均增长率和三年资本平均增长率。

评议指标包括:①领导班子基本素质;②产品市场占有能力(服务满意度);③基础管理

比较水平;④在岗员工素质状况;⑤技术装备更新水平(服务硬环境);⑥行业或区域影响力;⑦企业经营发展策略;⑧长期发展能力预测。

财政部、国家经贸委、中央企业工委、劳动保障部、国家计委2002年2月22日印发的《企业效绩评价操作细则(修订)》(以下简称为《细则》)中,对上述指标体系进行了修订。调整后的企业效绩评价指标体系由28项指标构成。其中基本指标8项,修正指标12项,评议指标8项。

2000年6月,国务院发布了《企业财务会计报告条例》,条例中明确企业的财务会计报告由资产负债表、利润表和现金流量表构成。

2001年4月28日,财政部以财企〔2001〕325号通知印发了《企业国有资本与财务管理暂行办法》,对国有资本管理职责与权限、国有资本投入的管理、国有资本营运的管理、国有资本收益的管理、财务考核与评价等方面提出了新的规范要求。

2002年4月10日,财政部以财企〔2002〕102号通知印发了《关于企业实行财务预算管理的指导意见》,要求企业通过实施科学有效的财务预算管理,积极适应新时期市场经济发展的要求,努力促进企业经济效益的不断提高。

为了适应经济全球化发展、加入WTO以及与国际惯例接轨的需要,并结合自身的特点和实际需求,我国目前正在尝试建立新的企业财务管理规范体系。主要思路是:①借鉴西方国家的成功经验,通过发布公司法、证券法、合同法等法律、法规和部门规章来对企业的相关财务行为进行规范,例如2013年12月9日中国证监会公布的《优先股试点管理办法》(证监会令第97号)。②出台专门法规和部门规章,对企业财务行为进行原则规范,例如2006年12月4日财政部修订后公布的《企业财务通则》(财政部令第41号),以及2016年4月26日财政部公布的《基本建设财务规则》(财政部令第81号)等基本建设财务制度,是这一思路的重要体现。③通过出台相关规范性文件,对企业具体财务行为进行规范。④逐步建立以企业内部财务管理制度为主体的企业财务制度体系。

(三)运输企业财务管理的形成与发展

中华人民共和国成立以来,国有(国营)运输企业财务管理工作经历了与一般国有(国营)企业相同的改革与发展进程。与一般企业相比,运输企业财务管理的改革与发展有以下特定内容。

20世纪70年代中期开始,经财政部批准,国营运输企业的结算资金成为定额流动资金的组成部分。这样,国营运输企业的定额流动资金就由储备资金、生产资金和结算资金所构成。

1979年6月2日,交通部颁发了《汽车运输企业成本核算办法》,对促使国营运输企业严格成本核算,重视提高经济效益,发挥了重要的作用。

依据《国营企业成本管理条例》,交通部于1987年11月24日以交财字〔1987〕827号印发了《汽车运输企业成本管理办法》,对运输企业成本管理责任制、成本开支范围、营运费用核算、成本核算、成本预测、成本计划、成本控制、成本分析以及成本的考核、监督与制裁等进行了有效规范。

从1987年开始,大中型国有运输企业先后推行了承包经营责任制,小型运输企业普遍推行了租赁经营责任制,在企业内部逐步推行了以单车承包和单车租赁为主要内容的内部经营责任制,对企业的财务管理产生了重要的影响。

1993年1月8日,财政部颁发了《运输企业财务制度》,使得运输企业的财务管理有了新的、系统的、与社会主义市场经济体制初步适应、与国际惯例初步接轨的制度依据。《运输企业财务制度》对企业的资金筹集、资产管理、对外投资管理、成本费用、营运收入、利润及其分配、外币业务、企业清算、财务报告与财务评价等财务行为进行了有效的规范,对加强运输企业的财务管理工作发挥了重要的作用。

1995年,交通部印发了《运输企业成本费用核算与管理办法》,进一步科学规范了市场经济条件下运输企业的成本费用管理与核算行为。

2000年10月20日,交通部印发了《道路运输企业联系制度》(交公路发〔2000〕145号),要求交通部、省交通厅、市(地)交通局分三级与能够代表行业发展动态的道路运输企业建立联系制度,通过加强联系,及时了解行业发展动态,为制定行业发展政策提供直接高效、相对固定的信息渠道和决策依据;通过实行道路运输企业联系制度,及时发现并解决行业中存在的问题,总结和交流道路运输企业经营管理经验,引导道路运输企业走规模化经营、规范化服务之路,促进其提高科技含量和经济效益,加快行业的发展。

对此,为了适应社会主义市场经济体制和政府转变职能的需要,2002年9月24日,交通部印发了《交通部行业财务指标管理办法》(交财发〔2002〕446号),要求包括运输企业在内的交通企事业单位通过建立和完善交通行业财务指标管理体系,及时反映并科学分析交通企事业单位和行业财务状况,规范交通行业财务行为,提高管理决策水平。

根据经济全球化发展以及我国加入WTO后的新形势,从21世纪初开始,交通运输主管部门正在积极探讨出台新的运输企业财务管理办法,以适应新世纪运输企业加强财务管理、提高资金使用效益的需要。伴随着干线公路网以及高速公路建设事业的快速发展,我国运输企业正积极努力在省际高速公路客运、快件运输、物流业务、建立跨区域运输网络等方面加快拓展的步伐。相信具有运输特色的财务管理理论与方法的发展,必然会对运输企业增强市场竞争实力、提高运输经营效益发挥重要的作用。

二、企业财务管理的外部环境

企业财务管理的外部环境是企业财务决策无法改变的外部约束条件。但企业可以通过调整和改变自身的策略来予以适应。市场经济条件下企业财务管理的外部环境包括金融市场环境和法律环境。

(一)企业财务管理的外部金融市场环境

1. 金融市场概述

金融市场是指经营货币资金借款、外汇买卖、有价证券交易、债券和股票的发行、黄金等贵金属买卖场所的总称。直接金融市场与间接金融市场共同构成金融市场整体。金融市场由借贷市场、证券市场、外汇市场等构成。

除了少数运输企业具有跨境货物运输业务涉及换汇业务以外,绝大多数道路运输业务与外汇市场无关。

2. 借贷市场概述

借贷市场是指提供货币资金存款、贷款业务交易的场所。按照我国现行金融管理体制,能够提供资金信贷业务的企业包括银行和投资公司、金融公司以及其他具有从事信贷业务资质的金融企业。

我国目前主要从以下两方面实行对借贷市场的管制：①实行借贷市场准入制度；②对信贷利率进行管制。伴随着金融体制改革的逐步推进，我国正在逐步放宽借贷市场的准入，允许符合条件的外国资本进入我国借贷市场；实行信贷利率在一定范围内浮动的机制。

借贷市场改革与发展对运输企业融资有重要的影响。江西长运股份有限公司2017年底短期借款和长期借款分别为8.80亿元和4.94亿元（含在一年内到期的长期借款），分别占企业负债总额51.37亿元的17.13%和9.62%；四川富临运业集团股份有限公司2017年底短期借款和长期借款分别为3.74亿元和2.87亿元（含在一年内到期的长期借款0.57亿元），分别占企业负债总额15.10亿元的24.77%和19.01%。借贷市场改革与发展有利于为运输企业的借款筹资提供更广阔的来源，借款利率的优化有助于提高道路运输企业的筹资效益。

3. 证券交易市场概述

证券市场是指证券发行和流通的场所。可通过证券交易市场发行和流通的证券，包括股票、债券、基金、认股权证、相关理财产品等。

经有权部门核准，运输企业可通过证券市场发行企业债券、公司债券、短期融资券、中期票据等证券品种筹措债务资金；也可通过购买有价证券进行投资，迈出投资多样化的步伐。

（二）企业财务管理的外部法律环境

1. 国家相关法律法规对运输企业财务管理的影响

现行法律体系中对运输业务及其财务管理有重要影响的，有《公司法》《中华人民共和国证券法》（以下简称《证券法》）、《中华人民共和国合同法》（以下简称《合同法》）等。

(1)《公司法》对运输企业财务管理影响。现代运输企业的主要组织形式应当是公司制。公司制企业的业务与财务活动应当符合《公司法》基本规定。

(2)《合同法》对运输企业财务管理的影响。社会主义市场经济是法制经济。在社会主义市场经济条件下，运输企业应当依据与政府和其他客户之间的合同，来从事企业财务管理工作。

2. 国家税收对运输企业财务管理的影响

(1)企业税收影响概述。企业税收对企业的财务效益有重要的影响。企业只有依法纳税后形成的净利润，才属于股东所得。有效的税收筹划可减少税收流出，提高企业的经营效益和财务效益。

伴随营业税退出历史舞台和环境保护税的开征，从2018年1月1日起，国家开征的税种共18个。其中对企业财务管理有重要影响的税种是增值税和企业所得税。

(2)"营改增"改革对运输企业财务管理的影响。2016年5月1日起全面推开营业税改征增值税改革后，按照国家的规定，一般纳税人从事客运业务可选择简易计税方法，按照3%的征收率依法缴纳增值税；客运站经营业务适用6%的增值税率。从2019年4月1日起，采用一般计税方法的一般纳税人企业从事客货运输业务，适用9%的增值税率。

(3)企业所得税优惠政策的实施对运输企业财务管理的影响。《中华人民共和国企业所得税法》及其实施条例的先后公布，为运输企业缴纳企业所得税提供了新的法律依据。我国现行的企业所得税税率为25%。符合条件的企业和业务可享受优惠税率和其他相关的税收优惠政策。

中共十八大以来,国家推出了一系列新的企业所得税优惠政策,对运输企业缴纳企业所得税的行为产生了重要的影响。优惠政策的基本导向是:通过扩大企业相关业务的税前抵扣范围和抵扣标准,来减少企业应纳税所得额或推迟企业缴纳所得税的时间,为企业提供了减少或者推迟所得税现金流出的优惠。

3. 国家统一会计核算制度对企业财务管理的影响

按照国家规定,作为公司制企业的运输企业,其会计核算应执行企业会计准则的规定。现行企业会计准则体系(2019年3月底包括基本准则、42项具体准则、相关准则应用指南和12项会计准则解释)中有关特定会计要素确认、计量和报告的相关规定,在一定程度上影响着企业的财务管理行为。企业财务管理所需的财务信息,在很大程度上来自于财务会计编制的财务报告,现行体制下企业的财会人员,承担着企业财务管理与会计核算的双重职责。

三、企业财务管理的内部环境

(一)企业财务管理在企业管理中的地位和作用

1. 企业财务管理在企业管理中的地位

社会主义市场经济体制的建立,明确了企业财务管理在企业管理中的核心地位。财务管理在企业科学化管理中的中心地位的确立,在很大程度上取决于企业领导人对财务管理的理解、认识和重视。从实际情况看,无论是国有、国有控股,还是民营运输企业,凡是企业财务管理作用发挥得好的,都有一个共同的特点,这就是企业领导人对财务管理工作高度重视,企业整体管理水平也比较高。因此,对企业财务管理与企业管理关系的认识,特别是企业领导人对财务管理在企业管理中的作用的认同是实现企业管理以财务管理为中心的关键性因素。明确财务管理是企业管理的中心环节是财务管理自身的地位、作用所决定的,是社会主义市场经济体制下企业改革和发展的必然要求。

2. 企业财务管理在企业管理中的作用

(1)管理资金的运作。资金是企业赖以生存、发展的前提,是企业从事生产经营的血液,资金管理是企业财务管理的核心内容。合理筹集资金,确保资金占用和资金成本最低。资产管理包括流动资产管理、固定资产管理、无形资产和其他资产管理。在资产管理中要破除只讲满足需要,不讲采购成本和资金占用的观念。要树立低价少储的观念,使得储备的物资既能满足生产的需要,又要节约占用资金;要抓好固定资产的管理,避免资产的闲置与流失,同时盘活闲置资产,使其保值增值,给企业带来效益;要重视企业的无形资产,企业的形象与信誉,这是给企业带来效益的重要保障;要树立强烈的经济意识,让企业的资产活起来、流动起来。另外,还要考虑银行信贷利率的变动趋势,合理安排短期借款和长期借款之间的结构,以确保资金占用和资金成本最低。

(2)建立科学的运行机制。财务管理是一个循环过程,一般来说它应与企业经营周期相吻合,包括财务预测、财务计划与预算、财务控制、财务分析、财务检查五个环节。这些管理环节互相配合、紧密联系,形成周而复始的财务管理循环过程,构成完整的财务管理工作体系。

（3）实施全面的预算管理。要以实行全面预算管理为纽带,严格控制各项支出。实行严格、全面预算管理是规范企业财务行为、控制成本费用、减少损失浪费的重要手段。有必要把预算管理延伸到企业经济活动的各个环节。

（二）运输企业内部财务管理制度建设

1. 企业内部财务管理制度建设的必要性

目前我国有关法律法规和部门规章中对企业财务管理行为的规范,还具有以下两方面的局限性:①只是对企业财务管理行为原则性进行规范,具体体现在《企业财务通则》中的相关规范内容;②只是对企业财务管理中的特定事项进行了规范,例如《公司法》和《证券法》中对公司制企业筹措资本、发行债券等筹资行为的规范,《合同法》中对企业的经营租赁和融资租赁行为进行的规范等。对此运输企业有必要结合自身的业务特点和实际情况,通过加大内部财务管理制度建设,将对企业财务行为的具体管理要求真正落到实处。

2. 企业内部财务管理制度涉及的主要内容

（1）财务预算管理。2002年4月10日财政部印发的《关于企业实行财务预算管理的指导意见》(财企[2002]102号),对企业的财务预算管理工作进行了指导。

（2）筹资管理。公司制企业的资金划分为股权资金和债务资金。由于筹措股权资金属于公司董事会的决策事项,故企业内部财务管理办法应侧重于规范企业筹措债务资金的行为。

按照财政部的最新规定,企业发行符合条件的永续债券筹措的资金,可确认为一项其他权益工具。这有助于优化企业的筹资机构,降低筹资风险。

（3）投资管理。企业投资涉及对内投资和对外投资两个方面。由于企业内部投资中心享有对内投资的自主权,故企业内部财务管理办法应以投资收益率和剩余收益为目标,侧重于规范企业的内部投资行为。

（4）成本费用管理。成本费用管理包括营业成本和期间费用管理。企业内部财务管理办法应侧重于规范成本费用的开支范围和开支标准,并在业绩考核上加大力度,从源头上实施对企业成本费用的有效控制。

（5）营业收入管理。营业收入是运输企业补偿资金耗费主要来源。企业内部财务管理办法中有关营业收入的管理,主要涉及客货运输收入的确认、运输价格管理、运输票据管理、运输收入日常管理、运输收入分析等方面的内容。

（6）利润分配管理。利润分配管理规范的是公司董事会的决策行为。通过合理利润分配,有助于调动股东(包括现有股东和潜在股东)对企业注入资金的积极性,有助于促使企业进一步扩大经营规模,努力实现可持续发展目标。

（三）运输企业内部控制制度建设

1. 企业内部控制制度建设概述

按照党中央、国务院的统一部署,财政部从2006年开始启动了企业内部控制体系建设。2008年5月22日,财政部、证监会、审计署、银监会、保监会联合印发了《企业内部控制基本规范》(财会[2008]7号),要求自2009年7月1日起在上市公司范围内施行,鼓励非上市的大中型企业执行。

2010年4月15日,财政部、证监会、审计署、银监会、保监会联合发布《关于印发企业内部控制配套指引的通知》(财会〔2010〕11号)。该配套指引包括18项具体指引,1项评价指引和1项审计指引。其中具体指引包括组织架构、发展战略、人力资源、社会责任、企业文化、资金活动、采购业务、资产管理、销售业务、研究与开发、工程项目、担保业务、业务外包、财务报告、全面预算、合同管理、内部信息传递和信息系统;评价指引主要规范的是对企业内部控制的有效性进行全面评价的行为;审计指引主要规范的是会计师事务所接受委托,对特定基准日内部控制设计与运行的有效性进行审计的行为。

2. 企业内部控制与财务管理

财政部等部门联合印发企业内部控制配套指引中涉及大量与企业财务管理相关内容,如全面预算管理、资金活动、采购业务、销售业务、资产管理、工程项目、财务报告等。有必要将实施企业内部控制制度与财务管理有机结合,促进企业财务工作不断提升管理水平,努力向规范化、科学化的方向发展。

复习思考题

1. 什么是道路运输企业?为何要区别道路运输企业经营业务和道路运输经营业务?
2. 在现阶段,运输企业的财务目标的表现形式是什么?为什么?
3. 怎样理解现代企业应承担"社会责任"这一问题?它与现代企业财务目标是否矛盾?为什么?
4. 与一般工商企业从事的经营业务相比,运输经营业务有何明显的特点?
5. 客货运输业务都包括哪些构成内容?对其财务管理有何重要影响?
6. 具有独立法人资格和不具有独立法人资格的运输客运站在财务管理上有何不同要求?
7. 营业税改征增值税改革对运输经营业务的财务管理有何重要影响?
8. 如何理解运输业务具有社会公益性的特点?
9. 什么是财务管理体制?如何建立并完善国家与运输企业之间的财务管理体制?
10. 如何建立并不断完善运输企业内部财务管理体制?你认为在企业内部应当建立集权型财务管理体制还是分权型财务管理体制?为什么?

第二章 价值管理的基本方法

运输企业财务管理的核心是以风险为导向的价值管理。财务活动的时间跨度和投资风险的客观存在决定了时间价值、风险报酬以及证券估值是企业财务管理的理论基础和技术依据。本章通过资金在不同时间点价值量的测算,投资风险报酬的衡量,以及股权性质资产和债权性质资产的价值估算,帮助运输企业作出科学的财务决策。

第一节 资本时间价值

运输企业日常经营过程中会涉及多种类型的财务活动。这些财务活动引起的现金流入或现金流出发生在不同的时间点,因此需要引入资本时间价值观念正确度量不同时间点上资金的价值大小,以便作出正确的财务决策。

一、资本时间价值的涵义

资本时间价值是客观存在的经济范畴,也是运输企业财务管理的重要价值观念和基础。

(一) 资本时间价值的概念

资本时间价值,也称为货币时间价值,是指资本经历一定时期的投资和再投资所增加的价值。简而言之,资本时间价值是指一定量资本在不同时点上价值量的差量。例如现在的 1000 元钱存入银行,假定一年期定期存款利率为 1.75%,一年后可以得到 1017.5 元。这多出的 17.5 元就是经过一年投资之后,1000 元资本所发生的价值增值,这就是资本的时间价值。

从来源角度分析,资本有保值增值的要求,资本时间价值是资本经过投资和再投资之后的价值增加。这一价值增加既是资本使用者为取得一定时期的资本使用权而向资本所有者支付的代价,也是资本所有者在一定时期内让渡资本使用权而取得的报酬,即贷款的利息或投资的利润。从表现形式角度分析,资本经过投资和再投资之后的价值增加,既可以用绝对数形式表示,也可以用相对数形式表示。用绝对数表示即为价值增值的数额,用相对数表示即为价值增值的比率。以相对数表示的资本时间价值率与一般意义的利率有所不同,其是扣除风险和通货膨胀贴水的社会平均资本利润率。

(二) 资本时间价值的作用

运输企业筹资决策、投资决策和日常经营中,会在不同时间点有现金流入或者现金流出。根据资本时间价值的涵义可知,通过一段时间的投资和再投资,同一笔资本在不同时间点的价值量不同。因此,不宜直接对这些现金流进行比较,需要换算到相同时间点之后再进行比较或者计算。在筹资决策中,资本时间价值是构成资本成本的基础和计算依据,运输企业据此计算各筹资方案的资本成本,作为筹资决策的依据;在投资决策中,运输企业依据时间价值原理测算各投资方案的净现值、内部收益率等指标,综合考虑各影响因素后做出投资决策;在日常经营中,资本时间价值是扣除风险和通货膨胀贴水的社会平均利润率,因此可以将其作为度量和评价运输企业经济效益的基础;在收益分配时,投资者在资本时间价值基础上考虑风险和通货膨胀等因素的影响,以此测算其投资的必要收益率。

(三)现金流量图和现金流量表

在计算资本时间价值时,每一笔资金的数额和发生的时间点,以及该笔资金是流入还是流出,都是重要的影响因素。为了更好地理解和计算资本时间价值,通常采用现金流量图作为辅助工具。现金流量图的绘制方法如图 2-1 所示。

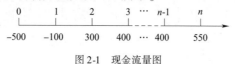

图 2-1 现金流量图

图 2-1 中,横轴表示时间轴,箭头方向表示时间延续。横轴上的坐标表示时间点,例如 0 点表示起始时间点,即第一期期初,1、2、…表示第一期期末、第二期期末……,依此类推。时间点下方标注的数字表示金额,负数表示现金流出,正数表示现金流入。例如图 2-1 中,−500 表示在时间点 0 有 500 单位的现金流出,300 表示在时间点 2 有 300 单位的现金流入。

另外,也可以借助表格形式描述不同时间点上现金流量的大小和方向。现金流量表的绘制方法如表 2-1 所示。

现金流量表(单位:元)   表 2-1

项目	时间点						
	0	1	2	3	…	$n-1$	n
现金流入 CI_t							
现金流出 CO_t							
现金净流量 $(CI-CO)_t$							
累计现金流 $\sum(CI-CO)_t$							

二、资本时间价值的计算方法

在财务预测和决策中,有时需要将以后各期的收益折算到投资初始时间,有时又需要将最初的投资折算到以后某个时间点,这就涉及资本时间价值的两个重要概念——现值与终值。终值,俗称本利和,是指现在一定量的资本,在未来某个特定时点上的价值。例如"资本时间价值的涵义"的例子中,现在存入银行 1000 元钱,在目前一年期定期存款利率 1.75% 的情况下,一年后可以得到 1017.5 元钱,这 1017.5 元就是现在的 1000 元钱在利率为 1.75% 时一年后的终值,它包括 1000 元的本金和 17.5 元的利息。现值,俗称本金,是指未来某个时点的一定量资本,按照一定的折现率折算到现在的价值。一年后的 1017.5 元,按照 1.75% 的折现率折算到现在,其现值就是 1000 元钱。

终值、现值的计算与两种计息方式有关——单利与复利。单利是指只按初始本金计算利息,而当期利息部分不再计入本金计算下期利息的一种计息方式。按照复利的计算方法,每经过一个计息期,都要将当期利息加入本金计算下一期利息,即所谓"利滚利"。在财经界,由于假定资本不会退出投资领域,因此除非特别说明,资本的时间价值通常都采用复利计算。

(一)复利终值和现值的计算

复利终值是指一定量的资本金按照复利方式计算若干期后的未来价值(本利和)。在复利计算问题上,是已知现值求终值。复利终值计算公式如下:

$$FV_n = PV(1+i)^n \tag{2-1}$$

式中,FV_n 为复利终值;PV 为现值;i 为利率;n 为期数。

式(2-1)中的 $(1+i)^n$ 被称为"复利终值系数",用符号 $FVIF_{i,n}$ 或 $\left(\dfrac{F}{P},i,n\right)$ 表示。为了便于计算,可以编制"复利终值系数表"(见本书附录1中附表1-1和附表1-2),根据查表得到的系数计算终值。

【例2-1】 某运输公司将200万元用于购买银行理财产品,设定该理财产品年利率为6%,试计算两年后的本利和是多少?

$$FV = 200 \times \left(\dfrac{F}{P}, 6\%, 2\right) = 200 \times 1.1236 = 224.72(万元)$$

复利现值是指未来某一时间点的一定量资本按复利方式计算的现在价值,即为了取得未来一定量的本利和,投资者现在所需要投入的本金。复利现值计算是已知终值求现值,计算公式为:

$$PV_n = \dfrac{FV}{(1+i)^n} \tag{2-2}$$

式(2-2)中的 $\dfrac{1}{(1+i)^n}$ 被称为"复利现值系数",用符号 $PVIF_{i,n}$ 或 $\left(\dfrac{P}{F},i,n\right)$ 表示。为了便于计算,可以编制"复利现值系数表"(见本书附录2中的附表2-1和附表2-2)。该表的使用方法与"复利终值系数表"相同。

【例2-2】 某运输公司有一投资项目,预计6年后可获得投资收益800万元,如果企业要求的年投资报酬率为12%,试计算该项目收益的现值。

$$PV_n = 800 \times \left(\dfrac{P}{F},12\%,6\right) = 800 \times 0.5066 = 405.28(万元)$$

(二)年金终值和复利的计算

有时运输企业的一些收付款项会在一段时期内多次发生,这些款项的金额相等,发生的时间间隔相等,例如等额分期付款购买运营车辆、每年末支付下一年度站场租金或车辆保险费、每期支付的债务利息等。这时就需要引入年金的计算方法。年金是指发生的金额相等、时间间隔相等的系列现金流入或现金流出。年金可以分为普通年金、预付年金、递延年金和永续年金四种。

1. 普通年金终值和现值的计算

普通年金,又称为后付年金,是指等额现金流入或流出发生在各期期末的年金。这是较为常见的一种年金形式。

普通年金终值是指每期期末发生的现金流入或流出的复利终值之和。其计算公式如下：

$$FVA_n = A \cdot \frac{(1+i)^n - 1}{i} = A \cdot FVIFA_{i,n} \qquad (2-3)$$

式中，FVA_n 为普通年金终值；$FVIFA_{i,n}$ 为普通年金终值系数；A 为年金。

普通年金终值公式推导思路如图 2-2 所示。

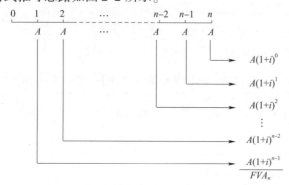

图 2-2　普通年金终值计算示意图

式(2-3)中的 $\frac{(1+i)^n - 1}{i}$ 称为年金复利终值系数，用符号 $FVIFA_{i,n}$ 或 $(\frac{F}{A}, i, n)$ 表示，其数值可以查阅"年金终值系数表"(见本书附录 3 中的附表 3-1 和附表 3-2)获得。

【例2-3】 某客运公司根据规划需要五年后改扩建其地区中心站，计划连续五年每年将公司年收入的 5%(即 100 万元)用于建立改扩建基金。假定银行借款年利率为 10%，试估算五年后该中心站改扩建项目可用的资金数额。

$$FVA_n = 100 \times FVIFA_{10\%, 5} = 100 \times 6.1051 = 610.51（万元）$$

普通年金现值是指每期期末发生的现金流入或流出的复利现值之和。其计算公式如下所示：

$$PVA_n = A \cdot \frac{1 - \frac{1}{(1+i)^n}}{i} = A \cdot PVIFA_{i,n} \qquad (2-4)$$

式中，PVA_n 为普通年金现值；$PVIFA_{i,n}$ 为普通年金现值系数。

普通年金现值公式推导思路如图 2-3 所示。

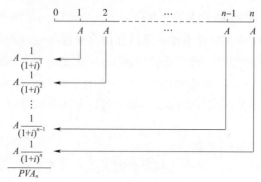

图 2-3　普通年金现值计算示意图

式(2-4)中的 $\dfrac{1-\dfrac{1}{(1+i)^n}}{i}$ 是普通年金系数,用符号 $PVIFA_{i,n}$ 或 $\left(\dfrac{P}{A},i,n\right)$ 表示,其数值可以查阅"年金现值系数表"(见本书附录4中的附表4-1和附表4-2)获得。

【例2-4】 承上例,如果放弃五年后改扩建的方案,改为现在就直接租用其他站场运营,假定其他条件不变,应该如何决策。

$$PVA_n = 100 \times PVIFA_{10\%,5} = 100 \times 3.7908 = 379.08(万元)$$

也就是说,租金的现值不能超过379.08万元,否则应该采用自建方案。

2. 预付年金终值和现值的计算

预付年金,又称先付年金,是指等额现金流入或流出发生在各期期初的年金。预付年金终值是指每期期初发生的等额现金流入或流出的复利终值之和。由于预付年金的现金流发生在每期期初,n期预付年金在计算各期年金的终值时,都要比n期普通年金各期终值多计一期利息。因此由n期普通年金终值推导n期预付年金终值时,就需要在n期普通年金终值基础上乘以$(1+i)$。n期预付年金终值也可以由$n+1$期普通年金终值推导。与$n+1$期普通年金终值相比,n期预付年金终值少一次现金流,因此n期预付年金终值可以采用在$n+1$期普通年金终值基础上扣除一次现金流的方法推导。普通年金终值和预付年金终值之间的换算关系如图2-4所示。

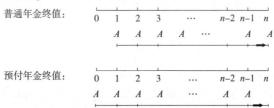

图2-4 普通年金终值和预付年金终值换算关系示意图

n期预付年金终值的计算公式如下:

$$XFVA_n = A \cdot FVIFA_{i,n}(1+i) = A \cdot FVIFA_{i,n+1} - A = A(FVIFA_{i,n+1} - 1) \quad (2-5)$$

式中,$XFVA_n$为预付年金终值。

【例2-5】 某客运公司采用分期付款方式购入10辆客车,需要在5年内每年年初支付80万元,假定利率为9%,试计算5年后的资金总额。

$$XFVA_n = 80 \times FVIFA_{9\%,5} \times (1+9\%) = 80 \times 5.9847 \times (1+9\%) \approx 521.87(万元)$$

预付年金现值是指每期期初发生的等额现金流入或流出的复利现值之和。由于预付年金的现金流发生在每期期初,n期普通年金现值在计算各期年金现值时,都要比n期预付年金现值多折现一期。因此由n期普通年金现值推导n期预付年金现值时,就需要在n期普通年金现值基础上乘以$(1+i)$。如果采用$n-1$期普通年金现值推导n期预付年金现值,则需要在$n-1$期普通年金现值公式基础之上多加一次现金流。普通年金现值和预付年金现值之间的换算关系如图2-5所示。

有关预付年金的现值计算公式为:

$$XPVA_n = A \cdot PVIFA_{i,n}(1+i) = A \cdot FVIFA_{i,n-1} + A = A(FVIFA_{i,n-1} + 1) \quad (2-6)$$

式中,$XPVA_n$为预付年金现值。

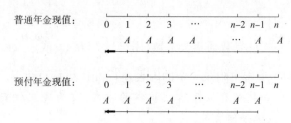

图 2-5 普通年金现值和预付年金现值换算关系示意图

【例 2-6】 某客运公司为所属车队购买油卡。如果采用分期付款方式,每季度初向加油站支付 50 万元。假定利率为 8%,如果采用年初一次付清的方式,应该支付加油站多少金额。

$$XPVA_n = 50 \times PVIFA_{8\%,4} \times (1+8\%) = 50 \times 3.3121 \times 1.08 \approx 178.85(万元)$$

3. 递延年金终值和现值的计算

递延年金是指第一次等额现金流发生在若干期以后的年金。由于递延期的存在,递延年金现值的计算相对复杂。基本计算思路有两种:一是先计算实际有等额现金流发生的 n 期年金的年金现值,再将其从递延期(m 期)期末折现到期初;二是假定递延期内也有等额现金流发生,计算 $(m+n)$ 期等额现金流的年金现值,再扣除实际没有等额现金流发生的递延期(m 期)的年金现值。递延年金现值计算过程如图 2-6 所示。

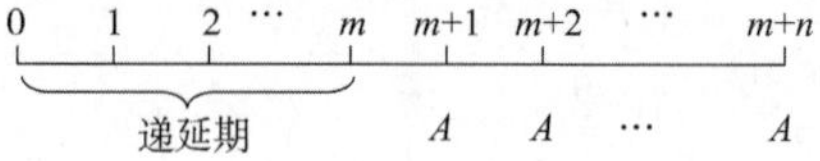

图 2-6 递延年金现值计算示意图

其计算公式如下所示:

$$V = A \cdot PVIFA_{i,n} \cdot PVIF_{i,m} = A \cdot (PVIFA_{i,m+n} - PVIFA_{i,m}) \tag{2-7}$$

【例 2-7】 某客运公司拟新建一座枢纽站,建设期 3 年,建成后枢纽站每年的净收益可以达到 800 万元。预计该站可以使用 10 年,10 年之后按照市政规划可能需要整体搬迁。假定资金成本率 8%,测算净收益的现值。

$$P = A \cdot PVIFA_{8\%,10} \cdot PVIF_{8\%,3} = 800 \times 6.7101 \times 0.7938 \approx 4261.18(万元)$$

4. 永续年金终值的计算

大多数年金都是在某一特定期间内有等额现金流发生,因此都可以计算出其终值和现值。但有一种特殊年金没有结束的时间,等额现金流会一直持续发生,称为永续年金。例如,永续债券、优先股股息和固定股利政策下的普通股股利,是永续年金的典型代表。

永续年金没有终止的时间,因此不存在终值的计算问题。但是永续年金有现值,其现值的计算可依据普通年金现值计算公式导出。其推导过程如下:

$$PVA_n = A \cdot \frac{1 - \frac{1}{(1+i)^n}}{i}, \text{当 } n \to +\infty \text{ 时}, PVIFA_{i,\infty} = \frac{1}{i}$$

所以:

$$V_0 = A \cdot \frac{1}{i} \tag{2-8}$$

【例 2-8】 某客运公司执行固定股利政策,普通股每股发放固定股利 0.1 元。假定某股东拥有该公司普通股10万股,假定利息率为4%,则其拥有的普通股现值为:$PV = A \times \dfrac{1}{i} = \dfrac{10 \times 0.1}{4}\% = 25(万元)$。

(三)资本时间价值计算中的特殊问题

1. 折现率的测算

在前面的计算中,我们假定折现率是既定的,但实务中有时需要根据已知的计息期数、终值和现值,采用内插法测算折现率。

【例 2-9】 某运输公司拟于2018年1月1日以每张债券1015元的价格购入票面金额为1000元的5年期债券若干,其票面利率为4%,到期一次还本付息。该公司持有该债券至到期日。试计算该债券的实际收益率。

计算步骤如下:

根据题意可知:

$$1015 = 1000 \times (1 + 4\% \times 5) \times \left(\dfrac{P}{F}, i, 5\right)$$

则:

$$\left(\dfrac{P}{F}, i, 5\right) = \dfrac{1015}{1200} = 0.8458$$

查年金现值系数表可知:

$$\left(\dfrac{P}{F}, 3\%, 5\right) = 0.8626, \left(\dfrac{P}{F}, 4\%, 5\right) = 0.8219$$

因此,债券实际收益率应该: $3\% < i < 4\%$

假设 $x = i - 3\%$,根据内插法原理可得:

$$\dfrac{x}{1\%} = \dfrac{0.8626 - 0.8458}{0.8626 - 0.8219}, x \approx 0.4128\%$$

因此,债券实际收益率:

$$i = 3\% + 0.4128\% = 3.4128\%$$

同理,在已知折现率、终值和现值的情况下,也可以计算出计息期数。

2. 计息期短于一年的问题

资本时间价值计算过程中的计息期不一定总是一年,有可能是季度、月或日。当计息期短于一年、年内需要复利几次时,资本时间价值的实际利率会大于名义利率。实际利率和名义利率之间的换算关系为:

$$i = \left(1 + \dfrac{r}{m}\right)^m - 1 \tag{2-9}$$

式中,r为名义利率;m为每年复利次数;i为实际利率。

为计算精确,通常不用将名义利率换算成实际利率,而是将公式中的年利率换算为期利率 $\left(\dfrac{r}{m}\right)$,期数相应变为 $(m \times n)$ 期,再进行计算。例如某客运公司以银行贷款方式筹集1000万元资金用于站场建设。贷款期限4年,利率8%,半年支付一次利息,测算时可以将其换算为8期、利率4%的贷款进行计算。

第二节　运输企业风险与报酬

运输企业进行投资和经营活动的目的是期望未来能够获得更多的资金。投资和经营活动的财务绩效可以通过报酬衡量。但是，报酬获得的预期结果具有不确定性，即受风险的影响。因此，运输企业作出投资或经营决策前，不仅需要测度预期报酬的大小，还需要测度实现这一预期报酬的风险程度。

一、运输企业风险与报酬的概念

（一）风险与报酬的概念

财务中的报酬可以理解为运输企业进行财务活动所获得的超过初始投资金额的收益。通常采用绝对数和相对数两种形式表示，即投资所得扣除初始投资额后的增加额，或该增加额与初始投资额的比值。

报酬的取得需要在一定时期内和一定条件下实现。所处时期和条件的变化会导致风险变化，从而影响预期报酬的实现。风险是运输企业进行财务管理工作不可忽视的重要影响因素。例如，德新交运（603032）在2016年12月的《首次公开发行股票招股意向书》第四节"风险因素"中将公司面临的铁路竞争、客运站竞争、燃料成本波动、人力成本上升等20项风险向投资人进行充分揭示。这些风险因素会影响投资人的投资决策，同样也会影响德新交运的筹资管理工作。

风险常与不确定性联系在一起，但是两者之间是有区别的。风险性财务活动是指未来情况不能完全确定，但各种情况发生的可能性（即概率）为已知的财务活动。不确定性财务活动是指未来情况不仅不能完全确定，而且各种情况发生的可能性也不清楚的财务活动。实务中二者往往难以区分，因此统称为风险性财务活动。

（二）风险的分类

风险管理的目的是将风险控制在合理范围内。因此，运输企业需要了解风险产生的原因和影响范围。

按照风险产生的原因，可以将风险分为经营风险和财务风险。

（1）经营风险。经营风险是指运输企业在未来获取营业利润过程中由于存在某种不确定性而产生的风险，例如燃料成本波动、人力成本上升、业绩下降等运输企业内部原因和铁路竞争、客运站竞争等外部环境的变化给运输企业经营带来的风险。

（2）财务风险。财务风险是指运输企业因筹资或资金运用不当引发的风险。以负债为例，负债是典型的筹资方式之一，借债可以解决企业资本短缺的困难，债务的财务杠杆作用还可提高企业权益资本盈利能力。但是按时付息到期还本增加了运输企业的财务风险和破产可能性。对于盈利能力强、负债总额适度、债务利息低、还款期限长的运输企业，其现金周转压力相对较小；反之则较大。

按照风险的影响范围，可以将风险分为系统风险和非市场风险。

（1）系统风险。系统风险是指那些对所有投资主体都会产生影响的因素引起的风险，例如政治环境稳定性、经济衰退、通货膨胀和利率变化等。这类风险源自企业外部,发生时所有企业都会受到影响,表现为整个市场平均报酬率的变动。这类风险涉及所有的投资主体和投资对象,企业无法控制和回避,不能通过多元化经营予以分散,因此又称为不可分散风险或市场风险。例如投资者进行股票投资,当经济衰退时,各种股票的价格都将受到影响,不论投资何种股票,都要承担由此带来的风险。

(2)非系统风险。非系统风险是指那些发生在个别企业的特有事件引起的风险,例如某些运输企业某项投资失败的风险、部分班线面临铁路竞争的风险等。这类事件的发生是随机的,并非整个市场上所有企业都要面对,投资者或经营者可以通过相关手段来分散或控制这类风险,因此这类风险又称为可分散风险或企业风险。

(三)风险和报酬的关系

投资的风险报酬,也称投资的风险收益,是指投资者由于冒着风险进行投资而要求获得超过资本时间价值的那部分额外收益。投资风险报酬有两种表示方式:一种是用绝对数表示,即风险报酬额;另一种是用相对数表示,即风险报酬率(风险收益额与原投资额的比率)。

投资项目内在特性及其外部市场环境决定项目风险的大小。基于经济人假设,当投资报酬率相同时,投资者会选择风险较低的投资。而为了吸引投资者,高风险的项目必须提高投资报酬率。因此,投资项目的风险与其报酬之间具有匹配性,这是市场竞争的必然结果。但是,由于风险报酬计算中的关键因素具有一定的假定性,这使得预计的期望投资报酬率和实际收益率之间存在偏差。

投资报酬率由两部分构成:一是在不考虑通货膨胀的情况下,投资者所要求的无风险报酬率;另一部分是风险报酬率,它与风险大小有关,风险越大则要求的风险报酬率也应越高,反之则越低。因此,投资者的期望投资报酬率可表示为:

$$R_i = R_F + R_p \tag{2-10}$$

式中,R_i为期望投资报酬率;R_F为无风险报酬率;R_p为风险报酬率。

实务中,无风险报酬率通常用短期国库券利率表示,风险报酬率则受风险偏好和项目风险程度的影响。风险偏好可以用风险报酬斜率衡量,一般可以通过统计方法测定。如果投资者都愿意冒风险,风险报酬斜率就小,风险溢价不大;如果投资者不愿意冒风险,风险报酬斜率就大,风险附加就高。风险程度可以用标准差或变异系数来计量。

运输企业财务管理工作几乎都是在风险和不确定性情况下进行的,离开了风险因素,就无法正确地评价运输企业报酬的高低。

二、单项投资风险与报酬的确定

风险广泛存在于运输企业的筹资管理、投资管理、经营管理和分配管理的各项财务活动中。因此,正视风险的存在,准确测算、分析和判断风险程度,进而合理控制风险已经成为运输企业财务管理的一项重要工作。为了能够更精确地测算投资项目的风险程度,一般将投资项目分为单项投资和投资组合两大类,根据其特性选择不同的测算方法。

根据定义,风险具有不确定性,实际收益与预期收益之间的差异可能表现为风险收益,也可能是风险损失,并且风险收益或风险损失有各种可能结果,因此与风险相关的变量属于随机变量。对于单项投资,一般可以采用概率和统计的方法,用预期收益率和离散系数对风险进行估计。

(一) 概率

概率是表示随机事件可能性大小的数值。通常把肯定发生的事件的概率定为1,把肯定不会发生的事件的概率定为0,随机事件的概率介于0和1之间。概率越接近于1,表示该事件发生的可能性越大,反之则表示该事件发生的可能性越小。如果用 X 表示随机事件,X_i 表示随机事件的第 i 种结果,P_i 表示出现该种结果的相应概率,则概率必须符合两个要求:①$0 \leq P_i \leq 1$;②$\sum P_i = 1$。

如果把某一事件可能的结果 X_i 都在横坐标上表示,对每一结果给予一定的概率 P_i 并在纵坐标上表示,则可以构成某一事件的概率分布。概率分布是指用于表述随机变量取值的概率规律。

事件的概率表示了一次试验中某一个结果发生的可能性大小。若要全面了解,则必须知道试验的全部可能结果及各种可能结果发生的概率,即随机试验的概率分布。在实际应用中,概率分布为两种类型:一种是离散型概率分布,其特点是概率分布在各个特定的点上;另一种是连续型概率分布,其特点是概率分布在连续图像上两个点的区间上。

(二) 期望值

期望值是指投资项目未来收益的各种可能结果的加权平均值,表明投资者合理的预期收益。其计算公式为:

$$\hat{r} = \sum_{i=1}^{n} P_i r_i \tag{2-11}$$

式中,$\hat{r}$ 为单项投资的期望报酬率;P_i 为第 i 种可能结果发生的概率;r_i 为第 i 种可能结果的期望报酬率。

【例 2-10】 某运输公司投资旅游观光车队项目。依据市场调研,预计在三种情况下可以获得的净收益及相应的概率如表2-2所示。试计算该投资项目净收益率的期望值是多少?

某运输公司预计净收益概率分布表　　　　　表2-2

市场情况	预计年净利收益率	概　率
繁荣	30%	0.20
一般	20%	0.50
疲软	-10%	0.30

$$\hat{r} = 30\% \times 0.20 + 20\% \times 0.50 - 10\% \times 0.30 = 13\%$$

(三) 标准差

标准差是反映一组数据离散程度最常用的量化形式。财务上,可作为度量稳定性的指标。标准差数值越大,代表报酬偏离平均数值越大,报酬较不稳定,故而风险越高。相反,标准差数值越小,代表报酬较为稳定,风险亦较小。标准差的计算公式如下:

$$\sigma = \sqrt{\sum_{i=1}^{n} (r_i - \hat{r})^2 P_i} \tag{2-12}$$

式中,σ 为单项投资的标准差;r_i 为第 i 种可能结果的期望报酬率;$\hat{r}$ 为单项投资的期望报酬率;P_i 为第 i 种可能结果发生的概率。

【例2-11】 承例2-10,该项目的标准差为:

$$\sigma = \sqrt{(30\% - 13\%)^2 \times 0.2 + (20\% - 13\%)^2 \times 0.5 + (-10\% - 13\%)^2 \times 0.3}$$
$$= \sqrt{0.0241} \approx 15.524\%$$

(四)离散系数

标准差反应期望值的离散程度,用于比较期望值相同投资项目的风险程度。对于期望值不同投资项目的风险程度,需要引入离散系数进行比较。离散系数是标准差与期望值之间的比值,说明单位报酬的风险水平。离散系数与风险成正比,离散系数大,说明风险大,反之亦然。其计算公式如下:

$$CV = \frac{\sigma}{\hat{r}} \tag{2-13}$$

式中,CV 为单项投资的离散系数;$\hat{r}$ 为单项投资的期望报酬率;σ 为单项投资的标准差。

【例2-12】 某运输公司投资旅游车队,有A、B两个执行方案。A方案期望值为19%,标准差为7%;B方案期望值为23%,标准差为9%。试在A、B两个执行方案中做出选择。

$$CV_A = 7\% \div 19\% \approx 0.368$$
$$CV_B = 9\% \div 23\% \approx 0.391$$

CV_A 小于 CV_B,说明A方案的风险小于B方案,应该选择A项目。

三、投资组合风险与报酬的确定

出于分散风险的目的,投资者会投资于两种或两种以上的资产,构成投资组合,降低投资风险,提高实现期望报酬的可能性。

(一)投资组合的期望值

计算投资组合的期望值,必须考虑组合中单项投资的期望值和该项投资金额在投资组合中所占比例,采用加权平均的方法计算。计算公式为:

$$\hat{r}_p = w_1\hat{r}_1 + w_2\hat{r}_2 + \cdots + w_n\hat{r}_n = \sum_{i=1}^{n} w_i\hat{r}_i \tag{2-14}$$

式中,$\hat{r}_p$ 为投资组合的期望报酬率;w_i 为第 i 种单项投资在组合中的比重;$\hat{r}_i$ 为第 i 种单项投资的期望报酬率。

【例2-13】 假定某运输公司将100万元投资于A、B、C三种股票,其中投资A股票20万元,B股票50万元,C股票30万元。A、B、C三种股票的预期报酬率分别为12%、9%和10%,则该投资组合的预期报酬率为:

$$\hat{r}_p = 20\% \times 12\% + 50\% \times 9\% + 30\% \times 10\% = 9.9\%$$

(二)投资组合的风险

投资组合的风险测算不仅取决于组合中单项投资的风险和各单项投资金额占组合总金额的比重,还与各单项投资之间的相互关系有关。通常可以采用相关系数 ρ 度量组合中单项投资报酬同时变动的趋势。

相关系数 ρ 的取值范围是 $[-1,1]$。如果两只股票的相关系数 $\rho = 1$,说明这两只股票完全正相关。两只完全正相关的股票,其报酬呈同向变动。由这样的两只股票组成投资组合,投资组合的标准差与单项股票的标准差相同,起不到分散风险的作用。如果两只股票的相关系数 $\rho = -1$,说明这两只股票完全负相关。两只完全负相关的股票,其报酬呈反向变动。由两只完全负相关的股票组成的投资组合,能够分散所有风险。一般随机挑选的两只股票的相关系数多在 0.5~0.7 之间。随着构成投资组合的单项投资个数的增加,投资组合的风险会有所下降,并趋于某一临界值。这表明,投资组合能够分散部分风险,但是不能完全消除对整个市场产生影响的风险因素。能够通过投资组合分散的是可分散风险,通常由影响某些公司的随机事件导致,如某一家公司发生安全事故、大客户流失、投资失败等。无法通过投资组合分散的是市场风险,通常由影响市场上大多数公司的因素产生,如经济增速减缓、通货膨胀、国家财政货币政策变化等。

市场风险的大小通常采用 β 系数表示。β 系数是反映单项投资或投资组合收益率与市场平均收益率之间变动关系的量化指标。即相对于整个市场平均风险而言,单项投资或投资组合市场风险的大小。β 系数的计算公式如下:

单项投资 β 系数计算公式:

$$\beta_i = \rho_{im} \frac{\sigma_i}{\sigma_m} \tag{2-15}$$

投资组合 β 系数计算公式:

$$\beta_p = \sum_{i=1}^{n} w_i \beta_i \tag{2-16}$$

式中,β_i 为第 i 种资产的 β 系数;ρ_{im} 为第 i 只股票报酬与市场平均报酬的相关系数;σ_i 为第 i 只股票报酬的标准差;σ_m 为市场平均报酬的标准差;β_p 为投资组合的 β 系数;w_i 为第 i 种资产占投资组合的比重。

承例 2-13,假定 A、B、C 三种股票的 β 系数分别为 2、1.5 和 0.8,则该投资组合的 β 系数为:$20\% \times 2 + 50\% \times 1.5 + 30\% \times 0.8 = 1.39$。计算结果表明该投资组合报酬率的变动幅度是市场组合报酬率变动幅度的 1.39 倍,即市场平均报酬率上涨 20% 时,该投资组合报酬率上涨 $20\% \times 1.39 = 27.8\%$,市场平均报酬率下降时亦然。这说明该投资组合的系统风险大于市场平均风险。

(三)投资组合的风险报酬率

通过投资组合,投资者分散了大部分的可分散风险,只承担了市场风险,投资者要求的补偿也仅针对市场风险。因此投资组合的风险报酬率是投资者因为承担市场风险而要求的超过时间价值的那部分额外报酬率。其计算公式为:

$$R_p = \beta_p (R_m - R_F) \tag{2-17}$$

式中,R_p 为投资组合的风险报酬率;β_p 为投资组合的 β 系数;R_m 为市场平均报酬率;R_F 为无风险报酬率。

承例 2-13,假定此时股票市场的平均市场报酬率为 15%,无风险报酬率为 10%,则该投资组合的风险报酬率为:

$$R_p = 1.39 \times (15\% - 10\%) = 6.95\%$$

四、资本资产定价模型(CAPM)

投资组合的必要报酬率包含无风险报酬率和补偿组合市场风险而要求的风险报酬率,

而风险报酬率又可以用投资组合的 β 系数与市场平均风险报酬率表示。由此可以得到资本资产定价模型的一般形式：

$$R_i = R_F + \beta_p(R_m - R_F) \qquad (2\text{-}18)$$

式中，R_i 为投资组合的必要报酬率；R_F 为投资组合的无风险报酬率；β_p 为投资组合的 β 系数；R_m 为市场平均报酬率。

该模型是威廉·夏普等学者于 20 世纪 60 年代提出的，用以解释市场均衡条件下预期收益率与风险之间的关系。资本资产定价模型建立在一系列严格假设基础之上，主要包括：市场是均衡的且不存在摩擦，市场参与者都是理性的，不存在交易费用，税收不影响资产的选择和交易等。

承例 2-13，采用 CAPM，该公司股票投资组合的预期报酬率为：

$$R_i = 10\% + 1.39 \times (15\% - 10\%) = 16.95\%$$

一般可以用证券市场线 SML 来表示资本资产定价模型，通过图形说明必要报酬率与风险之间的关系（图 2-7）。

如图 2-7 所示，无风险收益率不变，表明无风险收益率的大小与风险程度无关；随着投资项目风险的增加，风险报酬率也随之增加。

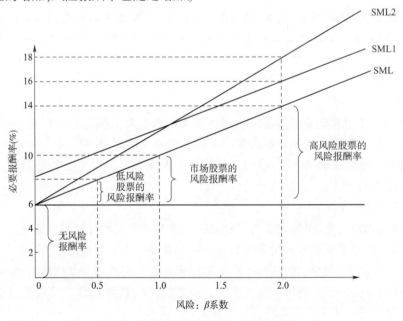

图 2-7　必要报酬率与风险关系示意图

无风险报酬率由两部分组成，一是无通货膨胀报酬率，表明资本的时间价值；二是通货膨胀贴水，等于预期的通货膨胀率。当预期通货膨胀上升，无风险报酬率将随之上升，投资组合的市场平均报酬率相应增加，SML 线平移至 SML1 的位置。SML 线的斜率反映了投资者的风险偏好。斜率越大说明投资者越倾向于规避风险，在同样风险水平上要求的报酬率越高，SML 线移动至 SML2 的位置；反之亦然。

CAPM 将风险和收益的关系用简单的关系式表达。这一贴切表述被财务、金融从业者和经济学家普遍认可。但是该模型本身具有一定局限性，主要包括假设条件与实际不符、只适用于资本资产测算、β 系数较难估计等。

【案例2-1】 德力西新疆交通运输集团股份有限公司首次公开发行股票的风险因素分析。

德力西新疆交通运输股份有限公司于2016年12月15日发布招股意向书,公司拟公开发行人民币普通股,发行数量占发行后公司总股本比例不低于25%,且不超过3334万股。在招股意向书中,公司提醒投资者特别注意下述各项风险。

一、铁路竞争风险

2014年5月至2015年10月,新疆地区相继开通运营乌鲁木齐—克拉玛依、乌鲁木齐—奎屯、乌鲁木齐—哈密、西宁及兰州以及乌鲁木齐—库尔勒的城际列车和动车组。根据《新疆维吾尔自治区国民经济和社会发展第十三个五年规划纲要》,将建设丝绸之路经济带重大骨干铁路项目,加快新疆地区区域性铁路项目建设,不断完善路网结构,扩大路网覆盖面,实现重点城市间铁路连接,提高铁路网运输能力,到2020年,铁路营运里程达到9627km,五年新增3473km。因此,虽然公司积极采取各项措施,但仍将在一定程度上面临新疆地区铁路旅客运输逐步发展对公路客运带来的不利影响。

二、燃料成本波动风险

新疆地域较大,区域柴油零售价格存在一定差异,且受冬季时间长短以及气温高低等因素的影响,公司会使用到各种高低标号的柴油。成品油价格波动,不可避免地对公司道路运输业务的利润率水平产生一定的影响。公司进行了天然气客车的更新,使得整体燃料成本得到一定程度的降低。但是天然气价格的波动一定程度上影响到公司的盈利水平。

三、客运站竞争风险

2016年7月1日试运营的乌鲁木齐高铁新客站作为火车客运站和枢纽中心,同时设计了长途客车站和长途客车停车场等功能。虽然公司未来将通过联网售票、客运配载等方式尽可能降低客运站客流量的下降风险,但铁路客运对原有客运站的班线数量和客流依然存在一定的分流影响。

四、业绩下降风险

铁路线路(北疆之星、南疆之星、兰新高铁等)开通对公司客运班线运输产生冲击。2016年1—9月经审阅的营业收入同比下降21.63%,扣除非经常性损益后,归属于母公司所有者的净利润同比下降35.31%;2016年全年预测的营业收入同比下降22.25%,扣除非经常性损益后,归属于母公司所有者的净利润同比下降27.90%;铁路线路建设在新疆地区的推进会造成公司业绩进一步下降的风险。

五、责任经营风险

公司道路客运经营方式实行责任经营、公车公营和合作经营并行的经营方式,与责任经营者签署的《道路客运班车责任经营合同》,约定线路车辆的目标利润。如果个别责任经营者不能完成约定的目标利润,则会对公司道路客运业务盈利能力构成不利影响。

六、募投项目实施风险

本次募集资金将用于增资准东交运投资"准东经济技术开发区五彩湾二级客运站项目"及"天然气客车更新项目"。虽然准东地区未来具有良好的发展前景,公司也对该项目进行了充分的可行性研究与论证,但由于未来发展的不确定性,项目实施过程中仍可能受到客流量未达到预测水平等不可预见因素带来的项目效益不确定性等方面的影响,项目投产后固定资产折旧费用的增加也可能影响公司盈利水平。

七、规模扩张带来的管理风险

随着公司现有业务的不断发展以及未来业务的拓展,公司的资产规模、线路数量、经营覆盖范围和人员数量都将不断扩大,这对公司管理层的专业技术与管理水平提出了更高的要求。因此,如果公司管理层未来不能不断提升现有业务的现代化管理水平以及对扩张部分进行有效的规范化、集约化整合,有可能影响公司经营的安全水平与盈利能力。

八、人力成本上升风险

公司所属的道路旅客运输行业属于劳动密集型行业,虽然公司可以通过加强运营管理的精细化水平以及进行天然气客车改造等手段,降低其他成本项目的支出,但公司的生产经营仍面临人力成本不断上升的不利影响。

九、班线无法重新许可风险

道路客运企业应当依照相关规定向道路运输管理机构申请,取得道路客运经营的行政许可和道路客运班线经营许可。客运经营权届满须重新申请许可。虽然公司通过加强经营管理;提高运行监控技术和加强安全教育等方式、方法尽量减少影响班线重新获得许可的事项,但仍然面临相关事项发生导致公司线路到期后无法重新获得许可的风险。

第三节 证券估值

运输企业经常会面临筹资或者投资决策问题。无论是以发行股票或债券方式筹集资金,还是进行股权或债权投资,都需要运用估值理论对所发行的证券或购买的资产进行估价,进而根据价值原理确定证券或资产的价格。证券估值是财务管理理论和实践的基本问题之一。

一、证券估值概述

证券估值是指对证券价值的评估,这是证券交易的前提和基础,也是证券交易的结果。有价证券本身并没有价值。投资者决策时会假设证券存在一个由证券自身的内在属性或者基本面因素决定、不受外在因素影响的价格,即内在价值。对有价证券内在价值的判断受证券预期收益和市场利率的影响。而有价证券市场价格的波动则取决于有价证券的供求和同时期货币的供求。市场价格基本上是围绕着内在价值形成的。在完全有效市场中,两者是一致的。

由于每个投资者掌握的证券相关信息不同,对未来市场利率、通货膨胀率、汇率等的预期也不一致,因此在同样的市场条件下,采用相同的模型,不同投资者计算出来的内在价值也会有差异。

二、债券估值

债券是政府、金融机构、工商企业等直接向社会举借债务筹借资金时,向投资者发行,同时承诺按一定利率支付利息并按约定条件偿还本金的债权债务凭证。

(一) 债券估值的影响因素

尽管债券种类多种多样,不同债券发行合同中的具体条款也不尽相同,但是在内容上都要包含一些基本的要素。这些要素是指债券上必须载明的基本内容,是明确债权人和债务人权利与义务的主要约定,具体包括以下几项。

1. 票面价值

债券票面价值是发行人对债券持有人在债券到期后应偿还的本金数额,也是向债券持有人按期支付利息的计算依据。债券的面值与债券实际的发行价格并不一定是一致的,发行价格大于面值称为溢价发行,小于面值称为折价发行,等于面值时称为平价发行。

2. 票面利率

债券票面利率是指债券利息与债券面值的比率,是发行人承诺以后一定时期支付给持有人报酬的计算标准。债券票面利率的确定主要受银行利率、发行人资信状况、偿还期限和利息计算方式以及当时市场资金供求情况等因素的影响。

3. 债券期限

债券期限是指债券偿还本金的期限,即债券发行日至到期日之间的时间间隔。通常发行人会结合自身资金周转状况以及外部资本市场的各种影响因素来确定。

4. 市场利率(折现率)

除上述三个会在债券发行时明确的要素之外,债券估值还会受市场利率(折现率)的影响。由于债券估值时需要将未来不同时间点发生的收益折算到投资决策的时间点时,因此估值时所选择的市场利率(折现率)同样会影债券内在价值的大小。

(二) 债券估值的方法

持有债券的未来收益是持有期按期取得的债券利息和到期偿付的本金,按照债券估值的原理,债券的估值公式为:

$$V_B = \frac{I}{(1+r)} + \frac{I}{(1+r)^2} + \cdots + \frac{I}{(1+r)^n} + \frac{M}{(1+r)^n} = I \cdot PVIFA_{r,n} + M \cdot PVIF_{r,n} \quad (2-19)$$

式中,V_B 为债券的内在价值;I 为债券的票面利息;M 为债券的票面面值;r 为债券的市场利率;n 为债券的期限。

【例 2-14】 对于 5 年期面值 1000 元、票面利率 10% 的债券,某运输企业在平均资本收益率 12% 的情况下应如何作出投资决策。

$$V_B = 1000 \times 10\% \times PVIFA_{12\%,5} + 1000 \times PVIF_{12\%,5}$$
$$= 100 \times 3.6048 + 1000 \times 0.5674 = 927.88(元)$$

说明该债券的价值在折现率 12% 时为 927.88 元,只有在债券市场价格等于或低于 927.88 元时,该运输企业才能够进行投资,否则无法达到目前 12% 平均资本收益率水平。

除了分期付息到期还本的债券之外,债券还有单利计算到期一次还本付息、永续债券和贴现发行债券等不同形式。估值时应当注意不同种类债券未来在现金流方面的差别。

理论上市场利率和票面利率应当保持一致,但是市场利率会根据市场资金供求状况随时改变,而票面利率一旦确定则不再改变,这就会出现票面利率与市场利率不一致的情况。当债券票面利率高于市场利率时,投资债券获得的收益就会高于投资其他项目获得的收益,投资者必将乐于购买。这时债券内在价值会高于债券面值,实际发行价格会高于票面面值,这种情况称为溢价发行。实际发行价格高于票面面值的差额部分,称为债券溢价。发行债券的运输企业未来按票面利率支付债权人利息,溢价部分是对未来多付利息所做的提前补偿;当债券票面利率低于市场利率时,投资债券获得的收益就会低于投资其他项目获得的收益,投资者会转而投资其他高利率的项目。这时发行债券的运输企业会以低于票面面值的价格出售债券以吸引投资者,这种情况称为折价发行。实际发行价格低于票面价值的差额部分称为债券折价,发行企业未来按票面利率支付利息,债券折价实际上是对债权人今后少收利息的一种提前补偿。

三、股票估值

股票是股份公司发行的所有权凭证,是股份公司为筹集股权资金而发行给各个股东作为持股凭证并借以取得股息和红利的一种有价证券。股票伴随着股份公司的产生而出现,至今已有近400年的历史。目前发行股票已经成为大企业筹集股权资本的重要方式,亦是投资者投资的基本选择方式。

(一)股票估值的影响因素

为了更准确地对股票进行估值,我们需要了解以下因素对估值结果的影响。

1. 股票价格

股票价格是指股票在证券市场上发行或买卖时的交易价格,也是投资者进行股票投资的投资金额。股票作为一种凭证,本身并没有价值。形成高低不同的股票价格的原因是它未来能够给投资者带来股利收入或者资本利得,买卖股票实际是购买或出售一种未来获取更高收益的凭证。股票价格受诸多因素影响,例如公司的经营状况、信誉、发展前景、股利分配政策以及公司外部的经济周期变动、利率、货币供应量和国家政治、经济重大政策等都是影响股价波动的潜在因素,而股票市场中发生的交易量、交易方式等因素也会造成股价短期波动。

2. 股利

股利是投资者进行股票投资所获得的收益,分为优先股股息和普通股红利两种,通常并不特别加以区分,可以统称为"股利"。优先股股息的派发一般依据合同约定,而普通股红利的派发需要综合考虑企业盈利情况、分配方案等影响因素之后决定。

3. 市场利率

进行股票投资决策时,同样需要将未来获取的收益折算到投资决策的时间点,投资者所选择的市场利率(折现率)同样会影响股票的内在价值。不同投资者由于对风险和必要收益率的判断不尽相同,因此估值时所选择的市场利率(折现率)也不同,这就导致不同投资者对同一只股票、同一投资者对不同股票,甚至同一投资者在不同时间对同一只股票估值结果的差异。

(二)股票估值的方法

按照股东权利和义务的不同,股票可以分为优先股和普通股。由于这两种股票的风险和未来收益不同,估值所选用的模型也有所区别。

1. 优先股

优先股股息率通常事先固定,一般不会根据公司经营情况而增减变动,也不能参与公司

的分红,并且可以先于普通股获得股息,因此优先股估值方法近似于债券估值,其公式为:

$$V = D \cdot PVIFA_{r,n} + P \cdot PVIF_{r,n} \tag{2-20}$$

式中,V 为优先股的价值;D 为优先股的股息;P 为优先股的回购价格;r 为市场利率(折现率);n 为优先股的期限。

由于优先股属于股权资本,一般没有到期日,因此也可以近似的用永续年金现值的计算方法确定,其公式为:

$$V = \frac{D}{r} \tag{2-21}$$

【例2-15】 某只优先股每股股息0.3元,目前发行价格4.76元/股,假定运输公司要求的必要报酬率为10%,是否要投资该优先股?

$$V = \frac{D}{r} = 0.3 \div 10\% = 3(元)$$

说明该优先股的价值为3元/股,相比而言其发行价格过高,目前不适于投资。

2. 普通股

普通股估值原理与债券、优先股一样,都采用未来现金流折现模型。但是与债券和优先股每期报酬固定相比,普通股由于每期红利不固定且较难精确预测,导致普通股的估值更为复杂。

普通股的未来收益由持有期间每期红利和股票卖出价格两部分组成。因此,将这两部分未来收益现金流折现,构成的普通股估值公式如下所示:

$$V_0 = \frac{D_1}{(1+r)} + \frac{D_2}{(1+r)^2} + \cdots + \frac{D_n}{(1+r)^n} + \frac{P_n}{(1+r)^n} = \sum_{t=1}^{n} \frac{D_t}{(1+r)^t} + \frac{P_n}{(1+r)^n} \tag{2-22}$$

式中,V_0 为普通股的价值;D_t 为普通股的每期红利;P_n 为普通股的卖出价格;r 为市场利率(折现率)。

如果投资者永久持有普通股,则估值时只考虑将持有期间每期红利折现,因此可以采用以下公式:

$$V_0 = \frac{D_1}{(1+r)} + \frac{D_2}{(1+r)^2} + \frac{D_3}{(1+r)^3} + \cdots = \sum_{t=1}^{\infty} \frac{D_t}{(1+r)^t} \tag{2-23}$$

在预测普通股持有期每期红利时,可以参考运输企业制定的股利分配政策。当企业执行固定股利政策时,普通股持有期每期红利固定,在持续经营假设下,类似于永续年金模型,其估值公式如下:

$$V_0 = \frac{D_1}{(1+r)} + \frac{D_2}{(1+r)^2} + \frac{D_3}{(1+r)^3} + \cdots = \frac{D}{r} \tag{2-24}$$

当运输企业执行固定增长率股利政策时,假定每期红利在基期红利 D_0 的基础之上每期按照 $0.01g$ 的比率增长,则构成固定增长率股利估值模型,其公式如下:

$$V_0 = \frac{D_0(1+g)}{(1+r)} + \frac{D_0(1+g)^2}{(1+r)^2} + \frac{D_0(1+g)^3}{(1+r)^3} + \cdots = \sum_{t=1}^{\infty} \frac{D_0(1+g)^t}{(1+r)^t}$$

整理得:

$$V_0 = \frac{D_1}{r-g} \tag{2-25}$$

【例2-16】 某运输公司持有的某只股票成长性较好,之前按照0.4元/股分红,并且以每年5%的增幅提升,估计一下公司是否应该继续持有该股票。假定目前平均市场报酬率为11%。

$$V_0 = \frac{D_1}{r-g} = 0.4 \times (1+5\%) \div (11\% - 5\%) = 7(元)$$

根据测算结果,只有当市场价格高于7元时企业才应该考虑出售。

现实中运输企业的股利分配政策并非一成不变,而是根据财务环境和企业发展的不同阶段做出相应调整。因此,估值时可以根据企业具体情况采用不同方法。

复习思考题

1. 结合实例谈谈你对于资本时间价值的理解。
2. 举例说明年金在运输企业财务管理实务中的应用。
3. 说明风险和报酬之间的关系以及如何影响运输企业投资决策。
4. 举例说明运输企业面临的可分散风险和市场风险。
5. 举例说明如何通过投资组合降低风险。
6. 如何计算单项投资的风险和报酬?
7. 如何计算投资组合的风险和报酬?
8. 说明应该如何理解CAPM并运用其处理实际问题。
9. 说明β系数的含义以及对于投资组合的影响。
10. 说明如何利用估值模型作出证券投资的决策。

第三章　运输企业筹资管理

运输企业的生存和发展离不开资本的支持。为了落实战略计划，企业需要根据运输生产、对外投资和调整资本结构等需要，通过合理的筹资渠道及恰当的筹资方式，经济有效地筹措资金。本章主要介绍资本需要量的常用预测方法，股权资本、债务资本和混合资本的筹集方式，以及资本成本、财务风险和最佳资本结构测算，帮助运输企业作出科学合理的筹资决策。

第一节　运输企业资本需要量预测

运输企业在企业设立、日常运营和扩大经营规模时，都需要对所需资本的数额进行合理预测，并据此制定筹资计划，以便合理选择筹资方式、安排筹资进度。因此，运输企业的筹资管理首先需要解决的问题是正确预测资本需要量。本节主要介绍预测资本需要量的常用方法。

一、运输企业资本需要量预测依据

(一)法律规定

为维护投资者及债权人的合法权益，保证运输企业设立后有足够的资本金能够正常进行生产经营并独立承担民事责任，我国相关法律对运输企业筹资规模作出以下几方面的限制。

1. 对注册资本的限制

2014年《公司法》被修正后，将注册资本实缴制改为认缴制，采取公司股东(发起人)自主约定认缴出资额、出资方式、出资期限等并记载于公司章程的方式确定。但是法律、行政法规以及国务院决定对公司注册资本实缴有另行规定的除外。例如我国目前对采取募集方式设立的股份有限公司和商业银行、金融资产管理公司等26个行业暂不实行认缴制，对快递企业、公共航空运输企业、国际货物运输代理等17个行业规定了最低注册资本。交通运输企业筹资注册资本时应该遵守相关法律和行政法规的规定。

2. 对企业负债额度的限制

运输企业经营过程中需要通过债券方式取得资本的，需要符合《证券法》第16条"公开发行公司债券"的规定，具体包括：股份有限公司的净资产不低于人民币3000万元，有限责任公司的净资产不低于人民币6000万元；累计债券余额不超过公司净资产的40%；最近三年平均可分配利润足以支付公司债券一年的利息等。如果运输企业发行可转换债券，还应当符合《证券法》关于公开发行股票的条件，并报国务院证券监督管理机构核准。

(二)投资用途及规模依据

资本用途决定了所筹资本的期限和规模,进而影响筹资渠道和筹资方式的选择。运输企业的资本主要用于购买或建造经营用、非经营用场所,购买营运用或行政用车辆和机器设备等固定资产投资,以及满足运输、装卸、堆存等业务日常运营所需。其投资规模应根据国家或地区的运输产业政策、地区客货运输总量、企业战略目标和企业现有运力等因素综合确定。此外,运输企业的筹资规模还受企业自身财务状况的制约,如企业规模、偿债能力、现金流水平等。

近年来,高铁的发展对运输企业带来巨大影响,一方面导致与铁路动车组平行的公路干线客运客流量急剧下降,客运线路减班甚至停运,运输企业的客运业务面临前所未有的压力;另一方面,又促进了公铁联运的发展。运输企业筹资时必须全面考虑新型运输方式对客货运输的冲击和影响。

(三)财政资金或补贴

根据相关政策的规定,运输企业在道路运输站场建设、老旧汽车报废更新、燃料成本等方面能够获得一定金额的财政资金或补贴。

为促进交通运输事业健康发展,中央财政设立了车辆购置税专项转移支付资金,用于公路客货运枢纽(含物流园区)建设等交通运输重点项目和农村客运站建设等一般公路建设项目的支出。为加强资金管理,提高资金使用效益,财政部、交通运输部和商务部将车辆购置税相关转移支付资金整合为车辆购置税收入补助地方资金,并制定了《车辆购置税收入补助地方资金管理暂行办法》(财建〔2014〕654号),对资金支出范围和补助标准、资金申请审核和下达、监督管理等方面作出明确规定。2015年07月29日,交通运输部发布了《交通运输部关于深化交通运输基础设施投融资改革的指导意见》(交财审发〔2015〕67号),规定车辆购置税资金将继续专项用于纳入交通运输行业规划范围的公路客货运枢纽(含物流园区)等重点项目支出;继续专项用于农村客运站建设等一般项目支出。2016年10月,财政部、交通运输部发布了《关于〈车辆购置税收入补助地方资金管理暂行办法〉的补充通知》(财建〔2016〕722号),旨在进一步加强和改进车购税资金管理,加快预算执行,提高资金使用效益。

为加强城乡道路客运成品油价格补助专项资金管理,促进城乡道路客运健康发展,保障国家成品油价格和税费改革顺利实施,财政部、交通运输部发布了《城乡道路客运成品油价格补助专项资金管理暂行办法》(财建〔2009〕1008号),从2010年1月1日起由中央财政预算安排专项资金,对城市公交企业、农村客运和出租汽车经营者因成品油价格调整而增加的成品油消耗成本给与一定金额的补助资金。为进一步加快新能源汽车推广应用,促进公交行业节能减排和结构调整,实现公交行业健康、稳定发展,经国务院批准,财政部、工信部和交通运输部发布了《关于完善城市公交车成品油价格补助政策加快新能源汽车推广应用的通知》(财建〔2015〕159号),从2015年1月1日起对城市公交车成品油价格补助政策进行调整。2016年4月13日,财政部、交通运输部、农业部和国家林业局颁布了《关于调整农村客运、出租车、远洋渔业、林业等行业油价补贴政策的通知》(财建〔2016〕133号),调整农村客运、出租汽车行业油价补贴方式,通过盘活资金存量、转变支持方式、保障支持重点,实现相关支出与用油量及油价脱钩。按通知要求对相关行业油价补贴政策进行调整后,2009年财政部、交通运输部联合发布的《城乡道路客运成品油价格补助专项资金管理暂行办法》同时废止。

各地区具体补贴标准以及补贴金额参照各级主管部门颁布的文件规定执行。

二、运输企业资本需要量预测的方法

(一)因素分析

因素分析法根据运输企业以前年度历史资料,计算有关资本项目的实际平均需求,并分析预测年度经营变动情况如运输业务量变动、资本管理水平提高或者运费结算方式改变等,进行适当调整后计算预测年度资本需要量。这种方法计算简便且易于掌握,适用于企业运输业务线路、种类变化不大的情况,或者对某些品种多、用量小、价格低的运输业务成本项目的匡算。

$$资本需要量 = \begin{pmatrix} 上年实际 \\ 占用 \end{pmatrix} - \begin{pmatrix} 不合理 \\ 占用 \end{pmatrix} \times \begin{pmatrix} 1 \pm \begin{array}{c} 预测期营业 \\ 增减百分比 \end{array} \end{pmatrix} \times \begin{pmatrix} 1 \pm \begin{array}{c} 预测期资本 \\ 周转速度变动率 \end{array} \end{pmatrix} \tag{3-1}$$

(二)回归分析

运输企业的资本变动与运输业务量之间具有相关性。某些种类的资本在一定期间和一定的运输业务量范围内,不受车辆行驶里程和完成周转量多少的影响而保持相对固定,这类资本称为不变资本。主要包括:运输工具固定费用和共同费用,如检验检疫费、车船使用税、劳动保护费、直线法计提营运车辆折旧、租赁费、备件配件、保险费、驾驶及相关操作人员薪酬等。另一部分资本随着车辆行驶里程和完成周转量多少成正比例变动,一般包括燃料和动力费、过桥过路费、轮胎费、修理费、装卸整理费、堆存费以及安全救助费等,这类资本称为变动资本。根据这两类成本的特性,采用回归分析模型可以预测资本需要量,其公式为:

$$Y = a + bX \tag{3-2}$$

式中,Y 为资本需要量;a 为不变资本规模;b 为单位运输业务量所需要的变动资本规模;X 为运输业务量。

预测时,首先利用历史资料来确定 a、b 数值,然后在已知预测年度运输业务量 X 的基础上,确定企业所需资本规模 Y。

【例3-1】 假定 DX 运输公司 2012 年至 2017 年完成的运输业务量和现金需要量资料见表 3-1。

基础数据表　　　　表 3-1

年　度	运输业务量 X (万 t·km)	现金需要量 Y (万元)
2012	120	100
2013	110	95
2014	100	90
2015	120	100
2016	130	105
2017	140	110

假定该公司2018年的运输业务量X为150万t·km，试确定该公司2018年日常现金需要量规模。具体步骤如下：

(1)根据资料，计算出所需数据，如表3-2所示。

现金需要量预测表　　　　　　　　　　　　　　　　　表3-2

年　度	运输业务量X （万t·km）	现金需要量Y （万元）	X_iY_i	X_i^2
2012	120	100	12000	14400
2013	110	95	10450	12100
2014	100	90	9000	10000
2015	120	100	12000	14400
2016	130	105	13650	16900
2017	140	110	15400	19600
合计 $n=6$	$\sum X_i = 720$	$\sum Y_i = 600$	$\sum X_iY_i = 72500$	$\sum X_i^2 = 87400$

(2)将表3-2中数据代入下列联立方程，求出a与b的值。

$$\begin{cases} \sum Y_i = na + b\sum X_i \\ \sum X_iY_i = a\sum X_i + b\sum X_i^2 \end{cases}$$

解得：$a = 40, b = 0.5$。

(3)将a与b的值代入$Y = a + bX$，求得预测模型为：$Y = 40 + 0.5X$。

(4)将2018年预计运输业务量150万t·km代入公式$Y = 40 + 0.5X$，得出2018年现金持有量为115万元。

在应用回归分析法进行预测时，至少应该对3年以上的历史数据进行分析才能取得较为精确的参数，并且应该注意各项目资本需要量与运输业务量之间的线性关系在预测年度内是否发生变化。

(三) 营业收入百分比法

营业收入百分比法是一种较为常用的资本需要量预测方法。该方法易于理解，便于操作，能够为企业提供短期的预计财务报表，满足外部筹资额预测的需要。该方法依据"资产 = 负债 + 所有者权益"的会计恒等式，在假定营业收入与资产负债表、利润表相关项目之间的比例关系已知的前提下，利用预计利润表和预计资产负债表来测算企业外部筹资规模。

1. 预计利润表

利用营业收入百分比法预测资本需要量首先需要完成预计利润表。其主要步骤如下：

(1)根据历史资料确定利润表各项目占营业收入的百分比；

(2)根据运输量调查结果预测下一年度营业收入，并根据已经确定的利润表各项目与营业收入间的百分比，计算预计年度利润表各项目的预计数，编制预计利润表；

(3)利用税后利润预计数与预定的留用比率，计算预测年度留存收益。

【例3-2】JC运输股份有限公司2016年利润表及有关项目见表3-3，预计2017年企业营业收入为400万元。假定企业所得税率为25％。请编制预计利润表预测2017年企业留用利润的金额。

我们可以根据表 3-3 中 2016 年利润表的实际数据，计算 2016 年利润表中各项目占营业收入的百分比，并根据各项目占营业收入百分比和 2017 年企业预计营业收入，完成 2017 年预计利润表。计算过程见表 3-3。

2017 年预计利润表　　　　　　　　　　　　　　　　　　　　表 3-3

项　　目	2016 年实际金额 （百万元）	占营业收入百分比 （%）	2017 年预计金额 （百万元）
一、营业收入	340.63	100	400
减：营业成本	241	70.75	283
税金及附加	6.55		7
销售费用			
管理费用	54.11	15.89	63.56
财务费用	24.69	7.25	29
资产减值损失	0.49		0.56
加：其他收益			
投资收益	65.45		66
二、营业利润	79.24		82.88
加：营业外收入	25.36	—	25.36
减：营业外损失	4.91		4.91
三、利润总额	99.96	—	103.33
减：所得税费用	24.99		25.83
四、净利润	74.97	—	77.5

注：占营业收入百分比栏的数据 = 各项目金额/营业收入；税金及附加在预估基础之上调整得出；企业所得税费用按税法规定计算。

如果 JC 股份有限公司税后利润的留用比例为 60%，则 2017 年的预计留用利润额为：

$$77.5 \times 60\% = 46.5（百万元）$$

2. 预计资产负债表

完成预计利润表之后需要完成预计资产负债表，并确定外部筹资金额。承例 3-2，该企业 2016 年的实际资产负债表见表 3-4。根据 2016 年资产负债表，首先确定资产负债表中与营业收入之间比率关系基本不变的敏感项目。例如，资产中的现金、应收账款及应收票据、存货等项目属于敏感资产项目；负债中的应付票据及应付账款、应交税费等属于敏感负债项目。短期内不会随营业规模的增减变动而发生相应改变的项目属于非敏感项目，包括固定资产、长期股权投资、投资性房地产、递延所得税资产等非敏感资产项目和短期借款、非流动负债等非敏感负债项目。一般按照历史数据资料计算敏感项目占营业收入的百分比，然后乘以预测年度营业收入计算预测年度各项敏感项目的金额。非敏感资产项目则需要根据具体情况分析其在预测年度是否会发生变动。股东权益中各项目金额变动原因较为复杂，一般不宜作为敏感项目。其中的留存收益增加额则根据利润额、所得税率和留存收益比例来确定。2017 年预计资产负债表中各项的计算过程见表 3-4。

2017年预计资产负债表

表 3-4

项　目	2016年实际金额（百万元）	占营业收入百分比（%）	2017年预计金额（百万元）
资产：			
流动资产			
货币资金	293.61	86.2	344.8
应收票据及应收账款	19.57	5.75	23
预付款项	32.59	9.57	38.28
其他应收款	1005.08	295.07	1180.28
存货	1.68	0.49	1.96
其他流动资产	0.17	0.05	0.2
流动资产合计			1588.52
非流动资产：			
长期股权投资	813.9		813.9
投资性房地产	42.28		42.28
固定资产	418.36		418.36
无形资产	150.11		150.11
递延所得税资产	5.626		5.626
非流动资产合计			1430.276
资产总计	2782.976		3018.796
负债及所有者权益			
流动负债			
短期借款	670		670.08
应付票据及应付账款	181.49	53.28	213.12
预收款项	0.607	0.18	0.72
应付职工薪酬	20.68	6.07	24.28
应交税费	12.56	3.69	14.76
其他应付款	46.86	13.76	55.04
其他流动负债	274.09	80.47	321.88
流动负债合计			1299.88
非流动负债			
长期借款	288		288
应付债券			
长期应付款	28.02		28.02
递延收益	34.4		34.4
非流动负债合计			350.42
负债合计			1650.3
股东权益：			
股本	237.06		237.06
资本公积	479.8		479.8
其他综合收益	9.639		9.639
专项储备	0.01		0.01
盈余公积	140.16		147.91
未分配利润	359.6		406.1
股东权益合计			1280.519
外部筹资金额	—	—	87.977
负债及所有者权益总计	2782.976	—	3018.796

由表 3-4 可知 2017 年需要外部筹资额为 87.977 百万元(假定盈余公积按照税后利润 10% 计提)。

为简便起见,也可用以下公式预测追加的外部筹资额:

$$\text{追加外部筹资额} = \Delta S \cdot \frac{\sum RA}{S} - \Delta S \cdot \frac{\sum RL}{S} - \Delta RE = \Delta S \cdot \left(\frac{\sum RA}{S} - \frac{\sum RL}{S} \right) - \Delta RE \quad (3\text{-}3)$$

式中,ΔS 为预计年度营业收入增加额;$\sum RA/S$ 为基年敏感资产占营业收入百分比;$\sum RL/S$ 为基年敏感负债占营业收入百分比;ΔRE 为预计年度留用利润增加额。

如果预测年度敏感项目和非敏感项目的数量、构成以及与营业收入之间的百分比发生变动,对资本需要总量和追加外部筹资额的预测都会产生一定影响,因此必须具体分析影响因素以及影响程度,并在预测时加以调整。

第二节 运输企业股权资本筹集

设立企业或维持企业日常经营都需要一定数量的股权性资本。根据运输企业组织形式的不同,可以采用投入资本方式和发行股票方式筹集,形成企业的资本金。这部分资本的筹集和使用必须符合企业注册资本制度的要求。

一、运输企业注册资本制度

(一)注册资本制度的含义

注册资本是指投资人为企业正常生产经营而投入,并在工商管理部门登记的资本总额,是企业法人资格存在和对外承担有限责任的必要物质基础,也是股东行使权利承担义务的依据。

各国围绕注册资本的筹集、管理以及所有者的责任权利等方面制定了相关的法律规范,形成不同类型的资本金制度,主要有大陆法系国家采用的实缴制、英美法系国家采用的认缴制和介于二者之间的折衷制。实缴制出于保证企业正常生产经营和对外承担民事责任的需要,强调实收资本与注册资本一致,一般会规定公司注册资本的最低限额,以及全体发起人或股东首次出资的最低比例、货币资本出资最低比例等内容。认缴制规定公司设立时公司章程中确定资本总额,股东交纳首笔出资公司就可以设立,其余部分授权董事会根据需要筹集。折衷制借鉴二者的优点,规定公司在设立时明确资本总额,规定首次出资比例和最长缴足的期限。

(二)我国注册资本制度的基本情况

2014 年 2 月 7 日国务院批准《注册资本登记制度改革方案》后,我国实行注册资本认缴登记制。规定公司股东认缴的出资总额或发起人认购的股本总额(即公司注册资本)应当在工商行政管理机关登记。公司股东(发起人)应对其认缴出资额、出资方式、出资期限等自主约定,并记载于公司章程。公司应将股东认缴出资额或者发起人认购股份、出资方式、出资期限、缴纳情况通过市场主体信用信息公示系统向社会公示。公司股东(发起人)对缴纳出资情况的真实性、合法性负责。

目前我国商业银行、信托公司等 26 个行业暂不实行认缴制,现行法律法规和国务院对另外 17 个行业规定了最低注册资本。例如,快递企业执行《中华人民共和国邮政法》第 52 条的规定,申请快递业务经营许可的,在省、自治区、直辖市范围内经营的,注册资本不低于人民币 50 万元,跨省、自治区、直辖市经营的,注册资本不低于人民币 100 万元,经营国际快递业务的,注册资本不低于人民币 200 万元;公共航空运输企业按照《中国民航法》第 93 条"有不少于国务院规定的最低限额的注册资本"的规定执行;国际货物运输代理执行《中华人民共和国国际货物运输代理业管理规定》第 8 条的规定,经营海上国际货物运输代理业务的,注册资本最低限额为 500 万元;经营航空国际货物运输代理业务的,注册资本最低限额为 300 万元;经营陆路国际货物运输代理业务或者国际快递业务的,注册资本最低限额为 200 万元。经营前款两项以上业务的,注册资本最低限额为其中最高一项的限额。国际货物运输代理企业每设立一个从事国际货物运输代理业务的分支机构,应当增加注册资本 50 万元。

我国设立运输企业从事客货运经营,在依法向工商行政管理机关办理有关登记手续后,还应该按照《中华人民共和国道路运输条例》第 10 条、第 22 条、第 24 条规定,向相应道路运输管理机构提出申请,取得道路运输经营许可证,投入运输的车辆取得车辆营运证。

二、运输企业投入资本筹资

(一)投入资本的含义及种类

投入资本是非股份制企业筹集股权资本的主要方式。按照我国《公司法》的规定,非股份制企业包括个人独资、合伙制企业和有限责任公司(包括国有独资)。此类企业不能以发行股票的方式筹集股权资本,而是通过协议等形式吸收国家、其他企业、个人和外商等投资主体直接投入的资本。

以投入资本方式筹集资本的出资方式较为灵活,按照《公司法》第 27 条的规定,投资人可以采用货币方式或者非货币方式出资。货币出资方式因其在资本用途、支付时间和金额方面较为灵活,颇受运输企业欢迎。非货币出资方式是指出资人以实物资产(经营用或非经营用场所、营运用或行政用车辆、机器设备等)、专利权、商标权、知识产权、土地使用权等可以用货币估价并可以依法转让的非货币财产作价出资的投资形式。2014 年修订后的《公司法》未规定非货币出资比例。

(二)投入资本方式资本筹集程序

采取投入资本方式筹集资本一般按照以下流程开展工作:

(1)运输企业确定需要筹集的资本数量。其中,国有独资企业增资须由国家授权的投资机构或部门决定;合资或合营企业增资须由出资各方协商决定。运输企业按照相关文件的规定,对于符合条件的投资项目应该积极申请财政资金或补贴。

(2)运输企业和各投资人根据经营需要协商确定具体出资形式以及比例。

(3)运输企业和各投资人签署决定、合同或协议等书面文件。国有企业由国家授权投资的机构签发创建或增资拨款的协议。合资企业由合资各方共同签署合资或增资协议。

(4) 运输企业根据拨款决定或出资协议中规定的出资期限和出资方式,按时取得资本。投资人应当按期足额缴纳公司章程中规定的各自所认缴的出资额。以货币出资的,应当将货币出资足额存入企业在银行开设的账户;以非货币财产出资的,应当依法办理其财产权的转移手续。

(三)投入资本方式的优缺点分析

运输企业以投入资本方式筹资有以下优点:投入资本方式所筹资本属于企业的股权资本,能够扩大企业规模,提高企业实力,降低资产负债率,提高企业资信等级,增强负债能力,对企业具有重要意义;由于股权资本没有到期日,报酬支付根据经营情况而定,因此企业的财务风险较低;投入资本的物质形式比较灵活,货币资金及能够直接被运输经营使用的站场、车辆和设备、办公场所等使用,有利于企业尽快形成有效运输生产经营能力。

但是该种筹资方式也有不利之处:该方式所筹资本属于企业股权资本,通常成本较高且没有抵税作用,还可能分散企业控制权;在产权交易过程中,由于没有证券作为媒介,不利于明晰产权关系和进行产权交易;经营层的压力较大,一旦投资回报率达不到投资者的预期,经营层将随时面临改组的风险。

三、运输企业发行股票筹资

发行股票筹资是股份制运输企业筹集股权资本的重要方式。股票是股份有限公司为筹集股权资本而发行的有价证券,所筹股权资本归企业自主支配、长期使用。股票持有人(即公司股东)按其所持股份为限享受各项权利,同时对公司承担义务。

(一)股票的种类

根据公司和投资人的不同需要,股票逐渐发展演化出不同类型。

(1)按照股东的权利和义务,可以将股票划分为普通股和优先股。

普通股股票是公司发行的代表股东享有平等的权利和义务、不加特别限制并且股利不固定的股票,是股份公司最重要、最基本的股份形式。普通股股东是股份有限公司的所有者,一般按照其持有的股份享有经营决策权、选举权,对公司合并、解散以及公司章程修改等重大事项发表意见;依据公司盈利情况以及股利分配政策,在优先股股东之后获得股利分配;公司清算时,在优先股股东之后获得公司剩余财产;公司增资扩股时可以优先认购公司所发新股;可以随时在二级市场上转让股票,收回投资。

优先股是股份有限公司发行的具有固定股息优先分配权和优先剩余财产要求权的股票。优先股股息通常在发行时预先确定。除获取固定股息外,优先股股东不参加公司分红;一般没有选举权和被选举权,不参与公司的经营决策;公司增资扩股时没有优先认购权。因此被认为是一种兼具"股权"和"债权"特点的混合筹资方式。它与债权的主要区别是没有确定的回收期限。

(2)按照是否记名,可以将股票分为记名股票和无记名股票。

记名股票的股票票面上记载有股票持有者姓名和名称,同时在股份有限公司的股东名册上也需注明。不记名股票的票面上不记载股东姓名或名称,股份有限公司只需要登记股票数量、编号和发行日期。此种股票的合法持有人就是股东,享有相应权利义务。我国《公司法》第129条规定:"公司向发起人、法人发行的股票,应当为记名股票,并应当记载该发起人、法人的名称或者姓名,不得另立户名或者以代表人姓名记名。"

(3)按是否标明面值,可以将股票分为有面值股票和无面值股票。

面值股票是公司发行的票面标有金额的股票。持这种股票的股东,对公司享有的权利和承担的义务是以其所拥有的全部股票金额之和占公司发行在外股票面额的比例确定。我国《公司法》第128条规定:"股票应当载明下列主要事项:(一)公司名称;(二)公司成立日期;(三)股票种类、票面金额及代表的股份数;(四)股票的编号。"无面额股票票面没有标明金额,只载明占公司总股本的比例或股份数。

此外,还可以按照其他方式对股票进行分类。例如,按股票投资主体将股票分为国家股、法人股、个人股和外资股;按股票发行时间的先后将股票分为始发股和新股;按照发行对象和上市地区将股票分为A股、B股和H股和N股等。不同种类的股票,其股东的权利义务以及应该遵循的法律规定也不尽相同,运输企业发行和投资时应该加以注意。

(二)股票发行条件及发行程序

企业公开发行股票需要符合中国证监会第30号文件《上市公司证券发行管理办法》(自2006年5月8日起施行)的规定。

(1)要求公司组织机构健全、运行良好。例如,公司章程合法有效,股东大会、董事会、监事会和独立董事制度健全,能够依法有效履行职责;公司内部控制制度健全,能够有效保证公司内部控制目标的实现,不存在重大缺陷;现任董事、监事和高级管理人员具备任职资格且能够履行职务等。

(2)要求公司盈利能力具有可持续性。例如,公司三个会计年度连续盈利;业务和盈利来源相对稳定;现有主营业务或投资方向能够可持续发展,经营模式和投资计划稳健,主要产品或服务的市场前景良好,行业经营环境和市场需求不存在现实或可预见的重大不利变化;高级管理人员和核心技术人员稳定;公司重要资产、核心技术或其他重大权益的取得合法,能够持续使用等。

(3)要求公司财务状况良好。例如,会计基础工作规范;最近三年财务报表未被注册会计师出具保留意见、否定意见或无法表示意见的审计报告;资产质量良好,经营成果真实,现金流量正常;最近三年以现金方式累计分配的利润不少于最近三年实现的年均可分配利润的30%。

(4)要求公司36个月内财务会计文件无虚假记载,且不存在重大违法行为。

(5)要求公司募集资本的数额和使用应当符合规定。例如,募集资本数额不超过项目需要量;募集资本用途符合国家产业政策和有关环境保护、土地管理等法律和行政法规的规定等。

此外,公司向原股东配售股份(简称"配股")应当符合第12条规定;向不特定对象公开募集股份(简称"增发"),应当符合第13条规定;公司非公开发行股票应满足该管理办法中第36条至第39条的规定。

依照《公司法》《证券法》、中国证监会和交易所颁布的规章等有关规定,运输企业公开发行股票并上市的程序如图3-1所示。

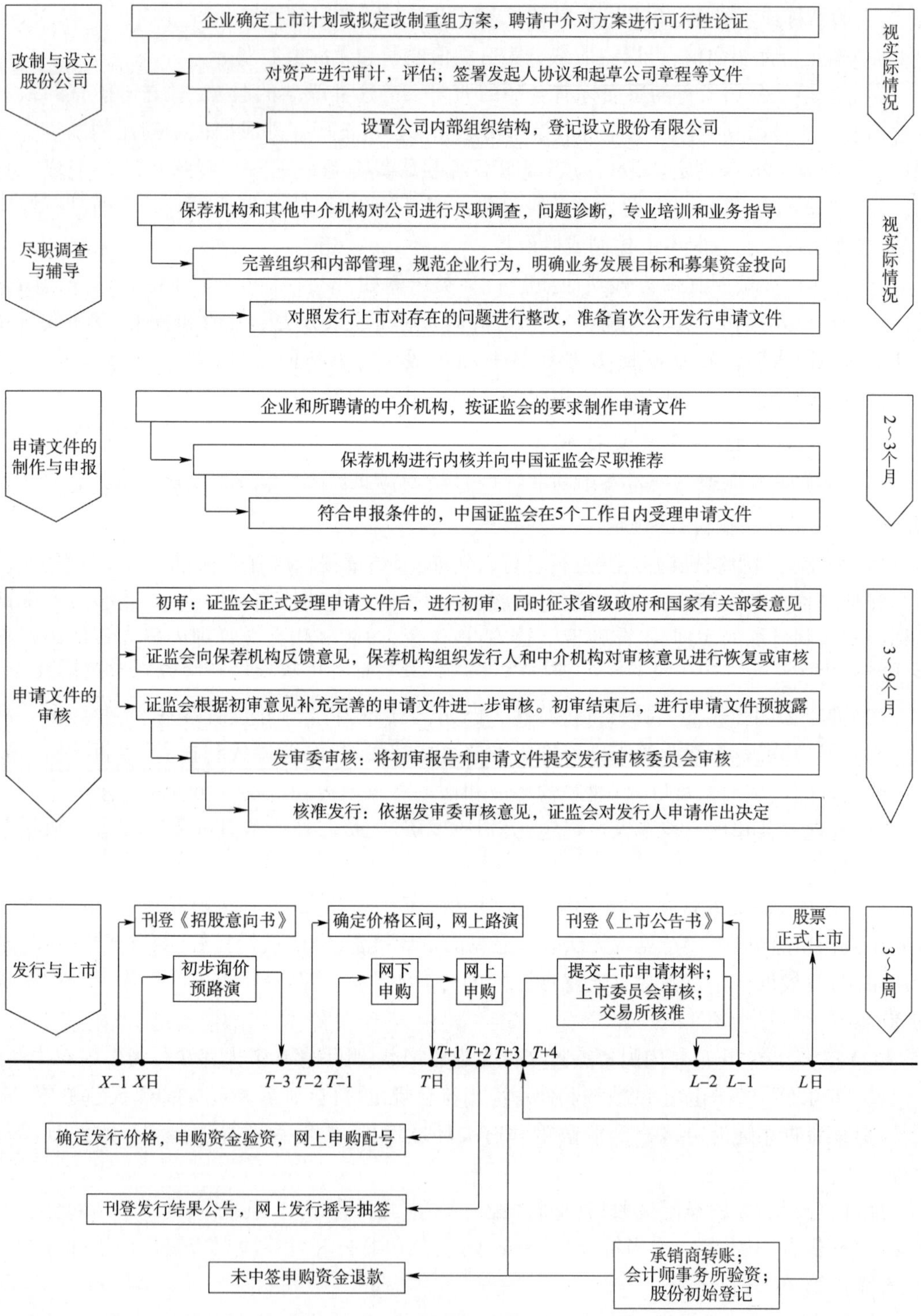

改制与设立股份公司
- 企业确定上市计划或拟定改制重组方案，聘请中介对方案进行可行性论证
- 对资产进行审计，评估；签署发起人协议和起草公司章程等文件
- 设置公司内部组织结构，登记设立股份有限公司

（视实际情况）

尽职调查与辅导
- 保荐机构和其他中介机构对公司进行尽职调查，问题诊断，专业培训和业务指导
- 完善组织和内部管理，规范企业行为，明确业务发展目标和募集资金投向
- 对照发行上市对存在的问题进行整改，准备首次公开发行申请文件

（视实际情况）

申请文件的制作与申报
- 企业和所聘请的中介机构，按证监会的要求制作申请文件
- 保荐机构进行内核并向中国证监会尽职推荐
- 符合申报条件的，中国证监会在5个工作日内受理申请文件

（2~3个月）

申请文件的审核
- 初审：证监会正式受理申请文件后，进行初审，同时征求省级政府和国家有关部委意见
- 证监会向保荐机构反馈意见，保荐机构组织发行人和中介机构对审核意见进行恢复或审核
- 证监会根据初审意见补充完善的申请文件进一步审核。初审结束后，进行申请文件预披露
- 发审委审核：将初审报告和申请文件提交发行审核委员会审核
- 核准发行：依据发审委审核意见，证监会对发行人申请作出决定

（3~9个月）

发行与上市
- 刊登《招股意向书》
- 初步询价预路演
- 确定价格区间，网上路演
- 网下申购
- 网上申购
- 刊登《上市公告书》
- 提交上市申请材料；上市委员会审核；交易所核准
- 股票正式上市

时间轴：X-1 X日 … T-3 T-2 T-1 … T日 T+1 T+2 T+3 T+4 … L-2 L-1 L日

- 确定发行价格，申购资金验资，网上申购配号
- 刊登发行结果公告，网上发行摇号抽签
- 未中签申购资金退款
- 承销商转账；会计师事务所验资；股份初始登记

（3~4周）

图 3-1 公开发行股票并上市程序示意图

（三）发行价格的确定方式

股票发行价格是股票发行计划中的重要内容，它关系到发行人、投资者、新老股东和证券承销机构的根本利益以及股票上市后的表现。因此，运输企业和承销商在确定合理的发行价格时必须对以下因素进行综合考虑：①运输企业的实际经营状况，包括现在的盈利水平及未来的盈利前景、财务状况、成本控制水平、人员素质、管理水平等；②股票发行环境因素，包括政策因素、市场环境、交通运输行业发展状况和运输企业所处地区经济发展条件等。

股票发行定价方法主要有累计订单法、议价法和竞价法三种。累计订单法确定发行价格的一般做法是先由承销商先与发行企业商定价格区间，在招股说明书和分析报告完成以后，再向潜在投资者介绍该公司的情况及股价定位，发现不同价格下的需求量，最后按照确定的价格向机构和公众发售新股。议价法是由发行企业与承销商协商后确定发行价格的方法。协商时主要考虑二级市场股票价格的高低、市场利率水平、公司未来发展前景和风险水平，以及市场对新股的需求状况等因素。竞价法是指由各股票承销商或者投资者以投标方式相互竞争确定股票发行价格的方法。具体实施时有网上竞价、机构投资者（法人）竞价和券商竞价三种形式。

在我国证券市场建立和发展过程中，股票发行方式经历了从行政化向市场化演进的曲折过程，期间曾在不同阶段尝试采用内部认购、发售认购表、存款挂钩、上网竞价、上网定价、预缴配售、机构配售、市场配售、IPO 等不同的方式。这些发行方式是当时证券市场发展特定阶段的产物，虽然存在诸多不足，但是不能否认其对证券市场发展的贡献以及我国在完善股票发行方式方面所做的努力。

（四）发售方式及其选择

运输企业可以不经过证券经营机构承销直接将股票出售给投资者，即采用自销方式发售股票；也可以将股票销售业务委托给证券承销机构代理，即采用承销方式发售股票。

出于节约发行成本的考虑，发行公司对于风险较小、手续较为简单且数量不多的股票发行可以选择自销方式。根据我国《上市公司证券发行管理办法》第49条的规定，非公开发行股票，发行对象均属于原前十名股东的，可以由上市公司自行销售。

我国《公司法》第87条规定发起人向社会公开募集股份，应当由依法设立的证券公司承销，签订承销协议。根据《上市公司证券发行管理办法》的规定，承销方式包括包销和代销两种具体办法。包销是由发行公司全权委托证券承销机构，由证券承销机构以买进本次公开发行的全部股票后再转销给投资者的方式代理股票的销售业务。在规定的募股期限内未销售完毕的剩余股份由证券承销机构承购。代销是由证券经营机构代理股票发售事务，若实际募股份数达不到发行股份数，承销机构将未售出的股份归还给发行公司，发行风险由发行公司自己承担。

（五）股票上市决策

运输企业公开发行股票以后，如果符合规定条件，经过审批后在证券交易所挂牌交易，成为上市公司。股票上市目的是为了增加公司的吸引力，能够在更大范围内筹措资本；提高公司股票流动性和变现能力，便于投资者认购和交易；促进公司股权社会化程度提高，避免股权过于集中。

我国《证券法》第 50 条对于股份有限公司申请股票上市应当符合的条件作出如下规定："（一）股票经国务院证券监督管理机构核准已公开发行；（二）公司股本总额不少于人民币三千万元；（三）公开发行的股份达到公司股份总数的百分之二十五以上；公司股本总额超过人民币四亿元的，公开发行股份的比例为百分之十以上；（四）公司最近三年无重大违法行为，财务会计报告无虚假记载。证券交易所可以规定高于前款的上市条件，并报国务院证券监督管理机构批准。"

公司应该注意到上市公司信息公开要求对公司商业机密的影响、股市波动对公司声誉的影响，以及股权交易和增资扩股对公司控制权的影响。

（六）普通股筹资优缺点分析

发行普通股是股份制运输企业重要的筹资方式，给企业带来诸多有利影响：

（1）普通股筹资没有固定的股利负担。具体分配方式和分配数额除了必须考虑公司盈利状况、股利分配政策、以后年度投资计划等因素以外，还需要考虑经济发展和货币政策等宏观因素的影响。

（2）普通股股本是公司的永久性资本，没有固定的到期日，除非公司清算，无需偿还。这保证了公司长期持续稳定经营对资本的需求，对促进公司可持续发展具有重要意义。

（3）普通股筹资风险较小。由于普通股股本没有固定的到期日，一般也不用支付固定的股利，不存在还本付息的风险。

（4）发行普通股所筹集的资本属于股权资本，连同资本公积金和盈余公积金构成公司举借债务的基础。较高的股权资本有利于降低资产负债率，提高公司的信用，为债务筹资提供强有力的支持。

普通股筹资给股份制运输企业带来的不利影响主要体现在以下方面：

（1）资本成本较高。普通股较高的投资风险导致投资者期望报酬率的提高，加之股利从税后利润中支付没有抵税作用，以及较高的发行费用，这些影响因素都导致普通股筹资具有较高的资本成本。

（2）由于公司发行普通股增资扩股，导致股东人数增加，可能会分散公司的控制权。同时也会稀释每股净资产和每股净收益，导致普通股市价的下跌。

第三节　运输企业债务资本筹集

债务筹资是运输企业重要的资本筹集形式。企业可以通过长期借款、发行长期债券和融资租赁等方式筹集长期债务资本用于扩大站场规模、更新车辆设备，通过银行短期借款、商业信用等方式获得短期债务资本用于日常经营、周转。

一、运输企业长期借款筹资

长期借款是指运输企业向银行、非银行金融机构和其他企业借入的期限在一年以上需要还本付息的款项，是企业获得长期债务资本的重要来源。

（一）长期借款的种类

1. 按照借款的用途分类

按照借款的用途，长期借款可分为固定资产投资借款、更新改造借款、技术改造借款、基建借款、网点设施借款等。例如，运输企业新建客运站场、物流中心的借款属于基建借款，用于购置车辆的借款属于固定资产投资借款，用于商业、饮食、服务、旅游等网点设施建设及现有网点设施的装修改造的借款属于网点设施借款。

2. 按照提供借款的机构分类

按照提供贷款的机构，长期借款可以分为政策性银行贷款、商业银行贷款和非银行金融机构贷款。政策性银行贷款是指各政策性银行在人民银行确定的年度贷款总规模内，根据申请贷款的项目或运输企业情况，按照相关规定自主审核发放的贷款。商业银行贷款是指商业银行贷出的用于补充运输企业资金需求的贷款。非银行金融机构贷款是指运输企业向除银行以外的、从事金融业务的机构借入的用于企业自身经营的各项贷款。我国的非银行金融机构包括城市信用社、农村信用社、保险公司、金融信托投资公司、证券公司、财务公司、金融租赁公司、融资公司（中心）等。上述机构的经营应该符合银监会《非银行金融机构行政许可事项实施办法》相关规定。非银行金融机构为运输企业提供多种资本来源，对促进企业发展具有积极作用。

运输企业有时会取得政策性优惠贷款，一般有两种情况：一是财政将政策性优惠贷款贴息资金拨付给贷款银行，由贷款银行以政策性优惠利率向运输企业提供贷款的，企业以实际收到的借款金额作为借款的入账价值，按照借款本金和该政策性优惠利率计算相关借款费用；二是财政将政策性优惠贷款贴息资金直接拨付给运输企业的，企业将对应的贴息冲减相关借款费用。

3. 按照借款有无担保分类

按照有无担保，长期借款可以分为信用贷款和担保贷款。信用贷款是指以借款人信用作为还款保证发放的贷款，无需提供抵押品或第三方担保。由于这种贷款方式风险较大，银行一般要对借款人的经济效益、经营管理水平、发展前景等情况进行详细的考察，以降低风险。担保贷款是根据借款合同或借款人约定，以借款人的财产或第三人财产为贷款保障，并在必要时由第三人承担连带还款责任的一种贷款，包括保证贷款、抵押贷款、质押贷款。

（二）信用条件

按照惯例，银行贷款合同中经常会附加一些信用条件，常见的有以下几种。

1. 授信额度

授信额度是运输企业与银行之间正式或非正式协议规定的无担保贷款的最高限额，有效期限通常为1年，但根据情况可以展期。企业在批准的授信额度内，可随时按照需要向银行申请贷款。如果银企双方签订的是非正式协议，银行不承担必须提供全部信贷限额的法律义务。合法合规经营、保持良好财务状况和较高信用级别以及银企长期合作，都有助于运输企业提高授信额度。

2. 周转授信协议

周转授信协议是银行与运输企业签订的具有法律效力的书面协定，规定银行在法律上有义务向贷款企业提供不超过某个最高限额的贷款。在有效期内,只要企业的贷款总额未超过最高限额,银行对周转授信额度负有法律义务。有些银行会对周转授信额度的未使用部分,按照一定比率收取承诺费。

3. 补偿性余额

补偿性余额是银行出于降低风险考虑,要求运输企业在银行中保持按贷款金额一定比例(一般为10%~20%)计算的最低存款余额。补偿性余额会提高借款企业的实际利率。例如,某企业按年利率9%向银行借款100万元,银行要求维持贷款限额15%的补偿性余额,那么该项贷款的实际利率则为:$(100 \times 9\%) \div [100 \times (1-15\%)] \approx 10.588\%$,高于9%的名义利率。

4. 贷款担保

为降低贷款风险,银行向财务风险较大或信誉等级不高的运输企业发放贷款,有时会要求企业提供担保,形成担保贷款、抵押贷款或质押贷款。银行一般按照抵押品或质押品价值的30%~90%发放贷款。这一比例的高低,取决于抵押品或质押品的变现能力和银行的风险偏好。

5. 偿还条件

长期借款可以采用不同的还本付息的方式,例如到期一次还本付息、分期付息到期还本或者本息等额偿还等。不同的还本付息方式会影响运输企业的财务风险和实际借款利率,因此企业必须准确测算,审慎选择。

6. 以实际交易为条件

当运输企业有经营性临时资金需要时,可以该项实际交易为基础单独申请立项审批,确定贷款条件和信用保证。这种情况下银行需要对企业经营状况和财务状况做出单独评价。

此外,银行有时还要求运输企业为取得贷款而做出其他承诺,如及时提供财务报表,保持适当的财务水平(如特定的流动比率)等。如果企业违背承诺,银行可以提前收回贷款。

(三) 借款程序

按照《中国人民银行贷款通则》第六章"贷款程序"规定,运输企业向银行或非银行金融机构借款应遵循以下步骤。

1. 贷款申请

借款企业需要向主办银行或者其他银行的经办机构直接申请,在《借款申请书》中写明借款金额、借款用途、偿还能力及还款方式等主要内容,并提供借款企业及保证人基本情况、上年度财务报告和申请借款前一期财务报告、同意抵押质押的证明及保证人拟同意保证的有关证明文件、项目建议书和可行性报告等相关资料。

2. 借款企业信用等级评估

银行独立进行或聘请评估机构,根据借款企业的领导者素质、经济实力、资本结构、履约情况、经营效益和发展前景等因素,评定借款企业的信用等级。

3. 贷款调查

银行受理借款申请后,应当对借款企业的信用等级以及借款的合法性、安全性、盈利性等情况进行调查,核实抵押物、质物、保证人情况,测定贷款的风险度。

4. 贷款审批

银行一般实行审贷分离、分级审批的贷款管理制度。审查人员需要对借款企业提供的资料进行核实、评定，复测贷款风险度，提出意见，按规定权限报批。

5. 签订借款合同

银行与借款企业签订借款合同，约定借款种类、借款用途、金额、利率、借款期限、还款方式，借、贷双方的权利、义务，违约责任和双方认为需要约定的其他事项。保证贷款由保证人与银行签订保证合同，或保证人在借款合同上载明与贷款人协商一致的保证条款。抵押贷款、质押贷款由抵押人、出质人与银行签订抵押合同、质押合同，并按规定依法办理登记。

6. 贷款发放

银行要按借款合同规定按期发放贷款。银行不按合同约定按期发放贷款或借款企业不按合同约定用款的，均应偿付违约金。

7. 贷后检查

贷款发放后，银行对借款企业执行借款合同情况及借款企业的经营情况进行追踪调查和检查。

8. 贷款归还

一般银行会在短期贷款到期1个星期之前、中长期贷款到期1个月之前，向借款企业发送还本付息通知单；借款企业应当及时筹备资金，按期还本付息。如果因故不能按期还款，借款企业应在借款到期之前，向银行申请贷款展期，银行根据具体情况决定是否展期。对于长期贷款，借款企业应按偿还贷款的不同方式编制还款计划，以便如期归还贷款。

（四）借款合同

为维护借贷双方的合法权益，保证资本的合理使用，运输企业向银行借入资本时，应该根据《合同法》的相关规定签订借款合同。借款合同主要包括以下内容。

1. 基本条款

这是借款合同的基本内容，主要规定双方的权利和义务。具体包括借款种类、借款数额、借款用途、还款期限、还款方式、还款资本来源、保证条款、利息支付方式、利率高低以及违约责任等。其中，保证条款是规定借款企业申请借款应达到银行规定比例的股权资本，有适当的财产作担保，必要时还可规定担保人。

2. 限制条款

银行为了降低长期贷款的风险，会在合同中加入对借款企业的限制性条款。在一般性限制条款中会加入现金及其他流动资产持有额度限制、现金股利支付限制、资本性支出限制或其他长期借款限制等；在例行性限制条款中会要求企业按时报送财务报表，限制资产出售及应收账款转让，及时偿付到期债务等；在特殊性限制条款加入一些诸如不准企业投资于短期内不能收回资本的项目、限制企业高级职员的薪金和奖金总额、要求企业主要领导人购买保险等在特殊条件下才会生效的条款，以保持企业资产的流动性。

（五）借款优缺点分析

作为企业重要的资本筹集方式，长期借款具有以下优点：

（1）融资速度快。长期借款融资仅涉及借贷双方的权利义务关系，只要双方协商达成一致,签订借款合同后企业即可筹到所需资本,手续简单。

(2)借款弹性大。借款时运输企业与银行直接协商借款的期限、数额、利率等,用款期间发生变化也可以通过双方协调修改合同。

(3)借款成本低。借款属于债权性质筹资,相较于股权性质筹资,其资金成本率较低,且银行审批手续费较低,加之运输企业可在税前列支利息,因此运输企业长期借款融资成本比较低。

(4)对运输企业控制权没有影响。长期借款表明一种债权债务关系,银行作为债权人,不会影响股东对企业的控制权。

(5)具有财务杠杆作用。运输企业利用长期借款融资,当投资报酬率高于借款利率时,会增加股权资本的收益率,起到财务杠杆作用。

同时,长期借款的缺点也不可忽视,主要有以下几点:

(1)限制性条件较多。长期借款合同中的一般条款和限制条款,对运输企业各项行为有严格的约束,这些都可能影响企业正常的生产经营活动。

(2)增加了运输企业的风险。长期借款必须按照合同约定的时间和金额还本付息,而不论企业有无盈余、盈余状况如何。如果运输企业经营不善或资本周转困难无法按期还本付息,将面临破产的可能。

(3)融资数额有限。长期借款的数量往往受银行贷款能力和风险控制的限制,不可能像发行股票或债券那样一次筹集到大量资本。

二、运输企业发行债券筹资

债券是债务人为筹集债务资本而发行的,约定在一定期限内向债权人还本付息的有价证券。发行债券是运输企业为大型投资项目筹集长期资本的重要方式。与发行股票筹资方式相比,二者在所筹资本性质、偿还期限、资本成本和筹资风险等方面有所不同。我国已经有多家运输企业通过发行债券方式筹集到发展所需资本,积累了丰富的债券发行和资金管理经验。

(一)债券的种类

债券可以按照不同标准进行分类。

1. 记名债券与无记名债券

债券按是否记名,可以分为记名债券与无记名债券。记名债券是在债券券面上记有持券人的姓名或名称的债券。其转让需要由债券持有人以背书等方式进行,发行公司将受让人的姓名或名称载于公司债券存根簿上。无记名债券是指在债券券面上不记载持券人的姓名或名称,以债券为凭证还本付息的债券。债权转让在债券持有人将债券交付给受让人后即生效,无须办理过户手续。我国《公司法》第156条规定:"公司债券,可以为记名债券,也可以为无记名债券。"

2. 抵押债券与信用债券

债券按照是否有担保,可以分为抵押债券和信用债券。抵押债券是指运输企业发行的有特定财产作为担保品的债券,可以作为债权抵押品的资产包括不动产、动产和有价证券。信用债券是指发行人依靠自身信用发行的债券,这类债券通常是国债、地方债和经济实力雄厚的运输企业发行的无抵押债券,利率一般高于抵押债券。

3. 固定利率债券与浮动利率债券

按照债券利率是否固定,可以分为固定利率债券与浮动利率债券。固定利率债券的利率在发行时即已确定并载于债券券面,在债券有效期内保持不变。浮动利率债券的利率水平在发行债券之初不固定,而是按照合同约定方式加以确定。

4. 政府债券、金融债券和公司债券

债券按照发行主体的不同,可以分为政府债券、金融债券和公司债券。政府债券是由政府(包括中央政府和地方政府)发行的债券,由国家财政或地方财政负责其本息偿还,因此风险较小。金融债券是由银行和非银行金融机构发行并负责其本息偿还的债券。公司债券是公司为筹措债务资本而发行并负责本息偿还的债券。三者当中,公司债券风险最高,政府债券风险最低。

除此之外,债券还有其他分类方式。例如,按照是否参与利润分配,公司债券可以分为参与债券和非参与债券;按照持有人的特定权益,公司债券可以分为收益债券、可转换债券和附认股权证的债券;按照是否上市,公司债券可以分为上市债券和非上市债券。

(二)债券发行资格与条件

运输企业公开发行公司债券,应当符合以下规定:

(1)符合《公司法》第七章"公司债券"第153条至第162条关于债券发行、登记、存管、转让等的规定。

(2)符合《证券法》第二章"证券发行"第16条至第20条的规定。公开发行公司债券,应当符合的条件包括:股份有限公司的净资产不低于人民币3000万元,有限责任公司的净资产不低于人民币6000万元;累计债券余额不超过公司净资产的40%;最近三年平均可分配利润足以支付公司债券一年的利息;筹集的资金投向符合国家产业政策;债券的利率不超过国务院限定的利率水平等。

还规定公开发行公司债券筹集的资金,必须用于核准,不得用于弥补亏损和非生产性支出。如果运输企业发行可转换为股票的公司债券,除应当符合第16条第一款规定的条件外,还应当符合证券法中关于公开发行股票的条件,并报国务院证券监督管理机构核准。

如果出现前次公开发行的债券尚未募足、已公开发行的债券或者其他债务有违约或者延迟支付本息的事实并且仍处于继续状态、改变所募资金用途等情况,不得再次公开发行公司债券。

(3)按照2015年1月15日证监会发布的《公司债券发行与交易管理办法》第二节"公开发行及交易"中的相关规定,运输企业的资信状况必须符合以下标准:最近三年无债务违约或者迟延支付本息的事实;最近三个会计年度实现的年均可分配利润不少于债券一年利息的1.5倍;债券信用评级达到AAA级。如果运输企业未达到规定标准仅能面向合格投资者公开发行,证监会相应简化核准程序。

(三)债券发行程序

运输企业发行债券一般需要经过以下步骤:

(1)确定本次债券的发行总额、票面金额、发行价格、募集办法、债券利率、偿还日期及方式等内容。按照《公司法》的规定,股份有限公司、有限责任公司由股东会做出决议;国有独资公司由国家授权投资的机构或部门作出决定。

(2)运输企业应当按照《公司债券发行与交易管理办法》第二节第19条的规定,委托具有从事证业务资格的资信评级机构进行信用评级。

(3)运输企业按照证监会信息披露内容与格式的有关规定编制和报送申请文件。证监会受理申请后依法审核并做出是否核准的决定,出具相关文件。运输企业公开发行债券,可以申请一次核准,分期发行。自证监会核准发行之日起在12个月内完成首期发行,剩余数量在24个月内发行完毕。

(4)运输企业可以选择公开发行债券,由具有证券承销业务资格的证券公司承销,也可以选择向合格投资者非公开发行。

(5)承销机构代为收取投资者购买债券的款项并交付债券,运输企业收缴债券款并登记债券存根簿。

(四)债券发行价格的确定

运输企业发行债券时需要确定债券票面金额、票面利率、债券期限和债券发行数量。理论上,债券的面值就应是它的价格,但事实上由于发行企业种种考虑或资本市场上供求关系、市场利率的变化,债券的发行价格常常不等于面值。

常用的债券发行价格确定方法是现金流贴现法,具体可按以下公式计算确定:

$$P = M \cdot i \cdot PVIFA_{k,n} + M \cdot PVIF_{k,n} \tag{3-4}$$

式中,P为债券发行价格;M为债券面值;i为债券票面利率;k为市场利率;n为债券期限。

市场利率是指债券发售时的市场利率;票面利率是指债券发行时已经确定的、计算债券年息时使用的利率。如果二者数值一致,债券就按照面值发行,称之为平价发行;如果二者不一致,就会导致债券溢价或折价发行。现举例说明不同情况下公司债券发行价格的计算方法。

【例3-3】 JX运输公司发行面额为10000元,票面利率10%,期限10年的债券,每年末付息一次。其发行价格可分下述三种情况来分析计算:

(1)市场利率为10%,与票面利率一致,为等价发行。债券发行价格计算如下:

$$P = 10000 \times 10\% \times PVIFA_{10\%,10} + 10000 \times PVIF_{10\%,10} = 10000(元)$$

(2)市场利率为8%,低于票面利率,为溢价发行。债券发行价格计算如下:

$$P = 10000 \times 10\% \times PVIFA_{8\%,10} + 10000 \times PVIF_{8\%,10} = 11340(元)$$

(3)市场利率为12%,高于票面利率,为折价发行。债券发行价格计算如下:

$$P = 10000 \times 10\% \times PVIFA_{12\%,10} + 10000 \times PVIF_{12\%,10} = 8870(元)$$

(五)债券的信用评级

《公司债券发行与交易管理办法》第二节第19条规定:"公开发行公司债券,应当委托具有从事证业务资格的资信评级机构进行信用评级。"债券的信用等级,是衡量债券偿债能力和违约风险的指标,直接影响公司发行债券的效果和投资者的投资选择。

债券评级最早源于1909年约翰·穆迪在《铁路投资分析》一文中运用的分析方法,后来逐渐推广并形成债券评级制度,被许多国家采用。通常用债券信用等级表示债券质量的优劣,反映债券偿本付息能力的强弱和债券投资风险的高低。国际流行的债券等级,一般分为 3 等 9 级。例如,穆迪投资者服务公司和标准·普尔公司分别采用的表 3-5 所示方式表示债券信用等级。

债券信用等级表　　　　　　　　表 3-5

标准·普尔公司		穆迪投资者服务公司	
AAA	最高级	Aaa	最高质量
AA	高级	Aa	高质量
A	上中级	A	上中质量
BBB	中级	Baa	下中质量
BB	中下级	Ba	具有投机因素
B	投机级	B	通常不值得正式投资
CCC	完全投机级	Caa	可能违约
CC	最大投机级	Ca	高度投机性,经常违约
C	规定盈利付息但未能盈利付息	C	最低级

为了精确区分债券的质量,标准·普尔公司用"＋""－"区别同级债券质量的优劣,穆迪公司在表示债券级别的英文字母后再加注 1、2、3 分别代表同级债券质量的优、中、差。根据标准·普尔和穆迪公司的经验,世界各国、各地区结合自己的实际情况制定债券等级标准。

目前,我国债券的发行主要有两种途径,一是在证券交易所市场发行和交易,二是在银行间债券市场发行和交易。2018 年 9 月 4 日中国人民银行、证监会联合发布 2018 年第 14 号公告,推动银行间债券市场和交易所债券市场评级业务资质的逐步统一,对信用评级机构开展以投资者为导向的市场化评价,加强对信用评级机构的监督管理和信用评级行业监管信息共享。

(六) 债券筹资的优缺点

发行债券作为一种重要的债务资本筹集方式,对运输企业既有利也有弊。有利的方面包括:

(1) 债券筹资的资本成本较低。债券利率固定,与股票资本成本相比较低,并且允许在所得税前支付,运输企业可以享受抵税带来的实际利率降低的好处。

(2) 无论运输企业的盈利状况如何,债券持有人一般只收取固定的利息,而更多的收益可分配给股东或公司留用。因此股东和公司能够享受到财务杠杆利益。

(3) 债券持有人无权参与运输企业的管理决策,没有分散股东控制权的可能。

(4) 运输企业可以利用债券期限、可转换债券赎回条款等方式主动调整资本结构。

利用债券筹集资本,虽有前述优点,但也有明显的不足:

(1) 债券有固定的支付利息和偿付本金的日期,运输企业承担按期支付的义务,财务风险较高。由于运输企业受到来自高铁等运输方式的竞争压力和人工、油价上涨的影响,财务压力较为明显。

(2)债券发行合同中包含较为严格的限制条件,制约了运输企业对债券筹资方式的使用,甚至会影响公司以后筹资能力。

(3)运输企业发行债券筹资一般会受到一定额度的限制。我国《公司法》规定,发行公司流通在外的债券累计总额不得超过公司净资产的40%。

【案例3-1】 江西长运股份有限公司公开发行2015年公司债券募集资金 2015年8月20日江西长运股份有限公司刊登《江西长运股份有限公司公开发行2015年公司债券募集说明书》,拟平价发行面值100元的固定利率实名制记账式公司债券,期限为5年,筹集资金总额为6.9亿元(含6.9亿元),用于偿还到期债务和补充流动资金。

该次债券按年计息,不计复利。每年付息一次,到期一次还本,最后一期利息随本金一同支付。该次债券为无担保债券。经联合信用评级有限公司综合评定,发行人主体信用等级为AA,本次债券信用等级为AA。发行方式为面向合格投资者的公开发行,拟一次发行完毕,不向公司股东配售。由华融证券股份有限公司作为主承销商组建承销团。债券认购金额不足的部分,全部由主承销商组建的承销团采取余额包销的方式承销。发行费用预计不超过募集资金的1.2%。

三、运输企业融资租赁

融资租赁是一种新型融资方式。由于其融资与融物相结合的特点,出现问题时租赁公司可以回收、处理租赁物,因而在办理融资时对运输企业资信和担保的要求相对较低,为企业资金融通提供了便利。

(一)融资租赁的发展历程

融资租赁产生于第二次世界大战之后的美国。1952年美国成立了世界第一家融资租赁公司——美国租赁公司(现更名为美国国际租赁公司),开创了现代租赁的先河。随着全球金融业的发展,融资租赁已经成为仅次于银行业的重要资本来源。

融资租赁于20世纪80年代初引入我国,在2004年至2014年期间得到较快发展。2015年9月7日,国务院办公厅印发《关于加快融资租赁业发展的指导意见》,提出坚持市场主导与政府支持相结合、发展与规范相结合、融资与融物相结合、国内与国外相结合的基本原则,到2020年融资租赁业市场规模和竞争力水平位居世界前列的发展目标,全面系统部署加快发展融资租赁业。2018年2月9日沪深交易所、机构间私募产品报价与服务系统相继发布《融资租赁债权资产支持证券挂牌条件确认指南》和《融资租赁债权资产支持证券信息披露指南》,进一步明确融资租赁债权资产证券化的挂牌要求,并对融资租赁ABS的发行和存续期管理进行了规范。

(二)融资租赁的分类

融资租赁又称为资本租赁或财务租赁,与经营租赁相比具有鲜明的特点。主要体现在以下方面:融资租赁的设施设备是租赁公司根据承租企业申请融资专门购入的,而经营租赁的设施设备是租赁公司自购的;融资租赁期限较长,而经营租赁的期限取决于承租人需要使用设施设备的期限,可长可短;融资租赁的租金本质上属于租赁公司的本息和,而经营租赁设施设备的租金主要取决于被租用设施设备的损耗情况;承租企业负责融资租赁设备维修,而租赁公司通常负责经营租赁的设施设备的维修;随着租金的支付,融资租赁设施设备的产权逐步从租赁公司转移至承租公司、租金付讫后产权完全归承租公司,而经营租赁的设施设备的产权始终归租赁公司。运输企业作为承租方可以采用以下三种具体形式。

1. 直接租赁

直接租赁是融资租赁的典型形式。采用直接租赁方式,租赁公司根据承租企业对租赁设备的特定要求和对供货企业的选择,出资购买租赁设备,并租给承租企业使用,承租企业则分期向租赁公司支付租金。

2. 售后回租

采用售后回租方式,承租企业按照协议先将资产卖给租赁公司,再将所售资产租回并按期向租赁公司交付租金。承租企业因出售资产而获得一笔现金,同时因将资产租回而保留了使用权。

3. 杠杆租赁

杠杆租赁是国际上比较流行的融资租赁方式。租赁公司因为经济或其他原因不愿或无力支付全部资本时,以该项资产为担保向贷款人借入购买资产所需资本的一部分(一般为60%~80%),而只垫支其余资本(一般为20%~40%)。在这种情况下,租赁公司既是出租人又是借款人,既要收取租金又要支付债务本息。这种融资租赁形式由于租赁收益一般大于借款成本,租赁公司借款购买租赁物出租可获得财务杠杆利益,所以被称为杠杆租赁。

(三) 融资租赁租金计算方法

融资租赁租金计算可以采用平均分摊法和等额年金法确定。

1. 平均分摊法

按照平均分摊法,融资租赁双方按事先确定的利率和手续费率计算出租赁期间的利息和手续费总额,然后连同设备成本在租赁期内进行平均。这种方法不考虑货币时间价值因素,计算方法简单。每次支付租金的计算公式为:

$$每期支付租金 = \frac{设备成本 - 预计残值 + 租期内利息 + 租赁手续费}{租期} \quad (3-5)$$

2. 等额年金法

采用等额年金法计算融资租赁租金时,双方协商将利息率与手续费率综合成贴现率,运用年金现值方法计算确定每期应付租金。具体计算公式为:

$$每期支付租金 = \frac{P}{\left(\frac{P}{A}, i, n\right)} \quad (3-6)$$

也可以要求承租企业在每期期初支付租金,此时每期租金应该按照先付年金方式计算。其计算公式为:

$$每期支付租金 = \frac{P}{\left(\frac{P}{A}, i, n-1\right) + 1} \quad (3-7)$$

【例3-4】 JC客运以融资租赁方式购入10辆30座中型客车,价值500万元,合同约定租赁期满时残值归租赁公司所有,租期为5年,租赁费率为12%,采用后付租金的方式,以等额年金法确定租金。

参照2012年12月商务部发布的《机动车强制报废标准规定》的规定,中型出租客运汽车使用年限为10年,采用使用年限法计算5年期满后车辆成新率为:

$$成新率 = \left(1 - \frac{已使用年限}{规定使用年限}\right) \times 100\% = \left(1 - \frac{60个月}{120个月}\right) \times 100\% = 50\%$$

假定5年后该型号大客车的重置成本为45万元/辆,则被评估车辆的租赁期满后的价格为:

$$重置成本 \times 成新率 = 45 \times 50\% = 22.5(万元/辆)$$

$$后付租金 = \frac{50 - 22.5 \times (P/F, 12\%, 5)}{(P/A, 12\%, 5)} = \frac{(50 - 22.5 \times 0.5674)}{3.6048} = 10.329(万元/辆)$$

所以,10辆中型客车租金每年共计:

$$10.329 \times 10 = 103.29(万元)$$

(四)融资租赁融资方式的评价

1. 融资租赁方式的优点

融资租赁集融资与融物为一体,与其他融资方式相比,具有以下优点:

(1)融资租赁事先只需要预付一定的保证金就可以获得设备,形成生产能力,并且全部租金在整个租期内分期支付,可以节约资本、提高资本使用效益、适当减低不能偿付的危险。

(2)融资租赁一般都可以做到当年委托、订货,当年到货、投产,比先筹措资本后购置设备速度快,节约大量的人力、物力,可以使企业尽快形成生产经营能力。

(3)融资租赁出现问题时租赁公司可以通过回收、处理租赁物等方式降低自身风险,因而在办理融资时对企业资信和担保的要求不高,限制较少,利于运输企业筹措资金。

(4)采用融资租赁方式融资,承租的运输企业可以把支付的租金和利息全部作为费用从应纳税所得额中予以扣除。因此能够获得纳税抵扣。

2. 融资租赁的缺点

融资租赁的主要缺点是成本较高,这是因为承租企业的设备购置成本、租期内利息、租赁手续费以及承租企业的预期利润等,都要在整个承租期限内通过每期收取租金的方式实现。

【案例3-2】 江西长运售后回租业务

2017年10月13日,江西长运股份有限公司发布公告,公司及子公司拟用车站、物流中心等固定资产和在建工程,通过售后回租方式与建信金融租赁有限公司开展融资租赁业务。公司于2017年10月13日以通讯表决方式召开第八届董事会第十二次会议,审议通过了该议案。

该次售后回租业务融资金额3亿元,期限5年。按照合同约定,在转让方满足合同约定的付款条件后,受让方将一次性或分次向转让方支付相应租赁物的转让价款,付款的进度及次数可根据转让方的资金需要进行调整,但全部转让价款最迟支付日不迟于2018年9月25日。租赁利率按照中国人民银行公布施行的1~5年期人民币贷款基准利率(基准利率)下浮10%(含6%增值税)计算。起租日为出租人支付首笔租赁物转让价款之日。租金支付期间共计10期。支付方式为自起租日起,等额本息,半年付后付,提前5个月支付;没有宽限期。在出租人支付转让价款之前,共同承租人应一次性向出租人支付该笔租赁物转让价款2.3%的手续费(含6%增值税)。租赁期限届满,租赁物的所有权自动转移至共同承租人。

通过申请办理售后回租融资租赁业务,公司及子公司利用现有的车站、物流中心等在建工程和固定资产进行融资,有利于优化公司的资产负债结构,降低财务费用,且融资租赁业务的开展对公司该年度及未来年度的损益情况不会产生重大影响。

四、运输企业短期负债筹资

除了上述长期资本筹集方式以外,运输企业还必须筹资短期债务资金满足日常资金周转需求。短期债务资金按其形成情况,可以分为自然性短期负债和临时性短期负债。自然性短期负债是在运输企业经营过程中,由于结算或运输服务周期的原因,部分交易已经完成但是尚未支付的款项,或需要提前收取的部分款项,如预收运费、应付账款、应付职工薪酬、应交税费等;临时性短期负债是因为临时的资金需求而发生的、由财务人员根据运输企业对短期资金的需求情况安排形成,如短期银行借款等。

(一)商业信用

商业信用是指商品交易过程中,由于延期付款或预收款项所形成的企业间的借贷关系,是企业间的直接信用行为,主要包括应付票据及应付账款和预收款项。商业信用的产生早于银行信用。早在简单商品生产条件下,就已出现了赊销赊购现象,到了商品经济发达的资本主义社会,商业信用得到广泛发展。我国商业信用的推行日益广泛,形式多样,成为企业筹集短期资本的重要方式。

应付账款是运输企业因为购买设备、备品备件或燃料等暂未付款而形成的欠款,相当于供货方为运输企业提供了一笔短期债务。

为了加快应付账款回收速度,应付账款往往伴有付款期限、折扣等信用条件,如"2/10,$n/30$"。如果运输企业放弃了现金折扣,则会增加机会成本。放弃现金折扣的资本成本计算公式为:

$$资本成本率 = \frac{现金折扣率}{1 - 现金折扣率} \times \frac{360}{信用期 - 折扣期} \tag{3-8}$$

【例3-5】 JC客运按"$3/10,n/30$"的信用条件购进一批价值10000元的汽修配件,如果放弃现金折扣,所承担的资本成本率为:

$$\frac{3\%}{(1-3\%)} \times \frac{360}{(30-10)} = 55.67\%$$

可以看出,放弃现金折扣的资本成本较高,而银行借款年利率一定小于这一比率。因此除非有特殊情况,运输企业应该尽量享受现金折扣。

运输企业也可以根据购销合同,在进行延期付款交易时开出反映债权债务关系的应付票据。应付票据分为带息票据和不带息票据,带息票据的利率一般比银行借款的利率低,而且不用保持相应的补偿性余额和支付承诺费,因此融资成本低于银行借款。

预收款项是指运输企业按合同规定,在提供运输服务之前向购买方预收部分或全部款项的方式。运输企业可根据运输成本、运量变化、淡旺季变化及对未来市场的判断来制定、调整运输价格和结算方式,合理安排资源。

采用商业信用方式融通短期资金,方便灵活,运输企业不需提供担保或抵押,较其他筹资方式条件更为宽松,成本较低。但是,商业信用筹资也有其不足,主要表现为期限短、金额有限等。

(二)应计费用

应计费用是指企业应付而未付的费用,主要包括应付职工薪酬、应付利息、应交税费等。应付费用通常不在发生时支付,而有指定的支付日期。如应付税费按月支付,应付职工薪酬按周或按月支付。其金额随营业收入变动,较为稳定。公司利用应付费用筹资,虽然没有实际成本,但是受法律、惯例等因素的限制很难大量长期使用。例如,根据税法规定,税款必须准时缴付,如果拖欠,则必须交纳滞纳金、罚款等;延期支付工资,则会引起士气低落,不利于企业正常经营。

(三)短期借款

短期借款是指运输企业为维持正常的生产经营所需的资金或为抵偿某项债务而向银行或其他金融机构借入的、还款期限在一年以内(含一年)的各种借款。短期借款主要有周转借款、临时借款、结算借款、票据贴现借款、卖方信贷、预购定金借款和专项储备借款等。其利息结算方式可以采用按月支付、按季支付、按半年支付和到期一次还本付息的方式。

短期借款的优点在于可以随运输企业的需要灵活安排,取得程序较为简便,使用方便。如果与银行签订有授信额度或周转授信协议,运输企业可以根据实际需要提出申请。在银行加强风险防范,对发放中长期贷款较为谨慎、利率较高的情况下,短期借款就成为很多运输企业重要的融资方式。但短期借款最突出的缺点是短期内要归还,需要运输企业保证资产的流动性。

(四)短期融资券

短期融资券是由信誉卓著的大型运输企业发行的短期无担保本票,是出票人在未来一定日期向持票人无条件兑付票面金额的书面承诺。短期融资券可以在市场上流通,并由发行企业到期按面额兑付,是一种新兴的短期筹资方式。

1.短期融资券的发展过程

短期融资券起源于商业票据。商业票据是一种古老的商业信用工具,产生于18世纪。最初是随商品和劳务交易而产生,是购货方给销售方开出的一张远期付款的债务凭证。销售方出于周转原因有时需要提前收回资金,于是有投资人从持票人手中买下商业票据,待票据到期后持票向付款方收回资金。一些大公司发现了商业票据的这一特点,便凭借自己的信誉,开始脱离商品交易过程签发商业票据,以筹措短期资金。商业票据与商品、劳务的交易相分离,逐步演变成一种货币市场的融资票据。为了与传统商业票据相区别,通常把这种专门用于融资的票据称为短期融资券或短期商业债券。

我国短期融资券的发行始于1989年,主要针对银行间债券市场的机构投资人。1989年,中国人民银行下发《关于发行短期融资券有关问题的通知》(银发〔1989〕45号),肯定了各地为弥补短期流动资本贷款不足而发行短期融资券的做法,短期融资券发行量大幅增加。1997年由于融资过程中的一些问题,中国人民银行停止审批。2004年之后企业资本不足情况较为严重,2005年5月24日央行颁布《短期融资券管理办法》和《短期融资券承销规则》

《短期融资券信息披露规则》两个配套文件,允许符合条件的企业在银行间债券市场发行短期融资券。为进一步完善银行间债券市场管理,促进非金融企业直接债务融资发展,中国人民银行制定了《银行间债券市场非金融企业债务融资工具管理办法》,自2008年4月15日起施行。

按照《短期融资券管理办法》的规定,运输企业如果流动性良好,最近一个会计年度盈利,具有较强的到期偿债能力,近三年没有违法、重大违规和融资券延迟支付本息的情况,有健全的内部管理体系和募集资金的使用偿付管理制度,可以发行融资券募集的资金用于本企业生产经营。

2. 短期融资券的发行

短期融资券的发行方式主要有两种:

(1)经纪人代销。经纪人代销指首先由发行人将短期融资券卖给经纪人,然后再由经纪人以更高的价格转卖给投资者,其中主要是卖给商业银行、其他金融机构和有暂时闲置资金的企业。经纪人从中赚取价差。

(2)直接销售。直接销售指不经过经纪人,而由发行人直接向社会公众出售,并承担票据不能全部售出的风险。目前,在西方发达国家,大约50%的短期融资券是由发行企业直接销售的。

3. 短期融资券优缺点

短期融资券最大优点是成本较低,这是因为短期融资券利率一般要低于银行借款利率,因此采用短期融资券融资可减少运输企业成本。短期融资券属于直接筹资方式,融资数额较大,对于需要巨额短期资金的运输企业尤为适用。

短期融资券的缺点主要有以下三点:

(1)短期融资券到期必须归还,风险较大。如果到期不能及时兑付,会使运输企业信用锐减,甚至会引发法律清偿(即破产)的风险。

(2)短期融资券缺乏弹性。短期融资券属于直接筹资,由于发行成本原因,只有当资金需求达到一定规模时才能使用,一般不能提前偿还,因此筹资弹性小。

(3)短期融资券发行条件严格。发行短期融资券有严格的法律限制条件,只有信誉好、实力强的大型运输企业才能采用,新成立或规模小的运输企业则较难利用。

第四节　运输企业混合筹资

除了前面介绍的股权性质的筹资方式和债权性质的筹资方式以外,还有一些筹资方式兼有多种性质,属于混合型筹资。本小节主要介绍运输企业常用的优先股、可转换债券和认股权证三种混合型筹资方式。

一、运输企业优先股筹资

优先股的优先概念是相对于普通股而言的。优先股股东获得的报酬(即股息)在发行时已经明确并且金额一般是固定的,股息的支付顺序和剩余财产的分配顺序优先于普通股股东。由此可见,优先股是一种兼具债券和普通股特点的混合性筹资形式。

(一)优先股的权利

与普通股相比较,优先股的特点主要体现在以下几方面:

(1)在分配公司利润时可先于普通股且以约定的比率进行分配。

(2)当股份有限公司因解散、破产等原因进行清算时,优先股股东可先于普通股股东分取公司的剩余资产。

(3)优先股股东一般不享有公司经营参与权,但在涉及优先股股票所保障的股东权益时,优先股股东可发表意见并享有相应的表决权。

(4)优先股股票可由公司赎回。优先股股东不能要求退股,却可以依照优先股股票所附的赎回条款,由股份有限公司予以赎回。大多数优先股股票都附有赎回条款。

(二)优先股的种类

优先股可以按不同的标准分为以下几种,每一种优先股都具有不同的权利,对运输企业产生不同的财务影响。

1. 累积优先股和非累积优先股

累积优先股是指当公司在某个时期盈利不足以支付优先股股息时,累计到次年或以后某一年盈利时,在普通股的红利发放之前,连同本年优先股的股息一并发放。股份公司发行累积优先股主要是为了保障优先股股东的收益不致因公司盈利状况的波动而减少。非累积优先股是指只能按当年盈利分取股息的优先股,如果当年公司经营不善而不能分取股息,未分的股息不能予以累积,以后也不能补付。

2. 可转换优先股与不可转换优先股

可转换优先股发行后,在一定条件下允许持有者将其转换成其他种类的股票。发行可转换优先股,对于股份公司和投资者都有一定的意义。股份公司在其股票发行遇到困难时,可以给予认购者以转换请求权,来吸引更多的人购买。同时,可转换优先股的股息率往往略低于其他种类的优先股,这也有利于减轻公司负担。投资者投资于可转换优先股,实际上多了一个选择的余地和改变资产种类的机会。不可转换优先股持有者则不具有上述转换权利。证监会2014年3月颁布的《优先股试点管理办法》第33条规定上市公司不得发行可转换为普通股的优先股。

3. 参加优先股和不参加优先股

参加优先股是指不仅能取得固定股利,还有权与普通股一同参加利润分配的优先股。根据其参加盈余分配的范围,还可分为全部参加优先股和部分参加优先股。前者可参加全部剩余盈余的分配,后者则只能参加部分剩余盈余的分配。因此,参加优先股在公司盈利丰厚时获利较大。不参加优先股是只能按规定分取定额股息而不再参加其他形式分红的优先股。

4. 可赎回优先股与不可赎回优先股

可赎回优先股亦称"可回购优先股",是指公司可按约定条件在股票发行一段时间后以一定价格购回的优先股。公司赎回优先股一般是为了减少股息负担,通常在能以股息较低的股票取代已发行优先股时赎回。赎回的方式主要有溢价赎回、基金补偿和转换赎回三种。而不附加有赎回条件的优先股即为不可赎回优先股。

(三)发行优先股的条件

2014年3月21日中国证监会公布的《优先股试点管理办法》(第97号令)对优先股股东权利的行使、上市公司发行优先股、非上市公众公司非公开发行优先股、交易转让及登记结算、信息披露、回购与并购重组、监管措施和法律责任等问题做了详细的规定。具体规定如下:

1. 公开发行的一般规定

上市公司内部控制制度健全,能够有效保证公司运行的效率、合法合规和财务报告的可靠性,内部控制的有效性应当不存在重大缺陷;最近三个会计年度实现的年均可分配利润应当不少于优先股一年的股息;最近三年现金分红情况应当符合公司章程及中国证监会的有关监管规定;报告期不存在重大会计违规事项;发行优先股募集资本有明确用途,符合国家产业政策和法律法规的规定,与公司业务范围、经营规模相匹配;已发行的优先股不得超过公司普通股股份总数的50%,且筹资金额不得超过发行前净资产的50%。

2. 公开发行的特别规定

上市公司公开发行优先股,应当符合以下情形之一:其普通股为上证50指数成分股(中国证监会核准公开发行优先股后不再符合本条情形的,上市公司仍可实施本次发行);以公开发行优先股作为支付手段收购或吸收合并其他上市公司;以减少注册资本为目的回购普通股的,可以公开发行优先股作为支付手段,或者在回购方案实施完毕后,可公开发行不超过回购减资总额的优先股。

另外,发行公司还应符合上市公司最近三个会计年度应当连续盈利、扣除非经常性损益后的净利润与扣除前净利润相比以孰低者作为计算依据等条件,并在公司章程中规定采取固定股息率、在有可分配税后利润的情况下必须向优先股股东分配股息等事项。

3. 公开发行的其他规定

优先股每股票面金额为100元。优先股发行价格和票面股息率应当公允、合理,不得损害股东或其他利益相关方的合法利益,发行价格不得低于优先股票面金额。

公开发行优先股的价格或票面股息率以市场询价或证监会认可的其他公开方式确定。非公开发行优先股的票面股息率不得高于最近两个会计年度的年均加权平均净资产收益率。

(四)优先股筹资优缺点分析

作为一种股权资本筹资方式,优先股筹资具有以下优点。

1. 财务负担轻

优先股票股息不是发行公司必须偿付的一项法定债务,在公司财务状况恶化时可以不付,减轻了企业的财务负担。即便是累积优先股,股息递延到以后公司盈利状况好转时累计支付,也大大缓解了公司的财务压力。

2. 财务上灵活机动

优先股票没有规定最终到期日,实质是一种永续性借款。公司可以选择在发行合同中是否加入可赎回条款,以及条款内容如何制定,决定优先股的赎回。对公司而言较普通股筹资具有更大的灵活性。

3. 降低公司财务风险

由于从债权人的角度看,优先股属于公司股本,具有改善公司财务状况、降低财务风险、提高举债能力的作用。

4. 不影响普通股票收益和控制权

与普通股票相比,优先股票每股收益是固定的,只要企业净资产收益率高于优先股票成本率,普通股票每股收益就会上升;另外,优先股无表决权,不影响普通股股东对企业的控制权。

但是,优先股筹资方式对企业也有不利的影响,主要有以下两方面。

1. 优先股筹资资本成本高

由于优先股票股利不能抵减所得税,因此其成本高于债务成本。这是优先股票筹资的最大不利因素。

2. 优先股股息支付的固定性

优先股股息固定且先于普通股股利支付,对公司具有一定的财务压力,在一定程度上影响了普通股股东的利益。虽然公司可以不按规定支付股利,但这会影响企业形象,进而对普通股票市价产生不利影响,同样会损害到普通股股东的权益。当然,在企业财务状况恶化时,这不可避免。

二、运输企业可转换债券筹资

可转换债券是公司发行的一种兼有债券和期权特性的有价证券,持有人有权在特定时间、按特定条件将其转换为普通股票。可转换债券具有双重选择权的特征,这是可转换公司债券最主要的金融特征。一方面,投资者可自行选择是否转股,并为此承担转债利率较低的成本;另一方面,转债发行人拥有是否实施赎回条款的选择权,并为此支付比没有赎回条款的转债更高的利率。双重选择权将投资者和发行人的风险、收益限定在一定的范围以内。

(一) 可转换债券的发展历程

自从1843年美国的New York Erie公司发行了世界上第一张可转换公司债券之后,经过一百多年的发展,可转换债券独特的金融性质逐渐被投资者认可,成为金融市场中不可或缺的重要组成部分。

1992年深宝安发行国内第一只可转债之后,我国企业开始在此领域进行有益的尝试。1996年我国政府决定将有条件的公司作为可转换债券的试点。1997年3月证监会颁布《可转换债券管理暂行办法》,我国开始了可转债的发行和监管的规范化运作。2001年4月,证监会颁布《上市公司发行可转换债券实施办法》及三个配套文件,极大地规范、促进了可转换债券的发展,我国可转换债券发展进入新阶段。2006年5月证监会颁布《上市公司证券发行管理办法》,从政策上保证和强调了可转债合法的市场地位,促进了我国可转债市场的蓬勃发展。

(二) 发行资格及条件

我国上市公司发行可转换债券除了必须符合《上市公司证券发行管理办法》第二章"公开发行证券的条件"第一节的一般规定之外,还需要符合第三节"发行可转换公司债券"第

十四条的规定,具体规定如下:

(1)公司三个会计年度加权平均净资产收益率平均不低于6%。扣除非经常性损益后的净利润与扣除前的净利润相比,以低者作为加权平均净资产收益率的计算依据。

(2)本次发行后累计公司债券余额不超过一期末净资产额的40%。

(3)公司三个会计年度实现的年均可分配利润不少于公司债券一年的利息。

另外,我国规定可转换公司债券的期限最短为一年,最长为六年。债券每张面值100元。公司公开发行可转换公司债券,应当委托具有资格的资信评级机构进行信用评级和跟踪评级,并且资信评级机构每年至少公告一次跟踪评级报告。还要求公司应当提供担保,但一期末经审计的净资产不低于15亿元的公司除外。提供担保的,应当为全额担保,担保范围包括债券的本金及利息、违约金、损害赔偿金和实现债权的费用。如果公司以保证方式提供担保的,应当为连带责任担保,并且保证人一期经审计的净资产额应不低于其累计对外担保的金额。证券公司或上市公司不得作为发行可转债的担保人,但上市商业银行除外。如果公司设定抵押或质押的,抵押或质押财产的估值应不低于担保金额,估值应经有资格的资产评估机构评估。

(三)可转换债券的转换条款

可转换公司债券的发行决策与纯债券相比难度较大,这是因为可转换公司债券募集说明书中的一些特殊条款。这些条款主要有以下几项。

1. 转股价格

转股价格是指募集说明书中事先约定的可转换公司债券转换为每股股份所支付的价格。根据《上市公司证券发行管理办法》第三节第22条的规定:"转股价格应不低于募集说明书公告日前二十个交易日该公司股票交易均价和前一交易日的均价。"可转换债券的转换价格并非固定不变。《上市公司证券发行管理办法》第25条规定:"募集说明书应当约定转股价格调整的原则及方式。发行可转换公司债券后,因配股、增发、送股、派息、分立及其他原因引起上市公司股份变动的,应当同时调整转股价格。"并要求修正后的转股价格不低于前项规定的"股东大会召开日前二十个交易日该公司股票交易均价和前一交易日的均价"。如果募集说明书约定有转股价格向下修正条款的,转股价格修正方案还须要提交公司股东大会表决,并且必须经出席会议的股东所持表决权的2/3以上同意。股东大会进行表决时,持有公司可转换债券的股东应当回避。

2. 转换比率

可转换债券的转换比率是每份可转换债券所能交换的股份数,它等于可转换债券面值除以转换价格。所持债券面额不足转换一股股票的余额,发行公司应当以现金偿还。例如某运输公司发行每份面值1000元的可转换债券,发行时转换价格定为每股20元,发行后根据有关情况变化调整为每股23元。某持有人持有10份可转换债券,总面额10000元,决定转换为股票,则其转换股票为10000÷23=434股,即发行公司对该持有人交付股票434股,剩余18元不够一股股票的转化价格,以现金支付。

3. 转换期限

《上市公司证券发行管理办法》第二章"公开发行证券的条件"第21条规定,可转换公司债券自发行结束之日起六个月后方可转换为公司股票,转股期限由公司根据可转换公司债券的存续期限及公司财务状况确定。我国已发行的可转换债券期限主要为5~6年。

募集说明书中还可以约定赎回条款，规定上市公司可按事先约定的条件和价格赎回尚未转股的可转换公司债券。也可以约定回售条款，规定债券持有人可按事先约定的条件和价格将所持债券回售给上市公司。

（四）可转换债券筹资的优缺点分析

可转换债券兼有债券和期权的特点，是一种较为特殊的筹资方式，其优点主要体现在以下方面。

1. 利于降低资本成本

可转换债券赋予了投资者看涨期权，因此其利率一般低于普通债券，转换后又可节约股票的发行成本，从而降低股票的资本成本。

2. 利于筹集更多资本

可转换债券作为一种上市公司再融资的方式，对于拓宽与完善上市公司融资渠道、满足企业资本需求有着积极的作用。尤其是在资本市场上，投资者对上市公司增发、配股等"圈钱"行为的抵触情绪增加，或者股市行情回落使得上市公司再融资遇到困难时，可转债融资因其具有固定收益保障的优点，对运输企业顺利融资具有积极作用。

3. 利于调整资本结构

可转换债券兼具债权和股权双重性质，转换前属于公司债务，发行公司可以通过转换条款设计，促进投资者转股，从而调整资本结构。

4. 赎回条款的规定可以避免公司的筹资损失

发行公司可以在募集说明书中加入赎回条款，当公司股票价格在一段时期内连续高于转换价格达到一定幅度时，公司可按事先约定的价格赎回未转股的可转换债券，从而避免损失。

可转换债券筹资也有不足，主要有以下两点。

（1）未来公司股票价格变化给可转换债券带来不确定的影响。如果股票价格走低，可转换债券持有人不愿转股而选择持有到期，发行公司将承受偿还债务本金的压力；如果股票价格持续走高，高于转换价格，可转换债券持有人选择行权，则发行公司遭受融资损失，也会失去可转换债券筹资利率较低的好处。

（2）回售条款的规定在一定条件下可能使发行公司蒙受损失。当公司股票价格在一段时期内连续低于转股价格并达到某一幅度时，可转换债券持有人可以按事先约定的价格将所持债券回售，从而使发行公司利益受损。

三、运输企业认股权证筹资

认股权证是指股份公司发行的允许持有人在某一时期内以特定价格购买普通股的一种凭证。认股权证最早起源于美国，之后在全球范围内逐渐发展。2005年7月8日，深、沪证券交易所分别推出了经中国证监会核准通过的《权证管理暂行办法》，标志着权证这一金融衍生产品在我国的推出进入了实质性阶段。

（一）认股权证的种类

在国内外公司筹资实务中，认股权证形式灵活多样，可区分为不同种类。

1. 长期认股权证与短期认股权证

认股权证按允许购股的期限分为长期和短期。长期认股权证的购股期限通常持续几年,有时是永久性的。短期认股权证的认股期限一般在 90 天以内。

2. 单独发行认股权证与附带发行认股权证

按发行方式,认股权证可分为单独发行和附带发行。单独发行容易理解,附带发行是指依附于债券、优先股、普通股或短期票据发行认股权证。

3. 备兑认股权证与配股权证

备兑认股权证是每份备兑证按一定比例含有几家公司的若干股股票。配股权证是确认老股东配股权的证书,它按照股东持股比例定向派发,赋予其以优惠价格认购公司一定份数的新股。

(二)认股权证的价值

投资人之所以愿意投资认股权证,是因为认股权证具有理论价值和市场价值。一般情况下,市场价值大于理论价值。认股权证的理论价值计算公式如下:

$$\text{理论价值} = \left(\text{普通股市场价格} - \text{优先认购价} \right) \times \text{一张认股权证可买到的股票数} \tag{3-9}$$

例如,某公司规定每份认股权证可按 20 元的价格认购一股普通股。某人拥有 5 股认股权,可购买 5 股普通股 100 元。假设每股普通股市价为 25 元,此人抛售其持有股票可得 125 元,获利 25 元 ×(125 - 100)。认股权证的市场价值是由市场供求关系决定。现实中,由于认股权证期限的限制和股票价格的波动,市场存在套利行为,认股权证的市场价值一般会高于其理论价值,二者之差称为"认股权证溢价"。

(三)认股权证的优缺点分析

认股权证在筹资中的运用十分灵活,对发行公司资本筹集具有一定的作用。

1. 为公司筹集股权资本,优化资本结构

如果单独发行认股权证,投资人购买认股权证和在认股期内行权能够为公司筹集股权资本。公司资本结构中股权资本比例增加,资产负债率降低,能够增强公司的资本实力。

2. 促进其他筹资方式的运用

单独发行认股权证有利于将来发售股票,附带发行认股权证可促进相关证券筹资的效率。例如,认股权证依附债券发行,以促进债券的发售。

3. 对高管人员的激励措施

由于期权对公司价值的敏感性高于工资和奖金,将认股权证作为对高管人员的激励措施,可以将高管人员的利益和公司的成长结合起来,改善委托代理关系。

认股权证筹资的不利之处在于认股权证对公司每股收益的稀释效应。公司通过发行认股权证扩大股权资本、稀释每股收益到一定程度,股价会调整并引发下跌,影响公司的业绩表现。另外,投资人的行权时间往往不能为公司所控制,这给企业资本筹集和使用带来不便。

第五节　运输企业资本结构决策

资本结构是影响运输企业筹资管理的重要内容。合理的资本结构可以降低企业综合资本成本和财务风险，提升企业价值，因此企业应该综合考虑有关影响因素，运用恰当的方法确定最佳资本结构。

一、资本结构理论

资本结构理论是关于公司最佳资本结构及其决策的理论，是财务理论的重要组成部分之一。

(一) 资本结构的概念

资本结构是指企业各种资本的价值构成及其比例关系，是企业一定时期筹资组合的结果。广义的资本结构是指企业全部资本的构成及其比例关系。狭义的资本结构是指企业各种长期资本的构成及其比例关系，尤其是指长期债务资本与股权资本之间的构成及其比例关系。

为了提高财务管理水平，可以按照不同标准对资本结构进行分类。运输企业的全部资本可以按照资本权属分为股权资本和债务资本，也可以按照资本使用期限分为长期资本和短期资本。资本权属结构和使用期限结构的变化会影响一定时期内企业、股东、债权人的利益和风险。企业资本结构的理想状态是通过融资方式和比例的调整，实现资本成本最小、股东财富或企业价值最大目标，即达到最佳资本结构。

资本结构问题主要是资本权属结构的决策问题，即资本结构中债务资本的比例安排。合理地利用债务资本，科学地安排债务资本的比例，可以起到积极作用：其一是可以降低企业的综合资本成本率，由于债务利息通常低于股票股利，并且可以在税前利润中扣除，因此，在一定限度内提高低成本债务资本的比例，可以降低企业的综合资本成本率；其二是可以获得财务杠杆利益，由于债务资本具有财务杠杆效应，因此，在一定限度内合理地利用债务资本，可以提高企业股权资本收益率；其三是可以增加公司的价值，一般而言，企业价值等于其债权资本的市场价值与股权资本的市场价值之和，而资本结构对企业的债权资本市场价值、股权资本市场价值及企业总资本市场价值具有重要影响。因此，合理安排资本结构有利于增加企业的市场价值。

(二) 资本结构的价值计算基础

对运输企业而言，怎样的资本结构才算合理，必须经过测算。测算最佳资本结构的一个重要因素就是不同筹资方式下筹集的资本占企业总资本的比重。这一比重的计算涉及资本结构价值计量问题，通常可以采用会计账面价值、现时市场价值和未来目标价值三种方法，形成资本的账面价值结构、市场价值结构和目标价值结构。

1. 资本的账面价值结构

资本的账面价值结构是指以会计账面价值计量运输企业的资本结构，采用资产负债表的右方"负债及所有者权益"或"负债及股东权益"所列示的数额进行测算。一般认为资产负债表反映企业资本来源和资本运用的历史信息，因此这种方法计算的比重不能满足企业资本结构决策的要求。

2. 资本的市场价值结构

资本的市场价值结构是指采用运输企业发行的股票和债券的市场价格进行测算的资本结构。测算资本结构是试图对企业未来筹资决策提供决策支持,因此以现时市场价值基础进行计量也有不妥之处。

3. 资本的目标价值结构

资本的目标价值结构是指按未来运输企业目标价值计量的资本结构。一般可以用最佳资本结构时的企业价值作为目标价值,以达到最佳资本结构时企业各种资本的比例关系计算资本结构。这种方法更符合企业未来资本结构决策管理的要求,但是实务中企业未来目标价值估计的客观性和准确性较难保证。

(三) 资本结构理论

理论界和实务界已经认识到资本结构对筹资决策的重要性。经过多年探索和研究,理论界在这一领域已经初步形成了比较完整的理论体系,即资本结构理论。

1. 早期资本结构理论

20世纪50年代初财务学家开始研究资本结构问题,逐渐形成净收益理论、净营业收益理论和传统折中理论三种理论。

净收益理论假设负债的利息及股权资本的成本均固定不变,不受财务杠杆影响,不因债务比率的提高而改变;债权投资违约风险小于股权投资,因此债权资本成本应该低于股权资本成本。该理论认为当财务杠杆率(D/E)提高时,公司资本总额中债务资本比重增加,公司加权平均资金成本率降低,公司价值增大。当公司资本全部为债权资本时,公司加权平均资本成本降至最低,此时公司价值达到最大值。该理论的不足之处在于没有充分考虑债权资本增加引发的风险增加,会导致边际债权资本成本和权益成本发生相应变化。

净营业收益理论则认为随着债务的增加,公司一方面会获得节税收益,另一方面风险也会随之明显上升,股权资本因此要求增加风险报酬,使债务资本带来的资本成本降低的好处正好被股权资本成本的增加抵消,结果企业加权平均资本成本仍保持不变,资本结构与公司价值无关。这一观点虽然认识到债务比例增加对资本成本的影响,但实际上只要风险在企业承受范围内,一般不会引起股权资本成本的增加,即使增加,其变化速度也小于债务带来的好处。此时,可考虑适当提高负债水平。

传统折中理论综合上述两种观点,认为企业最佳资本结构应是债务边际资本成本等于股权边际资本成本时的资本结构,此时加权平均资本成本最低,公司价值最大。当债务边际资本成本大于或小于股权边际资本成本时,企业可以通过适度减少或增加债权资本比例的方式降低加权平均资本成本。

2. 现代资本结构理论

20世纪五六十年代,美国学者莫迪格莱尼与米勒用统计分析检测模型的方法,对企业价值与资本结构的关系进行了严密的分析,形成了著名的MM理论,奠定了现代西方资本结构理论的基础。

(1) 无税的MM理论。

莫迪格莱尼和米勒教授在1958年发表的《资本成本、公司财务和投资理论》一文中提出无税的 MM 定理,认为在企业投资与融资相互独立、无税收及破产风险和资本市场完善的条件下,企业的市场价值与资本结构无关。这一定理的假设前提包括:不考虑企业所得税;企业经营风险是可衡量的,处于同一风险等级的企业具有相同的经营风险;投资者对未来的收益和风险的预期相同;资本市场是完善的和均衡的,即市场充分竞争,资本自由流通,信息充分对称、无交易成本、投资者完全理性;投资者和企业可以同一利率借款,企业和个人负债均无风险;所有现金流都是年金,企业的增长率为零,预期的息税前利润固定不变。

在这样严格的假设条件下,两位经济学家运用套利原理得出两个命题:命题一为企业价值及资本成本不受资本结构影响,其价值等于预期收益的现值;命题二为有债企业的股权资本成本等于无债企业的股权资本成本加上根据无债企业股权资本成本与债务成本之差以及负债比率确定的风险报酬。

(2)修正的 MM 理论。

无税的 MM 模型中的一些假设在现实中不成立。莫迪格莱尼和米勒 1963 年发表《公司所得税与资本成本:一项修正》一文,认为存在公司所得税的情况下,负债产生的利息减税会增加企业价值,得出企业资本结构与企业价值相关的结论。由此得出如下两个命题:命题一为有债企业的价值等于相同风险等级的无债企业的价值加上税盾。在考虑公司所得税的影响后,有债企业的价值会超过无债企业的价值;命题二为有债企业的股权资本成本等于相同风险等级的无债企业股权资本成本加上风险报酬。

3. 新资本结构理论

20 世纪 70 年代以后,许多学者的研究为资本结构理论的发展提供了新的方向,资本结构理论的研究进入了一个新的发展阶段。代表性的观点有代理成本理论、信号传递理论、融资优序理论等。

代理成本理论是通过研究代理成本与资本结构的关系指出,债务的违约成本与财务杠杆系数相关;随着债务资本的增加,债权人的监督成本提升,债权人会要求更高的利率。这种代理成本最终要由股东承担,所以资本结构中债务比率过高会导致股东价值降低。根据代理成本理论,债务资本适度的资本结构会增加股东的价值。

信号传递理论认为,在信息不对称条件下企业向外界传递内部信息的常见信号有利润宣告、股利宣告、融资宣告三种。由于利润的会计处理可以被操纵,因此股利宣告是一种比较可信的信号模式。信号传递理论在财务领域的应用始于罗斯的研究,他发现拥有大量高质量投资机会信息的经理,可以通过资本结构或股利政策的选择向潜在的投资者传递信息。

优序融资理论放宽了 MM 理论完全信息的假定,以不对称信息理论为基础,并考虑交易成本的存在,认为权益融资会传递企业经营的负面信息,而且外部融资要多支付各种成本,因而企业融资一般会遵循内源融资、债务融资、权益融资这样的先后顺序。

二、运输企业资本成本测算

资本成本是财务管理中的一个重要概念,对运输企业科学筹资和合理投资具有重要的影响。

(一)资本成本的概念

在市场经济条件下,运输企业筹措与使用资本都需要付出一定的代价,即资本成本。资本成本包括资本筹集费用和资本占用费用两部分。

1. 资本筹集费

资本筹集费用是指运输企业在筹措资本过程中所发生的各种费用,一般包括银行借款手续费、因发行股票和债券而支付的证券注册登记费、证券发行手续费等。资本筹集费用在取得资本时一次性发生,属于固定性费用,在计算资本成本时可以作为筹资额的扣除。

2. 资本占用费用

资本占用费用又可以叫作资本使用费,是指运输企业在投资和生产经营过程中因占用资本所支付的各种费用。包括银行借款、债券等债务资本的利息费用以及优先股股息、普通股红利等股权资本的成本。这部分资本成本金额受资本数额大小和占用时间长短的影响,属于变动性费用。

资本成本一般用相对数表示,可以采用下列公式计算企业的资本成本率:

$$资金成本率 = \frac{资金占用费}{筹资总额 - 筹资费用} \times 100\%$$

$$= \frac{资金占用费}{筹资总额 \times (1 - 筹资费率)} \times 100\% \quad (3\text{-}10)$$

除了资本筹集费用和资本占用费用以外,广义的资本成本还应包括资本的机会成本。

(二)资本成本的作用

资本成本是财务管理的基本概念,在运输企业的筹资、投资、经营和分配活动中起着重要的作用。

从筹资角度分析,资本成本是运输企业进行合理筹资决策的重要依据。如果取得某项资本的边际资本成本低于预期的投资收益率,则筹资方案的选择和采纳将有助于提高股权资本收益率。

从投资角度分析,资本成本是运输企业进行科学投资决策的重要依据。将资本成本作为财务折现率用以计算各投资方案的净现值、内部收益率、现值指数等指标,为提高企业的投资效益发挥着重要的作用。

从经营角度分析,资本成本是运输企业进行有效经营决策的重要依据。如果经营某项业务所获得的息税前利润可以超过资本成本,资产报酬率高于资本成本率,意味着经营该项业务在经济上是合理的、管理上是有效的。

从分配角度分析,资本成本是运输企业做出科学分配决策的重要依据。企业在制定股利分配方案时必须考虑资本需要量、盈利稳定性、筹资顺利程度等因素对以后筹资成本产生的影响。

(三)资本成本率的计算

资本成本率包括个别资本成本率、综合资本成本率和边际资本成本率。

1. 个别资本成本率

个别资本成本率一般包括债务资本成本率、优先股的资本成本率、普通股的资本成本率以及留存收益的资本成本率。

(1) 债务资本成本率。

运输企业借款和发行债券的成本反映了公司为筹措债务资本所支付的筹资费用和利息费用。由于利息费用具有抵税作用，企业实际负担的利息费用为税后利息费用，所以债务资本成本率的计算公式如下：

$$资金成本率 = \frac{利息费用 \times (1-所得税率)}{筹资总额 \times (1-筹资费率)} \times 100\% \quad (3-11)$$

计算时应考虑到借款信用条件中补偿性余额和债券发行折溢价问题对资本成本率的影响。

【例3-6】 JC客运发行6.9亿元债券，债券期限为5年，债券面值100元，票面利率为4.30%，按年计息，不计复利。每年付息一次、到期一次还本。本次债券发行费用预计不超过募集资金的1.2%。如果平价发行，则资金成本为：

$$资金成本率 = \frac{100 \times 4.3\% \times (1-17\%)}{100 \times (1-1.2\%)} \times 100\% = 3.612\%$$

如果以每张债券115元溢价发行，则资金成本为：

$$资金成本率 = \frac{100 \times 4.3\% \times (1-17\%)}{115 \times (1-1.2\%)} \times 100\% = 3.141\%$$

(2) 优先股资本成本率。

优先股因为股息额固定，而且税后支付，因此根据定义优先股资本成本率的计算公式如下：

$$资金成本率 = \frac{优先股股利}{筹资总额 \times (1-筹资费率)} \times 100\% \quad (3-12)$$

(3) 普通股资本成本率。

因为股利不固定，普通股资本成本率较难测定。可采取以下两种方式确定普通股资本成本率：

① 采用股利折现模型测算，普通股资本成本率可以定义为"使公司股票未来股利收益的现值等于该股票现行市价所需的折现率"。股利折现模式如下：

$$\begin{aligned} P_0 &= D_1(1+K)^{-1} + D_2(1+K)^{-1} + \cdots + D_\infty(1+K)^{-\infty} \\ &= \sum_{t=1}^{\infty} D_t(1+K)^{-t} \end{aligned} \quad (3-13)$$

式中，P_0 为普通股现行市场价格；D 为普通股每股股利；K 为普通股资本成本率。

实际计算时，按照公司股利分配政策测算。如果公司执行固定股利政策，则按照如下公式计算：

$$K = \frac{D}{P \times (1-F)} \quad (3-14)$$

如果公司执行固定增长率股利政策，则按照如下公式计算：

$$K = \frac{D}{P \times (1-F)} + g \quad (3-15)$$

式中，P 为普通股现行市场价格；D 为普通股每股股利；K 为普通股资本成本率；g 为固定增长率；F 为筹集费用率。

【例3-7】 某运输公司发行普通股的总价格为5000万元,筹资费率为3%,预期第一年股利率为8%,以后按5%的固定比率增长。则资本成本率可计算如下:

$$K = \frac{5000 \times 8\%}{5000 \times (1-3\%)} + 5\% \approx 13.25\%$$

② 采用资本资产定价模型测算,需要根据投资的无风险收益率以及风险投资所需的补偿率综合确定普通股资本成本率。计算公式如下:

$$R_j = i + \beta_j \cdot (R_m - i) \tag{3-16}$$

式中: R_j 为 j 股票持有者所要求的收益率; i 为无风险收益率; R_m 为市场所有股票的平均收益率; β_j 为 j 股票的 β 系数。

【例3-8】 假定JC客运β系数为0.95,无风险收益率的确定参考国债利率为4.32%,市场平均收益率为12.8%,则普通股的资本成本率可计算如下:

$$R_j = 4.32\% + 0.95 \times (12.8\% - 4.32\%) \approx 12.38\%$$

(4) 留存收益资本成本率。

运输企业留存收益的资本成本反映了股东将净利润留存公司所要求的收益率。留存收益的资本成本实际上是一种机会成本。除了企业不需要支付筹资费用,股东将净利润留存企业与以购买股票的方式将资本投入企业没有本质上的不同,所以留存收益所要求的收益率一般应当与普通股一致。

2. 综合资本成本率

综合资本成本率是企业全部资本的成本率,一般按照各种资本在全部资本中所占比重为权数,以对个别资本成本进行加权平均的方式确定。其计算公式为:

$$K_w = \sum_{j=1}^{n} W_j K_j \tag{3-17}$$

式中, K_w 为加权平均资金成本; W_j 为第 j 种资金占总资金的比重; K_j 为第 j 种资金的成本。

权重的计算可以采用账面价值资本结构、市场价值资本结构或者目标价值资本结构作为计算依据,具体计算过程参照本小节前述方法。由此可见,公司综合资本成本率的高低是由个别资本成本率和资本结构决定的。

【例3-9】 DX客运201X年末短期债务为4673万元,长期债务为2539万元,股权资本为13334万元。假定短期债务平均资本成本为3.4%,长期债务平均资本成本3.69%,股权资本平均资本成本12.376%,则201X年末DX客运综合资本成本率为:

资本总额 = 4673 + 2539 + 13334 = 20546(万元)

$$K_w = 3.4\% \times 4673/20546 + 3.69\% \times 2539/20546 + 12.376\% \times 13334/20546$$
$$= 0.77\% + 0.456\% + 8.032\% = 9.258\%$$

3. 边际资本成本率

边际资本成本是指每增加一个单位资本而增加的成本,用相对数表示,即为边际资本成本率。当公司筹资金额的扩大超过某一限度时,边际资本成本率便会提高。当筹资金额较大时,运输企业往往同时采用多种筹资方法。所以,边际资金成本率的计算应采用加权平均的方法,先确定本次筹资的目标资本结构,再测算出筹资总额分界点,得出若干组不同金额的筹资范围,对各筹资范围分别计算加权平均资金成本率,即可得到各种筹资范围的边际资本成本率。之后运输企业根据所需资金的数额做出筹资决策。

三、杠杆原理以及风险衡量

运输企业的固定资产和固定性财务费用的数额变动在一定条件下会对企业的重要经营成果(如息税前利润、每股收益或每股净利)产生一定影响,有时会带来额外收益,有时又会带来额外损失,这就是财务中的杠杆原理。运输企业在确定资本结构时必须认真考虑由此导致的风险变化。

(一)营业杠杆及风险

1. 营业杠杆原理

营业杠杆也称经营杠杆或营运杠杆,是指由于运输企业运输业务成本中固定成本的存在而导致息税前利润变动率大于运输业务量变动率的现象。运输企业的经营成本按照其与运输业务量的变动关系可分为变动成本和固定成本两部分。其中,变动成本是指随着运输业务量的变化而变动的成本,如行车津贴和奖金、燃料和动力费、过桥过路费、轮胎费、修理费、装卸整理费、堆存费以及安全救助费等都属于变动成本;固定成本是指在一定的运输业务量范围内,不随运输业务量的变化而变动、保持相对固定不变的成本,如站场及附属建筑物成本、运输工具固定费用和共同费用等。如果企业能够增加运输业务量,则可以降低单位运输业务量分摊的固定成本,从而增加企业的息税前利润,获得一定的营业杠杆利益;反之,则会给企业带来营业风险,即遭受损失。

2. 营业杠杆系数的测算

营业杠杆的作用程度一般用营业杠杆系数衡量。营业杠杆系数(DOL)也称为经营杠杆系数或营业杠杆程度,是指企业息税前利润(EBIT)的变动率相当于运输业务量变动率的倍数。其测算公式如下:

$$DOL = \frac{\triangle EBIT/EBIT}{\triangle S/S} = \frac{\triangle EBIT/EBIT}{\triangle Q/Q} = \frac{Q(P-V)}{Q(P-V)-F} \quad (3-18)$$

式中,DOL 为营业杠杆系数;$EBIT$ 为营业利润,即息税前利润;$\triangle EBIT$ 为营业利润的变动额;S 为运输业务收入;$\triangle S$ 为运输业务收入的变动额;Q 为运输业务量;$\triangle Q$ 为运输业务量的变动额;P 为运价;V 为单位变动成本额;F 为固定成本总额。

【例3-10】 JC货运公司运价为0.5元/吨公里,每年完成的货运业务量约为3500万吨公里,所需固定成本为200万元,单位变动成本率60%,此时企业营业杠杆系数为:

$$DOL = \frac{3500 \times (0.5 - 0.5 \times 60\%)}{3500 \times (0.5 - 0.5 \times 60\%) - 200} = 1.4$$

以上计算表明,当企业运输业务量增加1倍时,息税前利润增加1.4倍,企业可以获得营业杠杆利益;反之,当企业运输业务量下降1倍时,息税前利润下降1.4倍,企业蒙受营业杠杆损失。营业杠杆系数的大小反映了营业杠杆的作用程度。营业杠杆系数越大,表示企业可能实现的营业杠杆利益越大,但是可能承受的营业风险也越高;反之则营业杠杆利益越小,营业风险越低。

假定运输企业固定成本不变,随着市场繁荣,运输业务量增长,单位息税前利润负担的固定成本下降,企业可以获得营业杠杆收益;反之则可能遭受营业杠杆损失。因此,企业在经营情况较好时可以通过增加固定成本投入或减少变动成本支出来提高营业杠杆系数,以充分发挥营业杠杆的作用,获得利益;在市场衰退业务不振时,企业应尽量压缩酌量性固定成本的开支,以减少固定成本的比重,降低营业杠杆系数,降低营业风险,避免营业杠杆损失。

3. 影响营业风险的因素

根据上述分析可知,影响企业营业杠杆利益和营业风险的因素有以下四项:运输业务量及其变动、运价及其变动、单位变动成本及其变动和固定成本总额及其变动。这些因素发生变动的情况下,营业杠杆系数一般也会发生变动,从而产生不同程度的营业杠杆利益和营业风险。

【例3-11】 承例3-10,假定其他因素不变,单价降至0.4元,此时企业营业杠杆系数为:

$$DOL = \frac{3500 \times (0.4 - 0.4 \times 60\%)}{3500 \times (0.4 - 0.4 \times 60\%) - 200} \approx 1.56$$

假定其他因素不变,年销售量升至4000件,此时企业营业杠杆系数为:

$$DOL = \frac{4000 \times (0.5 - 0.5 \times 60\%)}{4000 \times (0.5 - 0.5 \times 60\%) - 200} \approx 1.33$$

假定其他因素不变,由于燃料价格和人工费上涨,单位变动成本率65%,此时企业营业杠杆系数为:

$$DOL = \frac{3500 \times (0.5 - 0.5 \times 65\%)}{3500 \times (0.5 - 0.5 \times 65\%) - 200} \approx 1.48$$

假定其他因素不变,固定成本增加为220万元,此时企业营业杠杆系数为:

$$DOL = \frac{3500 \times (0.5 - 0.5 \times 60\%)}{3500 \times (0.5 - 0.5 \times 60\%) - 220} \approx 1.46$$

(二)财务杠杆及风险

1. 财务杠杆原理

财务杠杆也称为筹资杠杆或资本杠杆,是指由于债务资本中固定利息费用的存在而导致普通股每股收益变动率大于息税前利润变动率的现象。由于运输企业债务资本成本固定,并且在所得税前扣除,因此企业的盈利能力强弱以及债务利息的高低会影响财务风险的大小。如果企业能够扩大息税前利润或者降低债务利息水平,则分摊到单位息税前利润的债务负担会降低,企业负担的财务压力就会减轻,同时会给股权资本的所有者带来额外的收益(即财务杠杆利益);反之企业财务压力就会增加,给股权资本的所有者造成一定的损失(即财务风险)。

2. 财务杠杆系数的测算

企业做出筹资决策时应该测算债务筹资对企业财务风险的影响程度,即衡量财务杠杆的作用程度。这一影响程度可以用财务杠杆系数表示。财务杠杆系数是指企业税后利润的变动率相当于息税前利润变动率的倍数。股份公司可以用普通股每股收益计算。财务杠杆系数的测算公式是:

$$DFL = \frac{\triangle EPS/EPS}{\triangle EBIT/EBIT} = \frac{\triangle EAT/EAT}{\triangle EBIT/EBIT} = \frac{EBIT}{EBIT - I} \tag{3-19}$$

式中,DFL 为财务杠杆系数;$\triangle EBIT$ 为息税前利润变动额;$EBIT$ 为息税前利润额;$\triangle EAT$ 为税后利润变动额;EAT 为税后利润;$\triangle EPS$ 为普通股每股收益变动额;EPS 为普通股每股收益额;I 为债务年利息。

【例3-12】 JC客运8900万元长期资本中债务资本的比例为40%,债务资本利率为7%,假定所得税率为25%,当公司息税前利润能够达到900万元时,其财务杠杆系数计算如下:

$$DFL = \frac{900}{900 - 8900 \times 40\% \times 7\%} \approx 1.38$$

以上计算结果表示,当企业息税前利润增长1倍时,每股利润增长1.38倍,企业可以获得财务杠杆利益;当企业息税前利润下降1倍时,每股利润下降1.38倍,企业将蒙受财务风险损失。财务杠杆系数的大小反映了财务杠杆的作用程度。财务杠杆系数越大,表示企业可能实现的财务杠杆利益越大,但是可能承受的财务风险也越高;反之则财务杠杆利益越小,财务风险越低。

假定运输企业债务利息成本不变,随着市场繁荣,运输业务量增长,单位息税前利润负担的利息成本下降,企业可以获得财务杠杆收益;反之则可能遭受财务杠杆损失。因此,企业在经营情况较好时可以通过增加债务资本的方法提高财务杠杆系数,以增加财务杠杆利益;在市场衰退业务不振时,企业应尽量压缩债务资本,以减少债务资本成本的比重,降低财务杠杆系数,控制财务风险,避免财务杠杆损失。

3. 影响财务风险的因素

根据上述计算方法可以知道,企业财务杠杆系数大小的影响因素包括以下四项:债务资本利息及其变动、资本结构的变动、资本规模的变动和公司盈利能力及其变动。现举例说明各个因素的变动对财务杠杆系数和财务风险产生的影响。

【例3-13】 承例3-12,假定其他条件不变,公司债务资本利率增加到8%,则公司财务杠杆系数为:

$$DFL = \frac{900}{900 - 8900 \times 40\% \times 8\%} \approx 1.46$$

假定其他条件不变,公司资本规模增加到9500万元,则财务杠杆系数为:

$$DFL = \frac{900}{900 - 9500 \times 40\% \times 7\%} \approx 1.42$$

假定其他条件不变,公司债务资本占总资本比例增加到45%,则财务杠杆系数为:

$$DFL = \frac{900}{900 - 8900 \times 45\% \times 7\%} \approx 1.45$$

假定其他条件不变,公司盈利能力增强,息税前利润达到1000万元,则公司财务杠杆系数为:

$$DFL = \frac{1000}{1000 - 8900 \times 40\% \times 7\%} \approx 1.33$$

(三)联合杠杆与风险

理论上,没有债务的公司只承担营业风险而没有财务风险,但是现实中没有债务的企业是不存在的,因此公司日常经营会同时受到营业风险和财务风险的影响,需要用联合杠杆测算风险大小。

1. 联合杠杆原理

联合杠杆也称总杠杆,是指营业杠杆和财务杠杆的综合作用。营业杠杆是利用企业经营成本中固定成本的作用而影响息税前利润,财务杠杆是利用企业资本成本中债务资本固定利息费用的作用而影响税后利润或普通股每股收益,联合杠杆综合了营业杠杆和财务杠杆的共同影响,说明业务量和税后利润、每股收益的关系。

2. 联合杠杆系数的测算

对于营业杠杆和财务杠杆两者综合影响程度的大小,可以用联合杠杆系数来反映。联合杠杆系数亦称总杠杆系数,是指普通股每股收益变动率相当于营业收入(或业务量)变动率的倍数。它是营业杠杆系数与财务杠杆系数的乘积。用公式表示为:

$$DCL = DOL \times DFL \tag{3-20}$$

四、运输企业资本结构决策

为了做出科学合理的资本结构决策,应该进行全面的定性分析和定量测算。运输企业资本结构决策的影响因素很多,定性分析可以从财务目标、发展阶段、财务状况、投资者动机、债权人态度、经营者行为、税收政策、行业差别等方面展开分析。定量测算常用方法主要有资本成本比较法、无差别点分析法和企业价值法三种。

(一)资本成本比较法

资本成本比较法以不同筹资组合方案的综合资本成本率为判断标准,并结合企业风险承受水平,从而确定最佳资本结构。运输企业可以区分创立初期的初始筹资和发展过程中的追加筹资两种情况考虑。初始筹资时企业一般会事先拟定若干备选的筹资方案,各方案的筹资总额和筹资方式可以有不同安排,通过不同方案综合资本成本率的测算及比较做出选择。当运输企业追加筹资时,由于财务环境变化,原有资本结构未必仍然是最佳资本结构,需要进行调整。因此企业按照最佳资本结构的要求,在财务风险适度前提下,在原有资本数额和资本结构基础上采用不同筹资方案完成追加筹资,测算完成追加筹资之后的综合资本成本率,选择最佳筹资方案。

(二)无差别点分析

每股收益或每股净利是股东最为关心的财务指标之一,任何有助于提高该指标的筹资方案都会受到股东的支持。这就是每股收益无差别点分析的原理。每股收益无差别点是指多个筹资方案下普通股每股收益相等时的盈利水平。该方法可以分析判断在不同盈利水平下适用的筹资方案。其计算公式为:

$$\frac{(EBIT - I_1)(1 - T) - D_1}{N_1} = \frac{(EBIT - I_2)(1 - T) - D_2}{N_2} \tag{3-21}$$

式中,$EBIT$ 为息税前利润;I 为债务年利息;T 为所得税税率;D 为优先股股息;N 为发行的普通股股票数量。

【例3-14】 某客运公司目前拥有长期资本9000万元,其中资本结构为:长期负债1500万元,普通股7500万元,普通股股数为1000万股。现计划追加筹资3000万元,有两种筹资方式供选择:①增发普通股400万股;②增加负债。已知目前每年债务利息额为97万元,如果增加负债筹资,每年利息额会增加到270万元。所得税率为25%。

据题意可知:

$$\frac{(EBIT-97)(1-25\%)}{1000+400}=\frac{(EBIT-270)(1-25\%)}{1000}$$

解方程得到无差别点 $EBIT=702.5$ 万元。如果下一年度预计的 $EBIT$ 小于702.5万元,企业则应该选择发行普通股方式筹集资金,如果下一年度预计的 $EBIT$ 大于702.5万元,企业则应该选择发行债券方式筹集资金。例3-14采用无差别点分析的原理如图3-2所示。

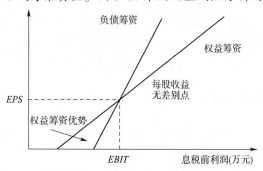

图3-2 无差别点分析原理示意图

(三)企业价值比较法

1. 企业价值比较法的含义

运输企业在充分考虑财务风险和资本结构等因素的影响下,可以采用企业价值最大化为标准确定最佳资本结构。该方法理论上较为科学合理,符合企业价值最大化财务管理目标,但其测算过程却比较复杂。

2. 公司价值的测算方法

公司价值的测算可以采用以下方法:

(1)折现法。折现法将企业未来净收益按照一定折现率计算的现值作为衡量企业价值的依据,用公式表示为:

$$V=\frac{EAT}{K} \tag{3-22}$$

式中,V 为企业价值;EAT 为企业未来的年净收益;K 为折现率。

这种测算方法主要受企业未来净收益和折现率的影响,两者都不易预测。

(2)市值法。市值法按照企业现行股票市场价格来计算企业价值。这种方法客观合理,但是还存在两个问题:一是公司股票市场价格受各种因素的影响而经常性波动,按照不同交易日的市场价格进行测算会得到不同的结果;二是该方法在计算企业价值时,只考虑了股票的价值,没有考虑长期债务的价值,这样做也不尽合理。

(3)估值法。公司的资本来源于股权资本和债务资本,因此,估算企业价值也应该平衡股东和债权人的风险和收益,按照一定折现率对公司股权价值和债权价值进行折算。这一方法具有合理性和可操作性。确定公司股权资本现值和债务资本现值的方法有很多种,为了简便起见,债务资本现值可以用其本金代替,债务资本成本可以采用债务年利率替代;股

权资本现值可以用未来净收益现值代替,股权资本成本可以采用资本资产定价模型计算。公司价值的测算公式为:

$$\begin{cases} K_s = R_f + \beta(R_m - R_f) \\ S = \dfrac{(EBIT - I)(1 - T)}{K_s} \\ K_w = K_b \cdot \dfrac{B}{V}(1 - T) + K_s \cdot \dfrac{S}{V} \\ V = B + S \end{cases} \quad (3\text{-}23)$$

式中,V 为企业价值;B 为债务资本现值;S 为股权资本价值;$EBIT$ 为未来的年息税前利润;I 为债务年利息;T 为所得税税率;K_s 为股票资本成本率;K_b 为股票资本成本率。

按照上述原理测算企业价值和综合资本成本率,并以企业价值最大化为标准确定公司的最佳资本结构。

复习思考题

1. 举例说明如何运用因素分析法、回归法和营业百分比法进行资金需要量的预测。
2. 举例说明如何进行股权筹资决策。
3. 举例说明债权筹资决策的过程。
4. 比较几种主要长期债务资本筹集方法对企业的影响。
5. 说明资本成本测算原理,如何确定不同筹资方法的资本成本。
6. 说明营业杠杆原理及其测算方法。
7. 说明财务杠杆原理及其测算方法。
8. 你能否查找资料向同学介绍资本结构理论研究的最新进展?
9. 简述无差别点分析法的应用原理。
10. 简述如何应用公司价值比较法确定企业的最佳资本结构。

第四章　运输企业投资管理

将筹措的资金予以科学投放,为从事生产经营活动提供物质基础,并努力实现盈利的目标,是企业投资管理的主要任务。本章将在讨论企业投资活动和投资管理的概念、一般原理和方法的基础上,侧重于讨论具有运输业务特色的企业投资管理的理论、方法以及涉及的投资取得运营车辆、投资建设与运营管理客货运输站场等投资决策分析事项。

第一节　运输企业投资管理概述

投资是企业财务活动的重要内容之一。运输企业投资是实现企业持续经营的主要途径,投资的主要目的是实现企业价值最大化的理想目标或企业利润最大化的现实目标。

一、企业投资

(一)企业投资的概念和特点

1. 企业投资的概念

企业投资是指将企业掌控的资金进行投放,用于取得企业生产经营活动所需相关资源的行为。

投资是企业财务活动的重要内容之一。随着我国金融体制改革所带来的证券市场的迅速发展和完善,企业将其所有的资金,除了用于自身经营业务外,还可以投放于其他单位形成对外投资。对此企业投资的概念有广义和狭义之分:广义的投资是指企业的全部资金投放行为,包括对外投资和对内投资;狭义的投资仅仅是指企业的对外投资行为。

2. 企业投资的特点

企业投资一般具有以下特点:

(1)企业投资具有对象性。除了货币资金以外,企业投资的结果,将形成企业拥有的经营性资产,包括固定资产、流动资产、无形资产、投资性房地产和其他经营性资产。这些资产,是企业对内投资的具体对象。除了对外投资以外,与运输业务相关的投资对象,包括客货运输车辆、客货运输站场等。

(2)投资的时机具有选择性。为了追求投资效益,企业投资并非可随意进行,而是需要选择最佳时机。对此企业投资需要关注其必要性和收益性,把握好最佳投资时机,才有利于实现理想的投资效益。

(3)资金在经营上具有预付性。投资是在实际生产经营活动进行之前发生的,具有预付款的性质。这种投资预付款只有在投资形成经营能力或投资实际运转后通过收入的取得逐步收回。

(4)投资目标具有收益性。企业投资以追求投资效益为目标。这意味着,不具有投资效益的投资对象是不可取的。但需要正确处理眼前的投资效益和长远投资效益之间的关系,不能为了片面追求眼前的投资效益而忽略了长远的投资效益。

(5)资金的回收具有时限性。企业投资效益可具体体现在投资回收和投资回报两个方面。由于资金时间价值的存在,不同的投资回收期具有不同的投资效益。一般来说,在相同或类似的投资环境下,投资回收期越短,投资回报率也就越高。

(6)投资效益具有不确定性。一般来说,企业投资效益取决于投资产生的未来现金流入的金额及其时间分布。市场经济条件下企业经营活动的不确定性决定了企业投资效益也具有不确定性。一般来说,投资的风险越大,追求的风险回报率也就越高。

(二)企业投资的划分

1. 对内投资和对外投资

按投资范围可将投资分为对内投资和对外投资。

(1)对内投资。企业对内投资的结果,形成的是用于内部生产经营活动的相关资产,包括一般企业共有的存货、固定资产、无形资产等资产项目,以及从事特定生产经营业务所需投资性房地产、生产性生物资产、油气资产等资产项目。

对内投资是指对企业内部生产经营所需要的各种资产的投资,其目的是保证企业生产经营过程的连续和生产经营规模的扩大。在企业的投资活动中,对内投资是其主要内容,它不仅数额大,投资面广,而且对企业的稳定与发展、未来盈利能力、长期偿债能力都有着重大影响。

(2)对外投资。对外投资是指企业将所拥有的资产直接投放于其他企业或购买各种有价证券或金融工具形成的投资。对外投资按其形式可分为股权投资、债权投资和其他投资三种。

2. 短期投资和长期投资

按照预期投资回收的期限长短,可将投资分为短期投资及长期投资。这一分类的主要意义在于为企业统筹获利能力与财务风险之间的平衡提供基础依据。

(1)短期投资。短期投资是指可在一年内收回的投资。短期投资活动的结果形成企业的流动资产。短期投资一般具有时间短、变现能力强、周转快、波动性大等特点。加强对短期投资的管理与控制,对减少资金占用,加速资金周转,提高企业效益是非常重要的。

(2)长期投资。长期投资一般指在长于一年的时间才能收回的各项投资。长期投资活动的结果形成企业的非流动资产,主要包括企业为维持生产能力而购建的机器、设备、建筑物、厂房等固定资产;企业购入或者自制的各类无形资产,以及企业为控制或影响其他企业而购入的、持有期限在一年以上的各种股票和期限在一年以上、近期内不准备出售的各类债券等各种有价证券投资和其他形式的实物投资。一般说来,长期投资的回收期长、耗资多,变现能力差。长期投资的投向是否合理,不仅影响到企业当期的财务状况,而且对以后各期损益及经营状况都能产生重要影响。企业在进行这类投资时必须做好可行性研究,对资金的投向,未来年度内现金流量、流速及分布做出合理的预测,以便做出正确的决策。

二、运输企业投资涉及的相关理论

(一)企业投资应考虑的基本因素分析

企业投资在进行投资时,需要认真考虑与投资相关的影响因素。一般来说,企业投资应重点考虑的因素有:投资收益的大小、投资风险的高低、投资的约束条件和投资的弹性分析等。

1. 投资收益因素

获得最大收益是所有投资首先应考虑的因素。企业投资的基本目的在于追求投资收益的最大化。从理论上分析,投资收益包括正常投资收益和资本利得。其中,正常投资收益是指企业投资形成资产获取的收益,包括企业内部经营利润和对外投资取得的利息收益和股利、利润等收益;资本利得则是指投资形成资产公允价值变动或者处置资产产生的收益。所以,企业进行各种投资时,应在其他条件不变的情况下,以投资收益具有确定性的方案为首选对象,并且还需要分析各种因素对投资方案的作用、方向、程度,寻找能提高和稳定投资收益的最佳途径。

2. 投资风险因素

与企业的财务风险不同,企业的投资风险是一种市场领域的风险或生产经营领域的风险,一般表现为商品或服务的价值不能充分实现或者不能实现的不确定性。企业的投资风险主要来自投资者对市场预期的不准确以及企业生产经营缺乏效率等;在企业进行投资时,必须认真考虑投资风险的可能性与风险程度,不断寻找产生投资风险的原因,并及时提出规避风险的方法或途径。

3. 投资约束条件

投资约束条件是指投资企业对接受投资企业行使制约权力的程度,它与投资风险密切相关。一般来说,当投资风险较大时,投资企业对接受投资的企业约束就会越强;否则,这种投资约束就会相对越弱。投资约束主要有以下形式:

(1)控制权约束。该种约束是指投资企业对接受投资的企业直接行使控制权或所有者权利的一种约束形式。这种约束往往涉及接受投资企业的经营者行使企业重大决策权、企业重大的资本变动以及利润分配的权力等。从本质上看,这些权力属于企业行政控制权的范畴,一般对于权益性投资才存在着这种约束,债权投资不存在这种约束。

(2)市场约束。市场约束是指通过市场机制作用,对接受投资企业进行的一种潜在约束。但这种约束通常只存在于金融投资之中。

(3)资金用途约束。这种约束是指投资企业直接限制投出资金的使用方向,一般不允许用作其他用途,接受投资企业必须按规定用途使用该投资。这种约束的主要作用是避免接受投资企业任意使用投资而造成的投资损失。

(4)资金数量约束。这种约束是指投资企业对受资企业使用资金的额度进行限制。在债权性投资中,有信用额度和补偿性余额两种数量约束形式。其中,信用额度表明债权投资企业允许受资企业可以使用资金的最高限额;而补偿性余额则是指债权投资企业允许受资企业必须将借款额的 10% ~ 20% 的平均余额留存银行;不管采用何种方式,其目的都是为了降低投资企业的风险。

(5)担保约束。该约束是指投资企业要求受资企业在取得投资时,必须以该企业的动产或不动产作为抵押,一旦投资不能收回,投资企业就可以通过变卖抵押资产清偿债务。担保性约束一般只存在于债权性投资的场合。通常长期债权性投资以不动产作为抵押;短期债权性投资以动产作为抵押。同时,受资企业一旦将这些资产作为抵押,这些资产就不能随意转作他用,所获得的收入也应首先偿还投资款。

(6)间接约束。间接约束是指约束的内容与某一具体的投资项目无关,但是又间接地影响项目,并对其投资风险有影响的约束。主要包括:防止资产抵押的规定;防止分散资产的规定;相关信息的规定等。

4. 投资弹性分析

企业投资所要考虑的投资弹性主要是指投资规模弹性和投资结构弹性两个方面。其中,投资规模弹性是指企业投资必须根据自身资金的可供给能力和投资效益或者市场供求状况,要及时调整投资规模,收缩或者扩张。而投资结构弹性是指企业投资必须根据市场风险或者市场价格的变动情况,及时调整投资结构,但要注意的是,这种调整只有在投资结构具有弹性时才能进行。投资弹性对于生产性投资和金融性投资来说一般存在着很大的差异。但是有一点是相同的,那就是投资企业是否能够扩张投资,主要取决于投资企业是否能够筹措到用以扩张的资金。在这个意义上说,投资扩张与投资本身是否具有弹性没有直接的关系,也就是说投资弹性主要是就投资收缩和投资结构调整的可能性而言的。

(二) 企业投资规模的分析与确定

企业投资规模是指一定时期企业投资的总水平或投资总额。它是以一定时期企业内部环境为前提条件的。由于企业的经济环境和自身条件是在不断地变化之中,企业投资规模也会相应发生变化,不存在一个始终不变的投资规模。投资规模既可以用绝对数来表示,也可以用相对数来表示;既可以是指存量规模,也可以是指增量规模。

1. 制约投资规模的因素分析

投资规模从整体上讲,主要取决于投资报酬率的水平。从理论上分析,只要投资能实现企业的预期目标,投资规模就有无限膨胀的需求。一般来说,投资规模受投资报酬和非投资报酬双重因素的影响和制约。归纳起来,制约投资规模的因素主要有:

(1)投资报酬。在投资规模决策中,实际投资报酬并不是唯一的因素,而应该取决于实际投资报酬与必要投资报酬的相对关系。当实际投资报酬水平高于必要投资报酬水平时,投资规模的扩张才是必要的;否则就没有必要。

(2)企业的经营目标。企业的经营目标就是谋求经营活动的效益最大化,而效益最大化的一个重要方面就是规模效益的发挥。规模效益意味着当投资达不到经济规模时,投资报酬率不可能最优化;对此企业为了实现经营活动效益最大化,就客观要求企业必须维持一个合理水平的投资规模。一般企业的经营目标都有市场扩张的发展要求;而要实现市场扩张的经营目标,就意味着企业必须扩大投资规模。这种外延型的经营扩张,必须要通过外延型投资扩张来实现;相反,外延型的经营收缩也必须要通过外延型投资收缩来实现。

(3)市场规模。市场规模对投资规模的影响是以企业既定的投资方向为基础的。一般来说,就某个企业而言,只要投资方向可以及时调整,市场规模就不会制约投资规模。这是因为企业可以通过改变投资方向来实现市场的拓展,也就是通过多角化经营或多方市场开发使投资规模得以扩张。但就既定的投资方向而言,由于外部市场需求或市场规模在一定时期总是一定的,企业要维持一定的投资报酬水平,就不可能无限扩大投资规模,否则就会造成市场过剩,产品或劳务价值就不可能得到充分实现。所以,如果企业能够完全垄断某一市场,那么这个市场的规模就决定了企业投资的最大规模。一旦竞争进入市场,市场必然就会被分割,企业的市场规模就会缩小,竞争越激烈,企业投资规模的缩小特征就越突出。

(4)国家的产业政策。国家的产业政策涉及一定时期国家重点发展的产业以及扶持政策。对于不宜发展的产业,国家也会在政策上给予某种限制。这些政策就使得企业投资的社会成本有比较大的差异。社会成本的大小直接或间接地影响着企业投资规模的扩张或收缩。

(5)企业的筹资能力。很显然,企业投资规模在一定程度上受制于企业的筹资能力。从决策的程序上看,似乎是投资规模决定着筹资规模;但企业的财务状况在一定时期是既定的,企业的财务状况、偿债能力等因素却制约着企业的筹资能力。因此,企业的筹资能力在很大程度上制约着企业的投资规模。也就是说,企业有多大的投资冲动或投资规模,在某种意义上说最终还是取决于企业的筹资能力,而反映筹资能力的综合因素是企业的偿债能力、营运能力,以及盈利能力。

2. 经济投资规模的分析与确定

确定企业的投资规模,主要是确定其经济投资规模。经济投资规模是指能给企业带来最佳投资效益或能给企业带来最大经济效益的投资规模。从理论上分析,企业的经济投资规模可以从以下三个方面确定:

(1)边际收入等于边际成本的投资规模。边际收入等于边际成本的投资规模,是企业利润额或投资报酬额最大化的投资规模。

企业的投资规模决定着企业生产经营规模。企业最佳的生产经营规模对应的就是企业经济的投资规模。按照现代经济学中的"边际效应理论",在企业发展的初期,企业投入生产经营活动的资金会形成一定的成本并带来相应的营业收入;随着企业经营活动的进行,企业往往需要追加投资。追加投资形成的成本和带来的收入,构成边际成本和边际收入。边际收入是指增加每单位投资(或产量)所增加的收入;边际成本是指增加每单位投资(或产量)所增加的成本。按照边际效应原理,企业初期的边际收入大于边际成本,这时企业增加投资或产量,企业的利润就会增加,增加投资或产量所增加收入要大于增加的成本。但随着投资额或产量的增加,边际收入将逐渐接近边际成本,即表现出边际收入递减和边际成本递增现象。这时的边际成本呈现出不断上升的发展态势,而边际收入却呈现出先增长后下降的发展变化趋势。当边际收入等于边际成本,即边际利润等于零时,这时企业投资规模或生产经营规模达到最佳。如果投资超过了最佳点,企业追加再投资就不能为企业带来更多的收益。所以,边际利润等于零时所对应的投资规模就是企业的最佳投资规模。

(2)边际投资报酬率等于基准投资报酬率的投资规模。在企业投资中,投资者不仅仅只是为了追求投资利润额或收益额的最大化,还要求获得一定的投资报酬率或收益率,即必须使单位投资的利润或收益达到必要的水平(即基准收益率)。低于这个水平,即使能获得利润或收益的投资也应当放弃。边际投资报酬率等于基准投资报酬率意味着直到两者相等这一点,企业的每一追加投资的报酬率都大于基准投资报酬率。

按照边际投资收益递减规律,企业每追加一次投资都会使投资报酬率逐渐接近基准投资报酬率,在两者相等这一点上,如果企业继续追加投资,边际投资报酬率就会低于基准投资报酬率,投资者也就不再追加投资。由此可见,只有在边际投资报酬率等于基准投资报酬率时的投资规模,才是使任何投资的报酬率不低于基准投资报酬率的投资规模。边际投资报酬率等于基准投资报酬率的投资规模也称为企业基准投资规模,它是企业保证基准投资报酬率实现的投资规模。

(3) 加权平均投资报酬率最高的投资规模。边际收入等于边际成本的投资规模是利润或收益最大化的投资规模,边际投资报酬率等于基准投资报酬率的投资规模是基准投资规模。而加权平均投资报酬率最高的投资规模是最佳的投资规模。这一投资规模的形成基础,是每一项追加投资部必须达到的基准投资报酬率。

在企业实际投资活动中,投资者可以采用这样一种投资策略:即以已投入的投资项目为基础,计算出它们的加权平均投资报酬率;以后每一项追加投资所得报酬加入已投资的报酬,一并计算新的加权平均报酬率。只要新的加权平均报酬率不低于已投入的投资的加权平均投资报酬率,投资的追加就是可行的。因为在实际投资活动中,投资者不仅希望每笔追加的投资报酬率高于基准投资报酬率,也希望总的投资报酬率也是不断增加的,至少应保持在以前的水平上。当加权平均投资报酬率不断随追加投资上升到某一点时,再追加投资就必然导致加权平均投资报酬率的下降。由此可见,加权平均投资报酬率的这一点,就是投资报酬率最高的点;相应的投资规模就是使加权平均投资报酬率最高的投资规模,即最佳投资规模。

三、运输业务投资管理的特点

运输业务具有明显的社会公益性。故运输业务的投资,不仅仅要追求企业自身的投资效益,更需要关注社会效益的不断提高。如果两者之间有矛盾,运输企业应当按照政府部门的政策导向,以社会效益为主进行投资决策,并采取适当措施积极争取对投资项目的财政补助,使得该投资项目具有对社会资本的吸引力。

(一) 客货站场投资项目

运输站场包括客运站和货运站。目前越来越多的货运站建设项目采取了"物流中心"的称谓。货运站建设与运营管理市场化程度较高,社会公益性的要求不是很突出。

相比较之下,客运站建设与运营管理具有社会公益性较强的特点。客运站又可进一步划分为城市客运站和农村客运停靠点两种不同类型。

1. 城市客运站

城市客运站是为了满足城市旅客安全、便利乘车的需要而设立的基础设施。伴随着客运管理要求的不断深入、城市规模的不断扩大以及城市轨道网线的日趋发展和完善,客运站的布局正在从城市中心地带向城市周边地区发展;客运站建设规模在不断扩大,客运站服务功能在不断完善,导致客运站投资规模不断攀升。

城市客运站既可采取独立法人经营的模式,也可采取在客运企业下设非独立法人性质的客运站进行投资建设与运营管理。

由于城市客运站以向旅客提供高质量便捷服务为宗旨,同时向旅客收取的车站服务费标准需经过政府物价部门公开听证，确定的客运价格有可能满足不了客运站按期收回投资并有合理回报的需要。在这种状况下，客运站的投资建设与经营者应通过向政府申请财政补助的方式，来促使企业自身投资效益与社会效益的协调一致。

2. 农村客运停靠站点

农村客运停靠站点是农村客运基础设施的重要组成部分。进入21世纪以来，伴随着建设社会主义新农村战略的实施，农村公路建设与农村客运事业发展得到了各级政府及其交通运输主管部门的高度重视。截至2018年6月底，全国通客车的建制村总数已达到55.5万个，建制村通客车率提升至96%。但全国仍有2万多个建制村未通客车。对此交通运输部办公厅在2018年8月16日印发了《交通运输部办公厅关于加快推进建制村通客车有关工作的通知》（交办运〔2018〕109号），明确了建制村通客车的原则要求和相关的政策导向。

设置农村客运停靠站点属于纯粹的公益性服务。农村客运停靠站点一般不向旅客收取站务费，服务标准和水平还需要不断深入和提高。故如果农村客运站点建设与维护由道路运输企业承担，所需资金应当由政府部门以财政补助的方式予以投入。

（二）营运车辆投资项目

营运车辆包括营运客车和营运货车。一般来说，由于货物运输业务市场化程度较高，故营运货车投资应当以追求投资效益为主；与其不同，由于旅客运输具有较强社会公益性，故营运客车投资不仅要追求投资效益，更需要追求社会效益。

追求社会效益的基本特征，是投资取得的营运客车，应当符合国家规定的质量标准和水平，以体现旅客安全、舒适、环保等方面的要求。对此在进行购置新车、对现有车辆进行更新改造等投资决策时，应在满足客车质量标准、水平等的前提下追求投资效益。为了进一步推行营运客车技术进步，加强营运客车技术管理，提升旅客运输本质安全水平，交通运输部组织制定的交通运输行业标准《营运客车安全技术条件》（JT/T 1094—2016）和修订后的交通运输行业标准《营运客车类型划分及等级评定》（JT/T 325—2018），分别于2017年4月1日和2018年8月1日起正式实施。交通运输部办公厅为此专门分别印发了通知[《交通运输部办公厅关于贯彻落实交通运输行业标准〈营运客车安全技术条件〉（JT/T 1094—2016）的通知》（交办运〔2017〕31号）和《交通运输部办公厅关于贯彻落实交通运输行业标准〈营运客车类型划分及等级评定〉（JT/T 325—2018）的通知》（交办运〔2018〕83号）]，要求道路客运企业投资取得并申请办理道路运输运营手续的车辆，应符合这些行业标准的规定。

第二节 项目投资现金流量计算与分析

本节讨论的是现代企业项目投资涉及现金流量计算与分析的共性内容。项目投资活动属于对内投资中的长期投资业务活动。

一、现金流量概述

（一）现金流量的概念

现金流量是指项目投资活动所产生的现金流入和流出。

所谓现金流量,就是以项目作为一个独立系统,来科学反映从项目投资开始到项目经济寿命终了的整个寿命期内的所有现金流入和流出的情况。

这里的现金概念,是指财务会计中的全部货币资金,包括库存现金、各种存款和银行本票存款、银行汇票存款等其他货币资金;但不包括财务会计中现金流量表中的现金等价物。在财务管理中,现金等价物应属于一种对外短期投资行为。

投资项目产生的现金流量,包括现金流入量、现金流出量和现金净流量。投资项目现金流入量是指项目投资活动所产生的现金的流入;投资项目现金流出量是指项目投资活动所导致的现金的流出;投资项目的现金净流量体现的是现金流入量与现金流出量之间的差额,包括现金净流入量和现金净流出量。

(二)现金流量对项目投资决策分析的影响

在项目投资决策分析时,借助于现金流量分析而不直接采用财务会计核算中的营业收入、营业成本和期间费用、利润、投资等资料,其原因在于科学、合理的投资决策分析需要考虑货币时间价值,需要判定项目每笔款项收入和支出的时间。会计核算中的营业收入、营业成本与期间费用、利润等资料以权责发生制为基础,不考虑实际收到和支出现金的时间,因此不能直接用于投资决策分析。所以,在进行投资决策分析时,不能简单地用营业收入、营业成本、期间费用和投资来代替现金流量,而应根据项目经济寿命期内发生的现金流入和流出的数量及发生的时间,来作为评价分析投资项目可行性及其投资效益的依据。

二、投资项目现金流入量计算与分析

(一)现金流入量的概述

投资项目产生的现金流入包括与经营活动相关的现金流入,以及与投资活动相关的现金流入。

1. 与经营活动相关的现金流入

企业的经营活动体现的是企业投资(包括对内投资和对外投资)形成资产的运用过程。对内投资形成资产的运用,将产生表现为营业收入的现金流入;对外投资形成资产的应用,将产生表现为股利收益、利息收益等的现金流入。

2. 与投资活动相关的现金流入

与投资活动相关的现金流入一般体现为收回投资所产生的现金流入。这些现金流入可能表现为实物资产和无形资产的变价收入,也可能表现为企业购买的债券到期后收回的金额,或者转让债券或者股权取得的现金。

(二)现金流入量的确定

1. 与经营活动相关现金流入的确定

(1)与营业收入相关的现金流入量的确定。营业收入是指企业销售商品、提供劳务取得的收入。尽管企业有可能采取预收账款、赊账销售等方式导致财务会计中按照权责发生制确认的营业收入和营业收入产生的现金流入之间存在一定的差异,但简便起见,在项目投资决策分析时一般假设财务会计中确认的营业收入与营业收入带来的现金流入是一致的。

道路运输企业从2013年8月1日起全面实行营业税改征增值税后,提供运输业务在取得营业收入的同时向客户收取的需要依法缴纳的增值税款,不应当作为投资决策分析中予以考虑的现金流入量。

(2)与对外投资收益相关的现金流入量的确定。对外投资收益包括股权投资收益、债券投资收益和其他投资收益。尽管财务会计中按照权责发生制以及权益法确认的投资收益和投资收益产生的现金流入之间存在一定的差异,但简便起见,在项目投资决策分析时一般假设财务会计中确认的投资收益与投资收益带来的现金流入是一致的。

2. 与投资活动相关现金流入的确定

与投资活动相关的现金流入,一般是指投资期限终了收回投资产生的现金流入,包括固定资产残值变价收入、收回债券投资和股权投资等产生的现金流入等。

(1)固定资产残值变价收入。收回的固定资产残值的变价收入是指净收入,不包括为取得变价收入支付的相关税费。

(2)收回投资产生的现金流入。与投资活动有关的收回债券投资和股权投资等产生的现金流入,是指收回的投资账面价值及其相应价值变动对应的现金流入,不包括在收回投资时一并收取的利息投资收益、股利投资收益等。

三、投资项目现金流出量计算与分析

(一)现金流出量的概述

投资项目产生的现金流出包括与经营活动相关的现金流出,以及与投资活动相关的现金流出。

1. 经营活动现金流出

与经营活动相关的现金流出,是指企业从事生产经营活动中发生的各项现金支出,包括购买商品、接受劳务发生的现金支出,以及支付人员工资、设备维修、经营管理等相关费用发生的现金支出。

经营活动现金流出不同于财务会计中按照权责发生制确认的投资项目发生的成本费用。企业支付的利息费用、股利和利润等,不应计入经营活动现金流出。

2. 投资活动现金流出

投资活动产生的现金流出,包括项目初始投资产生的现金流出,以及在投资形成资产运作过程中发生的固定资产大修理、扩建改造等所导致的后续现金流出。

(二)现金流出量的确定

1. 与经营活动相关现金流出的确定

与经营活动相关的现金流出,可表述为与营业成本费用相关的现金流出,或付现成本费用。

营业成本费用是指企业为销售商品、提供劳务发生的营业成本与期间费用,可进一步划分为付现成本费用和折旧费用。尽管企业有可能采取预付账款、赊账购买等方式,导致财务会计中按照权责发生制确认的付现成本费用和经营活动现金流出之间存在一定的差异,但简便起见,在项目投资决策分析时一般假设财务会计中确认的付现成本费用与所导致的现金流出是一致的。这样,可用不包括折旧费用在内的营业成本和期间费用来估算经营活动

现金流出。

选择一般计税方法的一般纳税人运输企业为从事运输业务购买商品、接受劳务支付款项中的增值税款，不应当作为投资决策分析中予以考虑的现金流出量。

需要关注缴纳企业所得税对项目投资效益的影响。由于投资项目新增利润需要依法缴纳企业所得税❶，而缴纳企业所得税将导致现金流出，故缴纳企业所得税所导致的现金流出应当作为经营现金流出量的一部分。这样经营活动现金流出量的计算公式可概括如下：

$$经营活动现金流出量 = (财务成本费用 - 折旧费用) + 所得税支出 \quad (4-1)$$

需要关注的另一问题是：归属于某投资项目的付现成本费用和折旧费用，是指由于实施该项目所增加的付现成本费用和折旧费用。这些数据很难直接从财务会计的利润表中获取，而需要借助于会计师或管理人员的职业判断。

2. 与投资活动相关现金流出的确定

(1) 初始投资现金净流出量的确定。考虑到投资的时间分布，初始投资包括时点投资行为(例如购买营运车辆的投资)和时段投资行为(例如建设客运站的投资)。需要关注时段投资所导致的现金流出在不同时点的分布。

(2) 后续投资现金流出量的确定。后续投资导致的现金流出不仅要考虑现金流出总额，也要关注现金流出的时间分布。例如对营运车辆进行大修或技术改造，如果采取一次性支付大修理费用或技术改造费用的方式，该项投资属于时点投资行为；但对客运站进行扩建改造有可能期限较长，而且需要分阶段支付工程价款，故也许有必要视为时段投资行为确定该项投资的现金流出。

四、投资项目现金净流量计算与分析

(一) 现金净流量概述

投资项目产生的现金净流量，包括经营活动现金净流量和投资活动现金净流量。

1. 经营活动现金净流量

由于在投资形成资产的运用阶段，将同时产生经营活动现金流入和经营活动现金流出，对此有必要通过计算经营活动现金净流量(即现金流入量与现金流出量之间的差额)来为投资决策分析提供所需的现金流量的依据。

经营活动现金净流量包括经营活动现金净流入量和净流出量两个概念。正常情况下产生的经营活动现金净流量，应当体现为现金净流入量。

2. 投资活动现金净流量

投资活动一般不会在同一时点或时段同时发生现金流入量和现金流出量，故投资活动导致的现金流出量，即为现金净流出量；投资活动产生的现金流入量，即为现金净流入量。

特殊情况下有可能同时发生与投资相关的现金流入和现金流出，例如对营运车辆进行更新时，既会发生购置新车导致的现金流出，也有可能发生处置旧车产生的变价净收入的流入。

---

❶ 这里假设新增利润与新增的应纳税所得额是一致的。

（二）确定经营活动现金净流量的方法

投资项目经营活动产生的现金净流量，可选择采用直接法或间接法进行确定。

1. 直接法

采用直接法，经营现金净流量的计算公式如下：

$$经营现金净流量 = 经营现金流入量 - 经营现金流出量 \qquad (4-2)$$

2. 间接法

采用间接法，经营现金净流量的计算公式如下：

$$经营现金净流量 = 税后利润 + 折旧费用 \qquad (4-3)$$

经营现金净流量与折旧费用的关系可分析如下：

$$经营现金净流量 = (营业收入 - 营业成本费用) \times (1 - 所得税率) + 折旧费用 \qquad (4-4)$$

由于营业成本与期间费用包括付现成本费用和折旧费用，故经营现金净流量的计算公式可改写如下：

$$\begin{aligned}经营现金净流量 &= (营业收入 - 折旧费用 - 付现成本费用) \times (1 - 所得税率) + 折旧费用 \\ &= (营业收入 - 付现成本费用) \times (1 - 所得税率) + 折旧费用 \times 所得税率\end{aligned} \qquad (4-5)$$

上式分析中说明，折旧方法的变动将对经营现金净流量产生影响。在考虑货币时间价值的情况下，由于折旧方法变更影响了现金流量在各期的分布状态，所以对于同一投资决策分析，固定资产折旧方法变更将影响决策分析结果。

第三节　投资决策分析的一般理论与方法

本节侧重于讨论现代企业项目投资决策分析共性的理论与方法。

一、投资决策分析概述

有必要区别企业法人的投资决策分析和企业内部投资中心的投资决策分析。财务管理侧重于企业法人的投资决策分析；管理会计侧重于企业内部投资中心的投资决策分析。

企业需要支付的利息费用及其扣税影响的是企业的筹资决策，不应当将其视为企业投资决策的影响因素。

二、静态投资决策分析

静态投资决策分析不考虑折现因素的影响。静态投资决策分析中采用的分析方法，包括静态投资回收期法、平均收益率法等。

（一）静态投资回收期法

1. 静态投资回收期的概念

静态投资回收期是指不考虑货币时间价值因素，以投资项目产生的投资回收额抵偿全部投资所需要的时间。

静态投资回收期的一般计算公式如下：

$$NCF_0 + NCF_1 + NCF_2 + \cdots + NCF_{PBP} = \sum_{t=0}^{PBP} NCF_t = 0 \quad (4\text{-}6)$$

式中,PBP 为投资回收期;NCF 为现金净流量。

如果项目为一次性投资,不存在建设期,且经营期内各期的现金净流入量相等,则静态投资回收期的计算公式可简化如下:

$$\text{静态投资回收期} = \text{项目投资额} \div \text{年投资回收额} \quad (4\text{-}7)$$

项目的静态投资回收期应与本行业的基准投资回收期比较,短于行业基本投资回收期的投资项目,为可行投资项目。

2. 静态投资回收期指标及其评价

静态投资回收期法的优点是计算简单、直观、使用方便。其不足在于忽视了货币时间价值的作用,将不同时点的货币量等同看待,有夸大未来投资回收额回收作用的局限性。为了避免这些不足,可采用动态投资回收期法。

但现代财务管理书籍中仍广泛讨论了静态投资收回期这一投资决策的基本方法,在一定程度上反映了这一方法得到了较广泛的认可。

(二) 平均收益率法

1. 平均收益率的概念

平均收益率是指投资项目在其经济寿命期内平均每年投资收益与投资额之间的比率。一般来说,可采取以下两种方式计算平均收益率:

(1)按投资总额计算。按投资总额计算,平均收益率的计算公式如下:

$$\text{平均收益率} = \frac{\text{年平均投资收益}}{\text{项目总投资}} \times 100\% \quad (4\text{-}8)$$

其中:

$$\text{年平均投资收益} = \frac{\sum \text{年投资收益}}{\text{预期经济使用年限}}$$

按投资总额计算平均收益率的理论依据是:由于投资形成的资产在其经济寿命期内具有大致相同的获利能力,而体现获利能力的应当是投资总额而不是平均投资。

(2)按平均投资计算。按平均投资计算,平均收益率的计算公式如下:

$$\text{平均收益率} = \frac{\text{年平均投资收益}}{\text{项目平均投资}} \times 100\% \quad (4\text{-}9)$$

其中:

$$\text{项目平均投资} = \frac{\text{项目总投资}}{2}$$

按平均投资计算平均收益率的理论依据是:由于投资通过固定资产折旧或无形资产摊销在不断收回,故实际占用的投资资金,应当是平均投资而不是投资总额。

2. 平均收益率分析

(1)投资收益。投资收益应当是投资带来的收益。由于企业需要依法缴纳企业所得税,对此投资收益应当体现为增加投资所增加的净利润。

由于投资收益体现为增加投资所增加的净利润,而财务会计的利润表中体现的是企业整体在某会计年度实现的全部净利润,故计算平均收益率的净利润很难直接从利润表中获取,而需要借助于会计师或管理人员的职业判断。

有必要区别计算企业对内投资的收益和对外投资的收益。对外投资的收益分别体现为债券投资获取的利息收益、股权投资获取的股利或利润收益等。

(2)平均收益率。平均收益率只是一种评价投资效益的简易方法。客观地说,该方法主要适用于对整个企业年度投资效益的评价,而项目投资着眼于项目整个经济寿命期的投资效益。采用平均收益率的方法,忽略了货币时间价值的作用和在不同年份获取投资收益对项目投资效益评价的影响。

三、动态投资决策分析

动态投资决策分析需要考虑折现因素的影响。动态投资决策分析中采用的分析方法,包括净现值法、动态投资回收期法、内部收益率法等。

(一)净现值法

1. 净现值概述

投资项目的净现值(NPV)是指项目所导致的未来现金流入量的现值超过现金流出量现值的余额;或者反映了项目未来投资收入现值超过投资现值的余额。净现值的一般计算公式如下:

$$NPV = NCF_0 + NCF_1 + NCF_2 + \cdots + NCF_n = \sum_{t=0}^{n} NCF_t \cdot (1+K)^{-t} \quad (4-10)$$

式中,NPV 为净现值;NCF_t 为第 t 期的现金净流入量;K 为计算现值选择的财务折现率;n 为投资项目的经济寿命,包括建设期限和经营期限。

如果项目为一次性投资,不存在建设期,且经营期内各期的现金净流入量相等,则净现值的计算公式可简化如下:

$$NPV = \sum_{t=1}^{n} NCF \cdot (1+K)^{-t} - I \quad (4-11)$$

式中,I 为投资总额。

【例4-1】 某企业计划投资100万元,购买某不需要安装的专用设备一台。经测算,该设备的经济寿命为10年,使用该设备预期每年可获得利润10万元。如果该设备采取平均年限法折旧,不考虑期末残值,则使用该设备每年可获得现金净流入量20万元。

如果采取10%的折现率,投资购买该设备的净现值可计算如下:

$$\text{净现值} = 200000 \times \left(\frac{P}{A}, 10\%, 10\right) - 1000000$$
$$= 200000 \times 6.145 - 1000000$$
$$= 229000(元)$$

2. 净现值分析

一般来说,净现值计算结果有下列三种情况:

(1)当净现值大于零为正值时,说明投资项目不仅能够达到折现率所体现的获利水平,而且还有剩余收益。此时的净现值反映的是超过折现率获利水平的剩余收益的现值,因而投资项目是可行的。

(2)当净现值等于零时,说明投资项目具有达到折现率的获利水平,项目属于边缘性可行项目,是否采纳还取决于其他条件和衡量标准。

(3)当净现值小于零为负值时,说明投资项目未达到折现率所体现的获利水平,因而项目是不可行的。

3. 折现率选择对项目净现值的影响

可以认为,由于净现值是折现计算的结果,故计算净现值所选择折现率的高低,对项目的净现值具有非常重要的影响。

【例 4-2】 某投资项目具有 A、B 两个备选方案,这两个方案预期的现金流动情况见表 4-1。

备选方案现金流量分析表(万元)   表 4-1

方案	初始投资	经营期间现金净流入量			
		1	2	3	4
A	300	150	150	150	—
B	300	120	120	120	120

由于这两个项目经营期间的现金流动都呈现年金形式,可查表计算;选择 12% 的折现率,这两个备选方案的 NPV 可计算如下:

$$NPV_A = 150 \times (P/A, 12\%, 3) - 300 = 150 \times 2.402 - 300 = 60.3(万元)$$
$$NPV_B = 120 \times (P/A, 12\%, 4) - 300 = 120 \times 3.037 - 300 = 64.44(万元)$$

如果折现率改为 20%,这两个备选方案的 NPV 可重新计算如下:

$$NPV_A = 150 \times (P/A, 20\%, 3) - 300 = 150 \times 2.106 - 300 = 15.9(万元)$$
$$NPV_B = 120 \times (P/A, 20\%, 4) - 300 = 120 \times 2.589 - 300 = 10.68(万元)$$

可见,选择不同的折现率,对项目净现值的计算结果以及比较结果有明显的影响。

(二) 动态投资回收期法

动态投资回收期是指收回投资本息所需的时间。与静态投资回收期相比,动态投资回收期不仅追求投资本金的回收,还对投资利息(即投资货币时间价值)的回收也提出了要求。

动态投资回收期的一般计算公式如下:

$$\sum_{t=0}^{PBP} NCF_t \cdot (1+K)^{-t} = 0 \qquad (4\text{-}12)$$

如果项目为一次性投资,不存在建设期,且经营期内各期的现金净流入量相等,则动态投资回收期的计算公式可简化如下:

$$\sum_{t=1}^{PBP} NCF \cdot (1+K)^{-t} - I = 0 \qquad (4\text{-}13)$$

可进一步推算出,动态投资回收期的计算公式如下:

$$PBP = \frac{\ln NCF - \ln(NCF - I \cdot K)}{\ln(1+K)} \qquad (4\text{-}14)$$

例 4-1 中投资项目的动态投资回收期为:

$$PBP = \frac{\ln 200000 - \ln(200000 - 1000000 \times 10\%)}{\ln(1+10\%)}$$
$$= 0.6931 \div 0.0953 = 7.27(年)$$

尽管一些文献中也在讨论动态投资回收期问题,但许多财务管理著作中有关长期投资决策分析方法的讨论中却很少涉及动态投资回收期,表明该指标在长期投资决策分析中存在一定局限性。

(三) 内部收益率法

1. 内部收益率法概述

投资项目的内部收益率(IRR)是指使得项目净现值为零时的财务折现率,反映了投资项目在全部经济寿命期内所获得的真实收益率。

内部收益率的一般计算公式如下:

$$NCF_0 \cdot (1+IRR)^0 + NCF_1 \cdot (1+IRR)^{-1} + NCF_2 \cdot (1+IRR)^{-2} + \cdots + NCF_n \cdot (1+IRR)^{-n}$$

$$= \sum_{t=0}^{n} NCF_t \cdot (1+IRR)^{-t} = 0 \tag{4-15}$$

式中,IRR 为内部收益率;NCF 为投资总额。

如果项目为一次性投资,不存在建设期,且经营期内各期的现金净流入量相等,则内部收益率的计算公式可简化如下:

$$\sum_{t=1}^{n} NCF \cdot (1+IRR)^{-t} - I = 0 \tag{4-16}$$

按照例 4-1 中提供的数据,购买该设备的内部收益率可计算如下:

$$200000 \times (P/A, IRR, 10) - 1000000 = 0$$

即:

$$(P/A, IRR, 10) = 1000000 \div 200000 = 5$$

2. 内部收益率与净现值之间的关系

内部收益率与净现值之间存在以下关系:

(1) 内部收益率表现为使得项目净现值为零时的财务折现率。这意味着,计算净现值选择的折现率如果低于内部收益率,则项目净现值大于零;如果选择的折现率高于内部收益率,则项目净现值小于零。

(2) 从另一方面来看,如果项目净现值大于零,意味着项目的内部收益率高于用折现率体现的基准收益率,该项目是可行的;如果项目净现值小于零,意味着项目的内部收益率低于用折现率体现的基准收益率,该项目不可行。

(3) 如果两个可供选择的投资项目具有不同的内部收益率,且具有项目现金净流入量大的项目内部收益率相对较低、项目现金净流入量小的项目内部收益率相对较高的特点,则存在使得两个项目净现值相等的折现率,使得不同的折现率下具有不同的项目选择思路。

3. 投资项目内部收益率的确定

要计算确定内部收益率,可采取以下两种方法进行:

(1) 利用计算机软件计算确定。借助于 Excel 等软件,很容易计算出该项目的内部收益率为 15.03%。

(2) 采取内插法计算确定。内插法的基本原理是:在较小的区域范围内,将净现值曲线近似地视为一条直线,利用相似三角形对应边成比例的数学原理,推算出内部收益率的近似值。

在例 4-1 中,当 K 为 15% 时,NPV 为 3800 元;当 K 为 16% 时,NPV 为 33 400 元,故该项目的内部的收益率可计算如下:

$$IRR = (33400 \times 15\% + 3800 \times 16\%) \div (3800 + 33400) = 15.10\%$$

内插法同理可以应用于动态投资回收期的计算。在例 4-1 中,当 n 为 7 时,$NPV = 26320$ (元);当 n 为 8 时,$NPV = 66980$ (元)。所以:

$$PBP = (66980 \times 7 + 26320 \times 8) \div (26320 + 66980) = 7.28$$

(四)现值分析基本方法的比较

除了净现值、投资回收期和内部收益率三种方法以外,在一些财务管理书籍中还分别讨论了现值指数法、净现值指数法、净现值率以及外部收益率等其他现值分析的方法。这些方法可参考有关财务管理书籍中的表述。

可以认为,在这三种方法中,最适用的方法应当是内部收益率法。内部收益率体现了投资项目实际获得的收益率,在资源短缺、特别是资金短缺的状况下,努力提高每元投资的效益,是绝大多数企业努力争取的奋斗目标。

净现不同的项目选择的思路:净值法是在资源可能出现闲置状况下为了有利于提高总收益所采取的一种现值分析基本方法。与单纯追求总收益不同,净现值优势在于满足了企业对最低投资收益率的追求。净现值衡量的是企业在满足最低投资收益率(即财务折现率)的基础上,对提高总收益的追求。2016年12月国务院国资委明确地对中央企业经济增加值(EVA)考核的要求,在一定程度上体现了净现值指标的重要性。

投资回收期指标在特定情况下具有重要的意义。例如,一些运输企业也许打算通过发行期限为5年的中期票据筹措项目投资所需资金。尽管该项目可在长达20年的期限内为企业带来投资收益,但企业决策者更为关心的问题是,在中期票据到期时,是否能够收回全部投资本息以满足偿还中期票据本息的需要?在这样的状况下,投资回收期指标就显得更为重要。如果项目具有明显的未来投资效益,当该效益需要在5年后获得,满足不了到期偿还中期票据的需要,这样的投资项目,也许只能被界定为不可行。

对此,进行长期投资决策分析的一项重要任务,就是针对不同的状况合理选择适用的现值分析基本方法。

四、风险投资决策分析

投资风险源于未来发生相关事项的不确定性。项目投资决策分析中需要充分考虑可能发生的投资风险对项目决策的影响。

投资风险,是指投资预期收益的不确定性。企业投资的动机是预期得到若干收益。但投资取得的收益是在将来,即从投资到取得收益要相隔一段时间。而在这段时间里促使预期收益变动的因素有很多,每种因素都可能使企业预期的投资收益减少,甚至导致企业亏本。这种损失事先是无法确定的,而且时间越长,其不确定性就越大,这就构成了企业投资的风险。

企业投资的风险,一般包括证券市场风险、经营风险、利率风险、购买力风险和外汇风险等。

(一)证券市场风险

证券市场风险是指由于证券市场价格上升或下降的交替变化而引起的投资报酬变动。在证券市场上,各种证券价格波动频繁,且很难预料,尤其是股票的价格,更是时起时伏,变幻莫测。由于产生证券价格变动的原因很多,这些原因往往又多是偶然发生的,因而对证券投资者来说,就存在着损失资本的风险。

（二）经营风险

经营风险是指由于企业的生产经营因素而导致的投资者所得报酬率的变动。造成经营风险的主要因素有两类：一类是企业外部因素，如遇自然灾害和通货膨胀等不可控因素发生时，便会造成企业利润率的不肯定，从而带来投资者报酬率的不肯定。另一类是企业内部生产经营管理因素，如企业的生产经营方向、供产销条件、成本水平、生产技术管理等方面都存在一些不确定的因素，当这些因素发生时，必然会带来企业效益的不确定，从而给投资者造成一定的风险。

（三）利率风险

利率风险是指由于银行利率水平的变动而引起的投资者所得报酬的变动。利率水平的变动，影响着企业资金成本的高低，进而导致企业盈利的升降及企业证券价格的涨跌，最终使投资者所得报酬发生变动。受银行利率变化影响最大的是债券。一旦银行利率升高，人们就会因重新进行投资选择而抛出企业债券，从而导致债券价格下跌。企业债券价格与银行利率之间的关系呈反向运动，银行利率升高，企业债券价格便会下降；企业债券剩余的时间越长，受银行利率升高的不利影响越大。

（四）购买力风险

购买力风险是指由于价格总水平变动而引起的投资者的资产购买力的变动。证券的收益有名义收益和实际收益之分。证券的名义收益是指投资的货币收益；实际收益是指根据通货膨胀率调整后的收益；名义收益率减去通货膨胀率即为实际收益率。对投资者来说，重要的是实际收益率。如果名义收益率大于通货膨胀率，那么实际收益率为正值；否则，则为负值。

（五）外汇风险

外汇风险是指由于本国货币和外币之间的汇率变动而引起的投资收益的变动。受国际经济形势的影响，汇率几乎每天都在波动，且波动的趋势不易被一般的投资者所预见。因而，企业投资于某种外国证券资产时，就可能会遭受到因本币或外币币值的变动而引起的汇率变动所带来的外汇损失。

第四节　运输业务投资管理

与运输业务相关的项目投资，包括取得运营车辆的投资、取得客货运输站场的投资等。本节在概述运输业务投资的基础上，侧重于讨论客运站投资决策的理论与方法。取得运营车辆的投资决策问题，在固定资产管理中讨论。

一、运输业务投资管理概述

与运输业务相关的投资业务属于运输企业的对内投资的范畴。在本部分，主要讨论企业对内投资管理的一般原理与方法，并进一步分析运输业务的特点对其内部投资的影响。

与运输业务相关的对内投资形成的经营性资产，主要包括客运站基础设施、货运站（物流中心）基础设施、客货营运车辆等。

运输企业主要从事客货运输业务。除此以外,货物装卸业务、客运站和货运站的投资与经营业务等,也应当属于运输企业的主营业务。

(一) 投资建设客运站的决策分析

客运站投资业务,是运输企业有行业特色的投资业务之一。客运站投资具有以下特点。

1. 客运站投资属于基本建设投资

客运站属于不动产的范畴,在现行国家投资体制下其建设投资应当纳入国家基本建设管理范畴,按照国家规定的基本建设程序组织投资建设活动。运输企业为了投资建设客运站,需要按照相关规定做好大量的建设前期工作,包括编制与报批项目建设书,编制与报批项目工程可行性研究报告,编制与报批项目设计文件,办理建设用地的征用与拆迁等工作,通过公开招标选择建设施工企业和工程监理企业,并一般需要花费超过一年的时间建成客运站。

客运站投资决策分析是客运站建设前期工作的重要组成部分;客运站前期工作与建设期间工作的成功与否,不仅决定着客运站建设工程质量,也在很大程度上影响着客运站建设项目的投资效益。

2. 客运站投资属于公益性投资项目

现代社会的道路客运站,具有以下不可替代的功能:①客运站可为旅客提供安全、方便与舒适的候车与乘车条件,有利于旅客安全与有效率地集中与分散。②有利于交通运输主管部门加强对客运市场的有效管理、特别是安全管理,维护客运市场的公平与公正。作为现代社会交通运输的文明窗口,客运站建设与运营具有社会效益重于经济效益的特点。对此,对于客流量大、投资效益理想的客运站建设项目,可由企业独立投资与运营;对于社会效益好、但投资效益不够理想的客运站建设项目,政府部门有必要给予必要的财政补助,使之对民间投资者产生吸引力。③客运站有利于聚集旅客,提高旅客运输经营效率。

3. 客运站可采取多种方式进行投资建设与经营

作为社会公益性强的投资项目,客运站可作为运输企业的投资项目,由企业按照客运站的经济寿命进行投资与经营;也可以作为政府投资项目,并通过采取 BOT 方式选择符合条件的运输企业在特许经营期间内投资建设与经营。特许经营合同约定的期限届满,运输企业需要将处于良好技术状态的客运站移交给交通运输主管部门授权的单位进行管理。

目前我国的客运站基本上采取的是企业投资的管理模式;但在未来有可能进行 PPP 模式的积极尝试。

无论是作为企业投资项目还是政府投资项目,都需要由运输企业承担投资建设与经营管理的职责。

(二) 投资取得营运车辆的决策分析

1. 投资运营车辆的重要性

营运车辆(包括运营客车和运营货车)是运输企业从事客货运输业务的主要生产工具。由于从 20 世纪 80 年代中期开始,运输企业逐步推行了以单车承包和单车租赁为主要内容的企业内部经营责任制,公路运输业务经营方式被划分为两类:①以单车为主体从事的分散化运输经营业务;②以运输企业为主体从事的集约化运输经营业务。单车经营有助于适应运输独立、分散以及在空间与时间上分布不均衡的特点,因而具有一定的发展生命力;集约化公司经营有助于政府部门的市场监管,并且发挥规模效益的优势,对此成为政府交通运输主管部门主要政策导向。

运输企业、特别是客运企业只有取得了一定数量的运营车辆,才有可能开展集约化运输经营活动,提高运输业务的规模效益。按照交通运输部的政策导向,运输企业要从事规模客运经营活动以及高层次客运业务,这不仅对营运客车的数量有一定要求,而且对其中的高级客车有要求,以利于提高旅客运输服务的质量。改革开放 30 多年来,营运客车的质量和价格都发生了较大的变化。改革开放初期数万元一辆的普通客车已比较少见,取而代之的是数十万元一辆、甚至数百万元一辆的中高档次的客车。从事一二类客运班线经营业务的运输企业需要通过取得中高档次的客车从事客运业务,这就对营运客车投资决策提出了新的要求。

2. 营运车辆投资的特点

(1)运营车辆投资属于长期投资和固定资产投资。由于营运车辆可以在较长期间内提供运输服务,故企业取得的营运车辆,需要确认为企业的一项固定资产。由于营运车辆将在长达数年内发挥作用,故企业应当按照长期投资决策的基本思路,并采取现值法进行营运车辆投资决策分析。

(2)营运车辆属于不需要安装的固定资产。营运车辆一旦取得,无需安装,即可发挥从事运营活动作用。这意味着营运车辆投资没有建设期。但营运车辆从事客货运输活动取得的运输收入以及经营现金净流入量却是在会计年度内陆续获得的。如果做出在会计期末取得现金流入量和发生现金流出量的假设,虽然不影响收入与支出之间的配比关系,但会适当地低估营运车辆投资方案的净现值和内部收益率。

(3)运营车辆的经济寿命具有灵活多样的表现形式。运营车辆既可以用使用年限来体现其经济寿命,也可以用总行驶里程来体现其经济寿命。

用总行驶里程来体现其经济寿命,是营运车辆的一大特色。在改革开放初期以前,我国对运输企业营运车辆使用寿命的基本要求是 80 万 km。为了保证达到 80 万 km 的使用寿命,在使用过程中还需要进行三次大修理作业。到了 20 世纪 80 年代中期,我国开始使用经济寿命的概念来规范营运车辆的行驶里程,将营运车辆的经济寿命调整为 50 万 km,或者 10 年。这意味着当时营运车辆平均年行驶里程一般为 5 万 km 左右,或者日均行程 200km 左右。

伴随着到 2018 年底全国 14.26 万 km 的高速公路网络的逐步形成,营运车辆的使用效率在逐步提高,越来越多的营运车辆(特别是高速公路营运客车)的日平均行驶里程超过了 500km 甚至 1000km,体现其经济寿命的行驶里程开始突破 100 万 km 甚至 150 万 km。这对营运车辆投资决策有重要的影响。

(4)国家对营运车辆的使用寿命有明确规定。与一般设备不同,作为机动车的组成部分,为了保障道路交通安全,多年来国家一直对机动车的最长使用年限有明确规定。2013 年 5 月 1 日开始施行的《机动车强制报废标准规定》(商务部、国家发展和改革委、公安部、环境保护部令〔2012〕第 12 号)明确规定,大中型营运载客汽车和一般载货汽车的最长使用年限为 15 年;同时对达到 80 万 km 的大型营运载客汽车、达到 50 万 km 的中型营运载客汽车、达到60万km的中、轻型载货汽车和达到70万km的重型载货汽车(包括半挂牵引车和全挂牵引车)实行引导报废。

(5)营运车辆取得的方式一般有投资购买和融资租赁两种。按照中国企业会计准则的规定,运输企业采取这两种方式取得的营运车辆都需要确认为企业的固定资产。

企业购买营运车辆的投资,需要通过一定的财务折现率来体现其基准收益率。与其不同,企业采取融资租赁方式取得营运车辆支付的租金,内含着一定的借款利息。只有当租赁内含利息低于企业的基准收益率,融资租赁方案才具有比较明显的优势。对此,有必要进行投资购买营运车辆以及融资租入营运车辆之间的比较。

(6)企业所得税对运输企业营运车辆投资决策分析的影响不仅在于所得税将导致企业的现金流出,还在于针对不同的业务具有不同的企业所得税政策。有必要根据《中华人民共和国企业所得税法》及其实施条例和相关规范性文件中的具体规定,分析所得税政策对不同取得营运车辆决策方案的影响。

本书中有关营运车辆的投资决策分析,在固定资产管理部分进行讨论。

二、投资建设客运站的决策分析

客运站属于公益性基础设施。客运站投资建设应当满足提供公益性旅客运输服务的需要;客运站投资又属于运输企业的投资行为,企业投资应满足企业追求投资回收并有合理回报的需要。当两者之间存在矛盾时,就产生了争取政府对项目进行补助的需要。

(一)客运站投资现金流量分析

客运站投资引发的现金流动包括现金流入量、现金流出量和现金净流入量三部分内容。

1. 现金流入量分析

客运站面向旅客提供各类经营服务取得的收入,构成了客运站经营活动的现金流入量。客运站的经营收入主要来自以下方面:

(1)站务费收入。客运站经营的主要收入来自向进站车辆收取的站务费,或者叫作"车站管理费"。不同的客运站收取站务费的方式有所不同。大多数客运站,特别是一二级客运站,是按照客票收入的一定比例(一般为10%)收取的。等级比较低的客运站,也有采取按照人次的方式定额收取站务费。

如果客运站属于客运企业下设的内部机构,并且不对外开放,只为本公司的车辆提供服务,则这样客运站的投资决策对企业而言没有实质意义。

站务收入取得的现金流入量可按照以下公式进行预测:

$$\text{站务收入} = \text{计划期客票总收入} \times \text{站务管理费比例} \qquad (4\text{-}17)$$

(2)旅客住宿服务收入。规模较大的客运站一般都设有宾馆,为旅客提供住宿服务。旅客住宿服务收入是客运站经营收入的重要补充,一般需要根据床位数、床位利用率、床位的平均价格等参数进行测算。

(3)商品百货销售收入。客运站一般都设有商品销售部,面向旅客销售食品、百货等物品,不仅满足了旅客的需求,也成为客运站经营收入的组成部分。不过这部分收入在客运站经营收入中所占比重一般较小。

(4)其他服务收入。规模较大的客运站,除了提供以上经营服务以外,还有可能提供餐饮、影视、网络、行李保管等其他服务项目。提供这些服务项目取得的经营收入，也构成客运站经营收入的一部分。

客运站需要根据从事不同经营业务取得收入依法缴纳各种流转税，包括销售商品需要缴纳的增值税、收取站务费、旅客住宿费等缴纳的增值税以及相应的城市维护建设税、教育费附加和地方教育附加。在投资决策分析中，可按照将各种税费支出从收入中扣除，来估算现金流入；也可将各种税费支出确认为现金流出。

2. 现金流出量分析

客运站投资导致的现金流出包括客运站投资建设导致的现金流出以及客运站经营期间发生的现金流出。

（1）投资活动现金流出。投资活动发生的现金流出一般是指企业为投资建设客运站，以及对现有客运站进行更新、扩建与技术改造所发生的投资性支出。

（2）经营活动现金流出。客运站为组织经营活动发生的各项现金支出，包括客运站业务支出和管理支出；宾馆经营发生的支出，销售商品发生的支出以及从事其他经营活动发生的相应的现金支出。

尽管企业会计准则要求客运站按照权责发生制核算成本费用，与收付实现制下核算的支出有明显的不同，但在投资决策分析中仍可按照经营成本费用扣除客运站基础设施固定资产折旧后的余额，来估算所发生的经营活动现金支出。

3. 现金净流入量分析

客运站投资项目的现金净流入量也可划分为以下两部分进行分析：

（1）投资活动产生的现金净流入量。由于投资活动一般只发生现金流出，不发生现金流入，对此投资活动产生的现金流量，表现为现金净流出量。

（2）经营活动产生的现金净流入量。经营活动取得的现金流入，减去发生的现金流出，体现为经营活动现金净流入量。尽管经营收入与经营活动现金流入、扣除固定资产折旧后的经营成本费用与经营活动现金流入并不完全一致，但在投资决策分析中仍可用经营活动取得的经营利润加上计提的固定资产折旧来估算经营活动的现金净流入量。

4. 现金流量的折现要求

由于存在时间上的明显差异，投资决策分析要求将投资项目在未来取得的经营活动现金净流入量折算为现值，与投资现值进行比较，以分析投资项目的效益。

（二）客运站投资示例分析

某市根据该市道路客运事业发展的需要，决定由国有独资性质的交通运输集团有限公司通过出资设立法人项目公司，投资建设中心客运站，面向进站车辆收取站务费，实行独立经营。

1. 有关基础资料

（1）该客运站属于一级客运站，按照每日进站20000人次进行设计。预计在客运站建成第一年，日均客运量为10000人次，并按照4%的速度均衡增长。大约在第19年达到设计能力。

（2）该项目预期投资总额7000万元。建设期限为二年。总投资在建设期内均衡投入。

（3）预测中心客运站建成后，将主要发送本地区客运班次，平均运距为100公里。

（4）在客运站预期经营期限内，预计平均运价为每人公里0.30元。不考虑燃油附加费因素,客运站可按照客票价格的10%收取站务管理费。

(5)客运站附设宾馆、餐厅和销售服务部等取得的销售收入按照站务收入的10%估算。

(6)不包括客运站折旧在内的经营支出,按照经营收入的60%估算。估算的经营支出中,包括需要缴纳的营业税、所得税等税费。

(7)中心客运站按照20年的经营期限估算投资效益。

2. 投资决策分析

(1)根据以上数据资料,客运站经营活动取得的现金净流入量见表4-2。其中,第一年的有关数据计算如下:

$$站务费收入 = 10000 \times 100 \times 0.30 \times 0.10 \times 365 = 10\,950\,000(元) = 1095(万元)$$

$$总收入 = 1095 \times (1 + 10\%) = 1204.50(万元)$$

$$经营支出 = 1204.50 \times 60\% = 722.70(万元)$$

$$经营活动现金净流入量 = 1204.50 - 722.70 = 481.80(万元)$$

新元中心客运站经营收支测算表　　　　　　　　表4-2

年数	日均客运量（人次）	站务费收入（万元）	其他收入（万元）	总收入（万元）	经营支出（万元）	经营活动现金净流入量（万元）
1	10000	1095.00	109.50	1204.50	722.70	481.80
2	10400	1138.80	113.88	1252.68	751.61	501.07
3	10816	1184.35	118.44	1302.79	781.67	521.12
4	11249	1231.73	123.17	1354.90	812.94	541.96
5	11699	1281.00	128.10	1409.10	845.46	563.64
6	12167	1332.23	133.22	1465.45	879.28	586.17
7	12653	1385.52	138.55	1524.07	914.45	609.62
8	13159	1440.95	144.09	1585.04	951.02	634.02
9	13686	1498.58	149.86	1648.44	989.06	659.38
10	14233	1558.53	155.85	1714.38	1028.63	685.75
11	14802	1620.87	162.09	1782.96	1069.77	713.19
12	15395	1685.70	168.57	1854.27	1112.56	741.71
13	16010	1753.13	175.31	1928.44	1157.07	771.37
14	16651	1823.26	182.33	2005.59	1203.35	802.24
15	17317	1896.19	189.62	2085.81	1251.48	834.33
16	18009	1972.03	197.20	2169.23	1301.54	867.69
17	18730	2050.91	205.09	2256.00	1353.60	902.40
18	19479	2132.95	213.30	2346.25	1407.75	938.50
19	20258	2218.27	221.83	2440.10	1464.06	976.04
20	21068	2307.00	230.70	2537.70	1522.62	1015.08
合计	—	32607.00	3260.70	35867.70	21520.62	14347.08

（2）按照8%的基准收益率测算,客运站经营活动取得的现金净流入量的现值见表4-3。

新元中心客运站投资现值测算表　　　　　表4-3

年数	现金净流量（万元）	现值系数（8%）	现值（8%）（万元）	年数	现金净流量（万元）	现值系数（8%）	现值（8%）（万元）
1	481.80	0.926	446.15	12	741.71	0.397	294.46
2	501.07	0.857	429.42	13	771.37	0.368	283.86
3	521.12	0.794	413.77	14	802.24	0.340	272.76
4	541.96	0.735	398.34	15	834.33	0.315	262.81
5	563.64	0.681	383.84	16	867.69	0.292	253.37
6	586.17	0.630	369.29	17	902.40	0.270	243.65
7	609.62	0.583	355.41	18	938.50	0.250	234.63
8	634.02	0.540	342.37	19	976.04	0.232	226.44
9	659.38	0.500	329.69	20	1 015.08	0.215	218.24
10	685.75	0.463	317.50	—	—	—	—
11	713.19	0.429	305.96	合计	14 347.08	9.817	6 381.96

（3）按照8%的基准收益率,客运站投资现值可计算如下：

$$投资现值 = 3500 + \frac{3500}{1+8\%} = 3500 + 3500 \times 0.926 = 67419（万元）$$

（4）投资决策分析。

以上计算表明,按照8%的基准收益率计算,投资客运站取得的经营活动现金净流入量的现值为6381.96万元,低于6741万元的投资现值。这意味着,投资客运站的预期收益率没有达到8%的基准收益率。对此,可向客运站决策机构提供以下两项可供选择的决策建议：

①由于该项目投资低于8%的基准收益率,建议放弃对该项目的投资；

②考虑到客运站建设的社会公益性质,建议客运站管理部门向政府申请给予359万元［即(6741 − 6382)万元］的补助,适当减少客运站自身的投资,使得投资该项目能够获得8%的基准收益率。

第五节　运输企业对外投资管理

运输企业的对外投资管理与决策,具有与其他现代企业对外投资的共性内容和要求。本节在概述对外投资的基础上,进一步讨论了有价证券投资决策和长期股权投资决策的理论与方法。

一、对外投资概述

在市场经济条件下,对外投资是运输企业投资的一个重要方面,它对公司提高总投资收益、降低投资风险具有重要的意义。

运输企业对外投资的目的可概括为以下方面：

（1）充分利用闲置资金,增加公司收益。

运输企业在从事客货运输业务过程中,随着客货运输基础设施、营运车辆等固定资产以折旧方式不断回收以及未分配利润的不断增加,处于闲置状态的资金将不断增多。如果公司希望通过不断增加对运输业务的投入实行持续经营,则有必要寻找对外投资的各种机会,将闲置资金合理投放,以增加公司的利润,促使公司利润最大化和价值最大化。

公司对外投资收益主要来源于股息、股利、利润、利息以及证券的升值。利润收入来自公司对非股份有限公司投资的回报;股利来自股份有限公司的股利分配;利息是指公司购买其他企业债券、国债、地方政府债券等所获得的债券利息收入;证券增值是指由于有价证券市场价格的上升,使得公司可以获得的有价证券售价高于购价的差额。

(2)分散资金投向,降低投资风险。

现代企业投资管理的一个重要原则是通过分散投资来有效降低投资风险,提高公司获利的可靠程度。分散投资要求运输企业不是将全部投资投向单一的旅客运输业务或者货物运输业务,而是分散在若干运输投资项目上,这属于经营多角化;要求运输企业不是将对营运车辆或客货运输站场的投资作为内部投资,而是通过组建若干具有独立法人资格的运输公司或客货运站经营企业,将投资外部化,使运输企业只对被投资企业的运输经营行为承担有限的责任,以利于减小投资的风险。实践表明,这是降低投资风险、提高投资效益的有效途径。

(3)提高资产的流动性,增强企业的偿债能力。

保持企业资产的流动性是增强企业偿债能力的有效途径,也是现代企业经营的一项重要原则。企业资产中流动性最强的资产,除了现金以外,应当属于有价证券。随着资金市场化的发展,企业提前偿还债务本金将越来越缺乏经济意义。如果运输企业既想保持资产具有较强的流动性以保证按期偿还债务本息,又不希望有限资金处于闲置状态,则进行有价证券投资就是理想的出路。

对外投资可进一步划分为短期投资和长期投资。

二、证券投资管理

(一)证券投资概述

证券投资管理主要涉及企业投资购买政府债券和其他企业发行有价证券(包括普通股、优先股等权益工具、企业债券等债务工具以及基金、认股权证等其他有价证券)的管理事项。其他企业发行的有价证券,划分为可上市交易的有价证券和无法上市交易的有价证券。

有价证券投资可划分为短期有价证券投资和长期有价证券投资。

短期有价证券投资的主要目的是为了在保证资产流动性的前提下避免现金闲置所采取的有效举措;长期有价证券投资的主要目的是为了获取预期的投资收益。

(二)短期投资和短期有价证券投资

1. 短期有价证券概述

短期投资是指能够随时变现、并且持有时间不准备超过一年的投资。一般来说,只有证券投资才有可能具备短期投资的特征,所以短期投资属于短期有价证券投资;短期有价证券投资又可以划分为股票投资和债券投资。

依据财政部于2019年4月30日印发的《财政部关于修订印发2019年度一般企业财务报表格式的通知》(财会〔2019〕6号),在资产负债表中,企业取得的短期有价证券包括交易性金融资产和衍生金融资产。企业购买的期限在一年以内的各种债券,在"其他流动资产"栏目列示。

2. 短期有价证券的取得

企业一般采取支付价款的方式购买短期有价证券。

企业为取得短期有价证券支付的经济代价(包括购买价款和相关税费),构成了短期有价证券的取得成本,或企业持有的短期有价证券投资。

短期有价证券包括可上市交易的股票、债券、金融衍生工具等品种,以及不能上市交易、期限在一年内的债券投资(或持有至到期投资)。

3. 短期有价证券投资收益

除了保证资产的流动性以外,购买短期有价证券是为了避免资金闲置造成的机会成本损失,努力争取短期有价证券投资收益。

一般来说,可从以下两方面取得短期有价证券投资收益:①取得债券投资的利息收益或股票投资的股利、利润收益和其他收益;②通过转让短期有价证券投资获取差价收益。

(三) 长期有价证券投资

1. 长期有价证券概述

长期有价证券是指持有期限在一年以上的有价证券,包括股权性质的有价证券、债权性质的有价证券和其他有价证券。

《财政部关于修订印发2019年度一般企业财务报表格式的通知》中,在资产负债表列示的长期有价证券,包括债券投资、其他债权投资、其他权益工具投资和其他非流动金融资产。

(1) 股权性质的有价证券。股权性质的有价证券,包括可上市交易的普通股、优先股和其他股权性质的有价证券。企业通过投资持有股权性质有价证券的主要目的是为了获取股权投资收益。当预期的股权投资收益可能超过预期的债权投资收益时,投资股权性质的有价证券就具有可行性。但另一方面,需要关注投资股权性质的有价证券具有比投资债券性质的有价证券更大的不确定性或投资风险。

(2) 债权性质的有价证券。债权性质的有价证券主要体现为企业投资取得的各类债券,包括其他企业的债券,以及国债和地方政府债券。投资债券具有较低的投资风险,或者可认为没有投资风险(例如投资购买的国债券和地方政府债券)。但债券投资的收益率(债券利率)一般低于预期的股权投资收益率。

(3) 其他有价证券。其他有价证券是指除了股权性质和债权性质的有价证券以外的有价证券,例如基金和认股权证、期权等衍生金融工具。伴随着按照中共十九大的精神进一步发展和完善中国金融市场,这方面的发展有着广阔的前景。

2. 长期有价证券的取得

企业一般可采取出资购买的方式取得长期有价证券;也可以通过用存货、固定资产、无形资产等资产置换的方式取得长期有价证券。

企业为取得长期有价证券支付的经济代价(包括购买价款和相关税费),构成了长期有价证券的取得成本,或企业持有的长期有价证券投资。

确认长期有价证券投资成本属于财务会计的概念。按照《企业会计准则第22号——金融工具确认与计量》(CAS 22)的规定,确认的长期债券投资成本不包括支付价款中内含的已到期但尚未领取的债券利息。

3. 长期有价证券投资收益

确认长期有价证券投资收益也属于财务会计的概念。按照CAS 22的规定,长期有价证券的投资收益包括以下内容:

(1)资产负债表日确认的债券投资利息收益。资产负债表日确认的债券投资利息收益一般由两部分构成:确认的应当归属于本会计期间的利息收入;溢价或折价的摊销额。溢价或折价应当采用实际利率法进行摊销。

在此基础上,收到的利息不应再确认为投资收益。

【例4-3】 某企业债券面值为1000元,债券利率为12%,市场利率为10%,债券期数为五年,则债券的购价应为1075.92元;债券溢价75.92元。采用实际利率法分年度分摊债券溢价的结果如下(表4-4)。

债券溢价摊销计算表(元)　　　　　　　　　表4-4

年数	利息支出(12%)	利息费用(10%)	溢价摊销	账面价值
0	—	—	—	1075.92
1	120.00	107.59	12.41	1063.51
2	120.00	106.35	13.65	1049.86
3	120.00	104.99	15.01	1034.85
4	120.00	103.49	16.51	1018.34
5	120.00	101.66	18.34	1000.00

(2)采用成本法确认的股权投资收益。除了长期股权投资以外,其他股权性质的有价证券,应采取成本法,在被投资方宣布发放股息、股利或者利润时确认投资收益。

(3)通过转让长期有价证券投资获取差价收益。由于长期有价证券的公允价值(市场交易价格)在不断变动,故转让长期有价证券,有可能会取得差价收益,也有可能需要承担差价损失。

(四)有价证券投资决策分析

1. 短期有价证券投资决策分析

运输企业应当根据持有短期投资期间收到的现金股利或者债权利息以及投资收回的金额,与投资成本进行比较,据以确定投资收益或者投资损失。

【例4-4】 某企业2019年4月1日付款100万元购买公司债券一批;2019年6月30日收到债权利息2万元;2019年9月30日将全部债券以102万元的价格出售。则该企业这项短期投资的换算年收益率(K)可按下列公式计算:

$$102 \times (1+K)^{-0.50} + 2 \times (1+K)^{-0.25} - 100 = 0$$

采用插值法求解,$K = 8.26\%$。

如果公司要求对外短期投资最低收益率不应低于5%,则该项投资是较理想的。

2. 债券市场价格变动对债券投资收益率的影响分析

投资者购买债券是为了获得利息收入。债券投资者期望获得较高的投资收益率,而债券投资收益的高低受到债券市场价格的影响。

投资者期望收益率或者市场利率的高低影响着债券的市场价格;债券市场价格反过来也制约着债券持有者的投资收益率。如果债券持有者不打算在市场上出售所持有的债券,则债券市场价格的高低不会影响投资收益率;否则,债券未来市场价格的变化将决定债券持有者的投资收益率。

假定某投资者按面值购买了1000元年利率为10%、一年付息一次的公司债券。如果他不打算在债券到期前在证券市场上出售这些债券,则债券投资收益率为10%,债券市场价格的变动不会影响这一收益率。

如果他打算一年后在证券市场上出售这些债券,如果债券的市场价格为1050元,他的收益率为:

$$K = \left(\frac{1000 \times 10\% + 980}{1000} - 1\right) \times 100\% = 8\%$$

如果债券的市场价格下降至980元,则该项投资的收益率为:

$$K = \left(\frac{1000 \times 10\% + 1050}{1000} - 1\right) \times 100\% = 15\%$$

一般来说,影响债券市场价格的主要因素是市场利率的变动,市场利率变化主要是由货币的市场供求关系决定的。当市场资金供应量大于资金的市场需求时,市场利率呈下降趋势;反之,当市场资金供应量小于资金的市场需求时,市场利率将呈上升趋势。由于一般债券利率固定,所以市场利率上升,债券的市场价格必然呈下降趋势;当市场利率超过债券利率时,人们将不再愿意购买债券,而是将资金投入其他投资项目;为了吸引人们购买债券,企业就需要降低债券的发行价格,从而导致债券市场价格进一步下跌。反之,当市场利率下降至低于债券利率时,人们又会争购债券,促使债券市场价格上升。

3. 所得税率变动对债券投资收益率变动的影响分析

投资者购买公司债券所取得的利息收入应当依法缴纳所得税,这将降低债券投资的预期收益率。很明显,所得税率越高,对债券投资收益率的影响也就越大。所得税率的高低变动不仅影响债券的投资收益率,也影响债券的市场价格。考虑所得税影响因素,债券市场价格与债券投资收益率的相互关系可表述如下:

$$P_0 = \sum_{t=1}^{n} I \times (1-T)(1+K)^{-t} + P_n(1+K)^{-n} - [(P_n - P_0) \times T \times (1+K)^{-n}]$$

式中,P_0为债券的现行市场价格;P_n为n年后债券的市场价格;T为所得税率(%);K为债券投资的预期收益率(%);I为债券利息;n为持有债券的年数。

如果企业打算按面值购买面值为100万元、年利率为10%、每年付息一次的企业债券,并在一年后按105万元的价格出售。当所得税率为25%时,购买债券的收益率可计算如下:

$$K = \frac{100 \times 10\% \times (1-25\%) + (105-100) \times (1-25\%)}{100} \times 100\%$$

$$= \frac{100 \times 10\% + (105-100)}{100} \times (1-25\%) \times 100\%$$

$$= 15\% \times (1-25\%) = 11.25\%$$

如果投资者期望获得15%的投资收益率,那么为购买债券愿支付的价格可按下列公式确定:

$$P_0 = \frac{100 \times 10\% \times (1-25\%)}{1+15\%} + \frac{105}{1+15\%} + \frac{(105-P_0) \times 25\%}{1+15\%}$$

解之: $P_0 = 99.11(万元)$

根据我国企业所得税法及其实施条例规定,公司购买国债和地方政府债券可以免交企业所得税,这意味着购买国债和地方政府债券可以获得更高投资收益率。因而,有时国债和地方政府债券的利率虽然低于市场利率,但人们却争相购买国债和地方政府债券,促使国债和地方政府债券的市场价格高于同类企业债券的市场价格。

三、长期股权投资管理

(一) 长期股权投资概述

长期股权投资是指持有期限在一年以上的股权投资,包括股票投资以及其他长期股权投资。股票投资是指购买股份有限公司股票的投资;其他长期股权投资是指用企业的现金、实物和无形资产投入其他企业形成的长期股权投资。

按照《企业会计准则第2号——长期股权投资》(CAS 2)的规定,在资产负债表中,企业的对外长期股权投资根据不同情况分别被界定为"长期股权投资"和"可供出售金融资产";但按照《财政部关于修订印发2019年度一般企业财务报表格式的通知》中的规定,长期股权投资需要在资产负债表中分别列示为"长期股权投资""其他权益工具投资"和"其他非流动金融资产"。

其中:指定为以公允价值计量且其变动计入其他综合收益的非交易性金融工具投资,计入"其他权益工具投资";预期持有超过一年的以公允价值计量且其变动计入当期损益的非流动金融资产,计入"其他非流动金融资产"。

(二) 长期股权投资的分类

依据对被投资单位产生的影响,长期股权投资可分为以下四种类型:

1. 控制

控制是指投资方拥有对被投资方的权力,通过参与被投资方的相关活动而享有可变回报,并且有能力运用对被投资方的权力影响其回报金额。投资方能够对被投资单位实施控制的,被投资单位为其子公司。

2. 共同控制

共同控制是指按照相关约定对某项安排所共有的控制,并且该安排的相关活动必须经过分享控制权的参与方一致同意后才能决策。共同控制下的企业叫作投资方的合营企业。

3. 重大影响

重大影响是指投资方对被投资单位的财务和经营政策有参与决策的权力,但并不能够控制或者与其他方一起共同控制这些政策的制定。在确定能否对被投资单位施加重大影响时,应当考虑投资方和其他方持有的被投资单位当期可转换公司债券、当期可执行认股权证等潜在表决权因素。投资方能够对被投资单位施加重大影响的,被投资单位为其联营企业。

4. 其他

其他是指除了以上三种以外的其他股权投资,即投资方不能对被投资方实施控制、共同控制和重大影响的股权投资。

(三) 长期股权投资的投资收益

按照 CAS 2 规定,长期股权投资应分别采用权益法和成本法确认投资收益。

1. 采用成本法确认投资收益

采用成本法,除了追加投资或者收回投资以外,投资的账面价值一般不变。道路运输企业应在被投资方宣布发放股利或利润时确认投资收益实现。采用成本法确认投资收益,收到股息、股利和利润后不再确认投资收益。

2. 采用权益法确认投资收益

采用权益法,运输企业在取得投资后,按照应当享有或者应当分担的被投资方年度实现的净利润或者发生的净亏损的份额,调整投资的账面价值,并确认为当年的投资损益。被投资方宣布分派利润或者现金股利时,按照应分得的份额,冲减投资的账面价值。

采用权益法,运输企业在取得投资后,按照应当享有或者应当分担的被投资方除了净损益以外的股权变动,也应当根据具体情况调整投资的账面价值。

长期股权投资收回时,按照收回金额与投资账面价值的差额,确认为当期的投资收益或者投资损失。

(四) 长期股权投资决策分析

除了以控制为目的以外,长期股权投资的主要目的是为了获得理想的投资收益率。通过将投资所引起的现金流出与股利收入或者利润收入所构成的现金流入进行比较,可计算投资的收益率。

1. 股权市场价格的确定

股权市场价格的一般计算公式如下:

$$P_0 = \sum_{t=0}^{n} D_t \times (1+K)^{-t} + P_n \times (1+K)^{-n} \tag{4-18}$$

式中,P_0 为股权的现行市场价格(元);P_n 为股权的售价(元);K 为投资者期望收益率(%);n 为股权持有期(年);D_t 为分年度现金股利(元)。

【例 4-5】 某运输企业购买的股权预期每年可获得股利收入 100 万元,并且有希望在三年后将股权以 1050 万元的价格售出,该企业对外长期股权投资期望收益率为 10%,则该企业为购买股权愿支付的最高价格可计算如下:

$$\begin{aligned} P &= \sum_{t=1}^{3} 100 \times (1+10\%)^{-t} + 1050 \times (1+10\%)^{-3} \\ &= 100 \times \left(\frac{P}{A}, 10\%, 3\right) + 1050 \times \left(\frac{P}{F}, 10\%, 3\right) \\ &= 100 \times 2.487 + 1050 \times 0.751 = 1037.25 (万元) \end{aligned}$$

2. 股权投资收益率的确定

【例 4-6】 某运输股份有限公司股票发行价格为每股 12 元,预计当年每股现金股利 0.20 元,并且有可能按 5% 的比率增长。如果另一家道路运输企业计划购买该公司的股票进行股权投资,且不打算在近期内出售,则该项投资可获多高的收益率?

该项投资所导致的现金流动的现值以及投资收益率(K)的计算公式表述如下：

$$\frac{0.2}{1+K}+\frac{0.2\times(1+5\%)}{(1+K)^2}+\frac{0.2\times(1+5\%)^2}{(1+K)^3}+\cdots+\frac{0.2\times(1+5\%)^{n-1}}{(1+K)^n}+\cdots-12$$

$$=\frac{0.2}{K-5\%}-12=0$$

所以： $K=6.67\%$

目前中国运输企业主要通过对其他运输企业投资以控制或者影响这些企业的财务政策和经营政策，并为公司增加收益创造条件。

运输上市公司通过投资于其他运输企业并决定或者影响其财务政策和经营政策，扩大了公司集团的规模，提高了规模经营效益。

复习思考题

1. 现代公司制企业投资性质和特点有哪些？现代公司制企业投资一般分为哪些种类？
2. 投资项目的现金流量一般包括哪些？分析现金流量时应考虑哪些因素？为什么投资决策分析时要采用现金流量而不是成本费用？
3. 净现值法的基本原理是什么？净现值法决策分析的基本规则是什么？当净现值和现值指数发生矛盾时，应如何进行投资效益的评价和分析？
4. 运输业务的投资与投资决策有何特点？投资决策分析有何特殊要求？
5. 如何理解企业所得税率的高低对项目投资所形成的现金流量和投资效益的影响？
6. 客运站投资属于公益性基础设施投资。与一般基础设施投资决策分析相比，客运站的投资决策分析都体现了哪些特点？
7. 如果由于财务效益不理想，某客运站投资项目决策分析的结果不可行，运输企业是否需要放弃该投资项目？为什么？
8. 什么是对外投资？如何区分股权投资、债权投资和其他投资？运输企业对外投资的主要作用有哪些？
9. 某运输企业投资购买了另一家运输企业所拥有的非独立法人性质的客运站，这属于对外投资还是固定资产投资？为什么？
10. 你认为将运输企业下属的客运站分公司改制为全资客运站子公司有何重要意义？

第五章 运输企业流动资产管理

运输企业流动资产管理对维持正常的生产经营,保持企业资产的流动性、短期偿债能力、企业抗风险能力以及企业的收益性具有重要影响。本章从运输企业流动资产管理概述出发,详述运输企业现金管理、应收账款管理以及存货管理的相关理论与方法,帮助运输企业合理进行流动资产管理,从而优化流动资产规模及结构。

第一节 运输企业流动资产管理概述

运输企业以交通线路和运输工具为劳动资料,实现运输对象的位移,具有灵活、便捷、点多、面广、流动、分散等特点。运输企业既不同于以采购、生产、销售实物产品作为主要业务的制造企业,也不同于以商品的购买和销售为主要业务的商品流通企业,其主要从事运输对象的位移,属于广义服务业的范畴。因此其流动资产及流动资产管理具有有别于常见的制造业和商品流通企业流动资产及流动资产管理的特殊性。

一、运输企业流动资产的概念

流动资产(Current Assets)是指企业可以在一年(或超过一年)的一个营业周期内变现或者运用的资产,是企业资产中必不可少的组成部分。对运输企业而言,生产和销售同时进行,提供的运输劳务无法储存,无在产品和产成品,也无须销售过程,而且一般取得报酬在提供劳务服务之前或者同时。因此,一般而言,运输企业的营业周期都在一年之内。故而,运输企业流动资产是指运输企业可以在一年内变现或者运用的资产,是企业资产中必不可少的组成部分。

二、运输企业流动资产的特点

制造类企业生产经营活动过程是以产品生产为中心的生产准备过程,产品生产过程和产品销售过程。流动资产在这三大过程中,一般从货币形态(现金)开始,依次经过储备资金(存货)、生产资金(存货)、成品资金(存货)、结算资金(应收账款、在途资金等),最后再次转化为货币形态。因此,制造类企业的流动资产主要包括货币资金、存货、应收账款等。对于商品流通企业,其生产经营活动过程是以商品销售为中心的商品购进过程和商品销售过程。流动资产在这两大过程中,一般从货币形态(现金)开始,仅经过商品资金(存货)便再次转化为货币形态(应收账款→现金)。因此,商品流通企业的流动资产也主要包括货币资金、存货、应收账款等。无论何类企业,各种形态的资金与其生产经营活动过程均紧密结合。

运输企业生产经营活动过程是以交通线路和运输工具为劳动资料,实现运输对象位移的过程。因此,运输企业的生产经营过程也是销售过程,生产和销售同时进行,运输业务的完成同时也是销售业务的完成。同时,运输企业的生产经营(销售)过程仅消耗劳动资料

(车辆等),并不会改变劳动对象(运输对象)的属性和形态,不会产生新的实物形态的物质产品。而且运输企业提供的运输劳务本身无法储存,因此,运输企业的存货一般没有在产品或产成品,主要有车辆维修所需的零配件、轮胎、燃料、润滑材料、低值易耗品等。故而,运输企业的流动资产在生产经营过程中,一般仅为货币形态[现金→(存货→应收账款)→现金],其中存货和应收账款并不是必然存在的状态。

三、运输企业流动资产持有的财务影响

运输生产过程具有点多、面广、流动、分散的特点,而且是人机结合的运动过程,存在特定风险。为了保持企业必要的应付短期资金突发需求的能力,在一定程度上降低企业财务风险,相较于一般工商企业,运输企业流动资产中货币资金占比较高,持有流动资产的流动性更强。然而,对大部分企业(包括运输企业)而言,固定资产、无形资产等非流动资产的配置水平不仅决定企业的运营能力,也预示企业的盈利能力,流动资产是有效发挥固定资产、无形资产作用的配套资产,全部资产共同发挥作用从而实现产品的生产或劳务的提供。运输企业提供运输劳务收回的价值大于劳务提供中的资金耗费时,才会给企业带来利润。

相对于固定资产、无形资产等非流动资产,运输企业流动资产中的库存现金不能产生任何收益,银行存款利率很低,占用在应收账款上的资金难以直接为企业创造价值。但如果运输企业持有的流动资产量较少,在企业资产规模一定的条件下,意味着企业拥有的非流动资产较多,公司的收益能力便会有所提升。然而较低的现金、银行存款等流动资产持有,会降低公司短期债务的偿还能力和支付能力,有可能造成信用损失、经营中断等经营风险。

可见,运输企业流动资产的持有量会影响企业资产的流动性、短期偿债能力、企业风险以及企业的收益性,过多或过少的流动资产持有均可能对运输企业造成不利影响。因此,运输企业应该在生产经营计划确定的情况下,合理进行企业流动资产管理,优化企业流动资产的规模及结构。

四、运输企业流动资产持有策略

通常运输企业流动资产的持有量与生产经营规模相关,根据流动资产与生产经营规模(业务量)之间的数量关系,运输企业流动资产的持有策略可以分为三种:宽松的持有策略、适中的持有策略和紧缩的持有策略。

1. 宽松的持有策略

流动资产的宽松持有策略,又称保守的持有策略。运输企业采用此策略,意味着企业在特定的生产经营规模(业务量)下持有较多的流动资产,比如较多的现金、短期有价证券等。在此策略下,运输企业不能按时偿还到期债务的风险较小,并且因为持有较多的流动资产,企业也为可能的不确定性预留了准备资金,可以大大降低公司的经营风险。当然,从另一个方面来看,流动资产的收益率偏低,持有过多的流动资产将会降低企业的收益能力。故而,对运输企业而言,采用流动资产的宽松持有策略将形成低收益、低风险的资产配置状态。

2. 适中的持有策略

采用流动资产的适中持有策略需要运输企业在特定的生产经营规模(业务量)下持有适中的流动资产。比如对现金、短期有价证券等流动资产的持有,不多不少,恰好可以满足公

司到期债务的支付和日常生产经营的需要。在此策略下,运输企业在按时偿还到期债务的同时,持有比宽松策略少的流动资产,可以最大可能地降低公司的经营风险。当然,相较于宽松持有策略,持有较多的流动资产可以防范未来可能的不确定性,流动资产适中持有策略,企业可能并没有足够的能力来防范和应对可能的不确定性所带来的经营风险。不过,由于持有相对较少的流动资产,因此在相同条件下,运用此策略的运输企业的收益率会略高。故对运输企业而言,采用流动资产的适中持有策略将形成收益与风险相对适中的资产配置状态。

3. 紧缩的持有策略

流动资产的紧缩持有策略,又称积极的持有策略。运输企业采用此策略,意味着企业在特定的生产经营规模(业务量)下持有较少的流动资产,比如较少的现金、短期有价证券等。在此策略下,运输企业不能按时偿还到期债务的风险较大,并且企业因为持有较少的流动资产,也不可能为可能的不确定性预留准备资金,因此会大大增加企业的经营风险。一般情况下企业面临机不可失的重大拓展机会时,为了应对紧迫的扩张投资需求,会采用这种策略。当然,从另一个方面来看,流动资产的收益率偏低,持有最少的流动资产将会提升运输企业的收益能力。故而,对运输企业而言,采用流动资产的紧缩持有策略将形成高收益、高风险的资产配置状态。

借助于多因素分析、多元回归分析、模糊综合评价等方法或资深财务管理专家的经验,可以相对准确把握以上三种策略的具体额度。运输企业流动资产管理的最佳效果,服从于企业的财务管理目标,亦即实现企业价值最大化。它是多种因素共同作用的结果,运输企业应该根据自身的具体情况,结合对风险的态度,慎重选择流动资产持有策略。

第二节 运输企业现金管理

结合运输企业流动资产的特点,运输企业流动资产管理主要包括现金、应收账款和存货的管理,本节首先详述现金管理。

一、现金及现金持有动机

现金是指在企业生产经营过程中暂时停留在货币形态的资金,包括库存现金、银行存款、银行本票、银行汇票等其他货币资金。现金是企业所有资产中变现能力最强的资产,同时,它也是盈利能力最差的资产。因此,运输企业进行现金管理的目的,就是通过全面权衡现金的流动性与收益性,在保证其生产经营所需现金的同时,最大可能地降低企业的现金闲置量,从而提高收益率。

对运输企业乃至大多数企业而言,持有现金有以下动机。

1. 交易性动机

交易性动机是指企业持有现金以便满足日常交易的需要。在日常生产经营过程中,运输企业需要购买燃料和办公用品、支付工资、缴纳税款、偿还到期债务等,这是其持有现金最主要的动机。通常而言,运输企业需要先以现金购置燃料动力,然后才能通过提供运输劳务取得现金收入,现金收入和现金支出很少同时等额发生,因此,保留一定的现金余额可以使企业在业务启动时或现金支出大于现金收入时,维持正常的生产经营。从数量来看,运输企业为满足交易动机需要所持有的现金余额主要取决于企业的生产经营规模(业务量)。企业生产经营规模扩大,业务量增加,则所需现金的余额也会随之增加;反之,随之减少。

2. 预防性动机

预防性动机是指企业持有现金以应付意外事件对现金的需求。如果说交易性动机满足的是企业正常生产经营所产生的支付需求,那么预防性动机更多的则是满足企业规避风险或应付突发、意外事件等的资金需求,能在一定程度上防范企业风险。现实生活中,运输企业经常会碰到一些无法预见的意外事件,如地震、暴雨、火灾、大雾等自然灾害以及重大交通事故等。这些事件的发生对运输企业的现金收支会产生重大的影响,而且通常还难于提前预判,一旦发生可能会影响企业的正常运转。因此,运输企业持有一定量以预防为目的的现金,可更好地应付意外事件的发生,保证正常生产经营活动的顺利开展。一般而言,预防性动机所需现金余额的多少,主要取决于运输企业对现金收支的可靠程度、企业在突发事件发生时的融资能力以及企业愿意承担的风险程度等因素的预测。

3. 投机性动机

投机性动机是指企业持有现金以便用于一些报酬率较高的不寻常的投资机会,从而赚取较高的投资回报。例如,在投机机会较多的新兴市场中,运输企业可以在证券价格剧烈波动时从事投机活动,从中获得收益;或遇到主要燃料、动力或配件价格大幅下降时大批量购进等。当然,由于投机性活动发生的概率具有很大的不确定性,因而,运输企业为投机性动机而保存的现金数量一般很少。

运输企业持有现金的动机主要有交易性动机、预防性动机和投机性动机。在三个动机中,交易性动机是最基本也最重要的动机,用以保证运输企业日常生产经营的正常运行;预防性动机是重要动机,用以提升运输企业抵御突发、意外事件等对企业正常生产经营活动冲击的能力,防范企业经营风险;投机性动机是次要动机,用以在特定条件下快速提高运输企业收益,虽能产生直接收益却并不能长期依赖。

此外,由于对运输企业而言,各种动机所需的现金可以调剂使用,每一笔现金往往可以服务于多个不同的动机需要。因此,运输企业持有的现金余额并不完全等于上述三种动机所需现金余额的简单相加,而是前者一般小于后者。

二、现金持有成本

同其他企业一样,运输企业持有现金,一般至少涉及三种主要成本,即机会成本、管理成本和短缺成本。

(一)机会成本

机会成本是指在决策过程中,面临多种互斥方案时,选择其中一个方案的同时放弃其他所有方案,被舍弃的方案中预测所能获得的最高收益便是本次决策的机会成本。运输企业持有现金的机会成本,即放弃了将其投入其他生产经营活动或投资活动而可能获得的最高收益。例如,假定XT运输公司持有的现金金额为100万元,此时,企业拥有甲、乙、丙三个互斥的均需要100万元投资额的投资方案。如果甲方案的投资回报率为12%,乙方案的投资回报率为14%,丙方案的投资回报率为16%,对该运输公司而言,在同等条件下,必然会选择丙方案而舍弃甲、乙方案。此时,该运输公司的机会成本就是16万元[(100×16%)万元]。

运输企业现金持有量越多,机会成本总额就越高。当然,为了满足日常经营中交易性、预防性和投机性活动对现金的需要,运输企业会持有一定量的现金,承担相应的机会成本是十分必要的。但如若运输企业持有的现金量超过了一定限度,使得上升的机会成本超过了可能带来的收益,就得不偿失了。

(二)管理成本

运输企业现金的管理成本是企业因持有货币资金而发生的有关管理费用,如相关资金管理人员的薪酬、安保措施的费用开支等。运输企业现金的管理成本通常属于固定成本的范畴,即在一定资金持有量范围内,该类成本并不会随着持有现金数量的变化而变化。但固定成本都是相对的,当现金持有量超过一定范围时,可能会导致管理人员增多,安保措施升级等,从而导致固定成本的上升。

(三)短缺成本

运输企业现金短缺成本是指企业由于持有现金不足而无法满足交易性、预防性和投机性等某些方面的需要,造成企业因此承担一定的损失或为此额外支付的代价。它主要包括三个方面的成本:①丧失购买能力的成本。比如运输企业由于现金短缺而无法购进急需的车辆、燃料等,从而使企业的生产经营或投资中断而给企业造成的损失。②信用损失和失去可能的折扣优惠而产生的成本。如运输企业可能会为了提高现金周转效率,过分追求加速收回应收账款且尽可能推迟付款,从而产生信用损失;或者因现金短缺无法进行车辆、燃料等的大批量采购从而损失可能的折扣优惠。③丧失偿债能力的成本。如运输企业因资金不足导致合同无法履行而支付的违约金等。显然,资金持有量越高,资金短缺的可能性就越小,短缺成本也就相应越低,反之亦然。

必须注意的是,运输企业现金的机会成本、管理成本和短缺成本三者之间并不是相互独立的,它们存在一定的相互联系,甚至有时是此消彼长的对应关系。一般来讲,现金机会成本的大小与现金持有量正相关;现金管理成本的大小与现金持有量无明显比例关系,是一种固定成本;现金的短缺成本与现金持有量负相关。因此,现金持有量越高,机会成本相应增加,管理成本保持不变或有一定的增加,但短缺成本则会相应减少;反之,较低水平的现金持有量,会相应减少持有现金的机会成本,管理成本保持不变或有一定的减少,但短缺成本却可能相应增加。因此,在运输企业的现金管理中,合理确定现金持有量甚为关键。

三、最佳现金持有量的确定

运输企业持有现金主要发生三种成本,分别是现金的机会成本、管理成本和短缺成本。而且三种成本之间有一定的联系,随着现金持有量的增加,企业的机会成本上升,而短缺成本下降,管理成本保持不变或有一定的增加;随着现金持有量的减少,企业的机会成本减少,而短缺成本增加,管理成本保持不变或有一定的增加。由此可见,理论上必然存在着一个现金持有量,在这一个持有量上,运输企业持有现金的总成本最低。而使运输企业持有现金总成本最低的现金持有量就是运输企业的最佳现金持有量。

确定运输企业最佳现金持有量的模型主要有成本分析模型、存货模型、现金周转模型及随机模型。

(一)成本分析模型

成本分析模型是通过分析持有现金所发生的成本及其大小,选择使现金的机会成本、管理成本和短缺成本之和最小的现金持有量作为最佳现金持有量。基于上述分析,可知三项成本及总成本之间的关系可以用图5-1表示。

从图中可知,机会成本线向右上方倾斜,短缺成本线向右下方倾斜,管理成本线为平行于横轴的直线(假设在相关范围内),总成本线便是一条抛物线。该抛物线的最低点即为持有现金的最低总成本。超过这一点,机会成本增加的代价会大于短缺成本减少的好处;在这一点之前,短缺成本增加的代价又会大于机会成本减少的好处。因此,在这一点对应于横轴上的现金持有量(Q),便是最佳现金持有量。

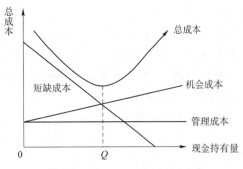

图5-1　成本分析模型下的现金成本分析

成本分析模型下最佳现金持有量的计算,可以运用以下步骤:
(1)根据不同现金持有量测算并确定有关成本数值;
(2)按照不同现金持有量及其有关成本资料编制最佳现金持有量测算表;
(3)在测算表中找出总成本最低时的现金持有量,即最佳现金持有量。

【例5-1】　XT运输公司有甲、乙、丙三种现金持有方案,通过分析,可知它们各自的机会成本、管理成本和短缺成本见表5-1(假定该公司管理成本保持不变的相关范围为0~100万元)。

甲、乙、丙方案的相关成本表(万元)　　　　　表5-1

项　目	甲	乙	丙
现金持有量	70	48	100
机会成本	24	15	42
管理成本	8	8	8
短缺成本	20	32	0

通过计算,可以得到这三种方案的总成本计算结果见表5-2。

甲、乙、丙方案的总成本计算表(万元)　　　　　表5-2

项　目	甲	乙	丙
现金持有量	70	48	100
机会成本	24	15	42
管理成本	8	8	8
短缺成本	20	32	0
总成本	122	103	150

在乙方案即现金持有量为48万元时,该运输公司的总成本最低。因此,48万元就是该运输公司的最佳现金持有量。

（二）存货模型

存货模型，是将存货经济订货批量模型原理用于确定目标现金持有量，其着眼点也是现金相关成本之和最低。在这个模型中，最相关的是现金的机会成本和转换成本。机会成本和前述相同，转换成本则是指企业用现金购入有价证券以及转让有价证券换取现金时付出的交易费用，即现金与有价证券之间相互转换的成本，如委托买卖佣金、委托手续费等。转换成本与现金持有量之间的关系是：在现金需要量既定的前提下，每次现金持有量即有价证券变现额的多少，必然会对有价证券的变现次数产生影响，即现金持有量越少，进行证券变现的次数越多，相应转换成本就越大；反之，现金持有量越多，进行证券变现的次数越少，相应的转换成本就越小。

基于上述分析，可知两项成本及总成本之间的关系可以用图 5-2 表示。

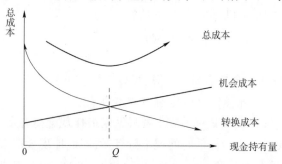

图 5-2　存货模型下的现金成本分析

从上图可知，机会成本线向右上方倾斜，转换成本线向右下方倾斜，总成本线是一条抛物线。该抛物线的最低点即为持有现金的最低总成本。超过这一点，机会成本增加的代价会大于转换成本减少的好处；在这一点之前，转换成本增加的代价又会大于机会成本减少的好处。因此，在这一点对应于横轴上的现金持有量（Q），便是最佳现金持有量。

需要说明的是，存货模型的使用，是以下列假设为前提条件的：①不存在短缺成本，相关成本只有机会成本和固定性证券转换成本，所需要的现金总可以通过证券变现取得，且证券变现的不确定性很小。②现金的支出过程比较稳定、波动较小，现金余额随着时间的消耗，由最低时零到最高时 Q 变化，因此平均现金持有量为 $\frac{Q}{2}$。③证券的利率或报酬率以及每次固定性费用可以获悉。④运输企业预算期内现金需要总量可以预测。如果这些条件基本得到满足，运输企业便可以利用存货模型来确定最佳现金持有量：

由于该模型假设不存在现金短缺，相关成本只有机会成本和转换成本。因此存货模型下运输企业的最佳现金持有量，也就是能使该企业机会成本与转换成本之和最低的现金持有量：

$$持有现金总成本 = 机会成本 + 转换成本$$

即：

$$TC = \frac{Q}{2} \times K + \frac{T}{Q} \times F \tag{5-1}$$

式中，TC 为持有现金的总成本；T 为一个周期内现金总需求量；F 为每次转换有价证券的固定成本；Q 为最佳现金持有量；K 为有价证券的利息率（机会成本率）。

通过对上式求导，可计算出最佳现金持有量：

$$Q = \sqrt{\frac{2TF}{K}} \tag{5-2}$$

由此可以得到最低现金管理总成本：

$$TC = \sqrt{2TFK} \tag{5-3}$$

【例 5-2】 XT 运输公司预计全年现金需要总量为 100 万元，其收支状况比较稳定。有价证券（年利率 6%）每次变现的转换成本为 800 元。计算该运输公司的：(1)最佳现金持有量；(2)最低现金管理成本；(3)年度证券变现次数。

(1) 最佳现金持有量：$Q = \sqrt{\dfrac{2TF}{K}} = \sqrt{\dfrac{2 \times 100 \times 0.08}{6\%}} \approx 16.33$（万元）。

(2) 最低现金管理总成本：$TC = \sqrt{2TFK} = \sqrt{2 \times 100 \times 0.08 \times 6\%} \approx 0.98$（万元）。

(3) 年度证券变现次数：$\dfrac{T}{Q} = \dfrac{100}{16.33} \approx 7$（次）。

(三)现金周转模型

现金周转模型是从现金周转的角度出发，依据现金周转速度来确定最佳现金持有量。现金周转模型的核心是计算现金周转期。现金周转期是指运输企业从以现金投入生产经营活动开始，到最终将收入转化为现金收回所经历的时间。一般地，现金周转期 = 存货周转期 + 应收账款周转期 − 应付账款周转期。其中，存货周转期是指企业从取得存货开始，至消耗、销售为止所经历的天数。

1. 相关周转期的计算

(1) 存货周转期。

$$存货周转期 = \frac{360}{存货周转次数} \tag{5-4}$$

$$存货周转次数 = \frac{主营业务成本}{存货平均金额} \tag{5-5}$$

周转期越短，说明企业存货变现的速度越快，存货管理工作的效率越高。

而就运输企业（道路运输业务）而言，存在一个典型的特点，即基本上不存在存货（或者即便有存货，量也比较小，实践中在计算时经常被忽略）。其原因在于，一方面由于市场经济的发展，运输企业原来属于存货主要项目的轮胎、汽油、柴油、修理用备件等，大都可以随时择优采购；另一方面，运输企业经营管理的进一步现代化，对成本管理提出了更高要求，采用随用随采购的模式，可以帮助企业减少大量采购的资金占用和固定的仓储成本，从而实现更好的成本控制。事实上，对于很多规模较大的运输企业，轮胎、修理用零配件等存货项目的供应商甚至采用了在运输企业所在地建立仓库的方式，以满足企业随时的使用需求。如此一来，运输企业基本就没有必要储存存货，存货周转期近似为零，从而大大缩短了运输企业的现金周转期。

(2) 应收账款周转期。应收账款周转期也称应收账款周转天数，是指企业从取得应收账款的权利到收回款项、转换为现金所需要的时间。计算公式如下：

$$应收账款周转期 = 应收账款平均余额 \times \frac{360 \text{ 天}}{赊销收入净额} = \frac{应收账款平均余额}{平均日赊销净额} \quad (5-6)$$

应收账款周转期越短,说明企业流动资金使用效率越好。

(3)应付账款周转期。应付账款周转期也称应付账款周转天数,是指企业从承担应付账款的义务到真正以现金支付款项所需要的时间。计算公式如下:

$$应付账款周转期 = \frac{360}{\dfrac{主营业务成本}{应付账款平均值}} \quad (5-7)$$

应付账款周转期越长,说明企业免费使用其他企业资金的能力越强。一方面可能是企业重要市场地位的彰显,但另一方面也可能是企业承担较多的还款压力,偿还能力不足的体现。

2. 现金周转模型下运输企业最佳现金持有量的计算步骤

(1)计算现金周转期。计算公式如下:

$$现金周转期 = 应收账款周转期 - 应付账款周转期$$

(2)计算现金周转率。现金周转率是指一年中现金的周转次数。通常,现金周转率越大,表明企业的现金周转越快。计算公式如下:

$$现金周转率 = \frac{计算期天数(360)}{现金周转期} \quad (5-8)$$

(3)计算最佳现金持有量。现金周转率越大,亦即现金周转越快,企业所需要的最佳现金持有量就越少。计算公式如下:

$$最佳现金持有量 = \frac{预计现金年需求总量}{现金周转率} \quad (5-9)$$

【例 5-3】 XT 运输公司通过对以前年度相关资料的分析,得知企业应收账款的平均收款天数为 45 天,应付账款的平均付款天数为 50 天,基本无存货。企业预计每年的现金需求额为 450 万元,试计算确定该运输公司的年最佳现金持有量。

(1)现金周转期 = 应收账款周转期 - 应付账款周转期 = 45 + 50 = 95(天)。

(2)现金周转率 = $\dfrac{计算期天数}{现金周转期} = \dfrac{360}{95} \approx 3.79$(次)。

(3)最佳现金持有量 = $\dfrac{预计现金年需求总量}{现金周转率} = \dfrac{450}{3.79} \approx 118.73$(万元)。

这也就意味着,如果该运输公司年初持有 118.73 万元现金,它将有足够的现金支付到期债务,而不必另外筹集现金。

当然,需要说明的是,使用现金周转期模型,需要一定的前提条件。至少要求企业预计期内现金总需求量可预知,现金周转天数与次数可测算,并且测算结果符合实际,否则计算出的最佳现金持有量就不准确。当然,如果未来年度的周转效率与历史年度相比发生变化,但变化是可以预计的,该模型仍然可以使用。

四、现金的日常管理

现金是运输企业所有资产中流动性最强的特殊资产,而且收益性相对较低。因此,在确定了最佳现金持有量后,运输企业还应该采取各种可能措施,加强现金的日常管理。通常,进行日常现金管理的最基本衡量就是在保证现金安全的基础上,充分考虑生产经营的现金需要,权衡流动性和收益性需求,最大限度地提高现金使用效率,从而为企业获取最大收益。

1. 现金安全管理要求

现金是最为普遍的支付手段,是公众普遍接受的用于支付商品劳务和清偿债务的特殊物品。常言现金为王,亦指现金所有者在市场交换中至高无上的地位。但不可否认的是,正是由于现金灵活方便,可以不受限制地立即用于买卖支付等债权债务结算,因此,极易引发被盗窃、挪用或贪污等事件。运输企业特殊的经营业务性质,决定了日常经营过程中会有大量的现金流动。故而,对现金的安全管理就成为运输企业财务管理的重中之重。强化运输企业对现金的安全管理,需要在制度规范和实务流程等方面着力加强。

(1) 强化制度规范管理

运输企业应该着重建立和完善内部控制与牵制制度,完善票据及相关印章的保管、使用及审核制度等。如可依据国务院《现金管理暂行条例》、中国人民银行《贷款通则》《人民币银行结算账户管理办法》等相关法律法规和企业实际,制定《企业现金(资金)管理制度》。从制度层面对企业现金的筹措权、调拨权、处置权、分配权等进行合理配置,从而实现规范现金运作并对现金的流动轨迹做好完整、翔实的记录,防范现金管理风险。

(2) 强化实务流程管理

运输企业应该首先确保不相容岗位的人员分离,特别是"钱、账、物三分管"制度的切实履行,如要求出纳人员不得兼任稽核、会计档案保管和收入、支出、费用、债权债务账目的登记工作。同时,加强对现金的审批、核查与监督管理,重视库存现金的盘点以及与银行、客户之间往来账项的核实对账等。如要求财务主管不定期地检查库存现金的存量及有关现金管理规定的执行情况,发现问题及时向上级领导汇报。从而杜绝不合理或不合法的现金使用行为,避免任何方面出现漏洞或可乘之机,切实保障现金安全。

2. 提高现金使用效率要求

现金只有投入使用,才可能成为运输企业创造收益的源泉。运输企业资金收益能力最大化的最直接途径,就是提高现金的投资收益率和使用效率。由于现金天然的高流动性决定了其投资收益率的提升范围有限,因此,对运输企业而言,提升现金收益能力的可行方法就是提高其使用效率。常见的方法主要有:

(1) 合理确定并控制现金的交易性动机需要量。交易性动机下的现金需求是运输企业最重要的现金需求,直接影响企业日常生产经营活动的完成质量。因此,合理确定并控制交易性动机下的现金需求至关重要。运输企业可以采取尽力争取现金流出量与流入量在时间安排上同步的方法,即在合理合法的前提下,将现金流出时间适当向后调整,尽量与现金流入时间一致,使现金流入正好作为现金流出使用。此外,运输企业也可以采用诸如每周用款计划管理等资金管理制度,要求所属企业及业务部门根据业务需求的实际进展情况,提前提交下周用款计划,上报企业资金管理部门,便于企业合理统筹并精确运用资金。如此一来,可以更为合理地确定并控制运输企业因交易性需求而持有的现金量,从而最大可能地提高资金的使用效率。

(2) 合理使用现金浮游量。在结算中,通常企业开出结算支票与银行收到支票、将款项实际划出企业账户的时间并不完全同步,这个时间差少则一天,多则几天。在这段时间差内,企业账户中依然留存着对应数量的资金,这部分资金一般被称为现金浮游量。其实质就是企业和银行之间的未达账项,由账款回收程序中的时间差距造成的。如运输企业购买一批汽车,按约定应支付银行存款 300 万元给车厂,所以在购买签发支票时,运输企业的银行账户上就减少 300 万元。而事实上,车厂在收到这 300 万元支票时,需要先进行内部处理程序(如审核、入账等),再送存自己的开户银行;开户银行在收到车厂送来的票据并进行必要的程序后,才会启动将款项从运输企业账户划转 300 万元到车厂账户的程序,而这一程序也需要一定的时间。假若从运输企业开出 300 万元支票到这 300 万真正被划转到车厂账户上需要 4 天时间,那么在这 4 天时间里,运输企业实际上仍可以使用这 300 万元的资金。而这 300 万元现金浮游量的存在,就可以帮助运输企业在一定程度上减缓现金持有的压力。

当然,需要注意的是,上述讨论的是企业有利的现金浮游量,是运输企业作为付款人产生的支出浮游量,可以帮助企业缓解一定的现金持有压力。但在运输企业作为收款人的交易中,也会产生不利的现金浮游量,使得企业真正收取现金的时间晚于收到付款方票据的时间。同样需要引起运输企业的关注,从而更合理地安排现金持有量,提高资金利用效率。

(3) 合理安排现金收付时点。从货币时间价值理论可知,对于不带息的债权债务,早收和晚付都可以帮助运输企业最大可能地再次使用现金,为企业带来收益。因此,应该在不影响企业信誉及增加超额成本的情况下,加速应收账款的回收力度,尽早收回现金,同时尽可能推迟付款,以便延长资金的可利用时效,最大限度地实现运输企业的现金收益最大化。

五、新型支付方式下运输企业现金管理革新

支付方式的演变,大体上可以分为五个发展阶段:商品式的支付形式、货币式的支付形式、金融票证式的支付形式、电子式的支付形式和第三方式的支付形式。这五个阶段间的递进,虽然在时空上有交错,但总的趋势是向前顺序发展的。电子支付(如网上银行支付)和第三方支付方式(诸如支付宝、微信支付等)的发展,使得资金支付完全突破了时空限制,随时随地均可进行。这一切为现金管理提供了便利和优势,但同时亦带来了风险和挑战。这就要求在现金管理过程中,提供有针对性的管理制度和措施,切实保证资金安全,提高资金管理效率。以下以网上银行支付方式为例,探索新型支付方式下现金管理的新举措。

(一) 网上银行业务

网上银行业务是银行在其科技手段的有力支持下开展的通过网络提供的金融服务。运输企业开通合作银行的"网上银行"业务,可以打破地域、时间限制,由企业对所属单位的"网上银行"进行统一管理,实现在任何时候、任何地方方便快捷地进行资金统筹,从而提高企业的资金管理效率。

网上银行业务的优势显而易见,但实际上,与网上银行相关的操作风险及造成损失的事件频频发生。在网上银行相关的风险中,技术安全风险、链接服务风险、法律风险及管理安全风险是最主要的风险。其中的前三个风险大都与提供服务的银行业、信息技术的发展以及国家相关法律法规的健全和完善相关,对于运输企业而言,大都属于不可控风险。而管理安全风险中的内部控制风险,却是运输企业可以通过建立健全网上银行的内控制度等来最大限度规避的风险。这就要求运输企业在享受网上银行业务带来便利的同时,对网上银行

日常运行处理过程进行流程或制度规范,并切实监管执行力度。一旦执行不到位,将会使运输企业网上银行在运行或者业务操作中出现问题,影响企业现金管理的安全与效率。

(二)网上银行业务流程或制度规范

对运输企业而言,为了确保网上银行业务的正常使用和资金安全的完整,可以采用以下的流程或制度规范:

任何使用"网上银行"的所属单位应指定三名以上(含三名)有权电子签名人,其中必须有一名出纳员、一名会计员。有权电子签名人凭各自的数字证书卡(一人一卡)和密码进入"网上银行",并在各自的权限范围内操作。所属单位自加入"网上银行"开始,一律使用数字证书卡进行"网上银行"的操作,不允许使用非数字证书登录进行网上银行操作。

为保障资金安全,各有权电子签名人必须加强对数字证书的保管。为此,应至少做到以下几点:

(1)妥善保管各自的数字证书卡和密码,数字证书与密码应分开保管。未经正式的交接手续不得将数字证书卡交与他人使用,不得将自己的密码告诉他人。

(2)离开电脑时应退出"网上银行",拔出数字证书卡。

(3)因特殊情况需将数字证书卡和密码交与他人经办或授权他人经办时,应办理正式书面并有第三方监交的交接手续。移交人将数字证书卡和操作的密码修改后交与接收人,接收人将数字证书卡和修改后的操作密码进行"网上银行"的操作。

(4)与"网上银行"业务操作有关的人员工作岗位改变,不再进行"网上银行"业务操作的,除办理好有关的交接手续外,还应办好数字证书卡的交接工作。所属公司数字证书卡的增加、减少、更换的情况及时报企业财务管理部门备案。数字证书卡交接应遵循不相容岗位相分离原则,一个人不能同时持有不同审批权限的数字证书卡。

(5)"网上银行"的每笔支付业务至少须经三人以上(含三人)办理,一人经办,若干人审核。经办人不能为自己经办的业务审核。严格执行并遵照不相容岗位相分离的原则。

六、运输企业集团现金管理——现金池

(一)现金池及其分类

现金池是以一种账户余额集中的形式来实现资金的集中管理,这种形式主要用于利息需要对冲,但账户余额仍然必须分开的情况。集团现金池通常需要借助外部银行系统的支持来完成,一般分为实体现金池和名义现金池两种。

(1)实体现金池。又称为账户零余额集合,指将若干分(子)公司的现金以现金集中或现金清零的形式管理,分(子)公司通过零余额子账户来完成业务分离。比如某银行推出的现金池管理的基本操作是:集团总公司每日终统一上收各成员企业账户资金头寸,并集中到集团总公司"现金池"账户;集团总公司以现金池中资金及其统一向该银行申请获得的授信额度为保证,约定各成员企业的日间透支额度;在约定的透支额度内,若日间成员企业账户余额不足,以账户透支的方式自主对外付款;日终,集团总公司与该银行统一清算,以现金池资金或授信项下融资补足各成员企业透支金额。

(2)名义现金池,是指用各银行账户中的不同现金头寸产生的综合盈余来抵补综合赤

字。其运作机制是：每个参与现金池的公司保留归于现金池的货币所在账户，银行综合所有参与账户，综合结出一个净额以反映现金头寸，并没有实际资金转移。

（二）现金池的优势

现金池将外源融资变为了内源融资，减少了利息费用的支出。在现金池中，不同账户上的正负余额可以有效地相互抵消，账户资金盈余的子账户的资金自动地转移到资金不足的其他子账户。这样一来，企业的资金得到了充分的运用。在集团内部就能够满足融资需求，而无需外部融资，既简化了手续，也大大降低了融资费用。此外，通过现金池，集团公司能够及时了解各个子账户现金流量的情况，明确内部控制责任和加强内部控制效力，方便管理。而且现金池将集团多余的资金集中起来，这样可以进行更有效的投资活动，为企业增加收益。即使企业不进行投资活动，大额的存款也可以使企业获得较高的协定存款利率。

第三节 运输企业应收账款管理

运输企业应收账款是指在正常的生产经营过程中，运输企业因提供运输劳务、代售车票等而获得的向接受服务单位收取货款的权利和因其他经济关系应向有关单位收取的款项，是企业流动资产的重要组成部分。伴随着市场经济的发展和商业信用的扩张，运输企业的应收账款呈增加趋势，在企业资产中所占的比例也趋于增加。

一、运输企业应收账款管理概述

（一）运输企业应收账款的功能

市场经济时代，商品与劳务的赊销是一种普遍现象，这就使得应收账款成了企业日常生产经营中的常态债权。运输企业为客户提供商业信用，主要是出于对应收账款所具有的以下方面功能的考虑。

1. 促进销售，增强运输企业的市场竞争力

通常，企业的销售行为有两种基本的方式，即现销方式与赊销方式。现销方式是对企业最优的销售结算方式，它能确保企业及时收回资金，而且必然不会发生坏账损失。但是，在竞争激烈的市场经济条件下，对任何企业而言，单纯依赖现销方式，往往难以实现和扩大销售。在市场竞争比较激烈的情况下，运输企业向客户提供商业信用（即先提供劳务后收款）的行为是促进销售的一种重要方式。尤其是在整体运输市场（或行业）疲软或竞争激烈情况下，该种行为具有明显的作用。因为向对方提供商业信用的赊销方式实质是向买方提供可以在一定期限内无偿使用的资金，这种方式对购买方具有极大的吸引力，从而可以帮助运输企业快速获得利润。当然这种方式也不可避免地会产生一些隐患，这将在后面提及。

2. 维持运输企业与客户之间的良好关系，保持或提升企业的市场份额

为客户提供长期、良好的运输服务是运输企业主要的利润获取途径，而运输市场竞争的日益激烈也使得企业保持和开拓客户越来越重要。可以说，良好的客户关系是保持运输企业销售增长的基础，而商业信用的合理提供又是维持这种良好客户关系的重中之重。应收账款基于商业信用而产生，如果应收账款管理不善，导致与重要客户之间的合作关系破裂，

将给运输企业造成无法挽回的重大损失。因此为客户提供商业信用,既可以帮助运输企业维护与老客户之间的良好合作关系,保证现有运输量和运输业务不流失;也可以帮助运输企业开拓与新客户的合作,提升企业的市场份额。

(二)运输企业应收账款的弊端

1. 应收账款的存在会降低运输企业的资金使用效率,并最终导致企业效益下降

由于运输企业提供运输等劳务的过程即是收入的实现过程,但有时候却会存在已经提供了劳务,劳务款项却未能同步回收的情况。从收入确认而言,劳务已经提供,收入即已形成;而从现金流角度来看,此项劳务提供并未引起企业现金流的实质性流入。在这种情况下,运输企业必然会产生在没有现金流入的情况下,与该赊销业务相关的流转税上缴及年内所得税预缴等现金流出行为;如涉及跨年度的应收账款,则还可能产生运输企业流动资产垫付股东年度分红等现金流出行为。运输企业的上述行为,可以增加会计利润,提升企业的盈余表现,但是却占用了大量的流动资金,久而久之必将影响企业资金的周转,进而导致企业经营实际状况被掩盖,并最终影响企业的生产计划、投资计划等,可能导致无法实现既定的企业目标。

2. 应收账款的存在会夸大运输企业的经营成果

按权责发生制(应收应付制)规定,发生的当期赊销全部记入当期收入。因此,如果发生赊销,企业账上利润的增加与现金流入就不同步。商业信用的高度发展是市场经济的重要特征之一,它在为企业带来收入增加的同时,不可避免地会导致坏账的发生。我国《企业会计准则》规定企业坏账损失的核算应采用备抵法,计提坏账准备的方法由企业自行确定。在我国,大多数企业按照应收账款余额的百分比来提取坏账准备,坏账准备率一般为3%~5%(特殊企业除外)。实践中,运输企业由于行业特殊性,往往认为自身应收账款回收的概率较大,发生坏账的可能性很低,因而提取较少的坏账准备。而事实上,如果企业实际发生的坏账损失超过提取的坏账准备,就会给企业带来损失。因此,如果运输企业存在较多的应收账款,就有可能在一定程度上夸大企业经营成果,增加企业潜在风险。

3. 应收账款的存在会加速运输企业的现金流出,可能导致资金紧张,加大资金链断裂风险

商业信用的存在虽然能使运输企业产生相对较多的利润,但是并未真正增加企业的现金流入。而相反地,由于不带来现金流入的收入及最终利润的增额部分的形成,会增加企业各种相关的税费。这部分增额的税费支出,需要运输企业动用其他用途的资金或者备用资金来进行垫付,从而加速运输企业的现金流出,这可能导致现金不足或短缺,为企业计划的实施带来潜在资金风险。

(三)运输企业应收账款的成本

运输企业的应收账款,既有促进销售,增强运输企业的市场竞争力、维持运输企业与客户之间的良好关系,保持或提升企业的市场份额的功能,同时也存在降低运输企业的资金使用效率,并最终导致企业效益下降、夸大运输企业的经营成果、加速运输企业的现金流出,可能导致资金紧张,加大资金链断裂风险的弊端。这就要求运输企业在日常经营管理过程中,合理估计由于提供商业信用给客户而可能导致的成本。主要表现在以下三个方面。

1. 应收账款的机会成本

对运输企业而言,为客户提供商业信用就会产生应收账款,而应收账款的存在相当于客户在一定期限内无偿占用了企业的资金。事实上,如果运输企业不提供商业信用,那么没有被应收账款占用的这部分资金就可以进行投资,如购买有价证券、投资其他项目等,这些投资项目就会为企业带来收益,如利息股利收入及其他投资收益。这种运输企业因将资金投放于应收账款而放弃的其他投资所能带来的收益,就是应收账款的机会成本。计算公式如下:

$$应收账款机会成本 = 维持赊销业务所需要的资金 \times 资金成本率 \quad (5-10)$$

其中,资金成本率通常按有价证券利息率计算;而维持赊销业务所需要的资金不是尚未收回的款项(应收账款余额),而是企业为获取赊销款项而垫付的资金,通常按照赊销款项中的变动成本计算。即:

$$维持赊销业务所需要的资金 = 应收账款平均余额 \times 变动成本率 \quad (5-11)$$

$$应收账款平均余额 = \frac{赊销收入}{应收账款周转率} = \frac{赊销收入}{\frac{日历天数360}{应收账款周转天数}} \quad (5-12)$$

【例 5-4】 XT 运输公司预测 20×9 年度赊销收入净额为 4500 万元,应收账款周转期(天数)为 45 天,企业测算的变动成本率为 78%,资金成本率为 10%。试计算该运输公司应收账款的机会成本。

$$应收账款平均余额 = \frac{4500}{\frac{360}{45}} = 562.5(万元)$$

$$维持赊销业务所需要的资金 = 562.5 \times 78\% = 438.75(万元)$$

$$应收账款机会成本 = 438.75 \times 10\% = 43.875(万元)$$

计算结果表明,该运输公司投放 438.75 万元的资金可以维持 4500 万元的赊销业务,相当于垫支资金的 10.26 倍。这一较高的倍数在很大程度上取决于应收账款的周转速度。该周转速度决定应收账款的平均余额,进而影响运输企业维持赊销业务所需资金量。而应收账款机会成本在很大程度上取决于此维持赊销业务所需资金量。

2. 应收账款的管理成本

主要是指运输企业对应收账款进行管理所发生的各项耗费,是应收账款成本的重要组成部分。运输企业应收账款的管理成本主要包括对客户的资信调查费用、应收账款账簿记录费用、收账费用、收集相关信息的费用以及其他相关费用。

3. 应收账款的坏账成本

主要是指应收账款因故不能收回而给运输企业带来的损失。运输企业的应收账款基于商业信用而产生,因此,存在无法收回的可能性。这一成本一般与运输企业应收账款数额成正比,即应收账款越多,坏账成本也越多。

$$应收账款成本 = 机会成本 + 管理成本 + 坏账成本 \quad (5-13)$$

二、运输企业信用政策

运输企业应收账款的信用政策即应收账款的管理政策,是运输企业财务管理的重要组成部分。实践中,运输企业信用标准的制定需要综合考虑外部经济环境因素、企业内部因素、企业发展战略因素和与企业客户相关因素之后,根据具体情况进行权衡。其中外部经济环境因素主要可以考虑宏观经济状况、本行业的信用政策惯例、客户所在行业状况、竞争对手的信用政策、产品市场状况、资金市场状况等；企业内部因素需要考虑企业自身生产经营能力、产品特点、生产规模、资金实力、销售利润率、平均收账期、燃料供应情况以及企业能够承担的风险和追求的发展速度等；企业发展战略因素需要着重考虑企业是否有试图扩大市场份额或增加企业现金流的意图；与企业客户相关因素则需要重点考察企业现有客户的数量和质量。

运输企业应收账款管理的重点是制定科学合理的信用政策，主要包括信用标准、信用条件和收账政策三个部分。

（一）信用标准

信用标准是指运输企业决定授予客户信用所要求的最低标准，代表企业愿意承担的最大的付款风险的金额，通常以销售变现天数（DSO，Days Sales Outstanding）和坏账损失比率等作为制定标准的依据。信用标准会对运输企业的发展产生重要影响。如果客户达不到该项信用标准，就不能享受运输企业按商业信用赋予的各种优惠，或只能享受较低的信用优惠。如果运输企业执行的信用标准过于严格，支付信誉非常好、坏账损失率低的客户赊销，虽然会降低企业的坏账损失及应收账款成本，但也可能会降低对符合信用风险标准客户的赊销额，因此会限制企业的发展机会。如果运输企业执行的信用标准过于宽松，虽然会有利于企业扩大销售，但可能会对不符合可接受信用风险标准的客户提供赊销，因而会增加随后收款的风险，同时增加坏账费用并最终增加应收账款成本。

实践中，运输企业在设定某一顾客的信用标准时，往往先要评价其赖账的可能性，比较流行的方法是"5C 模型"。即综合考虑客户的品质（Character）、能力（Capacity）、资本（Capital）、担保性（Collateral）和经济状况（Condition）。

（1）品质。品质主要指顾客的信誉，即履行偿债义务的诚意。客户能否遵守信用，按时守约地履行自己的偿债义务对提供商业信用的运输企业非常重要。因此，运输企业必须尽可能地了解客户是否有按期守约付款的一贯做法。同时也可以通过调研，观察客户与其他供货企业的关系是否良好。由于品质关乎客户是否愿意如期付款，因此，经常被视为评价客户信用的首要因素。

（2）能力。能力是指客户的偿债能力。运输企业对于客户能力的考察主要可以通过对其在以往经营活动中的支付行为和其流动（或速动）资产的数量、质量以及与流动负债的比例进行分析获得。首先，运输企业需要对客户过去的付款记录进行调查，从历史资料中获取其偿付能力的一般信息。此外，通过对其资产状况的分析，也可以从一定程度上获知客户的偿付能力。一般而言，客户的流动资产越多，其转换为现金并进行款项支付的能力就越强。同时，运输企业还应注意客户流动资产的质量，看是否有存货过多、过时或质量下降，影响其变现能力和支付能力的情况。

（3）资本。资本指客户的财务实力和财务状况，表明顾客可能偿还债务的实力，是客户偿付债务的最终保证。运输企业的管理者可以通过对客户企业的财务比率进行分析，了解其资产构成状况并进行合理判断。在运输企业的这一判断过程中，有形资产在总资产中所占比率是非常重要的考虑指标。

（4）担保性。担保性是指客户拒付款项或无力支付款项时能被用作抵押的资产，反映客户为其应付账款提供的资产担保的强弱。对运输企业而言，如果对某些客户不知底细或对其信用状况有争议,就需要考虑要求其提供足够的抵押后,再向其提供相应的信用。在此情况下,一旦运输企业收不回客户的款项,便可以以抵押品抵补,从而在一定程度上保护运输企业自身的财产完整。

(5)经济状况。经济状况是指不利经济环境对客户偿付能力的影响及客户是否具有较强的应变能力。运输企业及其客户均是社会的组成细胞,社会经济环境变化会对他们产生不可估量的影响。因此,运输企业需要合理预估可能的经济环境变化,分析经济不景气环境出现可能会对客户付款产生的不利影响。并通过调研客户在过去面临困难时的付款历史,分析客户可能采取的应对措施及效果等,从更为全面的视角为客户的信用标准的制定提供依据。

对于评价客户信用状况的五个方面的资料,运输企业可以通过以下途径取得:①通过商业代理机构或资信调查机构获取的客户信息资料及信用等级标准资料;②委托往来银行信用部门向与客户有关联业务的银行索取信用资料;③与同一客户有信用关系的其他企业相互交换该客户的信用资料;④客户的财务报告资料;⑤运输企业自身的经验;⑥其他可取得的客户的相关资料等。理论上,只要赊销后运输企业获利能力的增加大于应收账款增加所带来的预期成本,企业就应适当放宽信用标准,接受客户的应收账款要求。

(二)信用条件

指运输企业要求客户支付赊销款项的条件,包括信用期限、折扣期限和现金折扣。信用条件的常用基本表达方式如"$\frac{2}{10},\frac{n}{60}$",其表示如果客户能够在发票开出后的10天内付款,可以享受2%的现金折扣;如果客户未能在10天内付款,则意味着客户放弃享受折扣,全部货款必须在60天内付清。

1.信用期限

是指运输企业为客户规定的最长付款时间。如在上述"$\frac{2}{10},\frac{n}{60}$"的信用条件中,60天就是信用期限。通常运输企业在确定某一客户的信用期限时需要考虑许多因素,比如:企业的市场份额;企业从其上游企业得到的信用期限;资金融通的便利性和成本大小;行业惯例;市场特征;利润率;市场竞争压力;客户的财务状况;客户方提供付款期间的风险;季节因素和促销手段等。

一般而言,信用期限的延长有利于运输企业扩大销售,从而增加收入。但是不适当地延长信用期限,会给企业带来不良后果,增加相应成本。首先是平均收账期延长,占用在应收账款上的资金相应增加,引起机会成本增加;其次是引起坏账损失和收账费用的增加。因此,运输企业在确定信用期限时,应进行利弊分析。当收入的增加大于成本的增加时,可以适当延长信用期间,否则不宜延长;反之亦然。

运输企业对于信用期限的决策,一般可以遵循以下步骤:

(1)计算各方案考虑信用成本前的收益:

$$\text{考虑信用成本前的收益} = \text{赊销额} - \text{变动成本} = \text{赊销额} \times (1 - \text{变动成本率})$$
$$= \text{赊销额} \times \text{边际贡献率} = \text{赊销量} \times \text{单位边际贡献} \quad (5-14)$$

(2)计算各方案信用成本:

$$\text{信用成本总额} = \text{机会成本} + \text{坏账损失} + \text{收账费用} \quad (5-15)$$

(3) 计算各方案的考虑信用成本后的收益：

考虑信用成本后的收益 = 考虑信用成本前的收益 – 信用成本总额　　(5-16)

(4) 进行信用期限决策：选择考虑信用成本后收益最高的方案。

【例 5-5】 XT 运输公司预计在现行的经济政策下，全年赊销收入净额为 480 万元，变动成本率为 65%，资本成本(或有价证券利息率)为 10%，假设固定成本总额保持不变。该企业考虑了三个信用条件的备选方案：A：维持现行"$\frac{n}{30}$"的信用条件；B：将信用条件放宽到"$\frac{n}{60}$"；C：将信用条件放宽到"$\frac{n}{90}$"；各种备选方案估计的赊销水平、坏账百分比和收账费用等有关数据见表 5-3，试进行该公司最佳信用期的决策。

三种信用方案具体情况表　　　　　　　　　　　　　　表 5-3

项　目	A $\left(\frac{n}{30}\right)$	B $\left(\frac{n}{60}\right)$	C $\left(\frac{n}{90}\right)$
年赊销额(万元)	480	528	560
应收账款周转次数(次数)	12	6	4
应收账款平均余额(万元)	$\frac{480}{12}=40$	$\frac{528}{6}=88$	$\frac{560}{4}=140$
维持赊销业务所需要的资本(万元)	40×65%=26	88×65%=57.2	140×65%=91
坏账损失/年赊销额	2%	3%	5%
坏账损失(万元)	480×2%=9.6	528×3%=15.84	560×5%=28
收账费用(万元)	4.8	8	11.2

运输公司的决策实质是考虑是否需要延长给予客户的信用期限，可以根据上述决策步骤，编制不同方案信用成本与收益比较如表 5-4 所示。

不同方案信用成本与收益比较表(单位：万元)　　　　　　表 5-4

项　目	A $\left(\frac{n}{30}\right)$	B $\left(\frac{n}{60}\right)$	C $\left(\frac{n}{90}\right)$
年赊销额	480	528	560
变动成本	480×65%=312	528×65%=343.2	560×65%=364
考虑信用成本前收益	168	184.8	196
信用成本	—	—	—
应收账款的机会成本	26×10%=2.6	57.2×10%=5.72	91×10%=9.1
坏账损失	9.6	15.84	28
收账费用	4.8	8	11.2
信用成本小计	17	29.56	48.3
考虑信用成本后收益	151	155.24	147.7

通过以上的计算分析可以发现，采用信用方案 A、B 和 C 后，该运输公司的收益分别为 151 万元、155.24 万元和 147.7 万元。很显然，相较于方案 A 和 C，采用方案 B 带来的收益最大。因此，对该运输公司而言，在现有的经济政策和具体情况下，信用期为 60 天是最为合理的信用期限。

2. 现金折扣和折扣期限

现金折扣是指运输企业为了激励客户提前还款,在应收账款总额的基础上,给予一定时间内提前还款客户应还款金额一定比例的扣减。它的主要目的是吸引客户为享受优惠而提前付款,缩短企业的平均收款期,降低运输企业出现呆账、坏账的风险,提高销售方回笼资金的速度和对资金的使用效率。

运输企业现金折扣通常采用以下方式表示,如"$\frac{1}{10},\frac{n}{30}$",表示如果客户能够在发票开出后的 10 天内付款,可以享受1%的折扣;30 天内必须付清全款。其中,10 天称为折扣期限,表示客户付清款项便可享受折扣优惠的时间限额;1% 称为现金折扣率,表示在折扣期限内付款给予客户的优惠比例。

运输企业现金折扣一般采用两种方式:一是对在交易当时以现金付款的客户,企业直接给予应付账款总额的一定比例折扣,鼓励客户同企业进行现金交易;二是在信用销售方式下,对于在规定的较短时间内付款的客户,给予应付账款总额的一定比例折扣,以鼓励客户及早付清货款。

例如,XT 运输公司一笔款项为 100000 元的交易,经过对客户信用等的调查和评价,相关部门提出两种不同的信用方案(现金折扣政策)。方案 A:$\frac{n}{30}$(图 5-3);方案 B:$\frac{5}{10},\frac{n}{30}$(图 5-4),需要进行最后的决策。

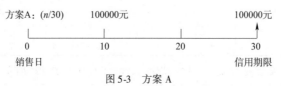

图 5-3 方案 A

可以看出,对方案 A 而言,无论客户在第几日付款,该运输公司都不会给予其任何的优惠。作为理性经济人,从客户的角度来看,必然会最大限度地无偿占用该运输公司的资金,拖至信用期限的最后一天,即第 30 天全款付款给该运输公司。而对该运输公司而言,该笔 100000 元资金的机会成本就是其最大的损失。如果该运输公司的平均回报率为 12%,则其(潜在)损失为(假设不考虑货币的时间价值):

$$100000 \times \left(\frac{12\%}{360}\right) \times 30 = 1000(元)$$

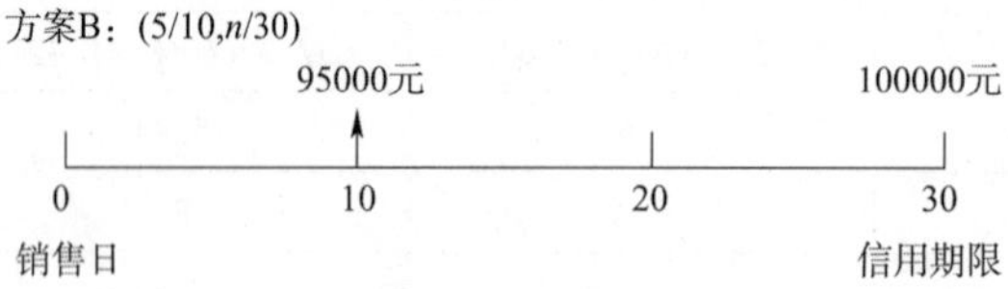

方案B:(5/10,n/30)

```
        95000元                    100000元
    ┌──────┴──────┬──────┬──────┐
    0     10     20     30
  销售日                        信用期限
```

图 5-4 方案 B

而就方案 B 而言,如果客户在第 10 日付款,该运输公司会给予其 5% 的优惠,即只需要付款 95000 元;而如果客户在第 11 日至第 30 日之间的任何一天付款,则均不能享受任何优惠,需要全额付款。

作为理性经济人,从客户的角度来看,就会进行权衡(假设不考虑货币的时间价值),是提前付款以享受 5% 的折扣还是最后一天全额付款(假设客户的平均回报率为 20%)。第

10 天付款的(潜在)收益为:$5000 - 95000 \times \left(\dfrac{20\%}{360}\right) \times 20 = 5000 - 1055.56 = 3944.44(元)$;第 30 天付款的(潜在)收益为:$100000 \times \left(\dfrac{20\%}{360}\right) \times 30 = 1666.67(元)$。3944.44 元大于 1666.67 元,很显然,作为付款方的客户会选择在第 10 天付款,从而享受现金折扣优惠。

在此情况下,对该运输公司而言,就需要计算该方案的可能成本(损失)。在客户确定享受 5% 折扣且该运输公司平均回报率为 12% 的情况下,其为客户提供 $\left(\dfrac{5}{10}, \dfrac{n}{30}\right)$ 现金折扣方案的(潜在)损失为(假设不考虑货币的时间价值):

$$5000 + 100000 \times \left(\dfrac{12\%}{360}\right) \times 10 - 95000 \times \left(\dfrac{12\%}{360}\right) \times (30 - 10) = 4700(元)$$

由此可见,对该运输公司而言,提供方案 A 和方案 B 的(潜在)损失分别为 1000 元和 4700 元。1000 元小于 4700 元,因此,正常情况下,该运输公司应该选择为客户提供方案 A 即 $\left(\dfrac{n}{30}\right)$ 现金折扣方案。

事实上,上例是假定在销售额及信用期限一定的情况下,运输企业是否为客户提供现金折扣的问题。而在实践中,更多的是随着现金折扣及信用期限的不同,销售额也随之变动的情况。此时运输企业的决策重点是比较新现金折扣方案考虑信用成本后的收益是否大于旧方案考虑信用成本后的收益,以此作为选择依据。

【例 5-6】 续接例 5-5,在该运输公司选择了 B 方案 $\left(\dfrac{n}{60}\right)$ 的情况下,为了加速应收账款的回收,决定将赊销条件改为 D 方案 $\left(\dfrac{2}{10}, \dfrac{1}{20}, \dfrac{n}{60}\right)$,估计约有 60% 的客户(按赊销额计算)会利用 2% 的折扣;15% 的客户将利用 1% 的折扣。坏账损失降为 2%,收账费用降为 6 万元。新旧两种方案估计的赊销水平、坏账百分比和收账费用等有关数据整理见表 5-5,试进行该公司最佳信用方案的决策。

新旧两种信用方案具体情况表　　　　　　　　表 5-5

项　目	B $\left(\dfrac{n}{60}\right)$	D $\left(\dfrac{2}{10}, \dfrac{1}{20}, \dfrac{n}{60}\right)$
年赊销额(万元)	528	528
应收账款周转次数(次数)	6	15
应收账款平均余额(万元)	$\dfrac{528}{6} = 88$	$\dfrac{528}{15} = 35.2$
维持赊销业务所需要的资本(万元)	$88 \times 65\% = 57.2$	$35.2 \times 65\% = 22.88$
$\dfrac{坏账损失}{年赊销额}$	3%	2%
坏账损失(万元)	$528 \times 3\% = 15.84$	$528 \times 2\% = 10.56$
收账费用(万元)	8	6

注:1. 应收账款平均收账期 $= 60\% \times 10 + 15\% \times 20 + 25\% \times 60 = 24(天)$。

2. 应收账款周转次数 $= \dfrac{360}{24} = 15(次)$。

该运输公司的决策实质是考虑是否需要为客户提供现金折扣，可以根据前述决策步骤，编制新旧两种不同方案信用成本与收益比较见表5-6。

新旧两种方案信用成本与收益比较表（万元）　　　　　表5-6

项　目	$B\left(\dfrac{n}{60}\right)$	$D\left(\dfrac{2}{10},\dfrac{1}{20},\dfrac{n}{60}\right)$
年赊销额	528	528
减：现金折扣	—	$528 \times (2\% \times 60\% + 1\% \times 15\%) = 7.128$
变动成本	$528 \times 65\% = 343.2$	$528 \times 65\% = 343.2$
考虑信用成本前收益	184.8	177.672
信用成本	—	—
应收账款的机会成本	$57.2 \times 10\% = 5.72$	$22.88 \times 10\% = 2.288$
坏账损失	15.84	10.56
收账费用	8	6
信用成本小计	29.56	18.848
考虑信用成本后收益	155.24	158.824

通过以上的计算分析可以发现，采用信用方案 B 和 D 后，该运输公司的收益分别为 155.24 万元和 158.824 万元。很显然，相较于方案 B，采用方案 D 带来的收益最大。因此，对该运输公司而言，在现有的经济政策和具体情况下，采用提供现金折扣的方案 D $\left(\dfrac{2}{10},\dfrac{1}{20},\dfrac{n}{60}\right)$ 更为有利。

（三）收账政策

收账政策指当客户违反信用条件、拖欠甚至拒付账款时，所采用的收账策略与措施，即运输企业采取何种合理方法最大限度地收回被拖欠账款。现实中，无论运输企业采用何种催收政策，都会付出一定的代价，即产生收账费用。这就需要运输企业对应收账款进行合理的分类，针对不同类别的应收账款采用不同的收账政策。具体内容包括但不限于：对违约客户的处置办法、对应收账款追收活动范围和深度的限制以及授权企业信用管理部门如何处置失信违约客户等。

运输企业一般可以通过进行应收账款账龄分析，针对不同拖欠时间的应收账款选取不同的收账政策。亦即可以根据应收账款时间的长短，分别采取暂不打扰、信函催收、电话催收、上门拜访、诉至法院等的不同程度的催收方式。之所以采用程度不同的催收，原因在于如果企业收账政策太过宽松，可能会令逾期未付款的客户拖欠更长的时间甚至形成坏账，也可能为其他客户形成坏榜样；而如果收账政策过严，则有可能破坏企业与客户间的关系，影响企业正常的经济活动。

运输企业进行收账政策选择的过程就是在增加收账费用与减少坏账损失、减少应收账款的资金占用之间进行权衡。若前者小于后者，则说明制定的收账政策是可取的。

【例 5-7】　XT 运输公司的平均投资回报率为 20%，综合各种因素，企业拟加强应收账款的回收，现行收账政策和新收账政策的详情见表 5-7，试分析该运输公司是否应该改变现行收账政策的决策。

收账政策方案表　　　　　　　　　　　　　　　　　　　　　表 5-7

项　目	现行收账政策	新收账政策
年赊销额(万元)	960	960
应收账款周转天数(天)	30	15
年收账费用(万元)	4	8
坏账损失率	2%	1%

根据上述资料,可以进行 XT 运输公司收账政策的分析过程见表 5-8。

收账政策分析评价表　　　　　　　　　　　　　　　　　　表 5-8

项　目	现行收账政策	新收账政策
①赊销额(万元)	960	960
②应收账款周转率(次数)$\left(\dfrac{360}{周转天数}\right)$	$\dfrac{360}{30}=12$	$\dfrac{360}{15}=24$
③应收账款平均占用额$\left(\dfrac{①}{②}\right)$(万元)	80	40
④坏账损失率	2%	1%
⑤收账成本(万元)	—	—
应收账款的机会成本(③×20%)(万元)	80×20%=16	40×20%=8
坏账损失(①×②)(万元)	960×2%=19.2	960×1%=9.6
年收账费用(万元)	4	8
合计(万元)	39.2	25.6

从上表的计算可知,在给定条件下,XT 运输公司采用现行收账政策和新收账政策的收账成本分别为 39.2 万元和 25.6 万元。因此,XT 运输公司应该考虑改变现行收账政策,采用新的收账政策,加速应收账款回收。

当然,上例中假设 XT 运输公司采用新旧两种收账政策时的赊销额是相等的,均为 960 万元。但实践中,收账政策的变动一定会影响运输企业的赊销额,进而影响企业的销售利润,并最终影响企业收账政策的选择。

【例 5-8】 XT 运输公司拟加强应收账款的回收,并预计采用新的收账政策后,年赊销额将降低 25%,收账费用降为 6 万元。企业的变动成本率为 65%。假设其他资料均沿用例 5-7 的资料。则现行收账政策和新收账政策的分析见表 5-9。

收账政策分析评价表　　　　　　　　　　　　　　　　　　表 5-9

项　目	现行收账政策	新收账政策
①赊销额(万元)	960	960×(1−25%)=720
②应收账款周转率(次数)$\left(\dfrac{360}{周转天数}\right)$	$\dfrac{360}{30}=12$	$\dfrac{360}{15}=24$
③应收账款平均占用额$\left(\dfrac{①}{②}\right)$(万元)	80	30

续上表

项　目	现行收账政策	新收账政策
④坏账损失率	2%	1%
⑤收账成本（万元）	—	—
应收账款的机会成本（③×20%）（万元）	80×20%＝16	30×20%＝6
坏账损失（①×②）（万元）	960×2%＝19.2	720×1%＝7.2
年收账费用（万元）	4	6
小计（万元）	39.2	19.2
⑥销售利润减少额（万元）	—	960×25%×(1−65%)＝84
（收账成本及利润减少额）合计（万元）	39.2	103.2

从上表的计算可知，在给定条件下，XT运输公司采用现行收账政策和新收账政策的收账成本及利润减少额合计分别为39.2万元和103.2万元。因此，XT运输公司不应该考虑改变现行收账政策。

影响信用标准、信用条件和收账政策的因素很多，如赊销额、赊销期限、收账期限、现金折扣、坏账损失、过剩生产力、变动成本率、机会成本、固定成本等的变化。这就使得信用政策的制定更为复杂。但总体来讲，理想的信用政策就是使运输企业带来收益最大的政策。

三、运输企业应收账款的日常管理

运输企业的应收账款具有两面性，一方面企业通过提供商业信用，采取赊销、分期付款等销售方式，可以扩大销售收入，增加利润；另一方面较高的应收账款会导致较高的成本发生。同时较高的应收账款，有大量资金被占用，从而会影响企业资金的流动性和资金的利用效率。因此，运输企业应收账款的日常管理，应该致力于扩大销售收入，提高企业竞争能力；同时，尽可能降低发生在应收账款上的成本，提高应收账款的流动性，根据企业的实际情况和客户的信誉情况制定企业合理的信用政策，并在这种信用政策所增加的销售盈利和产生成本间做出权衡，以达到企业风险更小、收益更大。运输企业可以从以下几个方面进行应收账款的日常管理。

（一）应收账款的监管管理

运输企业应收账款经办部门应负责应收账款的信用管理、收款管理、呆滞账管理等工作，实施应收账款的全程控制。首先应加强合同管理，在订立合同时对债权条件（如收款时间、收款方式等）进行明确。其次应加强对债务人执行合同情况的跟踪分析，经办部门建立债务人信用等级评级机制，防止坏账风险的发生。最后要做好年底应收账款的清算和追收工作，进行应收账款的控制。

运输企业财务管理部门及相关业务部门通过合同、协议的执行，对应收账款进行全程的监督。企业所属的下级财务部门应在每季结束后一定时期（如15日）内对应收账款的账龄情况、回收等情况进行分析，并形成书面报告报企业财务管理部门。企业财务管理部门应在每季结束后一定时期(如20日)内将应收账款分析报告报企业管理层及相关业务部门。同时,企业财务部门还应会同经办部门于每季度末与客户进行应收账款的核对确认,并将经双方确认的结果形成书面记录,由专人整理归档。

运输企业合同管理部门应该建立和健全应收账款台账管理系统。按客户设置应收账款台账(表5-10),详细记录每个客户应收账款的变化、增减变动、余额及账龄、收款责任人等信息变更管理,在变更完成后及时通知财务部门。

应收账款台账　　　　　　　　　　　　表5-10

序号	客商	金额	发生时间	应收款时间	是否逾期	逾期时间	经办部门	经办人

(二)应收账款的收款管理

运输企业对超过合同约定履行时限的应收账款(即逾期应收账款)应确定收款责任人员,制定收款计划,全程动态管理。实行应收账款控制情况与相关责任人的经济利益挂钩。建立汇报机制,向主管领导定期汇报应收账款收款情况。

对于超过合同约定履行时限半年以上的应收账款,企业应成立清理应收账款领导小组,明确分工,明确责任,研究解决在债权清理工作过程中出现的各种问题,以及长期未清理的应收账款。

运输企业对逾期应收账款按其账龄和回收难易程度,可采取分期收款、暂停提供服务、债务重组、法律等不同手段进行追收。具体地,对涉及质量、重量等因素,造成客户拖欠款项的,加紧协商解决。对资金周转困难的客户,采取订立还款计划,限期清欠;或在对其进行新的业务交易时,要求其除付清每一笔新款外,每次交易后归还一部分陈账,逐步还清欠款;如仍不能按上述要求还款,应暂停提供服务。对久追不回的或者金额巨大的逾期应收账款,应采法律措施追收。

(三)应收账款坏账确认与核销管理

运输企业应该在每年年终全面清查核实各项应收账款坏账准备,在清查核实的基础上,对确定不能收回的各种应收账款,确认为坏账。并在具备以下条件时,对坏账准备进行核销:

①债务单位被宣告破产的,应当取得法院破产清算的清偿文件及执行完毕证明;②债务单位被注销、吊销工商登记或被有关机构责令关闭的,应当取得当地工商部门注销、吊销公告、有关机构的决议或行政决定文件,以及被投资单位清算报告及清算完毕证明;③债务人失踪、死亡(或被宣告失踪、死亡)的,应当取得有关方面出具的债务人已失踪、死亡的证明及其遗产(或代管财产)已经清偿完毕或确实无财产可以清偿,或没有承债人可以清偿的证明;④涉及诉讼的,应当取得司法机关的判决或裁定及执行完毕的证据;无法执行或被法院终止执行的,应当取得法院终止裁定等法律文件;⑤涉及仲裁的,应当取得相应仲裁机构出具的仲裁裁决书,以及仲裁裁决执行完毕的相关证明;⑥与债务单位(人)进行债务重组的,应当

取得债务重组协议、执行完毕证明及债务单位财务状况的有关材料(如会计师事务所对债务单位年度会计报表的审计报告等);⑦债权超过诉讼时效的,应当取得债权超过诉讼时效的法律文件;⑧清欠收入不足以弥补清欠成本的,应当取得清欠部门的情况说明以及企业董事会或经理办公会议批准的会议纪要;⑨其他足以证明应收账款确实发生损失的合法、有效证据。

运输企业进行资产减值准备财务核销后,可以在年度财务决算中由会计师事务所对资产减值准备财务核销情况进行重点审计,形成资产减值准备财务核销专项报告,并在财务决算情况说明书中单独披露。资产减值准备财务核销情况报告,可以包括:核销资产减值准备的类别、核销资产的清理与追索情况、核销金额与原因、企业内部核销审批程序等。属于较大资产损失的财务核销,应当逐笔逐项附报资产确认为事实损失的相关合法证据、高管层办公会会议纪要、企业管理层批复文件以及有关资产损失的责任认定和责任追究情况。

(四)集团企业内部往来款项管理

事实上,运输企业集团日常也会发生大量的内部往来款项。对于这种集团企业内部往来款项,企业财务部门也应加强内部单位往来款项的管理,按分级管理原则,建立对账、定期清理核销机制。具体地,应在每月结账前完成内部单位往来款项的对账工作,由债权方发起对账,债务方积极配合,保证内部单位往来款项对账无差异;同时对账双方财务部门应保存对账记录。运输企业及所属内部单位往来款项(除协议规定的内部借款外),须在规定期限(如一个季度)内完成清还;如有特殊情况,暂时无法清还的,须提出书面报告报企业财务管理部门。

运输企业财务管理部门应该在每年年底对备用金情况进行清理。借款人应在借款到期日之前主动办理个人备用金结清手续,若逾期不办理,财务管理部门将提请人力资源部以当事人的工资冲抵个人备用金,当月工资不足以抵扣的,则在以后数月中继续抵扣,直到结清备用金全款为止。

(五)应收账款分析报告

运输企业可以在每个期末(如月、季、年末),编制应收账款的分析报告。对于集团制运输企业而言,需要所属企业分别填报后进行汇总分析,编制汇总报告。

1. 应收账款构成分析

(1)应收账款总体情况。这部分可以总体反映截至某一时期,运输企业应收账款的总额及较前期的增减变动情况,并基于基础数据,进行应收账款增减变动原因的进一步分析。具体可以通过运输企业应收账款总体情况分析表(表5-11)进行分析。

运输企业应收账款总体情况分析表　　　　　表5-11

项　目	期初数(万元)	本期数(万元)	对比期初变动额(万元)	变动率(%)
汽运板块				
服务区板块				
……				

续上表

项　　目	期初数(万元)	本期数(万元)	对比期初变动额(万元)	变动率(%)
其他板块				
总计				

（2）应收账款关联属性分布情况。这部分可以总体反映截至某一时期，运输企业应收账款的关联属性分布及较前期的增减变动情况，并基于基础数据，进行集团内外应收账款增减变动原因的进一步分析。具体可以通过表5-12进行分析。

运输企业应收账款关联属性分布分析表　　　　　　　　　　表5-12

项　　目	期初数(万元)	本期数(万元)	对比期初变动额(万元)	变动率(%)
集团内				
集团外				
合计				

（3）应收款项账龄分布情况。这部分可以总体反映截至某一时期，运输企业应收账款的账龄分布情况及较前期的增减变动情况。由于应收款项账龄区间一般集中在1年以内及3年以上，因此，可以集中反映下表基础数据，并基于其进行应收账款账龄变动原因的进一步分析。具体可以通过表5-13进行分析。

运输企业应收账款账龄分析表　　　　　　　　　　表5-13

项　　目	期　初　数		本　期　数		对比期初变动额		变动率(%)	
	金额(万元)	占比(%)	金额(万元)	占比(%)	金额(万元)	占比(%)	金额	占比
1年以内								
1至2年								
2至3年								
3年以上								
合计								

2. 应收账款分版块分析

（1）××板块应收账款变动情况。这部分可以总体反映截至某一时期，运输企业主要业务板块应收账款的具体情况及较前期的增减变动情况，并基于基础数据，进行主要业务板块应收账款增减变动原因的进一步分析。具体可以通过表5-14进行分析。

运输企业××板块应收账款变动情况分析表　　　　　　　　　　表5-14

项　　目	期初数(万元)	本期数(万元)	对比期初变动额(万元)	变动率(%)	占比(%)
应收账款					
集团内					
集团外					
合计					

（2）××板块应收款项账龄分布情况。这部分可以总体反映截至某一时期，运输企业主

要业务板块应收账款的账龄分布情况及较前期的增减变动情况。由于应收款项账龄区间一般集中在 1 年以内及 3 年以上，因此，可以集中反映下表基础数据，并基于其进行主要业务板块应收账款账龄变动原因的进一步分析。具体可以通过表 5-15 进行分析。

运输企业××板块应收账款账龄分析表　　　　　表 5-15

项　目	期　初　数		本　期　数		对比期初变动额		变动率(%)	
	金额(万元)	占比(%)	金额(万元)	占比(%)	金额(万元)	占比(%)	金额	占比
1 年以内								
1 至 2 年								
2 至 3 年								
3 年以上								
合计								

3. 需重点关注的应收款项

这部分可以总体反映截至某一时期，运输企业需要重点关注的应收账款，一般涉及逾期大额应收账款。为了更好反映此类重点项目，一般需要提供该类应收账款的账面余额，已计提坏账准备金额，同时需要反映各类应收账款与企业的关联属性，即属于集团内还是集团外，并以简短语言描述需要重点关注的原因以及其他认为必须提请重点关注的信息。

第四节　运输企业存货管理

运输企业存货管理就是对运输企业的存货进行信息管理并在此基础上进行决策分析，最后进行有效控制，达到存货管理的最终目的——提高经济效益。

一、运输企业存货管理概述

(一) 运输企业存货的内涵

存货是指企业在日常活动中持有以备出售的产成品或商品、处在生产过程中的在产品、在生产过程或提供劳务过程中耗用的燃料或物料等，包括各类燃料、在产品、半成品、产成品、或库存商品以及包装物、低值易耗品、委托加工物资等。一般情况下，企业的存货主要包括三类：其一，正常经营过程中存储以备出售的存货。主要包括企业在正常生产经营过程中处于待销状态的各种物品，如制造企业的库存产成品及商品流通企业的库存商品。其二，为了最终出售正处于生产过程中的存货。这是指为了最终出售但目前处于生产加工过程中的各种物品，如制造企业的在产品、自制半成品以及委托加工物资。其三，为了生产可供销售的商品或提供服务而储备的用以消耗的存货。这是指企业为生产产品或提供劳务耗用而储备的各种原燃料、燃料、包装物、低值易耗品等。

对运输企业而言，其生产经营过程也是销售过程，生产和销售同时进行，其生产经营(销售)过程仅消耗劳动资料(车辆等)，并不会改变劳动对象(运输对象)的属性和形态，不会产生新的实物形态的物质产品。因此，运输企业一般不存在上述第一类正常经营过程中存储以备出售的存货。此外，运输企业提供的运输劳务本身无法储存，因此，运输企业一般无在产品、半成品、产成品等存货,亦即不存在上述第二类为了最终出售正处于生产过程中的存货。但运输企业为了交通运输业务的正常运营,会持有第三类即为了提供服务而储备的用以消耗的存货。此类存货量一般不大,主要包括汽油等燃料、作为修理用备件(为车辆维护修理储备)的零配件、轮胎、润滑材料、蓄电池等其他存货。

(二)运输企业存货的功能

运输企业存货的功能是指存货在运输企业生产经营过程中所具有的作用,主要表现在以下两个方面。

1. 防止停运待料

对于运输企业而言,车辆运营服务基本都有固定的时点限制,这就要求企业在面临车辆故障、油料短缺等特殊情况时,能够迅速做出反应,以最短时间进行车辆的维修、油料补给等,全力保证营运车辆的安全完整和正常运营。因此,对于运输企业而言,持有适量的汽油等燃料、作为修理用备件的轮胎、内胎、蓄电池以及辅助使用的路锥、灭火器、车载显示器等其他存货,将使得企业的营运过程更加协调,不至于出现因等待油料、维修备件、辅助燃料等影响正常的运营安排。因此,运输企业持有适量的存货,可以防止企业停运待料等事件的发生,维持营运活动的正常性和连续性。

2. 降低进货成本

通常,企业批量集中进货,可以获得较多的商业折扣。而且,增加每次进货的数量,也可以减少购买的次数,从而降低采购费用支出。对于运输企业而言,经营过程中会耗用大量的燃料、维修备件和辅助燃料,如果进行大批量采购,可以从一定程度上降低进货成本,从而节约成本费用。当然,不可否认的是,增加每次进货数量,会在降低进货成本的同时增加企业存货的储存成本。这就需要企业进行分析和决策,理论上只要进货成本的降低额大于因存货增加的各项储存费用,就可以进行集中采购。

(三)运输企业存货管理的目标

企业拥有存货是保证企业生产经营活动顺利进行的物质条件,对于一般企业而言,存货占流动资产的比重较大,一般在40%~60%。对运输企业而言,持有存货相对较少,主要是基于保证提供运输劳务等经营活动的正常进行和出于降低采购价格的成本节约需要。直接来看,存货持有水平越高,生产经营越有保障。但同时,存货水平越高,资金占用就越多,资金成本就越高;而且存货的增加也会增加包括仓储费、保险费、维护费、管理人员工资在内的各项开支,而存货成本的上升必然导致企业获利能力的下降。

因此,运输企业存货管理水平的高低,直接反映了企业收益、风险和流动性的综合水平的高低。故而,运输企业存货管理的目标就是要在存货的成本与收益之间进行利弊权衡,实现两者的最佳结合。既要维持运输企业高效和持续经营的需要,又要以最低的存货总成本获得最高的收益。为此,运输企业应当制定相关的存货政策,进行科学的管理与控制,使存货量维持在最佳水平上。

二、运输企业存货成本

运输企业存货的持有能够保证企业提供运输劳务等经营活动的正常进行和降低采购价

格，但同时，存货的持有也会使企业付出一定的代价，这种代价，就是存货的成本。运输企业存货成本是指存货在订货、购入、储存过程中所发生的各种费用，以及存货短缺造成的经济损失。一般包括以下几项。

1. 购置成本

购置成本指运输企业购买货物、取得货物所有权所花费的费用，通常包括货物的买价、运杂费、装卸费等。它主要取决于购货数量和单位购置成本（单价）两个因素。由于在一定时期内，运输企业的存货购置数量是既定的，因此，影响购置成本高低的因素就是单位购置成本（单价）。

2. 订货成本

订货成本指运输企业为订购存货而发生的费用，一般包括采购相关部门的办公费、订货过程中的文件处理费、邮电费、差旅费等。运输企业订货费用中有一部分与订货次数有关，如订货过程中的文件处理费、邮电费、差旅费等，一般与进货次数成正相关变动；另一部分则一般与订货次数无关，如采购相关部门的办公费等，属于固定性订货成本。企业要降低订货成本，主要措施是采用大批量订货方式，减少订货次数，以减少存货的变动性订货成本，从而降低订货成本总额。

3. 储存成本

储存成本指运输企业为持有存货而发生的费用，主要包括存货资金占用费（存货资金的进货成本）、仓库房屋的折旧费、修理费、仓库职工的固定月工资、保险费等。与订货成本一样，储存成本也可以按照与储存数额的关系分为变动性储存成本和固定性储存成本两类。其中，固定性储存成本与储存数额的多少没有直接关系，如仓库房屋的折旧费、修理费、仓库职工的固定月工资等，是维持一定的储存能力所必须的费用。而变动性储存成本则随着储存数额的增减成比例变动关系，如存货资金占用费（存货资金的进货成本）、存货的保险费用等。企业要降低储存成本，主要措施是采用小批量订货方式，增加订货次数，以减少存货的储存数量。显然，这与订货成本的降低方法截然相反。

4. 缺货成本

缺货成本指运输企业因未能储存足够存货以满足生产经营需要而造成的经济损失，如存货短缺引起的停运损失、存货短缺引起的延误发车而支付的赔偿金及在商誉上的损失、存货短缺引起的丧失销售机会的损失等。缺货成本通常很难准确地估量，但对于存货管理决策的影响却很大。运输企业的缺货成本取决于保险储备量，保险储备量越高，缺货的可能性越小，缺货成本越低；反之，缺货的可能性越大，缺货成本越高。

如果运输企业能够以替代材料解决存货库存供应中断之急，缺货成本便表现为紧急采购替代材料的额外开支。缺货成本能否作为影响决策的相关成本，应该视该企业是否允许出现缺货而定。如果允许出现缺货，则缺货成本与存货数量反向相关，即属于决策的相关成本；反之，如果企业不允许发生缺货，也就无需加以考虑。

从对运输企业存货成本的分析可以看出，各项成本之间既相互联系，又相互制约，某项成本的降低，往往会造成另一项成本的增大，因此运输企业不可能使存货的各项成本都达到最低。运输企业的存货成本研究，主要着眼于在保证企业正常生产经营所需存货的前提下，使各项存货成本的总和即总成本达到最低。

三、运输企业存货管理方法

(一) 运输企业存货资金数额的确定

运输企业存货管理的首要问题是编制存货资金管理规划,即确定存货资金的投放额。其目的是正确测算运输企业在生产经营各个环节所需占用的存货资金。一般而言,企业存货资金的数额,应按其在生产过程中的各种占用形态(即储备资金、生产资金、成品资金等)分别确定。运输企业的存货资金主要表现为储备资金。储备资金是指运输企业从用货币资金购买各项燃料、维修备件和辅助燃料等开始,到投入运输生产为止的整个供应过程所占用的资金。储备资金包括的项目很多,此处以修理备件(如汽油等)为例,说明资金占用额的确定方法。

通常,决定运输企业修理备件资金数额的因素主要有三个:修理备件的平均每日耗用量、修理备件的购买价格和修理备件资金的周转天数。根据这三个因素,可得出修理备件资金的占用数,计算公式如下:

$$修理备件资金占用 = 计划期修理备件平均每日耗用量 \times 修理备件购买价格 \times 修理备件资金周转天数 \qquad (5-17)$$

1. 修理备件平均每日耗用量

修理备件平均每日耗用量应根据年度修理备件预计耗用总量以及运营天数来计算。实践中,为计算方便,年度的运营天数往往按 360 天计算,季度按 90 天计算,月度按 30 天计算。则其计算公式为:

$$计划期修理备件平均每日耗用量 = \frac{年度修理备件预计耗用总量}{营运天数(360\ 天)} \qquad (5-18)$$

2. 修理备件购买价格

运输企业修理备件购买价格一般包括修理备件的买价、运杂费、运输途中的合理损耗等费用。

3. 修理备件资金周转天数

修理备件资金周转天数是指从运输企业取得修理备件起,直到修理备件投入营运过程为止所经历的天数。其计算如下:

$$修理备件资金周转天数 = 在途日数 + 验收整理准备日数 + 供应间隔日数 + 保险日数 \qquad (5-19)$$

(1) 在途日数。是指由于先付款、后收到修理备件而形成的在途修理备件占用资金的天数,其计算应根据平均的付款日至收料日之间的天数来确定。它的长短由修理备件价款的结算方式、修理备件运输条件、采购地点距离等因素决定。

(2) 验收整理准备日数。它是指修理备件运抵企业以后,从验收、入库到整理准备以供使用所需的天数。

(3) 供应间隔天数。它是指修理备件的前后两次供应所需的正常间隔天数。它是由供应间隔天数与间隔系数所确定,其计算公式为:

$$供应间隔天数 = 供应间隔 \times 间隔系数 \qquad (5-20)$$

其中,供应间隔是指前后两次修理备件供应的间隔时间。由于企业的修理备件可能来自不同的供应单位,而各供应商的供应数量及供应间隔时间各不相同,因此,要根据各供应单位的供应量与供应间隔时间进行加权,计算加权平均的供应间隔日。

供应间隔系数是指由于修理备件的库存变动而对供应间隔日的折扣。一般来讲,修理备件在耗用过程中,其资金的占用呈递减的趋势。也就是说,随着修理备件的生产投入,资金的占用会逐渐减少,直到下一次修理备件购进,达到最低点。等到新一次修理备件购入以后,其修理备件资金的占用又达到了最高点。因此,库存修理备件资金的占用是从最高点逐步下降到最低点,如此循环往复。考虑到企业的修理备件品种较多,各种修理备件资金的循环是交叉进行的,即当一种修理备件处于最高点时,可能另一种修理备件正处于最低点,这样就可以利用各种修理备件采购的时间差来合理调度资金。故可以对修理备件供应间隔日打折,这个折扣就是每日平均库存周转储备占最高库存周转储备的比率,即供应间隔系数。其计算公式如下:

$$供应间隔系数 = \frac{平均每日库存周转储备数}{最高库存储备数} \times 100\%$$

或:

$$= \frac{各种修理备件每日库存或者储备累计}{计划天数 \times 最高库存周转储备数} \times 100\% \quad (5-21)$$

在实务中,为了简化计算,往往是根据主观判断来确定供应间隔系数。其判断的原则是:修理备件种类越多,资金相互调剂的可能性越大,供应间隔系数就越小;各种修理备件到货日期越分散,供应间隔系数就越小。

(4) 保险日数。它是指为了防止修理备件的正常供应因意外中断而设定的保证性储备所需资金的占用天数。在确定保险日数时,主要考虑如下因素:货源是否充足、能否用其他修理备件代替、交通运输是否方便可靠、备件质量如何等。

【例 5-9】 XT 运输公司主要提供运输劳务,预计营运车辆全年所需 A 修理备件 180000 件,车辆每月运营比较均衡。A 修理备件的计划单价为 150 元/件,预计在途日数为 5 天,验收整理日数为 3 天,供应间隔日数为 20 天,供应间隔系数为 50%,保险日数为 4 天。则 A 修理备件资金占用数可计算如下:

$$\frac{180000}{360} \times 150 \times (5 + 3 + 20 \times 50\% + 4) = 75000 \times 22 = 1650000(元)$$

(二) 运输企业存货成本的确定

运输企业持有存货就必然会发生费用支出,这就是存货成本。它既包括了购置成本、订货成本和存储成本,又包括了在允许缺货情况下的缺货成本。在这四个成本中,购置成本与存货的购置数量和单价正相关;订货成本与订货次数正相关,而与每次订购的批量负相关;存储成本则正好相反,与订货次数负相关,而与每次订购的批量正相关;缺货成本视企业是否允许缺货而定。

对于运输企业存货成本的计算,方法有很多种,目前应用最为广泛的是经济订货批量模型。该模型通过平衡订货成本和存储成本,确定在保证企业正常生产经营需要的前提下,能使全年存货总成本达到最低时的最佳订货量,并最终计算出最低的全年存货总成本。经济订货批量模型有许多形式,但各种形式的模型都是以基本经济订货模型为基础发展起来的。基本模型使用了许多假设条件,有些条件与现实相差较远,但是它为经济订货批量的确定奠定了良好的理论基础,而其他模型一般是在基本模型的基础上,通过放宽某些假设条件而得到的。

1. 基本经济订货批量模型的假设条件

基本经济订货批量模型是对现实的一种简化，以如下假设为前提：①已经确知某项存货的年耗用总量，且这一耗用量在分析期保持不变；②存货能够得到及时的补充，发出订单后能立即一次性到货，且不允许陆续入库；③不允许缺货，即缺货成本为0；④存货购置单价不变，且没有商业折扣；⑤企业现金充足，不会因现金短缺而影响进货；⑥所需存货市场供应充足，任何时候都可随时买到；⑦存货耗用量在一个时期内稳定不变。

2. 基本经济订货批量模型

理论上，运输企业的存货成本是购置成本、订货成本、储存成本与缺货成本之和。然而，根据以上的假设和前提条件，购置成本成了一项固定成本，无缺货成本，因此运输企业存货成本的确定主要是确定订货成本和存储成本。在基本经济订货批量模型下就是确定在保证企业正常生产经营需要的前提下，能使全年存货总成本达到最低时的最佳订货量，并最终计算出最低的全年存货总成本。

假定 Q 为每次订货量，则平均存货量为 $\frac{Q}{2}$，运输企业存货储存成本总额等于平均存货量与单件存货储存成本 (C) 相乘之积，即运输企业存货的储存成本 $= C \times \frac{Q}{2}$。

运输企业存货的订货成本总额等于每次的订货成本 (F) 乘以订货次数。由于在一定时期内 (一般为一年)，存货需要量 (S) 是一定的，所以，订货次数是用存货年需要量 (S) 除以每次订货量 (Q)，也就是存货订购次数为 $\frac{S}{Q}$，由此得到：

$$\text{运输企业存货的订货成本} = F \times \frac{S}{Q} \tag{5-22}$$

由此可以得到运输企业存货总成本 (TC) 的计算公式为：

$$TC = C \times \frac{Q}{2} + F \times \frac{S}{Q} \tag{5-23}$$

由于在式 (5-23) 中，总成本 TC 是订货量 Q 的函数，因此可对 Q 求导，并令其为零，从而可得运输企业存货经济订货批量 (Q^*) 为：

$$Q^* = \sqrt{\frac{2SF}{C}} \tag{5-24}$$

此时运输企业存货的全年相关总成本达到最低，为：

$$TC^* = \sqrt{2SFC} \tag{5-25}$$

【例5-10】 XT运输公司全年需耗用某种修理备件为120000件，每次订货成本为400元，单件存货的年储存成本为6元。该企业每次订货均可以实现一次到货，不允许缺货，且修理备件的日常均衡使用。试求该企业该修理备件的经济订货批量和年相关总成本。

$$Q^* = \sqrt{\frac{2 \times 120000 \times 400}{6}} = 4000(件)$$

$$TC^* = \sqrt{2 \times 120000 \times 400 \times 6} = 24000(元)$$

3. 基本模型扩展

基本经济订货批量模型是在各种假设条件下建立的，在现实生产经营活动中，能够满足这些假设条件的情况十分罕见。但在实际生产过程中，运输企业的存货量往往会受到很多不确定性因素的影响。比如在基本经济订货批量模型中,假定存货购置单价不变,且没有商业折扣。事实上,许多供应商会为了鼓励客户大量订货而给予一定程度的商业折扣(数量折扣)。事实上,为了使模型更接近实际情况,具有更强的实用性,基本模型也处于不断的改进和扩展中。

(1)有商业折扣(数量折扣)的经济批量模型。为了鼓励客户购买更多的商品,销售企业通常会给予不同程度的价格优惠,即实行商业折扣或称数量折扣。购买越多,所获得的价格优惠越大。此时,作为进货方的运输企业对经济订货批量的确定,除了考虑订货成本与储存成本外,还应考虑存货的购置成本,因为此时的存货购置成本已经与进货数量的大小有了直接的联系,属于决策的相关成本。

在基本经济订货批量模型其他假设条件均具备的前提下,存在数量折扣时的存货相关总成本为:存货相关总成本 = 订货成本 + 储存成本 + 购置成本

有数量折扣的经济订货批量模型下存货总成本的具体确定步骤如下:①计算按照基本经济订货批量模型确定的经济订货批量;②计算按经济订货批量进货时的存货相关总成本;③计算按给予数量折扣的进货批量进货时的存货相关总成本,如果给予数量折扣的进货批量是一个范围,如数量在1000~1999kg之间可享受2%的价格优惠,此时按给给予数量折扣的最低量,即按1000kg计算存货相关总成本;④比较不同进货批量的存货相关总成本,最低存货相关成本对应的进货批量,就是存在数量折扣条件下的最佳经济订货批量。

【例5-11】 XT运输公司某修理备件的年需要量为4000件,每件标准价格为20元。销售企业规定:客户每批购买量不足1000件的,按照标准价格计算;每批购买量达到1000件但不足2000件的,价格优惠2%;每批购买量达到2000件及以上的,价格优惠3%。已知每批进货费用60元,单位修理备件的年储存成本3元。试判断XT运输公司该修理备件的最佳订货批量为多少?

① 按基本经济订货批量模型确定的经济进货批量:

$$Q^* = \sqrt{\frac{2 \times 60 \times 4000}{3}} = 400(件)$$

按经济订货批量($Q^* = 400$件)订货时的存货相关总成本:

$$TC_{(Q^*=400)} = 4000 \times 20 + \frac{4000}{400} \times 60 + \frac{400}{2} \times 3 = 81200(元)$$

② 按给予数量折扣的订货批量($Q = 1000$件)订货时的存货相关总成本:

$$TC_{(Q=1000)} = 4000 \times 20 \times (1 - 2\%) + \frac{4000}{1000} \times 60 + \frac{1000}{2} \times 3 = 80140(元)$$

按给予数量折扣的订货批量($Q = 2000$件)订货时的存货相关总成本:

$$TC_{(Q=2000)} = 4000 \times 20 \times (1 - 3\%) + \frac{4000}{2000} \times 60 + \frac{2000}{2} \times 3 = 80720(元)$$

③ 比较不同订货批量的存货相关总成本:

通过比较发现,每次进货为1000件时的存货相关总成本最低($TC_{(Q=1000)} = 80140$元)。因此,在给定条件下XT运输公司该修理备件的最佳订货批量为1000件。

(2)再订货点。基本经济订货批量模型假设存货能够得到及时的补充,发出订单后能立即一次性到货。而事实上,运输企业的一些存货并不能做到随时补充,因此,就不能等到存货全部用完再去订货,而需要在存货没有用完之前提前订货。在提前订货的情况下,运输企

业再次发出订货单时,尚持有存货的库存量,就称为再订货点,用 R 表示。其数量等于从订货日至到货日的交货时间(L)和日平均存货需用量(d)的乘积:

$$R = L \times d \tag{5-26}$$

【例 5-12】 续上例,XT 运输公司采购该修理备件时,从订货日至到货日的时间为 10 天,每日平均存货需要量为 10kg,该修理备件的再订货点是多少?

$$R = L \times d = 10 \times 10 = 100(件)$$

表明该运输公司需要在该修理备件还有 100 件存货时再次订货。这样,等到该批订货到达时(发出再次订货单 10 天后),原有库存刚好用完。此时,有关存货的每次订货量、订货次数、订货间隔时间等并没有发生变化,与前述瞬时补充时相同。

(三)运输企业存货管理的 ABC 法

对于运输企业而言,每种存货的需求量和单位价值都不相同。在这些品种中,有的数量虽不多,但价格昂贵,而有的存货数量尽管庞大,但其占用的资金并不多。而且运输企业对其需求量也不一样。如果不分主次,面面俱到,对每一种存货都进行同样力度的管理,就抓不住重点,不能高效率地进行存货管理。存货管理的 ABC 法正是针对这一问题产生。

存货管理的 ABC 法是将"例外管理"原则运用于对存货管理的一种形式。这种管理方法由意大利经济学家帕累托于 19 世纪首先创立。ABC 分类管理法就是按照一定标准,将存货划分为 A、B、C 三类,分别实行分品种重点管理、分类别一般管理和按照总额灵活掌握的存货管理办法。具体地说,A 类存货品种少,价值大,占用资金多,应作为库存的重点管理,科学地确定该类存货的经济批量和定额,并经常检查这类存货的库存情况。B 类存货则应在订货数量和订货时间上加以管理,不必像 A 类存货那样经常地进行分析对比。C 类存货种类多但金额一般都不大,一般可集中采购,并适当加大安全存货量,简化手续,节约定货费用。ABC 方法的主要优点是分清主次,抓住重点,有效地管理主要品种的存货,提高管理的效率。

运输企业运用 ABC 分类管理法的步骤如下:①计算每一种存货在一定时间内(一般为一年)的资金占用额;②计算出每一种存货资金占用额占全部存货资金占用额的百分比,并按大小顺序排列,编制表格;③根据每一种存货资金占用百分比,同时结合企业实际情况,将企业存货按分成 A、B、C 三类,其中 A 类存货为重点存货,B 类存货为一般存货,其余为 C 类存货;④对 A 类存货实施重点管理和控制,对 B 类存货实施次重点管理,对 C 类存货只进行一般管理。

【例 5-13】 XT 运输公司存货的品种有 50 种,它们共占用资金 100 万元。该运输公司按每种存货占用资金的多少将存货分为 A、B、C 三类,见表 5-16。

存货管理分析表　　　　　　　　表 5-16

存货品种	占用资金	占全部资金的比重	分　类
1~4 号	80 万元	80%	A
5~15 号	15 万元	15%	B
16~50 号	5 万元	5%	C
合计	100 万元	100%	—

对 XT 运输公司而言,共三类存货,A 类只有 4 个品种,却占有 80% 的存货资金;B 类、C 类品种多达 46 个,但资金总共只占 20%,所以 A 类存货属于存货管理的重点。在 XT 公司

实施 ABC 法后，就可以有重点地对全部存货资金实施有效地管理。

（四）运输企业的零存货（JIT，Just In Time）管理

零存货是指平时运输企业的库存降低到最低程度甚至没有存货，只有有使用需求时才进行存货购置。零存货是适时制对存货管理的基本要求。零存货管理可以降低存货储存过程中的仓储费、占用资金的利息开支以及管理人员工资等。

随着市场经济的发展和资源配置的进一步优化，原来运输企业需要大量库存的汽油、轮胎等，现在大多已经满足了零存货的条件。比如，随处可见的 24 小时加油站完全可以满足运输企业车辆的加油需要。激烈的市场竞争，使得很多轮胎供应企业愿意为运输企业提供随时的送货上门服务，甚至有轮胎供应企业专门为运输企业在家门口设专库，方便随时所需。这一切都为运输企业实施零存货管理提供了条件。当然，运输企业要真正实现零存货，就必须选择稳定、可靠的供应商，确保存货的及时、保质、保量运达。

四、运输企业存货的日常管理

运输企业要管好、用好存货，除了确定合理的存货管理方法外，还应该实施存货日常的规范化管理。

（一）存货采购管理

1. 存货的采购方式

运输企业存货的采购，一般可以采用以下几种方式：①公开招标，是指招标人以招标公告的方式邀请不特定的法人或者其他组织投标。②邀请招标，也称有限竞争招标，是指招标方选择特定的法人或其他组织，向其发出投标邀请，由被邀请的特定的法人或其他组织投标竞争，从中选定中标者的招标方式。③竞争性谈判，是指采购人或者采购代理机构直接邀请三家以上供应商就采购事宜进行谈判的方式。④单一来源采购，通常是所购产品的来源渠道单一或属专利、艺术品、秘密咨询、属原形态或首次制造、合同追加、后续扩充等特殊的采购。⑤询价，是指通过密封报价、电话询价、上网查询、市场调查等方式获得准确的价格信息，从而保证准确控制投资额、节省投资、降低成本。

但一般而言，公开招标应作为运输企业存货的主要采购方式。具体负责存货采购的人不得将应当以招标方式采购的货物或工程、服务项目化整为零或者以其他任何方式规避招标采购。同时，运输企业必须明确不同采购方式的适用情况，比如，可以规定存货采购金额在多少万元及以上的必须采用公开招标，多少万元以下或何种情况下可以采取邀请招标。

对于竞争性谈判方式的采购，一般适用于招标后没有供应商投标；没有合格标的；重新招标未能成立、技术复杂；性质特殊，不能确定详细规格或具体要求，采用招标所需时间不能满足用户紧急需要、不能事先计算出价格总额等情况，并且要求必须成立谈判小组、制定谈判文件等，以保证价格的合理、公正。

对于单一来源方式采购，一般适用于只能从唯一供应商处采购、发生了不可预见的紧急情况，不能从其他供应商处采购、必须保证原有采购项目一致性或者服务配套的要求，需要继续从原供应商处添购，且添购资金总额不大或者涉及企业秘密的特殊服务合同等情况，并且要求必须成立采购小组。如果采购的存货规格及标准统一、现货货源充足且价格变化幅度小，不具

备竞争性谈判和单一来源条件的采购,可采用询价方式采购,并要求必须成立询价小组。

在最终确认采购方式后,采购人员应报相应责任部门审核批准,并实施采购。

2. 存货采购纪律与监督

运输企业存货采购实施过程中,采购人员及相关人员与供应商有利害关系的,必须回避。采购的甲乙双方可以通过签署诸如《采购工作廉政公约》的形式,以确保企业采购公平、公正、公开和透明。

如果存货采购人员有应当采用公开招标方式而擅自采用其他方式采购;擅自提高采购标准;以不合理的条件对供应商实行差别待遇或者歧视待遇;在招标采购过程中与投标人进行协商谈判;中标、成交通知书发出后不与中标、成交供应商签订采购合同;拒绝有关部门依法实施监督检查;与供应商恶意串通;在采购过程中接受贿赂或者获取其他不正当利益;在有关部门实施的监督检查中提供虚假情况;开标前泄露标底等行为的,应通报批评、开除直至追究法律责任。

运输企业各级纪检监察部门和财务部门一般是存货采购监督管理部门,应当至少对采购规章制度执行情况;采购范围、方式、程序和合同的执行情况;采购资金及年度预算执行情况以及采购人员的职业操守和专业技能实施监督检查。

3. 存货采购资料归档

运输企业存货采购人员对每项采购活动的采购文件应当妥善保存,不得伪造、变造、隐匿或者销毁。采购文件包括采购活动记录、采购预算、招标文件、投标文件、评标标准、评估报告、定标文件、合同文本、验收证明、质疑答复、投诉处理决定及其他有关文件、资料。其中,采购活动记录至少应当包括下列内容:采购项目类别、名称;采购项目预算、资金构成和合同价格;采购方式(采用公开招标以外的采购方式的,应当载明原因)邀请和选择供应商的条件及原因;评标标准及确定中标人的原因;废标的原因;采用招标以外采购方式的相应记载。

4. 存货采购风险管理

运输企业存货采购过程中,至少应关注下列风险:①采购计划安排不合理,市场变化趋势预测不准确,造成库存短缺或积压,可能导致企业生产经营停滞或资源浪费。②供应商选择不当,采购方式不合理,招投标或定价机制不科学,授权审批不规范,可能导致采购物资质次价高,出现舞弊或遭受欺诈。③采购验收不规范,付款审核不严,可能导致采购物资、资金损失或信用受损。

运输企业的存货采购应避免多头采购或分散采购,以提高采购业务效率,降低采购成本,堵塞管理漏洞。应当对办理采购业务的人员定期进行岗位轮换。重要和技术性较强的采购业务,应当组织相关专家进行论证,实行集体决策和审批。除小额零星存货采购外,不得安排同一机构办理采购业务全过程。

运输企业应当建立严格的采购验收制度,确定检验方式,由专门的验收机构或验收人员对采购项目的品种、规格、数量、质量等进行验收,出具验收证明。涉及大宗和新、特物资采购的,还应进行专业测试。验收过程中发现异常情况,负责验收的机构或人员应立即向本企业相关部门报告,相关部门应查明原因并及时处理。

运输企业应当建立科学的供应商评估和准入制度,确定合格供应商清单,与选定的供应商签订质量保证协议,建立供应商管理信息系统,对供应商提供物资或劳务的质量、价格、交货及时性、供货条件及其资信、经营状况等进行实时管理和综合评价,根据评价结果对供应商进行合理选择和调整。如有需要,还可委托有相应资质的中介机构对供应商进行资信调查。

常用的关于供应商风险控制的表格有供应商准入审批表(表 5-17)、供应商日常情况记录表(表 5-18)等。

供应商准入审批表　　　　　　　　　　　　　　　表 5-17

筛选单位：　　　　　　　　　　　编号：

供方类别		提供产品	
企业名称		供应商准入评价得分	
供应商筛选评价小组意见		签名： 年　月　日	
燃料管理部门意见		签名： 年　月　日	
单位分管负责人意见		签名： 年　月　日	
单位负责人意见		签名： 年　月　日	

供应商日常情况记录表　　　　　　　　　　　　　表 5-18

记录单位：　　　　　　　　　　　制表日期：　年　月　日

供方类别			提供产品		
企业名称					
联系人			联系电话		
质量出现问题情况					
序　号	日　期	情况说明		处理情况	记录人
延迟交货情况					
序　号	日　期	情况说明		处理情况	记录人
售后服务不及时或不完善情况					
序　号	日　期	情况说明		处理情况	记录人
其他情况					
序　号	日　期	情况说明		处理情况	记录人

(二)存货使用管理

运输企业的存货中,燃油和轮胎属于最为重要的两类。以下重点介绍营运车辆燃料和轮胎的日常使用管理。

1. 营运车辆燃油的使用管理

运输企业营运车辆燃油通常由企业统一采购,营运车辆必须到企业指定的燃料供应商加油站加注燃油,因特殊线路班车和加注燃油站点问题而确需改变加注燃油站点的,必须报企业管理部门批准。因特殊情况需绕道行驶要加注燃油的,可由主管领导批准后执行。

营运车辆通常需要凭 IC 卡或纸质加油卡加油,并按企业有关 IC 卡的管理规定执行。各基层单位油料管理员或 IC 卡管理员、财务人员负责每月与加油站对账和结算,并与加油站做好本单位的车辆燃料消耗记录。同时燃料管理人员或 IC 卡管理员负责与燃料供应商联络,解决工作中出现的各种问题和对各种信息的反馈,确保工作顺利进行。燃料管理人员还应该推广节能新技术、新经验,分析车辆运行消耗燃料情况,并针对存在问题提出意见和措施。

运输企业营运车辆的燃料消耗大多采用定额考核的方法。燃料消耗定额指标通常由企业根据不同车型、运行线路和气候季节等确定。由于线路路面维修、严重堵车、运行途经线路变更、配客点增加等原因导致车辆燃料消耗变化时,由所属基层单位提出处理意见后,报公司审批。实际燃料消耗的量度,一般实行每车每月底日满油箱的方法和按驾驶员驾驶里程计算到个人方式,燃料管理员或 IC 卡管理员每月月底必须跟踪落实。因无责事故或车辆进厂维修造成燃料损失的,由所属基层单位核实给予补偿。

运输企业应该对驾驶员节、超油行为进行奖惩。奖励金或扣罚超标款可以每月结算一次,由各基层单位的燃料管理人员会同相关部门将考核计算结果报所属基层单位领导审批,再报备企业,由所属基层单位财务部门直接在其当月薪酬中发放或核减。各基层单位应该设立驾驶员驾驶车辆燃料消耗及节、超油公示榜,每月公布一次,以起到激励和警示作用。

运输企业燃油考核过程可以采用如图 5-5 所示的流程。

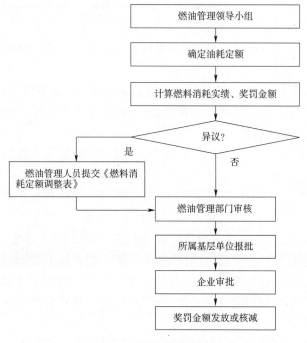

图 5-5 燃油考核流程图

2. 轮胎的使用管理

轮胎是汽车的重要组成部分,是关系汽车安全行驶、节约能源、降低运输成本的重要因素。运输企业应加强轮胎日常使用管理,确保轮胎使用安全,降低能耗及延长轮胎使用寿命。

因此,运输企业应该设立专门的轮胎管理岗位,负责建立轮胎档案,掌握车辆在用轮胎的技术、磨损状况;负责轮胎的验收、保管、领用、编号盘存、报废和登记工作,做到账、卡、物相符;编制用胎计划,动态记录有关资料,按期统计轮胎里程,定期公布轮胎实绩,上报有关报表;督促、落实车辆轮胎维护工作,督促做好轮胎换位等工作;指导驾驶员使用和维修轮胎,对轮胎技术出现的问题进行鉴定和建议等工作。

同时,为了鼓励员工管好、用好轮胎,提高轮胎行驶里程,达到降低运输成本和节约的目的,运输企业应建立轮胎使用考核奖惩制度。

此外,运输企业应该于每年年末进行存货的账龄分析(表 5-19),以便及时掌握企业存货的持有和积压情况,提高存货的使用效率。

运输企业存货账龄分析表　　　　表 5-19

项　目	上年同期（元）	年初数（元）	本期数（元）	增　减　率	
				与上年同期比	与年初比
存货总计					
1 年以内					
1~2 年					
2~3 年					
3 年以上					

(三)存货处置管理

对运输企业而言,一般存货的处置管理和其他企业大致相同。但废旧车用材料属于企业特有存货,因此对其处置需要专门管理。

废旧车用材料(简称"废旧材料")是指运输企业在营运车辆维修过程中所产生的,已不能修复或不能用作其他用途并经批准报废的废旧材料,主要包括废旧轮胎、废旧电池、废旧机油、废旧零部件及金属废料等。

运输企业废旧材料的处置方式一般采用竞争性谈判、询价、单一来源或回购的方式进行处置。一般当意向收购商达到三家及以上时,废旧材料的处置以竞争性谈判或询价的方式进行处置;如意向收购商达不到三家时,需经废旧材料所属基层单位审批;如有两家的,采取询价方式进行处置;如只有一家的,采取单一来源方式处置。在签订采购合同时已约定废旧材料处置方式的,如约定只能由供应商进行回购的,按合同约定办理废旧材料的处置;如约定可由供应商回购也可自行处置的,合同期内供应商应列为意向收购商之一,供应商承诺回购的同品牌产品的回收价应作为其报价。废旧材料的处置一般遵循价高者得的原则。运输企业应该对废旧材料的收购商的资质进行严格审核,保证其符合政府有关部门相应回收资质管理要求。

运输企业废旧零部件及金属废料在处置前,应尽量按不同种类进行分类,如钢铁类、铝类、铜类、其他类等,以尽量使处置所得最大化。废旧材料应由专人负责管理,不得随意拿取,慎防丢失。对于变速器总成、车轿总成、差速器总成、轮胎、蓄电池、轮毂、制动盘等价值较高的废旧材料,废旧材料管理单位应建立管理台账,并完善废旧材料移交手续。难于清点数量的废旧材料,可以重量、容量等单位进行登记。

运输企业废旧材料处置可以采用《运输企业废旧材料处置表》(表5-20)进行流程审批,

运输企业废旧材料处置表 表5-20

申请单位:

处置方式: 填报日期: 年 月 日

序号	废旧材料名称	规格(种类)	数量	单位	收购单价(元)	收购总价(元)	收购商名称	备注
一	润滑油							
二	轮胎							
1								
	…							
三	蓄电池							
1								
	…							
四	零部件及金属							
1								
	…							
五	废包装物							
1								
	…							
六	其他							
1								
合计								

材料管理员申请	材料库负责人审核	修理厂负责人审核	财务业务主管审核
签名: 年 月 日	签名: 年 月 日	签名: 年 月 日	签名: 年 月 日

财务负责人审核	分管站长审核	站长审核
签名: 年 月 日	签名: 年 月 日	签名: 年 月 日

交接经办人	交接监督人	财务收款确认
签名: 年 月 日	签名: 年 月 日	签名: 年 月 日

注:1.此表填写一式三份,处置完成后由废旧物资处置部门、修理厂(车间)(车队)、财务部门各存一份;

2.附竞争性谈判记录或询价记录或班子会决议记录等过程资料。

获得批准后执行。废旧材料交付成交收购商时,必须有业务相关性不大的两个以上人员现场监督,对所处置废旧材料的品种及数量进行清点。回收工作完成后,由经办人、现场监督人员及财务人员在《废旧材料处置表》上签名确认,仓库管理员应同时在台账中做好废旧材料出库登记。

废旧材料处置后须及时将所得款项交由财务部门,按财务有关规定做好相关的账务处理。所有处置过程的资料均应按公司档案管理办法进行规范整理,并定期移交档案室进行归档保管。废旧材料的处置一般不超过半年处置一次,保证废旧材料得到及时处置,实现资金的快速周转。

复习思考题

1. 什么是流动资产?运输企业流动资产的特点有哪些?
2. 简述运输企业持有流动资产的财务影响及持有策略。
3. 简述运输企业的现金持有动机和持有成本。
4. 什么是最佳现金持有量?如何确定运输企业的最佳现金持有量?
5. 如何进行现金的日常管理?
6. 运输企业应收账款的功能及弊端有哪些?
7. 简述运输企业应收账款的成本。
8. 什么是信用政策?如何合理确定运输企业的信用政策?
9. 如何进行运输企业应收账款的日常管理?
10. 运输企业存货的特点是什么?有哪些功能?
11. 运输企业存货的成本有哪些?如何确定其存货成本?
12. 简述应如何进行运输企业存货的日常管理。

第六章　运输企业固定资产管理

固定资产是运输企业组织生产、从事生产经营的必备手段或条件,因此在运输企业资产中具有举足轻重的地位,运输企业固定资产财务管理也就成为不可忽视的重要问题。本章详述运输企业固定资产投资管理以及日常管理的相关理论与方法,帮助运输企业更好地进行固定资产管理,提高固定资产管理效率和效果。

第一节　运输企业固定资产管理概述

我国《企业会计准则第 4 号——固定资产》指出,固定资产是指同时具有下列特征的有形资产:①为生产商品、提供劳务、出租或经营管理而持有的;②使用寿命超过一个会计年度。其中使用寿命是指企业使用固定资产的预计期间,或者该固定资产所能生产产品或提供劳务的数量。固定资产的各组成部分具有不同使用寿命或者以不同方式为企业提供经济利益,适用不同折旧率或折旧方法的,应当分别将各组成部分确认为单项固定资产。

一、运输企业固定资产的概念

实践中,运输企业一般将固定资产划分为用于生产经营的经营类固定资产和办公用固定资产。其中用于生产经营的经营类固定资产主要包括使用期限超过一年的运输设备(营运车辆)、生产用机器设备、房屋建筑物等;办公用固定资产主要包括使用期限在一年以上,单位价值在 2000 元以上(另有特殊规定的除外),用于日常办公的,在使用过程中保持原来物质形态的办公设备、通讯设备、运输设备(不含营运车辆)以及其他符合固定资产核算规定的物品等。

二、运输企业固定资产的特点

(一)固定资产的一般特点

企业固定资产一般具有以下特点:①固定资产在生产过程中虽然发生磨损,但是并不改变其本身的实物形态,而是根据其磨损程度,逐步地将其价值转移到产品中去,以折旧的形式逐步从销售收入中得到补偿。因此,固定资产的价值补偿和实物更新是分别进行的,前者是随着固定资产折旧逐步完成的,后者是在固定资产不能使用或不宜使用时,用平时积累的折旧及有关资金来实现的。②固定资产的价值一般比较大,使用时间比较长,能多期地、重复地参加生产过程。因此,固定资产占用资金的循环期比较长,它不取决于产品的生产周期,而取决于固定资产的使用年限。

(二)运输企业固定资产的特点

1. 使用流动性大

由于运输企业的生产经营主要以运输工具进行乘客和货物运输,没有固定的生产车间,因此，作为其固定资产重要组成部分的大部分车辆类固定资产随着运营活动的开展而不断移动。

2. 维修频繁，维修成本较之固定资产本身价值较高

运输企业固定资产主要组成部分的车辆类固定资产由于使用频繁，且使用环境不确定性较大。因此，不可预计风险较高，致使其维修频繁，维修成本相对较高。

3. 意外事故对其价值影响较大

运输企业固定资产主要组成部分的车辆类固定资产使用流动性、使用环境不确定性较大，且操作人员（驾驶员）的技能和素质直接影响其安全程度。因此，容易发生意外事故，价值损失风险较高。

4. 营运交通工具贬值的风险较大

营运交通工具是现代技术的产物，在科技快速发展的现代社会，交通工具的技术更新非常快，因此，交通工具贬值的风险（无形损耗之一）较大。

三、运输企业固定资产管理的目标

运输企业固定资产价值量大，使用流动性大，维修频繁，维修成本较之固定资产本身价值较高，意外事故对其价值影响较大的价值创造能力与风险并存几方面特点，决定了运输企业固定资产的管理目标可以概括为减少固定资产的资源（资金）占用、实物资产的保全和保值以及为企业创造价值三个方面。结合运输企业的经营管理活动，可以将其固定资产管理的目标细化为以下几个方面。

1. 正确核定固定资产的需用量

该具体目标是对运输企业减少固定资产的资源（资金）占用总体目标的实现，主要体现在固定资产需求与购置管理过程中。要求运输企业合理配置固定资产，减少固定资产资金占用，节省固定资产寿命周期内的费用支出，从而提高固定资产的利用效率。

2. 加强固定资产投资的预测和决策

该具体目标是对运输企业减少固定资产的资源（资金）占用总体目标的实现。科学进行固定资产的投资预测和决策，是运输企业固定资产管理的重要内容，体现在固定资产需求规模的研判和投资决策过程中。

3. 正确计算固定资产折旧，有计划地计提固定资产折旧

该具体目标是对运输企业实物资产的保全和保值总体目标的实现，主要体现在固定资产保全与保值管理过程中。要求运输企业正确计算计提折旧，保证固定资产更新的资金供应。

4. 保证固定资产的完整无缺，提高固定资产的利用效果

该具体目标是通过完善对运输企业实物资产的管理，确保固定资产的使用功能处于正常状态；通过科学的生产经营组织，提高固定资产的使用效率。要求运输企业从固定资产实物形态在企业内部流转的过程入手，设立固定资产申报、验收、日常管理（转移、调拨、清查等）、报废申请、报废等程序，管好固定资产。

运输企业以上四个具体目标的实现，旨在更合理、有效地配置固定资产资源，从而实现同一个最终目标——为企业创造价值。

第二节 运输企业固定资产投资管理

运输企业的固定资产投资属于对内投资,此处限指与道路运输业务相关的投资业务,形成的固定资产旨在满足道路运输业务的需要。故此处所讨论的运输企业固定资产,主要包括场站(客运站、货运站、物流中心等房屋建筑物)、营运车辆以及通信信息技术设备等。

考虑到运输企业对内投资管理的一般原理与方法,以及项目投资决策已经在第四章进行了论述,场站投资属于项目投资管理的内容。因此,此处主要讨论运输企业固定资产需要量预测、营运车辆投资决策、其他固定资产投资决策以及固定资产折旧管理。

一、运输企业固定资产需要量预测

进行固定资产的高效投资,实现运输企业固定资产管理,减少固定资产资源(资金)占用、实物资产的保全和保值,以及为企业创造价值三个目标,首当其冲的就是核定运输企业固定资产的需要量。运输企业固定资产需要量的预测是指根据企业的业务发展方向、生产经营计划和销售扩张可能性等因素,来测算企业预算期各类固定资产正常、合理的需要数量。

(一)运输企业固定资产需要量预测的基本要求

运输企业固定资产需要量预测,应采用科学的方法实现固定资产的合理配置,从而提高固定资产的利用效率,使企业固定资产的实有数量与实际需要量相适应,最大限度地减少资金占用,加速资金的周转。在运输企业固定资产需要量预测过程中,至少需要满足以下基本要求。

1. 做好现有固定资产的清查

要求运输企业财务部门会同其他相关部门,对企业现有固定资产进行清查盘点,全面了解现有固定资产的质和量的状态,做到对现存固定资产心中有数。

2. 以企业确定的发展方向和生产经营计划为依据

要求运输企业财务部门会同其他相关部门,结合市场需求调研,确定企业发展方向和生产经营计划,对固定资产配置加以规划,确定合理方案。

3. 坚持添置更新与挖潜改造相结合

要求运输企业充分调动员工的积极性、挖掘企业各种资源的潜能,尽可能提高固定资产的使用强度,同时将固定资产的挖潜、革新、改造和采用新技术结合起来,最大限度地利用现有固定资产。

(二)运输企业固定资产需要量预测的方法

企业固定资产需要量预测的基本方法一般有两种,直接查定法和产值资产率法。其中产值资产率法是指以预测年度前的某一正常生产年度按不变价格计算的产值固定资产率,来综合测算固定资产需要量的方法。其优点是工作量小,方法简单。但结果不够准确,有时误差较大。一般适用于生产条件和生产任务多变的企业。对运输企业而言,直接查定法更为适用。

直接查定法,就是通过使运输企业预测期生产任务与各类固定资产生产能力相平衡来直接确定固定资产需要量的方法。

$$固定资产需要量 = \frac{预计生产经营任务}{单台固定资产生产能力} \qquad (6\text{-}1)$$

在单台固定资产生产能力和预计生产经营任务的已知的情况下,直接查定法的应用十分简单。

【例 6-1】 XT 运输公司一台营运用班车一年的最大营运能力为 310 万人公里,假设该运输公司年预计营运任务为 155000 万人公里,在不考虑其他因素的情况下,该运输公司需要多少台班车才能完成营运任务?

$$营运班车需要量 = \frac{155000}{310} = 500(台)$$

而事实上,直接查定法运用的关键问题或难点正是对预计生产经营任务和单台固定资产生产能力的测算。

(1) 预计生产经营任务测算。

$$预计生产经营任务 = \sum 计划业务量 \times \frac{单位业务量定额}{固定资产需要量} \times 定额改进系数 \quad (6-2)$$

其中,计划业务量根据市场预测资料确定;定额改进系数是预测改进后的单位业务量定额固定资产需要量与现行单位业务量定额固定资产需要量之比,即:

$$定额改进系数 = \frac{改进后单位业务量定额固定资产需要量}{现行单位业务量定额固定资产需要量} \times 100\% \quad (6-3)$$

【例 6-2】 XT 运输公司现行单位业务量定额固定资产需要量为 10 台时,预计本年度采取措施后,新的单位业务量定额固定资产需要量为 9.5 台,试计算定额改进系数为多少?

$$定额改进系数 = \frac{9.5}{10} \times 100\% = 95\%$$

(2) 单台固定资产生产能力测算。

单台固定资产生产能力即单台固定资产生产率,是指一台固定资产完成某种生产经营任务的最大年完成量或最大有效台时数。其计算公式:

$$\frac{单台固定资产}{生产能力} = \frac{全年制度}{工作天数} \times \frac{每天制度}{工作时数} \times \left(1 - \frac{固定资产}{计划检修率\%}\right) \quad (6-4)$$

(3) 在测算出预计生产经营任务和单台固定资产生产能力后,就可以进行固定资产需要量的计算:

$$某种固定资产需要量 = \frac{预计生产经营任务}{单台固定资产生产能力} \quad (6-5)$$

(4) 将计算出的固定资产需要量与现有固定资产数量进行对比,确定增加或减少固定资产的台数:

$$\frac{某种固定资产}{多余或不足数量} = \frac{某种固定资产}{现有数量} - \frac{该种固定资产}{预计需要量} \quad (6-6)$$

根据固定资产现有数量与预计需要量之差,若为正数则需要减少该类固定资产,反之,则增加该类固定资产。

【例 6-3】 XH 运输集团公司预计年旅客发送量为 7500 万人次。假设每台安检设备每小时可服务 60 人次,全年制度工作天数为 365 天,制度工作小时数为 16 小时,设备计划检修率 6%,定额改进系数 95%。假设该运输集团公司目前拥有安检设备 197 台,试计算该企业安检设备的预计需要量及需要增加或减少的台数。

$$单台安检设备年服务能力 = 365 \times 16 \times (1 - 6\%) = 5489.6(小时)$$

$$预计运营任务 = \frac{7500}{60} \times 95\% = 118.75(万小时)$$

$$预计安检设备需要量 = \frac{118.75}{5489.6} \times 10000 \approx 217(台)$$

$$安检设备多余或不足数量 = 197 - 217 = -20(台)$$

由此可见,该运输公司安检设备的预计需要量为 217 台,与现有数量 197 台相比,需要增加 20 台。

二、运输企业营运车辆投资决策

运输企业投资取得营运车辆一般有两个途径:出资购买和融资租赁。借款购买和融资租赁营运车辆属于筹资管理的内容,因此,这里主要讨论以自有资金购置营运车辆的投资决策。具体地,既包括营运车辆的购置决策,又包括更新改造决策,如大修理、处置与重新购置等,同时还涉及营运车辆是购买或经营租入的决策。

(一) 运输企业营运车辆购置决策

根据参与决策方案中营运车辆寿命期限是否相等,运输企业营运车辆购置决策可以分为寿命期限相等营运车辆的购置决策和寿命期限不相等营运车辆的购置决策两类。

1. 寿命期限相等营运车辆的购置决策

由于参与决策方案中营运车辆寿命期限相等,使得两种决策方案的相应指标可以直接对比,因此此类决策相对比较简单。

【例 6-4】 XT 运输公司准备购置 50 辆营运车辆,为方便后期统一管理,此次购置要求 50 辆车必须选择同一车型。现有甲、乙两种车型可供选择,该两种车型的预计使用寿命相等,均为 5 年。两种车型的具体信息为:甲车型每台售价 40 万元,5 年后无残值收入;预计投入使用后每台车年产生净现金流量 17 万元。乙车型每台售价 60 万元,5 年后有 2 万元残值收入;预计投入使用后每台车年产生净现金流量 22 万元。假设该运输公司的资本成本为 14%,则该运输公司应该购置哪个车型的营运车辆?

(1) 甲、乙两个车型的净现值分别计算如下[由于两种车型均购置数量相同(均为 50 辆),因此,此处可以简化为一辆车数据的比较]:

$$NPV_甲 = 17 \times \left(\frac{P}{A}, 14\%, 5\right) - 40$$

$$= 17 \times 3.4331 - 40 = 58.3627 - 40 = 18.3627(万元)$$

$$NPV_乙 = 22 \times \left(\frac{P}{A}, 14\%, 5\right) + 2 \times \left(\frac{P}{F}, 14\%, 5\right) - 60$$

$$= 22 \times 3.4331 + 2 \times 0.5194 - 60 = 75.5282 + 1.0388 - 60 = 16.567(万元)$$

(2) 由于甲乙两种车型的初始投资额不同,因此,还需要计算现值指数:

$$PI_甲 = \frac{18.3627 + 40}{40} \approx 1.459$$

$$PI_乙 = \frac{16.567 + 60}{60} \approx 1.276$$

从计算结果来看,甲车型无论净现值还是现值指数均大于乙车型,因此,该运输公司应该选择购置甲车型,因为它能最大程度增加企业价值。

2. 寿命期限不相等营运车辆的购置决策

由于参与决策方案中营运车辆寿命期限不相等,使得两种决策方案的相应指标不可以直接对比,因此此类决策相对比较复杂。实践中运输企业一般可以采用年均净现值法进行决策。

年均净现值法是把项目的净现值转化为每年的平均净现值。年均净现值最大的方案为最优方案。年均净现值的计算公式为:

$$年均净现值(ANPV) = \frac{项目净现值}{年金现值系数} \tag{6-7}$$

【例6-5】 XT运输公司准备购置50辆营运车辆,为方便后期统一管理,此次购置要求50辆车必须选择同一车型。现有甲、乙两种车型可供选择。该两种车型的预计使用寿命不相等,其中甲车型预计寿命为5年,乙车型预计寿命为8年。两种车型的具体信息为:甲车型每台售价40万元,5年后无残值收入;预计投入使用后每台车年产生净现金流量17万元。乙车型每台售价60万元,8年后有2万元残值收入;预计投入使用后每台车年产生净现金流量22万元。假设该运输公司的资本成本为14%,该运输公司应该购置哪个车型的营运车辆?

(1) 甲、乙两个车型的净现值(单台车)分别计算如下:

$$NPV_{甲} = 17 \times \left(\frac{P}{A}, 14\%, 5\right) - 40$$
$$= 17 \times 3.4331 - 40 = 58.3627 - 40 = 18.3627(万元)$$

$$NPV_{乙} = 22 \times \left(\frac{P}{A}, 14\%, 8\right) + 2 \times \left(\frac{P}{F}, 14\%, 8\right) - 60$$
$$= 22 \times 4.6389 + 2 \times 0.3506 - 60 = 102.0558 + 0.7012 - 60 = 42.757(万元)$$

(2) 甲、乙两个车型的年均净现值(50台车):

$$ANPV_{甲} = \frac{18.3627 \times 50}{3.4331} \approx 267.436(万元)$$

$$ANPV_{乙} = \frac{42.757 \times 50}{4.6389} \approx 460.853(万元)$$

从计算结果来看,乙车型的年均净现值大于甲车型的年均净现值,因此该运输公司应该选择购置乙车型,因为它能最大程度增加企业价值。

(二) 运输企业营运车辆修理或更新的决策

根据维修后继续使用旧营运车辆和购置新营运车辆的继续使用年限是否相同,运输企业营运车辆修理还是更新的决策可以分为新、旧营运车辆继续使用年限相同的决策和继续使用年限不同的决策两类。

1. 新、旧营运车辆继续使用年限相同的决策

如果新、旧营运车辆继续使用年限相同,可以将维修后继续使用旧营运车辆和购置新营运车辆看成两个备选方案,通过计算两个方案的净现值,并比较净现值的大小或计算净现值差额进行决策。

【例6-6】 XT运输公司发生一起交通事故,导致一台乙型车辆受损,为了保证正常运力,企业目前有两种方案可供选择:对乙型车辆进行维修后继续使用,或出售乙型车辆并购

置新的甲型车辆。假设该乙型车辆维修后与新购置的甲型车辆的使用寿命相同,均为5年,且两辆车均无残值收入。两种方案的其他信息为:乙车型原购置成本为60万元,现已使用3年,如果现在出售可以获得变现收入28万元;如果继续使用,则需要发生维修费用11万元;预计维修投入使用后每年可取得营业收入32万元,支付付现成本18万元。甲车型售价40万元,预计投入使用后每年可取得营业收入25万元,支付付现成本10万元。假设该运输公司的资本成本为10%,所得税税率为25%,新、旧营运车辆均采用直线法计提折旧,折旧方法和预计残值均与税法的规定相同。该运输公司应该维修后继续使用旧营运车辆还是购置新营运车辆?

(1) 两个方案各年净现金流量:

$$乙型车辆每年折旧额 = \frac{60-0}{3+5} = 7.5(万元)$$

乙型车辆已计提折旧额 $= 7.5 \times 3 = 22.5$(万元)

乙型车辆账面余值 $= 60 - 22.5 = 37.5$(万元)

乙型车辆变现净损失 $= 37.5 - 28 = 9.5$(万元)

乙型车辆变现净损失抵税 $= 9.5 \times 25\% = 2.375$(万元)

维修后继续使用旧乙型营运车辆各年的净现金流量:

$$NCF_0 = -28 - 2.375 - 11 = -41.375(万元)$$

$$NCF_{1\sim5} = (32-18) \times (1-25\%) + 7.5 \times 25\% = 12.375(万元)$$

$$甲型车辆每年折旧额 = \frac{40-0}{5} = 8(万元)$$

购置新的甲型车辆各年的净现金流量:

$$NCF_0 = -40(万元)$$

$$NCF_{1\sim5} = (25-10) \times (1-25\%) + 8 \times 25\% = 13.25(万元)$$

(2) 两个方案的净现值:

$$NPV_乙 = 12.375 \times \left(\frac{P}{A}, 10\%, 5\right) - 41.375$$

$$= 12.375 \times 3.7908 - 41.375 \approx 46.911 - 41.375 = 5.536(万元)$$

$$NPV_甲 = 13.25 \times \left(\frac{P}{A}, 10\%, 5\right) - 40$$

$$= 13.25 \times 3.7908 - 40 \approx 50.228 - 40 = 10.228(万元)$$

从计算结果来看,出售旧乙型营运车辆同时购置新的甲型车辆方案的净现值大于维修后继续使用旧乙型营运车辆方案的净现值,因此,该运输公司不应该维修旧车辆,而应该选择出售旧乙型营运车辆同时购买甲型车辆。

2. 新、旧营运车辆继续使用年限不相同的决策

如果新、旧营运车辆继续使用年限不相同,可以将维修后继续使用旧营运车辆和购置新营运车辆看成两个备选方案,采用前述年均净现值法,选择年均净现值大的方案作为最优方案。当然,如果车辆的更新不改变其运营能力,不增加企业的现金流入量,更新决策现金流量主要是现金流出量(少量残值收入可以看作现金流出的抵减),则还可以通过计算两个方案的年平均成本,选择年平均成本较低的方案作为最优方案。

【例 6-7】 XT 运输公司发生一起交通事故,导致一台乙型车辆受损,为了保证正常运力,企业目前有两种方案可供选择:对乙型车辆进行维修后继续使用或出售乙型车辆购置新的甲型车辆。两种方案的其他信息为:乙车型原购置成本为 60 万元,现已使用 3 年,如果现在出售可以获得变现收入 28 万元;如果继续使用,则需要发生维修费用 11 万元,维修后可以继续使用 5 年;预计维修投入使用后每年可取得营业收入 32 万元,支付付现成本 18 万元。甲车型售价 40 万元,预计投入使用后每年可取得营业收入 25 万元,支付付现成本 10 万元;该车型购入后可以使用 6 年。假设此两种车型均无残值收入,该运输公司的资本成本为 10%,所得税税率为 25%,新、旧营运车辆均采用直线法计提折旧,折旧方法和预计残值均与税法的规定相同。

该运输公司应该维修后继续使用旧营运车辆还是购置新营运车辆?

(1) 两个方案各年净现金流量:

$$乙型车辆每年折旧额 = \frac{60-0}{3+5} = 7.5(万元)$$

$$乙型车辆已计提折旧额 = 7.5 \times 3 = 22.5(万元)$$

$$乙型车辆账面余值 = 60 - 22.5 = 37.5(万元)$$

$$乙型车辆变现净损失 = 37.5 - 28 = 9.5(万元)$$

$$乙型车辆变现净损失抵税 = 9.5 \times 25\% = 2.375(万元)$$

维修后继续使用旧乙型营运车辆各年的净现金流量:

$$NCF_0 = -28 - 2.375 - 11 = -41.375(万元)$$

$$NCF_{1\sim5} = (32-18) \times (1-25\%) + 7.5 \times 25\% = 12.375(万元)$$

$$甲型车辆每年折旧额 = \frac{40-0}{6} \approx 6.67(万元)$$

购置新的甲型车辆各年的净现金流量:

$$NCF_0 = -40(万元)$$

$$NCF_{1\sim6} = (25-10) \times (1-25\%) + 6.67 \times 25\% = 12.9175(万元)$$

(2) 两个方案的净现值:

$$NPV_乙 = 12.375 \times \left(\frac{P}{A}, 10\%, 5\right) - 41.375$$

$$= 12.375 \times 3.7908 - 41.375 \approx 46.911 - 41.375 = 5.536(万元)$$

$$NPV_甲 = 12.9175 \times \left(\frac{P}{A}, 10\%, 6\right) - 40$$

$$= 12.9175 \times 4.3553 - 40 \approx 56.26 - 40 = 16.26(万元)$$

(3) 两个方案的年均净现值:

$$ANPV_乙 = \frac{5.536}{3.7908} \approx 1.49(万元)$$

$$ANPV_甲 = \frac{16.26}{4.3553} \approx 3.73(万元)$$

从计算结果来看,出售旧乙型营运车辆同时购置新的甲型车辆方案的年均净现值大于维修后继续使用旧乙型营运车辆方案的年均净现值,因此,该运输公司不应该维修旧车辆,而应该选择出售旧乙型营运车辆同时购买甲型车辆。

事实上,如果上例中出售旧乙型营运车辆同时购置新的甲型车辆方案与维修后继续使用旧乙型营运车辆方案每年可取得营业收入相等。则此类问题还可以简化为通过计算两个方案的年平均成本来进行。

【例 6-8】 XT 运输公司发生一起交通事故,导致一台乙型车辆受损,为了保证正常运力,企业目前有两种方案可供选择:对乙型车辆进行维修后继续使用或出售乙型车辆购置新的甲型车辆。预计两种方案实施后为企业带来的营业收入无差异,其他信息为:乙车型原购置成本为 60 万元,现已使用 3 年,如果现在出售可以获得变现收入 28 万元;如果继续使用,则需要发生维修费用 11 万元,维修后可以继续使用 5 年,每年支付付现成本 18 万元;甲车型售价 40 万元,购入后可以使用 6 年,每年支付付现成本 10 万元。假设此两种车型均无残值收入,该运输公司的资本成本为 10%,所得税税率为 25%,新、旧营运车辆均采用直线法计提折旧,折旧方法和预计残值均与税法的规定相同。该运输公司应该维修后继续使用旧营运车辆还是购置新营运车辆?

(1) 乙型车辆:

$$乙型车辆每年折旧额 = \frac{60-0}{3+5} = 7.5(万元)$$

$$乙型车辆每年折旧额抵税 = 7.5 \times 25\% = 1.875(万元)$$

$$乙型车辆已计提折旧额 = 7.5 \times 3 = 22.5(万元)$$

$$乙型车辆账面余值 = 60 - 22.5 = 37.5(万元)$$

$$乙型车辆变现净损失 = 37.5 - 28 = 9.5(万元)$$

$$乙型车辆变现净损失抵税 = 9.5 \times 25\% = 2.375(万元)$$

$$乙型车辆年税后付现成本 = 18 \times (1 - 25\%) = 13.5(万元)$$

维修后继续使用旧乙型营运车辆各年现金流量数据见表 6-1。

维修后继续使用旧乙型营运车辆现金流量表　　　　表 6-1

项　目	现金流量(万元)	时间(年)	现值系数	现值(万元)
乙型车辆变现价值	−28	0	1	−28
乙型车辆维修费用	−11	0	1	−11
乙型车辆变现净损失抵税	−2.375	0	1	−2.375
年税后付现成本	−13.5	1~5	3.7908	−51.1758
年折旧额抵税	1.875	1~5	3.7908	7.10775
合计				−85.4431

因此,维修后继续使用旧乙型营运车辆的年平均成本:

$$平均成本 = \frac{85.4431}{3.7908} \approx 22.54(万元)$$

(2) 甲型车辆:

$$甲型车辆每年折旧额 = \frac{40-0}{6} \approx 6.67(万元)$$

$$甲型车辆每年折旧额抵税 = 6.67 \times 25\% = 1.6675(万元)$$

$$甲型车辆年税后付现成本 = 10 \times (1 - 25\%) = 7.5(万元)$$

购置新的甲型营运车辆各年现金流量数据见表6-2。

购置新的甲型营运车辆现金流量表　　　　　　　　表6-2

项　　目	现金流量(万元)	时间(年)	现值系数	现值(万元)
甲型车辆购买成本	-40	0	1	-40
年税后付现成本	-7.5	1~6	4.3553	-32.66475
年折旧额抵税	1.6675	1~6	4.3553	7.26246
合计				-65.4023

因此,购置新的甲型营运车辆的年平均成本:

$$平均成本 = \frac{65.4023}{4.3553} \approx 15.02(万元)$$

从计算结果来看,维修后继续使用旧乙型营运车辆的年平均成本为22.54万元,大于购置新的甲型营运车辆的年平均成本15.02万元,因此该运输公司不应该维修旧车辆,而应该选择出售旧乙型营运车辆,同时购买甲型车辆,因为在收入相同的情况下,该方案的年均成本较低。

(三)运输企业营运车辆购买还是经营租赁的决策

除了购买取得,运输企业的营运车辆也可以通过租赁的方式取得。租赁可以分为经营租赁和融资租赁两种。如前所述,融资租赁作为一种筹资方式,已经在筹资部分讨论,因此本部分主要讨论营运车辆的经营租赁。

一般情况下,运输企业无论是购买还是租赁营运车辆,其所带来的营业收入、使用中的付现成本以及使用期限都是相同的(经营租赁的车辆的租赁期限可以选择和购置车辆的寿命相同)。不同的是,经营租赁的租赁费是在成本中列支的,因此企业还可以减少交纳所得税,即得到纳税利益;而如果自行购买营运车辆,每年可以通过计提折旧费进行补偿,也能使企业得到纳税利益,并且企业在车辆使用寿命到期时,还有可能得到残值变现收入。

因此可以考虑采用直接比较两个方案折现总成本(现金流出,少量残值收入及抵税收益可以看作现金流出的抵减)的大小,然后选择折现总成本较低的方案作为最优决策方案。

【例6-9】 XT运输公司需要新增一台营运车辆,企业目前有两种方案可供选择:购买或以经营租赁方式租入相同车辆。两种方案的其他信息为:车辆的购置成本为40万元,使用寿命为5年,预计净残值为0.2万元。如果经营租入,每年租金为9万元,可以连续租赁5年。假设该运输公司的资本成本为10%,所得税税率为25%,营运车辆均采用直线法计提折旧,折旧方法和预计残值均与税法的规定相同。该运输公司应该购买还是租赁该营运车辆?

(1)购买营运车辆:

$$购买车辆每年折旧额 = \frac{40-0.2}{5} = 7.96(万元)$$

$$购买车辆每年折旧额抵税 = 7.96 \times 25\% = 1.99(万元)$$

$$购买车辆每年折旧额抵税额现值合计 = 1.99 \times \left(\frac{P}{A},10\%,5\right) = 1.99 \times 3.7908 = 7.5437(万元)$$

$$购买车辆残值收入现值 = 0.2 \times \left(\frac{P}{F},10\%,5\right) = 0.2 \times 0.6209 = 0.12418(万元)$$

购买车辆的折现总成本(现金流出)合计 = 40 - 7.5437 - 0.12418 = 32.33212(万元)

(2) 租赁营运车辆：

经营租入车辆年税后租金 = 9 × (1 - 25%) = 6.75(万元)

经营租入车辆年税后租金现值合计 = 6.75 × $\left(\frac{P}{A}, 10\%, 5\right)$ = 6.75 × 3.7908 = 25.5879(万元)

经营租入车辆的折现总成本(现金流出)合计 = 25.5879(万元)

从计算结果来看，购买车辆的折现总成本为 32.33212 万元，大于经营租入车辆的折现总成本 25.5879 万元，因此该运输公司不应该购买营运车辆，而应该选择经营租入该车辆。

三、运输企业其他固定资产投资决策

除了营运车辆，运输企业还拥有车辆维修机械设备、办公设备、通信设备、运输辅助设备以及其他固定资产。对于这些固定资产，同样要进行新购决策、更新改造决策和经营租赁决策等，所采用的方法也可以参照前述运输企业营运车辆投资决策的方法。

对运输企业而言，营运车辆属于关注度最高的固定资产，长期以来，对其更新期的确定已经形成了较为成熟的判断标准和决策方式。而对其他的固定资产而言，如何确定其最优更新期就需要进行分析决策。运输企业其他生产经营类固定资产最优更新期决策的实质就是选择最佳的淘汰旧设备的时点，最基本的判断标准就是在该时点该设备的年平均成本最低。其方法通常是计算出若干个不同更新期的平均年成本进行比较，然后从中找出最小的平均年成本及其年限。

一般而言，与运输企业其他生产经营类固定资产相关的总成本在其被更新前共包括两大部分：一部分是运行费用，具体包括设备的能源消耗及其维护修理费用等，不仅运行费用的总数会随着使用年限的增加而增多，而且其每年发生的费用也将随着设备的不断老化而逐年上升；另一部分是消耗在使用年限内的设备本身的价值，它是以设备在更新时能够按其折余价值变现为前提的，即从数量关系上看，它是设备的购入价值与更新时的变现价值之差。

运输企业其他生产经营类固定资产(生产设备)更新前的现值总成本为：

$$现值总成本 = C - \frac{S_n}{(1+i)^n} + \frac{\sum C_n}{(1+i)^t} \tag{6-8}$$

式中，C 为设备原值；S_n 为第 n 年(设备被更新年)时的设备余值；C_n 为第 n 年设备的运行成本。

【例 6-10】 XT 运输公司某设备的购买价格是 16 万元，预计使用寿命为 8 年，无残值。假设该运输公司的资本成本为 10%，其各年的折旧额、折余价值及运行费用见表 6-3，试计算确定该设备的最优更新期。

某设备折旧额、折余价值及运行费用表　　　　　　　　表6-3

更新年限(年)	1	2	3	4	5	6	7	8
年折旧额(万元)	2	2	2	2	2	2	2	2
折余价值(万元)	14	12	10	8	6	4	2	0
年运行费用(万元)	1	1.2	1.3	1.4	1.7	2.1	2.3	2.6

根据上述资料,可计算出不同年份的年平均成本,见表6-4。

某设备最优更新期决策分析计算表　　　　　　　　　　表6-4

更新年限(年)	1	2	3	4	5	6	7	8
年折旧额(万元)	2	2	2	2	2	2	2	2
①复利现值系数 $\left(\dfrac{P}{F},10\%,n\right)$	0.9091	0.8264	0.7513	0.683	0.6209	0.5645	0.5132	0.4665
②第n年设备余值 (S_n)(万元)	14	12	10	8	6	4	2	0
①×②	12.727	9.917	7.513	5.464	3.725	2.258	1.026	0
③运行费用	1	1.2	1.3	1.4	1.7	2.1	2.3	2.6
①×③	0.909	0.992	0.977	0.956	1.056	1.185	1.180	1.213
Σ①×③	0.909	1.901	2.877	3.834	4.889	6.075	7.255	8.468
④现值总成本 (16-①×②+Σ①×③)	4.182	7.984	11.364	14.370	17.164	19.817	22.229	24.468
⑤年金现值系数 $\left(\dfrac{P}{A},10\%,n\right)$	0.9091	1.7355	2.4869	3.1699	3.7908	4.3553	4.8684	5.3349
年平均成本 $\left(\dfrac{④}{⑤}\right)$	4.600	4.600	4.570	4.533	4.528	4.550	4.566	4.586

从计算结果来看,在第5年的时候,该运输公司的该设备的年平均成本最低,为4.528万元,因此,该设备的最优更新期应该是第5年末。该运输公司可以考虑在该设备使用到第5年末时,将其处置。

第三节　运输企业固定资产日常管理

运输企业的固定资产尤其是营运车辆等绝大部分时间都在道路上运行,流动性极大。因此,要充分发挥固定资产的价值,运输企业就需要加强固定资产的日常管理。这就要求企业正确处理好企业和所属单位、员工个人、其他企业等之间在固定资产管理和使用方面的关系,明确流程和责任,消灭责权利不清现象。

运输企业要加强固定资产的管理,不能依靠个别部门和少数人员,而必须正确安排各方面的权责关系,充分调动各部门、各级单位及广大员工的积极性和主动性,实行归口分级管理。各级使用单位均应分别指定专人,全面负责本单位的固定资产管理工作。这样,就可以做到层层负责任,物物有人管,从而有利于加强员工对车辆及其他固定资产保管的责任心,加强对固定资产的维护,提高固定资产的完好率和利用率。实践中,运输企业固定资产的日常管理可以从新增、使用、减少和其他日常管理四个方面进行。

一、运输企业固定资产的新增管理

对运输企业固定资产的新增管理将通过对生产经营用固定资产(营运车辆、机器设备)和办公用固定资产两大类的分别讨论来进行。

(一)生产经营用固定资产的新增

生产经营用固定资产的新增主要可以从营运车辆的购置、房屋建筑物的新建或改造两个方面来进行管理。

1. 营运车辆的购置

运输企业营运车辆的购置应该由企业安全技术部门统一规划提交申请及购置;待车辆入户等手续办妥后,财务管理部门应根据车辆购置合同,机动车销售发票,随车配件发票及购置税发票等,填写《新购(建)固定资产验收单》一式四联,并将验收单及发票复印件送财务管理部门;然后再根据经企业财务管理部门及归口管理部门盖章后退回的审批表、验收单及发票原件进行入账核算。

2. 房屋建筑物的新建或改造

运输企业房屋建筑物的新建或改造应该由需求单位提出申请,写明建造(或改建)理由,拟建建筑面积、楼层等内容,报企业归口管理部门,经归口管理部门及总经理和董事长审核后,报企业经营层决议,并呈报董事会审批;经公司董事会同意后,由企业向当地有关部门办理报批报建等手续,与施工单位签订《施工合同》,按时向企业归口管理部门汇报工程进度。

等工程完工后,一般应由企业组织竣工验收;工程验收合格后向归口管理部门呈报工程结算报告,经企业归口管理部门审核后,由企业分管领导签字批准后,企业财务管理部门根据工程结算款及报建等费用确定资产价值,填写《新购(建)固定资产验收单》一式四份提交企业财务管理部门。

最后由企业财务管理部门根据经财务管理部门及归口管理部门盖章后退回的工程审批表、验收单进行入账核算。

(二)办公用固定资产的新增

运输企业的办公用固定资产通常主要包括办公设备、通讯设备、运输设备(不含营运车辆)以及其他用于办公的固定资产。一般而言,运输企业办公用固定资产都实行归口管理部门和财务管理部门、使用部门相互监督、相互配合的管理体制。其中:归口管理部门负责会同有关部门编制计划和预算、购置、验收、登记造册和管理工作,负责日常维修管理;财务管理部门负责资产核算工作;使用部门负责固定资产实物的日常管理。

运输企业办公用固定资产的新增通常应该从以下几个方面进行管理。

1. 明确办公用固定资产的购置流程

运输企业办公用固定资产的购置一般应该实行先审批,后购置的原则。企业应该制定相应的办法,根据企业规模及固定资产采购的实际情况,明确不同金额固定资产采购的审批部门及层级。比如可以规定采购固定资产金额在多少万元以下的,由申请部门分管领导批准,随着采购金额的增长,可以将批准权限提高到总经理批准或董事长批准等。

运输企业可以要求申请采购的部门填写《固定资产购置审批表》(表6-5),报经相应层级审批后,由归口部门自行采购;如果运输企业有专门的招投标管理部门,则可以和招投标部门配合,共同完成固定资产的采购。

运输企业固定资产购置审批表 表 6-5

申请部门： 时间：

序号	名称	规格型号	申购数量	预计单价	总价金额	备注
1						
2						
…						

申请理由：	日期：
部门负责人意见：	日期：
申请部门分管领导意见：	日期：
总经理意见：	日期：
董事长意见：	日期：

此外,对信息技术等设备的购买申请,运输企业的归口管理部门应根据库存情况,先进行合理调配,无库存调配的方可采购,进入购置流程。

2. 制定信息技术等设备的配置原则

信息技术等设备属于运输企业最基本的办公用固定资产,拥有量较多且日常必须。因此,运输企业在管理过程中,就需要合理制定信息技术等设备的配置原则,以便进行该类固定资产的高效管理。

比如台式电脑,可以规定企业管理人员原则上每人配置一台,配置标准由归口管理部门根据企业要求和工作需要确定。对于非正式编制人员如果需配置专用台式电脑,可以规定由其所在部门申请,归口管理部门审核后,报上级领导批准。而手提电脑,则可以规定需要根据工作的实际需求,由公司领导批准配置,并由使用人承担保管责任。其他员工由于公务出差、会议演示等原因需要短期使用手提电脑的,可由所在部门自行调配使用,或向归口管理部门借用。

对于其他信息技术设备,可以按"精简、实用、确实所需"的原则进行配置,由归口管理部门统一保管,其他部门需要时,可以通过办理借用手续实现,尽量避免重复购置。

二、运输企业固定资产的使用管理

运输企业固定资产的使用管理,一般包括登记、核算、领用、调拨、清查、维护几个方面。考虑到运输企业固定资产中的车辆、X 射线安全检查设备、站场视频监控设备、汽车修理厂(维修车间)设备、汽车制动试验台等的日常管理具有明显的行业特性,因此,本部分将分两个层次进行运输企业固定资产的使用管理讨论。其一,从运输企业整体固定资产视角,探讨固定资产从登记、核算、领用、调拨、清查、维护等多个使用环节的管理;其二,更具行业特性的车辆、站场视频监控设备等运输企业等具体固定资产项目的日常使用管理。

(一)运输企业固定资产的一般使用管理

1. 固定资产登记

运输企业固定资产验收由归口管理部门、申请部门会同资产管理人员进行。验收合格后,固定资产管理人员根据相关票据,会同财务管理部门做好资产入库。入库时要认真检查资产的品名、数量、规格、等级、牌号、产地,要求与入库单相符。入库后,资产管理人员应及时进行编号和标识,便于管理。

运输企业办公用固定资产的申购、登记、转移、维护等实行台账管理,以实现对固定资产的动态管理。因此,运输企业固定资产归口管理部门应及时建立固定资产管理台账,并登记造册、立档备案。固定资产管理台账内容应包括:固定资产卡片编号、资产编码、名称、规格、购入(建)时间等;使用日期、使用年限、原价、保管(使用)人、转移情况等。固定资产管理台账见表6-6。

运输企业固定资产管理台账　　　　　　　　　　表6-6

部门(单位)名称：　　　　　　　　　　　　　　金额:万元

序号	卡片编号	资产编码	资产名称	规格及型号	单价	数量	存放位置	购入(建)时间	使用年限	增加方式	保管(使用)人/部门	变动情况
1												
2												
3												
…												

2. 固定资产领用和调拨

运输企业固定资产的领用应该由领用部门(人)填写《固定资产领用单》(表6-7),领用单上应详细注明资产的名称、型号、领用数量等;领用方应按要求做好固定资产的保管和使用。

运输企业固定资产领用单　　　　　　　　　　表6-7

领用部门		领用时间	
固定资产名称		型号	
固定资产编号		数量	
归还时间			
领用(使用)人签字			
资产管理员签字			
存在地点			
备注			

运输企业固定资产在企业内部转移,转出部门要与转入部门要做好交接手续,归口管理部门负责做好监交工作,并在固定资产管理台账上反映转移情况。

一般而言,运输企业固定资产在各单位间调用的,可由调出单位填写《固定资产调拨单》(表6-8),并按规定做好调拨手续。

运输企业固定资产调拨单 表6-8

××运输公司　　　　　　　　　　　　　　编号　No.00000××
(　　　　　　　　　　)
　　　　　　　　　　　　　　　　　　　填制日期:20　　年　　月　　日

根据_____字第_____号文_____批准通知_____将固定资产调给_____

双方已于20　　年　　月　　日办理交接完毕,请按下列资料转账。

调出单位编号	固定资产名称	所在地	全部耐用年限(里程)	已使用年限(里程)	重置完全价值	估计残值	已提基本折旧	调拨净值	调入单位应减除的机具安装费用	每月基本折旧额
附注		企业技术部门(盖章)			调入单位财务部门(盖章)			调出单位财务部门(盖章)		
		企业财务(盖章)			固定资产管理部门			固定资产管理部门		

3. 固定资产的维护

运输企业固定资产使用部门(人)必须做好固定资产设备的日常养护与维修工作,必须严格遵守资产设备的安全规程,在使用中发现情况应及时反映和报告。办公用设备出现故障时,使用部门(人)需及时提出申请,由技术人员进行处理。非企业内部人员对设备进行维修时,应注意做好机密文档的保密、存档。

4. 固定资产使用管理中的责任处理

运输企业固定资产的使用应实行管理责任制和移交制,员工调离企业时,人力资源部门应告知归口管理部门,并与调动人办理有关资产移交手续。员工岗位内部调整时,由员工原所在部门牵头做好有关资产的移交。

运输企业信息技术设备类固定资产在使用过程中因保管不善或使用不当而造成设备遗失、被盗或损坏的,应按该设备品牌、同档次或同型号的市场价格进行赔偿。其他固定资产在使用过程中因保管不善或使用不当而造成固定资产遗失、被盗或损坏的,应按该固定资产净值进行赔偿。

运输企业发生下列情况的,除按该固定资产的采购价进行赔偿外,同时视情节轻重根据公司相关规定给予处分:①未按规定存放或未经同意更换存放地点而导致的资产损坏或灭失;②未经同意将不可带出使用的资产带出使用造成资产损失或灭失;③将办公用资产违规用于私人事宜或擅自交予他人,使用过程中发生的资产损失或灭失。需要注意的是,运输企业固定资产在公务使用过程中,因不可抗力而发生资产损失或灭失的,经认定后一般可不负赔偿责任。

（二）运输企业特有固定资产的使用管理

这部分主要讨论运输企业车辆、站场视频监控设备等固定资产的日常使用管理。

1. 车辆管理

运输企业新购车辆在办理完领取牌证、营运证、线路牌等证件的申领、变更后，应在规定的时间内，按照要求将车辆档案资料复印件上报企业安全技术部门备案。运输企业参加营运的车辆，在使用过程中必须按公安机关交通管理部门核发的机动车辆行驶证核载的人（吨）数装载。车辆违法装载，经核查属车属单位责任的，企业对车属单位进行处罚。

运输企业的车辆在使用过程中，应该实行定期检测、维护管理、安全例检（回场必检）管理的制度。

（1）车辆定期检测。

车辆定期检测也称"年检"，指按照车辆管理部门规定的期限对在用车辆进行的定期检验，或根据交通运输管理部门制定的车辆检测制度对营运车辆进行的定期检测。目的是检验车辆的主要技术性能是否满足《机动车运行安全技术条件》和《营运车辆综合性能要求和检验方法》等的规定。

（2）车辆的维护、修理管理。

运输企业及其下属各单位应建立车辆各级维护制度并组织实施；日常维护应在每日发车前、行车中和收车后进行，由驾驶员按企业车辆负责实施。各单位车辆应按照相应的技术规范进行车辆维护，由具备资质条件的汽车维修厂负责实施，不得延迟和漏项。

运输企业所属单位营运车辆驾驶员必须按企业车辆维护作业技术规范及所在单位编制的车辆维护计划，将车辆送本单位保修厂维护。所属单位保修厂必须按企业规定要求采购配件燃料，如违反规定采购或因采购不合格零部件造成车辆发生机损事故或交通事故的，所在单位应视情节轻重，给予有关责任人经济处罚或行政处分，事故造成的经济损失，概由有关责任人承负。性质恶劣、影响极坏、经济损失巨大，所在单位应移送司法机关追究有关责任人的刑事责任。

运输企业所属各单位必须加强车辆技术管理，由安全技术部门负责制定车辆的维修计划，并对维修的车辆实行技术监督，建立一车一档的车辆技术档案。档案内容包括：车辆基本情况（包括：行驶证、营运证、购车发票、车辆有关技术参数、车辆出厂合格证、保险单及营运线路标志牌），主要部件更换情况，修理和维护记录（含出厂合格证），技术等级评定记录，类型及等级评定记录，车辆变更记录，行驶里程记录，交通事故记录等。

（3）安全例检（回场必检）管理。

基于提高营运车辆的安全可靠性对运输企业生产经营的重要性，在车辆的使用过程中，运输企业一般都应实行车辆安全例检（回场必检）管理。而且该管理方法不仅适用于所有本企业营运车辆，同时还应用到所有进入企业客运站经营的营运车辆，要求所有车辆在报班前必须进行安全例检。

2. 站场视频监控设备管理

为提高治安综合治理能力，做好"四防"（防火、防爆、防盗、防破坏）工作，保障客运站站场安全，运输企业都会按要求在站场内安装视频监控设备。因此对站场视频监控设备的使用管理就非常重要。

运输企业视频监控设备有关工作人员应该经过必要的岗位培训,具备一定的责任心和掌握视频监控系统操作技术,爱护监控设备,严格按规程进行操作。同时,运输企业应落实安保值班制度,当值人员需要按要求填写好值班记录,按规定做好交接班手续,视频监控设备必须由值班人员24小时值守,对站场进行实时监控。运输企业应保持室内卫生清洁,严禁存放易燃、易爆物品及易挥发性物质,并注意室内通风,延长视频监控设备使用寿命。运输企业应该指定专门部门负责每月定期检查视频系统的前端设备、信号传输、网络传输线路和存储设备等运行情况,确保设备正常运行。

运输企业视频监控设备的相关工作人员应该爱护仪器设备,保障设备正常工作。设备遇到机身异常发热或发出异味、机身出现异常噪声、监控图像发生异常及其他工作异常时,应及时报告企业指定的专门负责部门处理,不得擅自处理。

三、运输企业固定资产的减少管理

运输企业固定资产的减少主要指固定资产的出售、报废等,以下主要从这两个方面进行运输企业固定资产减少管理的讨论。

1. 固定资产出售

运输企业固定资产出售是指闲置不用的各类固定资产在企业范围内无法调拨而转让给其他单位或个人的行为。固定资产需要出售时,一般应遵循先审批,再出售的原则。

(1)运输企业固定资产出售一般流程。

运输企业固定资产出售一般遵循以下流程:首先由待出售固定资产所属单位(部门)财务管理部门提出出售申请,由规定资产归口管理部门和财务管理部门批准后,报送企业财务管理部门;由企业财务管理部门将单据送达企业归口管理部门,企业归口管理部门收到后,会同企业相关部门与买方商谈转让价格;在转让价格确定后,签署同意转让意见及转让价格交由企业管理层审批;企业管理层审批通过后送回企业财务管理部门,财务管理部门签署意见后,再将相关资料及单据转回待售固定资产所属单位(部门),由其财务管理部门凭相关资料及单据进行账目核算,固定资产归口管理部门负责配合企业相关部门完成固定资产出售的后续手续。

(2)营运车辆的出售。

这里的营运车辆指运输企业使用过的旧车辆。营运旧车辆的处置关系企业成本效益,企业应加强监督管理工作,严禁不按规定私自盗用、倒卖旧车辆的行为。

①出售价格的确定。为了确保运输企业营运旧车辆出售价格的公平公正,同时本着成本效益原则,运输企业在进行营运旧车辆转让时,应该制定出售价格的确定办法。比如,可以规定一定的价格标准,根据不同的标准确定不同的价格确定办法。

以 XT 运输公司为例,就明确规定:第一,当单辆旧车车辆账面净值不低于100万元或同一批次旧车辆账面净值总计不低于500万元的,应当在经省国资委选择确认的从事国有产权交易的产权交易机构公开进行;第二,当意向受让方达到三家及以上的,预计当批处置价达到50万元以上的,应以公开招标方式进行处置;预计当批处置价达到20万元以上,50万元以下的可采用公开招标或邀请招标方式进行处置,其他的可以竞争性谈判的方式进行处置;第三,如意向受让方达不到三家时,应通过在当地市级或以上级别报纸上公开刊登转让信息,如意向受让方达到三家的,按第二条处理。如有两家意向受让方,预计当批处置价达到20万元以上的,应采取竞争性谈判方式进行处置,其他的可采取询价的方式进行处置,如只有一家意向受让方可采用单一来源的方式进行处置。

一般而言,运输企业营运旧车辆的出售应按价高者得的原则进行处置,出售价格原则上不得低于其账面净值。

②出售注意事项。运输企业营运旧车辆的出售必须签订相应的买卖合同,明确合同双方的责任、权利及义务。各单位签订旧车辆买卖合同后,必须派专人办理车辆过户以及监督对方办结转移迁出手续,并应复印对方迁出手续的所有资料,以确保车辆按期入户。运输企业营运旧车辆在办理过户变更手续时,应将车辆技术档案完整移交,并做好交接双方书面确认的移交记录及保存副本备查。出售手续办理完毕,并在车辆办结转移迁出手续后,才可交接车辆,交付前需将车身外观的企业标志及车属单位字样清除干净,不可让受让方继续使用。

运输企业营运旧车辆属于转移迁出的,各单位应安排专人跟进车辆入户情况,在迁出后30天内仍未办理转入手续的,应采取有效措施,查清车辆去向,督促新车主办理转入手续;若新车主仍未办理转入手续的,应及时向车辆管理部门举报有关情况。

为了保证资金安全和运输企业营运旧车辆出售的顺利进行,运输企业应该规定超过一定金额的出售收入原则上只接受由对方向公司对公转账的方式进行付款,其他金额建议也采用对公转账方式进行付款。对于以非对公转账方式取得的款项,要求相关责任人必须及时将资金交给财务部门。财务部门应按财务有关规定进行相关的账务处理。

运输企业营运旧车辆出售后,需要对以下资料进行归档保存:招标资料、竞争性谈判资料、询价记录、公开发布信息记录、废旧车辆处置审批表(表6-9)、旧车辆买卖合同、受让方的营业执照复印件或身份证复印件、变更后的机动车登记证书复印件、临时行驶车号牌复印件及迁入上牌后新机动车行驶证复印件、财务收款票据复印件等。

运输企业废旧车辆处置审批表 表6-9

填报单位: 填报日期: 年 月 日

车牌号		厂牌型号		车型	
座(吨)位数		车辆等级		排放标准	
发动机号		车架号		注册登记日期	
折旧年限		已使时间	年 月		
累计行驶里程	公里	原值	元	净值	元
市场最高报价:	元		最高报价单位:		
拟处置价格:	元		拟受让单位:		
车辆使用部门申请意见		盖章(签名) 年 月 日			
车辆技术管理部门审批意见		盖章(签名) 年 月 日			
资产管理部门审批意见		盖章(签名) 年 月 日			

续上表

财务部门审批意见	盖章(签名)	年	月	日
单位分管领导审批意见	盖章(签名)	年	月	日
单位负责人审批意见	盖章(签名)	年	月	日
上级单位审批意见	盖章(签名)	年	月	日
……				

注：1. 此表填写一式三份，批准后由车辆使用部门、车辆技术部门、财务部门各存一份；

2. 附评估报告或市场询价记录或谈判记录或公开信息记录及《旧车处置合同》或《报废机动车回收证明》。

2. 固定资产报废

运输企业凡因使用寿命期满或损耗严重或因技术落后已被淘汰，经企业归口管理部门技术鉴定或按有关规定，表明已不能及不宜继续使用的固定资产，均应办理报废。运输企业固定资产的报废应该实行"先审批、后报废"的原则。为了节约成本，方便管理，一般企业每半年报废一次，由资产使用部门提出申请，固定资产管理部门核实后，会同财务管理部门办理相关手续。同时，固定资产管理部门及时做好固定资产实物报废处理。考虑到运输企业固定资产中车辆和视频监控设备的特殊性，因此，这里主要讨论这两类固定资产的报废。

（1）视频监控设备的报废。

运输企业视频监控设备需要报废时，必须处理视频监控设备残余数据后方可进行报废处理。在无法保证残余数据完整清理的情况下，保留该视频监控设备数据存储部分半年后再处理。视频监控设备使用寿命到期，或修复成本高，或无法修复时，使用部门可以填写申请，经相关部门审批后进行报废。

（2）营运车辆的报废。

运输企业需要对已达到《机动车强制报废标准规定》所规定的强制报废标准的营运车辆以及不再适应本企业营运需要且无出售可能的营运车辆进行报废处理。对于营运车辆的报废，运输企业负有监督、指导责任，所属各单位负有具体管理、实施的责任。

运输企业营运车辆的具体报废中，对已达到国家强制报废标准的车辆，应按国家有关政策规定办理报废手续，不得转让或移作他用。对于虽未达到国家强制报废标准，但无须留本企业作非营运使用且已无法进行出售的旧车辆，也应按国家有关规定办理车辆报废。所属各单位必须将拟报废车辆交由有资质的机动车回收企业处置，并取得机动车回收企业出具的报废机动车回收证明。由于国家、地方法规政策，要求车辆提前报废的，按照相关规定执行，并进行报备。对已经批复报废的车辆，应及时办理报废手续。

运输企业营运车辆报废后，至少需要对废旧车辆处置审批表及报废机动车回收证明予以归档保存。运输企业营运旧车辆减少(出售或报废)后，应在一个月内将处置结果报企业投资管理部门备案,在实践中可以采用废旧车辆处置情况汇总表(表6-10)的形式。

运输企业废旧车辆处置情况汇总表　　　　　　　　　　表6-10

填报单位(盖章):

序号	车辆号牌	厂牌型号	上牌时间	处置时间	处置方式	处置部门(单位)	购买(报废)单位	账面净值(元)	处置金额(元)

单位负责人:　　　　　　填报人:　　　　　　填报日期:

注:处置方式是指出售或报废,如果是出售,则必须标明具体的定价方式(招标、竞争性谈判、询价、单一来源)。

四、运输企业固定资产的其他日常管理

运输企业还应该将固定资产的清查工作予以重视。一般应由归口管理部门会同财务管理部门共同进行。具体地,固定资产盘点可以由归口部门负责,财务管理部门监盘,每半年实地盘点一次,填写固定资产盘点表(表6-11),发现盘盈、盘亏和毁损固定资产,由负责保管或负责使用的部门查明原因,写出书面报告。对固定资产盘亏、报废发生的净损失应按规定报经有关部门审批核销。运输企业固定资产清查核实,要做到账目清楚、手续完备。

运输企业固定资产盘点表　　　　　　　　　　表6-11

编制单位:　　　　　　　　　　　　　　　　　　　　　　单位:元

编号	固定资产名称/规格型号	使用日期	存放地点	使用人	单位	账 面 数			清 查 数			盘盈(盘亏)额			完好率
						数量	单价	金额	数量	单价	金额	数量	单价	金额	

财务审核:　　　　会计复核:　　　　盘点人:　　　　盘点日期:

复习思考题

1. 什么是固定资产?运输企业固定资产的特点是什么?
2. 简述运输企业固定资产管理的目标。
3. 如何确定运输企业固定资产的需要量?
4. 运输企业营运车辆投资决策主要包括哪些类型?主要的决策方法有哪些?
5. 运输企业其他固定资产投资决策的主要类型有哪些?可采用的决策方法有哪些?
6. 运输企业固定资产折旧的计提方法有哪些?各自的优缺点是什么?
7. 简述固定资产日常管理的内容及方法。

第七章　运输企业成本费用管理

成本费用作为一个价值范畴,在社会主义市场经济中是客观存在的。运输企业加强成本费用管理,努力降低成本费用,对于提高企业经济效益和整个国民经济的宏观经济效益,都具有重要作用。本章主要介绍运输企业成本费用管理的基本理论与方法,帮助运输企业更好地提高成本费用管理水平。

第一节　运输企业成本费用管理概述

运输企业的生产过程,同其他物质生产部门一样,是生产要素的消费过程。运输企业的产品就是提供客货运输及其他相关业务。在运输生产过程中,一方面完成生产过程,提供运输劳务,实现被运送旅客和货物空间位置的转移,一方面要发生各种物化劳动和活劳动的耗费。这些耗费就构成了运输企业营运活动的成本费用。

一、成本的内涵

本部分讨论的是现代企业成本内涵的共性内容。成本的内涵有广义与狭义之分。

(一) 广义成本

广义成本泛指所有耗费。关于广义成本有多种表述,其中有代表性的定义如下:美国会计学会(AAA)所属的成本概念与标准委员会1951年对成本的定义为:"成本是指为了实现特定目的而发生或应发生的可以用货币度量的价值牺牲。"美国会计师协会(AICPA)1957年发布的《第4号会计名词公报》对成本的定义为:"成本是指为获取资产或劳务而支付的现金或以货币衡量的转移其他资产、发行股票、提供劳务、承诺债务的数额。"美国财务会计准则委员会1980年发布的《第3号财务会计概念公告》对成本的定义为:"成本是指经济活动中发生的价值牺牲,即为了消费、储蓄、交换、生产等所放弃的资源。"

上述定义是对成本非常宽泛、广义的界定,泛指为达到一定目的而发生的资源耗费,甚至包括了投资活动。

(二) 狭义成本

狭义成本指对象化的耗费。所谓对象化耗费就是指按照成本核算对象归类的耗费。成本计算对象是分配成本的客体。比如,我们计算产品成本时,需要将资源耗费分配给不同的产品,这时产品就是成本计算对象。产品是我们最熟悉也最为常见的成本计算对象,但是成本计算对象绝不仅仅局限于产品。它可以是人们关心的、希望了解其成本数据的任何事物,如顾客、部门、项目、作业等。当需要了解为不同顾客发生的资源耗费时,就需要将成本分配给不同的顾客,这时顾客就成了成本计算对象。当需要了解不同部门的资源耗费时,就需要将成本分配到不同的部门,这时部门就成了成本计算对象。当需要了解不同项目所耗费的资源时,就需要将成本分配给不同的项目,这时项目就成了成本计算对象。当需要了解不同作业的资源耗费时,就需要将成本分配给不同的作业,这时作业就成了成本计算对象。通俗地讲,需要了解谁的成本,谁就可以成为成本计算对象。当我们只将产品作为成本计算对象时,只能计算出产品成本,成本信息是有限的,依据成本信息只能进行产品盈利性分析等有限的管理活动。当我们将顾客、部门、项目、作业等作为成本的计算对象时,可以得到不同顾客、部门、项目和作业等的成本,这些丰富的成本信息可以为多种管理提供支持,比如顾客盈利性分析、部门业绩评价、项目评估、流程设计等。

二、理论成本内涵与实际成本概念

下面从企业日常生产经营管理活动出发,来探讨成本的内涵。

在社会主义市场经济中,商品的价值仍然由三部分组成:①已耗费的生产资料转移的价值(c);②劳动者为自己劳动所创造的价值(v);③劳动者为社会劳动所创造的价值(m)。从理论上讲,上述的前两部分,即 $c+v$,是商品价值中需要补偿部分,它构成商品的理论成本。

可以将理论成本的内涵概括为:在生产经营过程中所耗费的生产资料转移的价值和劳动者为自己劳动所创造的价值的货币表现,也就是企业在生产经营中所耗费的资金总和。

理论成本的内涵和本质是指导企业进行成本管理的指南,是实际工作中制定成本开支范围、考虑劳动耗费的价值补偿尺度的重要理论依据。但是,社会经济现象纷繁复杂,企业在成本核算和成本管理中需要考虑的因素也是多种多样的。因此,理论成本与实际工作中应用的成本概念有一定差别。这主要表现在以下两个方面:

(1)在实际工作中,成本的开支范围是由国家通过有关法规制度加以界定的。为了促使企业加强经济核算,减少生产损失,对于劳动者为社会劳动所创造的某些价值(如财产保险费等)以及一些不形成产品价值的损失性支出(如季节性和修理期间的停工损失等)也计入成本。因此,实际工作中的成本开支范围与理论成本包括的内容是有一定差别的。就损失性支出来说,其实质并不形成产品价值,因为它不是产品的生产性耗费,而是纯粹的损耗,因而并不属于成本的范围。但是考虑到经济核算的要求,将其计入成本,可促使企业努力减少生产损失。当然,对于成本实际开支范围与内涵的背离,必须严格限制,否则,成本的计算就失去了理论依据。

(2)上述的理论成本是就企业生产经营过程中所发生的全部耗费而言的,即一个"全部成本"的概念。在实际工作中,是将其全部对象化,从而计算产品劳务的全部成本,还是将其按一定标准分类,部分计入成本,部分计入期间费用(也称期间成本),则取决于成本核算制度。按照我国现行成本核算制度规定,企业应采用制造成本法计算成本,应根据所发生的有关费用能否归属于使产品、劳务或服务达到目前场所和状态的原则,正确区分产品、劳务、服务的成本和期间费用。企业生产经营中所发生的全部耗费就相应地分为产品、劳务成本和期间费用两大部分。

三、运输企业成本费用的内容

(一)运输企业成本费用的内涵

本部分讨论运输企业成本费用,涉及的范围还包括期间费用,但不涵盖投资活动。因此，本部分所讲述的成本介于上述狭义成本和广义成本之间。

运输企业的生产经营过程，主要是为旅客、货物提供运输及其他服务的过程，其生产经营的成果表现为旅客和货物的位移，是生产过程和销售过程的统一，运输生产的完成也就是销售的实现，同时也是物化劳动和活劳动的消耗过程。运输企业为进行运输生产经营及其他相关业务活动所发生的各种耗费，就构成了运输生产经营活动的成本费用。如运输企业在旅客和货物的运输服务过程中，要消耗燃料、润滑油、材料、轮胎、备品备件等材料物资，发生车辆和其他固定资产的价值损耗，支付职工的工资以及发生管理费等。所有这些耗费，都是成本费用的有机组成部分。

按照制造成本法的原理，运输企业在运输生产经营中发生的全部耗费相应地划分为营运成本和期间费用两部分。营运成本是指运输企业运输生产、站场经营及其他营运业务中所发生的耗费总额，包括人工费用、燃润料费用、轮胎费用、维修费、折旧费等。营运成本根据运输企业的经营业务种类不同，可以分为运输业务成本、站场业务成本、商品销售业务成本、车辆维修业务成本及其他业务成本等。期间费用则是与企业经营期间有关、但与完成的运输量无关消耗，包括管理费用、销售费用和财务费用。在制造成本法下，期间费用不计入营运成本，而是直接计入当期损益。

费用和成本既有区别又有联系。二者均是对生产经营中耗费按经济用途进行的分类。费用是对耗费按期间进行归集的耗费，成本是对耗费按对象进行归集的耗费。比如，对运输业务来讲，运输业务成本就是一定时期完成的运输周转量（或业务工作量）所承担的费用，是具体到运输业务对象上的费用。企业在运输生产经营过程中发生的耗费种类繁多，由于费用的经济性质、具体用途的不同，不能把企业所发生的一切耗费全部计入营运成本，而要按费用的经济内容、经济用途和成本计算对象进行归集。能够分清归属于某种经营业务发生的耗费，可以计入该种业务成本；归属于营业期间发生的耗费，则计入期间费用。

在现代市场经济条件下，伴随着市场化的发展导向，一些专业运输企业仍然继续围绕"车"与"站"的优势资源，以道路运输业务、站场业务为主营业务；一些运输企业的生产经营业务有多样化发展趋势，开始迈出多元化筹资、多样化投资、多角化经营的步伐，以道路运输业务和站场业务为主营业务的特征在逐步淡化，代之以燃材料销售业务、汽车整车销售业务、汽车后服业务、旅游业务、维修业务、租赁业务等多种业务形式共同发展。

本章内容侧重研究专业的道路运输企业具有特色的运输及相关业务，即旅客运输和货物运输业务、站场业务的成本管理问题。对于企业涉及的汽车后服业务、维修业务、销售业务、旅游业务、租赁业务等其他营运业务成本管理问题，可以参考其他的财务管理教材。

(二) 运输企业成本费用的确认原则

对运输企业成本费用进行管理，首先需要确认生产经营中的某项耗费是归属于营运成本还是归属于期间费用，其确认的基本原则是权责发生制原则。《企业会计准则——基本准则》明确指出：企业会计的确认、计量和报告应当以权责发生制为基础。权责发生制基础要求，凡是当期已经实现的收入和已经发生或应当负担的费用，无论款项是否收付，都应当作为当期的收入和费用，凡是不属于当期的收入和费用，即使款项已在当期收付，也不应当作为当期的收入和费用。在实务中，按权责发生制确认成本费用，就是对本期发生的成本费用按其是否应发生在本期为标准来确认，凡是应归属于本期的营运成本和期间费用的耗费，不论其是否在本期实际支付,均应计入本期的营运成本和期间费用;反之,凡是不应归属于本期发生的营运成本和期间费用的耗费,即使在本期支付,也不计入本期的营运成本和期间费用确认。在制造成本法下,是否应计入当期的成本或收入判断的主要依据是是否与本期完成运输量相关,相关的则应计入、否则不应计入。例如,本期支付上一期运输生产发生的燃料费,则不应计入本期成本,而支付本期运输生产发生的燃料费则应计入本期成本;同理,收到应收账款,不应计入本期收入,而收到本期提供运输服务发生的收入则应计入本期。期间费用是否计入本期的判断依据是是否与本期企业的期间有关,有关的则计入,否则不计入。

四、运输企业费用的分类

运输生产经营过程中的各种耗费种类繁多,其节约和浪费,直接影响营运成本和期间费用的水平。为了科学地进行成本管理,正确计算营运成本和期间费用,研究和分析营运成本和期间费用变动的趋势及原因,需要对生产经营耗费进行合理分类。运输企业的各种耗费,可按不同的目的及标准进行分类,其中最基本的是按费用的经济内容和经济用途的分类。

(一) 按费用经济性质或经济内容分类

运输企业的生产经营过程,也是物化劳动(劳动对象和劳动手段)和活劳动的耗费过程,因而运输生产经营过程中发生的费用,按其经济内容分类,可划分为劳动对象方面的费用、劳动手段方面的费用和活劳动方面的费用三大类。这三类可以称为费用的三大要素。为了具体反映各种费用的构成和水平,还应在此基础上,将其进一步划分为以下费用要素。所谓费用要素,就是费用按经济内容的分类。

1. 外购材料

外购材料是指运输企业为进行运输生产经营而耗用的一切从外部购进的原料及主要材料、辅助材料、包装物、修理用备件和低值易耗品等。

2. 外购燃料

外购燃料是指运输企业为进行运输生产经营而耗用的一切从外部购进的各种燃料。

3. 外购动力

外购动力是指运输企业为进行运输生产经营而耗用的一切从外部购进的各种动力。

4. 职工薪酬

职工薪酬是指运输企业为进行运输生产经营而发生的职工薪酬。

5. 折旧费

折旧费是指运输企业按照规定的固定资产折旧方法,对用于运输生产经营用固定资产所计算提取的折旧费用。

6. 轮胎费

轮胎费是指运输企业为进行运输生产经营而发生的营运车辆耗用的轮胎费用。

7. 修理费

修理费是指运输企业为进行运输生产经营而发生的营运车辆各级维护和修理所发生的费用。

8. 利息支出

利息支出是指运输企业应计入财务费用的借入款项的利息支出减利息收入后的净额。

9. 其他支出

其他支出是指不属于以上各要素但应计入营业成本或期间费用的各种支出，如行车杂支、差旅费、租赁费以及保险费等。

按照以上费用要素反映的费用，称为要素费用。将费用划分为要素费用的作用是：

（1）可以反映运输企业一定时期内在运输生产经营中发生了哪些耗费，数额各是多少，明确反映运输生产经营活动所消耗资源的种类、数量，据以分析企业各个时期各种费用的构成和水平。

（2）反映了运输企业运输生产经营中外购材料、燃料和动力费用以及职工薪酬的实际支出，可以分析各个时期费用的支出水平和总体情况。因而可以为企业核定储备资金定额、考核储备资金的周转速度，以及编制燃材料采购资金计划和劳动工资计划提供资料。

但是，这种分类不能说明各项耗费的用途，因而不便于分析各种耗费的发生是否节约以及支出是否合理的问题。

（二）按费用经济用途分类

费用按照运输生产经营活动的经济用途分为营运成本和期间费用两大类。

1. 营运成本

营运成本是运输企业运输生产、站场经营及其他营运业务所发生的耗费总额。是反映运输企业工作质量的一个重要的综合性指标，在很大程度上标志着运输企业全部生产活动的经济效益。企业运输生产过程中各项资源消耗的多少，车辆运用效率的升降，劳动生产率的高低，运营支出的节约或浪费，生产组织和管理水平的优劣等，最终都要从营运成本中反映出来。

运输企业不同种类的经营业务，其营运成本的构成不尽相同。下面主要分析运输业务、站场业务的成本构成内容。

运输业务是指旅客运输和货物运输业务。其成本内容主要包括人工费用、燃材料费用、轮胎费用、车辆通行费、桥、渡、路、隧道费、车辆保险费、行车事故损失、站务费、代理费及其他费用等。

站场业务主要包括有客运站场业务和货运站场业务。其成本内容主要包括人工费用、燃料及动力、服务物料消耗、（装卸设备）轮胎费、折旧费、修理费、信息通讯费、外付装卸费、事故损失费堆存费、集装箱服务、水电气费用、差旅费、市内交通费、警卫消防费、文具印刷费、排污、清洁及环保费、保险费、低值易耗品摊销、劳务费、租赁费、劳动保护费及其他。

2. 期间费用

期间费用是指运输企业在生产经营过程中发生的、与产品生产和劳务提供活动没有直接联系的，属于某一时期发生的直接计入当期损益的费用。期间费用按照经济用途划分为管理费用、财务费用和销售费用。

（1）管理费用。管理费用是指运输企业为组织和管理运输生产经营活动所发生、与当期完成运输量没有直接联系的各项费用。包括企业的董事会和行政管理部门在企业的运输生产经营管理中发生的，或者应由企业统一负担的公司经费（包括行政管理部门职工薪酬费用、修理费、机物料消耗、低值易耗品摊销、办公费和差旅费等）、工会经费、社会保险费、待业保险费、劳动保险费、董事会费（包括董事会成员津贴、会议费和差旅费等）、聘请中介机构费、咨询费(含顾问费)、诉讼费、业务招待费、技术转让费、矿产资源补偿费、无形资产摊销、职工教育经费、研究与开发费用、排污费、存货盘亏或盘盈(不包括应计入营业外支出的存货损失)等。

(2)财务费用。财务费用是指运输企业为筹集运输生产经营所需资金而发生的各项费用,包括利息支出(减利息收入)、汇兑损失(减汇兑收益)以及相关的金融机构手续费等。

(3)销售费用。指运输企业对外整车销售、销售自制产品,提供劳务作业,让售燃润料、配件等材料物资、油品销售以及专设销售机构(含销售网点、售后服务网点等)等业务活动中所发生的费用。提供客货运输服务的运输企业,虽然没有直接的销售费用,但是通过广告宣传、新闻媒介和销售部门成员上门宣传,发挥推销运输劳务的重要作用;通过上门征求客户对本企业运输服务的意见和建议,稳定与争取客户,改进服务,为未来扩大运输劳务的提供创造条件。

费用按经济性质分类和按经济用途分类,在会计核算的内容、时间范围上有明显的区别。其主要区别有以下几点:

(1)归集的原则不同。费用要素是按期间归集分配的,营运成本则是按成本核算对象归集分配的。

(2)归集的范围和内容不同。费用要素是企业在一定时间内实际发生和支付的全部生产经营耗费。营运成本则是按各类业务成本项目归集的,它是企业在一定时期内营运业务应负担的费用,是对象化的费用。

(3)费用归集的时间不同。按费用要素项目归集分配的费用,是企业在一定时期为进行运输生产经营活动发生的全部耗费。只要是在一定时期内发生和支付的耗费,都要计入该期间的费用中;按成本项目归集分配的营运成本,则不受一定时期的限制,凡是当期营运成本应负担的费用,不论是否支付和发生,都应计入当期的营运成本。

(三)按费用与运输业务量的关系分类

运输生产过程中的各种消耗,主要是运输工具的消耗。这些消耗一般与车辆的行驶里程有着密切的联系,而不随载客量及载货量的变化而同比例变化。在营运过程中,车辆也避免不了空驶,而空驶所发生的各项消耗也要由重载行驶所实现的运输业务来承担。虽然车辆的运行是为了提供运输劳务,但是,车辆行驶的总行程与实现运输业务量的多少没有直接关系,但是对运输业务成本却有较大的影响。因此,费用按照与运输业务量的关系,可分为变动成本和固定成本。

1. 变动成本

变动成本是指其总额随着运输业务量变化而变动的费用。比如燃料和动力费、过桥过路费、轮胎费、修理费、装卸整理费、堆存费以及安全救助费等都属于变动成本。

变动成本又可区分为随车辆行驶里程变动而变动的成本(简称车公里变动成本)和随实现的运输周转量变动而变动的成本(简称周转量变动成本)。周转量变动成本与运输业务量的变化直接相关,成正比例变动,但在汽车运输业务总成本中的比重不大,一般占变动成本的15%~20%。车公里变动成本与完成的运输业务量没有直接关系,但运输生产是以提供一定的运输劳务为目的,没有车辆行驶的车公里就不可能有运输劳务,二者又是紧密相关的。单位运输劳务量所负担的车公里变动成本的多少直接受车辆利用效率(一般用载运系数表示)的影响。

$$载运系数 = \frac{里程利用率 \times 平均吨(座)位 \times 吨(座)位利用率}{1 - 拖运率}$$

$$运输业务量(周转量) = 总行驶里程 \times 载运系数 \quad (7\text{-}1)$$

$$\begin{aligned}变动成本总额 &= 车公里变动成本 + 周转量变动成本 \\ &= 单位车公里变动成本 \times 总行驶里程 + 单位周转量变动成本 \times 周转量 \\ &= \frac{单位车公里变动成本}{载运系数} + 单位周转量变动成本 \times 周转量 \end{aligned} \quad (7\text{-}2)$$

因此：

$$运输业务量的单位变动成本 = 单位周转量车公里变动成本 + 单位周转量变动成本 \quad (7\text{-}3)$$

由上述可见，只有当载运系数一定时，车公里变动成本与运输业务量(周转量)的比例关系才能稳定，而在实际运输生产过程中，由于客观条件不同，车辆利用效率(载运系数)随时都可能发生变化。另外，因汽车的类型、行驶的路面等级、地区的自然环境、装运货物的种类不同，各自营运成本水平也有较大的差异。车辆行驶里程决定了汽车运输生产过程的主要成本耗费；运输生产所完成的运输业务量的数量决定了汽车运输生产的成本水平和经济效益的高低。

2. 固定成本

指其总额在一定期间并在一定运输业务量范围(又称"相关范围")内与当期车辆行驶里程和完成周转量多少无关、数额保持相对固定的成本。运输工具固定费用和共同费用就属于固定成本，比如检验检疫费、车船使用税、劳动保护费、固定资产折旧、租赁费、保险费、驾驶及相关操作人员薪酬及其伙食费等。某项费用是固定成本还是变动成本，与所采用的成本核算方法有关。如营运车辆按工作量法计提折旧时，折旧是变动成本；按直线法计提折旧时，则折旧就成为固定成本。

由于成本核算方法的原因，在一项费用中可能同时存在固定成本和变动成本。如驾驶员薪酬中，基本工资是固定成本，行车津贴和奖金则是变动成本。

按费用与运输业务量的关系分类，有助于对运输成本习性的理解和分析，为运输企业做好成本核算工作，以及为分析成本升降原因提供依据，从而为企业寻求降低成本的途径，加强企业成本管理和控制，提高经营决策水平提供帮助。在应用盈亏平衡分析法时，这种分类方法是非常必要的。

(四) 按费用与营运业务过程的关系分类

按照费用与营运业务过程的关系不同，可以分为直接营运费用和间接营运费用，也可称为基本费用和一般费用两类。

1. 直接营运费用

直接营运费用是指由于营运业务过程本身引起的、直接作用于营运业务的各项费用。如直接作用于运输生产过程的燃料、司乘人员薪酬、运输工具的折旧费用等车辆直接费用。

2. 间接营运费用

间接营运费用是指与营运业务过程没有直接联系，间接作用于营运业务的各项费用，是由于组织与管理营运业务过程而发生的费用，如车队、站场等部门发生的日常管理费用。

按营运费用与营运业务过程的关系分类,有利于分析运输企业成本结构,考核企业管理水平的高低。

(五)按费用与成本计算对象的关系分类

费用按照计入成本计算对象的方式不同,可以分为直接计入费用(一般称为直接费用)和间接计入费用(一般称为间接费用)。

1. 直接计入费用

直接计入费用是指在营运业务活动中直接发生的,能分清是某种营运业务消耗的,可以直接计入该营运业务成本的费用。如营运车辆消耗的燃料费、轮胎费等可以直接计入运输业务成本。

2. 间接计入费用

间接计入费用是指营运过程中发生的,不能分清是某种营运业务消耗的,无法直接计入某种营运业务成本,就需要采用合理系统的方法,按照一定的标准和比例分配计入某种营运业务成本的费用。如车队、站场等部门发生的日常管理费用等。

按费用计入成本计算对象的方法不同分类,有利于正确、准确计算营运成本。

费用的各种分类方法是相互联系的,各有其不同的作用。其中,对费用按照经济内容和经济用途进行划分,是主要分类方式,也是其他几种分类方法的基础。

五、运输企业成本费用管理的任务与要求

(一)运输企业成本费用管理的任务

运输企业成本费用管理的基本任务,就是通过成本费用预测、决策、计划、控制、核算、分析与考核,反映企业的生产经营成果,挖掘降低成本和费用的潜力,努力降低成本,减少费用支出,提高经济效益。运输企业的一切经营管理工作,都要围绕提高经济效益这一中心。在市场经济条件下,企业微观经济运行的目标之一是利润最大化。要实现这一目标,首先取决于企业的生产经营规模,即营运业务量的大小。但是生产经营耗费的高低,同样处于决定性的地位。依据价值工程理论,降低成本与提高业务量都可增加企业利润,但降低成本增加的利润比扩大业务量增加的利润更加快捷、有效。因此,在成本费用管理中,有效降低消耗和成本,才能显著地提高运输企业的经济效益。

运输企业成本费用管理工作,要由单纯执行性的成本费用管理转化为决策性与执行性并重的成本费用管理。这就要求企业的成本费用管理从日常的反映、监督扩展到成本费用预测、决策、计划、控制、核算、分析与考核上来。进行成本预测、参与经营决策、编制成本计划,为企业有计划地进行成本管理提供基本依据。严格控制各项成本费用的开支,及时进行成本费用核算,并将成本控制分解到各个部门,强化人力成本、质量成本、技术成本、安全成本、服务成本等意识,明确不同部门各自的重点控制内容,比如站场成本控制重点应当考虑人工成本、水电消耗、车站维修费用等;车队成本控制重点应当考虑车辆折旧、燃润料、零配件、轮胎消耗及维修费用支出、安全运行等,但对于保障运输生产安全的合理开支需要必须足额到位;修理厂成本控制重点应当考虑提高维修质量和材料消耗等。运输企业应当全面落实量化考核,考核成本计划的完成情况,为进行成本分析提供有用信息。

(二)运输企业成本费用管理的要求

1. 对成本费用实行全员管理和全过程控制

运输企业成本费用降低任务和指标,要落实到企业内部各职能部门,充分发挥各职能部门在加强成本管理中的作用。要把成本费用计划,按照全员成本管理的要求,按部门分别落实责任指标,定期考核执行情况,分析成本费用升降的原因,做到分工明确、职责清楚、奖惩合理。运输企业必须明确各级组织(如本部、分支机构、班组等)和各职能部门(如财会、劳资、车辆管理、供销、技术、设备等)费用管理方面的权限与责任,建立健全费用管理的责任制度。

全员、全过程的成本管理,贯彻"技术与经济相结合,生产与管理并重"的原则,从单方面的生产过程成本管理扩展到企业资金筹集、项目可行性研究、运输服务方式选择、物资采购供应、运输生产与控制等环节的全过程的成本费用管理;从单纯财务会计部门管理扩展到生产、技术、安全、运营各个职能部门,从仅仅依靠财务会计人员扩展到自上而下的全员成本管理。

2. 实行费用归口、分级管理和预算管理,加强成本考核工作

运输企业要将费用预算的各项指标,按其性质和内容进行层层分解,既分解到各职能部门,又逐级落实到各级组织。各个归口职能部门,既要完成本部门的各项费用指标,也要负责完成运输企业下达的归口指标,并进一步把归口指标分解下达到有关执行单位和部门,从而形成一个上下左右、纵横交错、人人负责的费用管理体系。根据权、责、利三者结合的原则,在建立费用管理责任制的同时,赋予责任单位和部门一定的经济权限和利益,使其具有控制本单位责任费用的相对自主权,以调动职工积极性。运输企业应当根据自身实际建立必要的费用开支范围、标准和报销审批制度。

成本考核是企业对内部各成本责任中心定期考查,审核其成本计划指标的完成情况,并评价其成本管理工作的成绩。成本考核以成本计划指标作为考核的标准,以成本核算资料作为考核的依据,以成本分析结果作为评价的基础。通过成本考核,可以监督各成本责任中心按时完成成本计划,也能全面地、正确地了解企业成本管理工作的质量和效果。

3. 正确划分各种费用界限

运输企业为了正确进行营运成本和期间费用核算和管理,必须正确划分各种费用界限。运输企业的成本核算资料必须正确完整,如实反映运输生产经营过程中的各种消耗。对运输生产经营过程中所发生的各项费用必须设置必要的费用账簿,以审核无误、手续齐备的原始凭证为依据,按照成本核算对象,把成本项目、费用项目按业务部门进行归集,做到真实准确、完整及时。

(1)正确划分应否计入营运成本、期间费用的界限。运输企业的经济活动是多元化的,其支出的用途不尽相同。而不同用途的支出,其列支的项目有所不同。例如,企业购建固定资产的支出,应计入固定资产的成本;用于组织和管理运输生产经营活动,以及为筹集运输生产经营资金所发生的各种支出,即企业日常运输生产经营管理活动中的各种耗费,则应计入营运成本或期间费用。运输企业应按照国家成本开支范围的规定,正确地核算营运成本和期间费用。

(2)正确划分营运成本与期间费用的界限。运输企业日常运输生产经营中所发生的各项耗费,其用途内容和计入损益的时间有所不同。营运业务发生的耗费形成营运成本,并在劳务提供完成后计入企业损益;而当月发生的期间费用,直接计入当月损益。因此,为了正确计算企业各月份的损益,必须正确地划分营运成本和各项期间费用的界限。

(3)正确划分各月份的费用界限。为了按月分析和考核成本计划的执行情况和结果,正确计算各月损益,还必须正确划分各月份的费用界限。本月发生的费用,都应在本月全部入账,不能将其一部分延至下月入账。运输企业必须贯彻权责发生制原则,正确地核算跨期摊提费用。凡是本期营运成本应负担的费用,不论其款项是否支付,均应计入本期的营运成本;凡是不属于本期营运成本负担的费用,即使款项在本期支付,也不应计入本期的成本。正确划分各月份的费用界限,是保证成本核算正确的重要环节。

(4)正确划分各项营运业务的费用界限。为了正确计算各项营运业务的成本,正确分析和考核各项营运业务成本计划的执行情况,企业应当正确划分客运、货运、站场业务等营运业务的费用界限。凡能够直接计入某项业务的费用,均应直接计入该项业务成本;凡属于几项业务共同发生的,不能直接计入某项业务的费用,则应采用适当的方法,分配计入各该项业务的成本。

(5)正确划分完工产品与在产品的费用界限。对于运输企业站场、车队月末计算辅助营运产品成本时,需要采用适当的分配方法在完工辅助产品与月末在产品之间进行分配,分别计算完工辅助产品成本和月末在产品成本。

4.正确确定财产物资的计价和价值结转方法

运输企业的运输生产经营过程中,财产物资的耗费占有相当的比重。因此,这些财产物资计价和价值结转方法是否恰当,会对成本管理产生重要的影响。

财产物资计价和价值结转方法主要包括:固定资产原值的计算方法、折旧的计提方法、折旧率的选择;固定资产与低值易耗品的划分标准;材料成本的组成内容、材料按实际成本进行核算时发出材料成本的计算方法、材料按计划成本进行核算时材料成本差异率的种类、采用分类差异率时材料类距的大小等;低值易耗品价值的摊销方法、摊销率的高低及摊销期限的长短等。为了正确地进行成本管理,对于各种财产物资的计价和价值的结转,应当采用既合理又简便的方法;国家有统一规定的,应采用国家统一规定的方法。各种方法一经确定,应保持相对稳定,不能随意改变,以保证成本信息的可比性。

5.做好各项成本费用管理基础工作

为了加强成本费用审核、控制,正确、及时地计算成本费用,运输企业应做好以下各项基础工作。

(1)做好定额的制定和修订工作。运输企业应建立和健全各项技术经济定额。制定定额的各项支出,要定期编制预算,纳入成本、费用计划,实行预算管理。企业可以根据线路、车型和气候季节制定油耗定额,按行驶里程制定保修费和轮胎消耗定额等。车辆油料、维修、轮胎消耗定额的制定,既是编制成本计划,分析和考核成本水平的依据,也是审核和控制运输业务成本的标准。因此,运输企业必须建立和健全定额管理制度,凡是能够制定定额的各种消耗,都应该制定先进、合理、切实可行的消耗定额,并随着技术改进、工艺变动、劳动生产率的提高,不断修订完善,以充分发挥其应有的作用。

(2)建立和健全材料物资的计量、收发、领退和盘点制度。成本核算是以价值形式来核算企业运输生产经营管理中的各项费用的。但价值形式的核算是以实物计量为基础的。因此,为了进行成本管理,必须建立和健全材料物资的计量、收发、领退和盘点制度。凡是材料物资的收发、领退以及入库等,均应填制相应的凭证,办理审批手续,并严格进行计量和验收。库存的各种材料物资、存货均应按规定进行盘点。只有这样,才能保证账实相符,保证成本计算的正确性。

(3)建立和健全原始记录工作。原始记录是反映运输生产经营活动的原始资料,是进行成本预测、编制成本计划、进行成本核算、分析消耗定额和成本计划执行情况的依据。运输企业应根据营运管理和成本、费用管理的需要,规定各项原始记录的格式、内容、填制规则、签署和传递程序、审查复核和汇总方法以及保管制度。企业还应建立登记各项原始记录的台账。对运输经营过程中材料、轮胎的领用、内部转移;燃油的耗费;费用的开支;行车记录等,都要做好原始记录。成本核算人员要会同企业的计划统计、生产技术、劳动工资、产品物资供销等有关部门,认真制定既符合成本核算需要,又符合各方面管理需要,既科学又简便易行,讲求实效的原始记录制度,以便正确及时的为成本管理和其他有关方面提供资料和信息。

六、运输企业成本核算

运输企业成本核算,是指企业在一定时期内根据运输及相关业务发生的各项耗费,按照成本计算对象和设置的成本项目,以一定的方法进行归集和分配,计算出各营运业务的成本,为检查和分析成本的完成情况提供真实可靠的核算资料。

本部分主要介绍客货运输业务以及站场经营业务的成本核算。

(一)运输企业成本核算方法

现行成本核算制度规定,运输企业成本采用制造成本法核算。制造成本法是把企业在生产经营过程中发生的各种耗费,划分为制造成本和期间费用,将产品、劳务或服务成本只核算到产品制造或劳务供应环节的一种成本核算方法。按照制造成本法,核算运输企业成本只归集分配与营运业务相关的费用,而将期间费用直接计入当期损益。制造成本法简化了成本核算程序,利于提高成本核算效率,便于成本管理责任的考核。同时还可促进运输企业积极开拓运输市场,避免只重产值不重效益的做法,有利于促进运输企业经营活动的良性循环。

(二)运输企业成本核算对象

成本核算对象也称之为成本计算对象,是成本计算过程中所归集和分配费用的承担者。由成本计算的空间范围(全厂或某一生产阶段)、时间范围(成本计算期——月度或生产周期)和成本计算实体(产品或劳务)三个基本要素所构成。上述要素的组合形式,取决于企业的生产特点和成本管理要求。

为了正确计算成本,首先就要确定成本计算对象,以便按照每一个成本计算对象,来归集各个对象所应承担的费用,计算出各对象的总成本和单位成本。因此,正确确定成本计算对象,是保证成本核算质量的关键所在。

对于运输企业,成本核算对象就是在运输生产经营过程中发生的各项费用的承担者,也就是企业的各项营运业务。按照产品成本核算制度规定,运输企业应当根据生产运营的特点、生产经营组织的类型、提供劳务的种类和成本管理的要求,确定成本核算对象。以运输工具从事旅客运输的,一般按照班线、基层站场等确定成本核算对象;从事货物运输及装卸业务的,可以按照货物、成本责任部门、作业场所等确定成本核算对象;从事仓储、堆存业务的,一般按照仓库、堆场、油罐、筒仓、货棚或主要货物的种类、成本责任部门等确定成本核算对象。

对于企业内部管理有相关要求的,还可以按照现代企业多维度、多层次的管理需要,确定多元化的成本核算对象。多维度,是指以产品的最小生产步骤或作业为基础,按照企业有关部门的生产流程及其相应的成本管理要求,利用现代信息技术,组合出产品维度、工序维度、车间班组维度、生产设备维度、客户订单维度、变动成本维度和固定成本维度等不同的成本核算对象。多层次,是指根据企业成本管理需要,划分为企业管理部门、工厂、车间和班组等成本管控层次。

1. 运输业务的成本计算对象

对于运输业务,可以用客运业务、货运业务作为成本核算对象;如果按客、货车分类核算运输业务的,可以客车运输和货车运输作为成本核算对象,由此计算得出的就是客车运输成本和货车运输成本。在实际工作中,按车别(客车、货车)核算成本比按运别(客运、货运)核算成本,核算工作更为简单明确,所以运输业务的成本核算对象,一般就是指客车运输和货车运输。只在有特殊需要时,才以客运业务和货运业务作为成本核算对象。

2. 装卸业务的成本计算对象

装卸业务本质上也是一种货物运输,可以并入运输业务成本计算,但由于距离极短,所以在计算装卸成本时通常不考虑其搬运的距离。有些货物、特别是零担货物需要通过货运站进行重新配载,以满足货物运输的基本要求。这样货物装卸就成为货运站场的一项重要业务。企业可以根据管理要求和生产经营特点将装卸业务进行合理归并,若将装卸业务单独作为一项营运业务,企业的装卸业务可以分为机械装卸和人力装卸。装卸业务成本可以以机械装卸业务和人力装卸业务为成本计算对象。

3. 其他业务的成本计算对象

运输企业除运输业务之外,还有站场业务、商品销售业务、车辆维修业务以及其他业务等。

上述其他业务的内容各不相同,必须对各种业务项目分别进行成本核算。因此,其他业务的成本核算对象就是其他业务的各种业务项目。

(三) 运输企业成本的计算

运输企业成本的计算,要根据成本管理的要求,确定成本核算对象、成本计算单位和成本项目。归集分配营运费用,计算营运成本。根据运输企业的经营业务种类不同,营运成本可以分为运输业务成本、站场业务成本、商品销售业务成本、车辆维修业务成本以及其他业务成本等。其中运输业务成本的计算具有运输企业成本计算的特色,因此,这里主要介绍运输业务成本的计算。

1. 成本计算单位

(1) 运输业务的成本计算单位。运输业务是以运输业务生产量的计量单位为依据的。客车运输业务的基本计量单位为人公里,即实际运送旅客的人数与起讫站之间里程(公里)的乘积。一人公里的意思就是一位旅客被运送了一公里。货车运输业务的基本计量单位为吨公里,即实际运送的货物吨数与起运点到卸货地点之间里程的乘积。一吨公里即一吨货物被运送了一公里。汽车运输业务的计量单位为人公里和吨公里,因此,汽车运输成本的计量单位也是人公里和吨公里。但考虑到数值的因素,实际运用中通常以千人公里和千吨公里作为成本计算单位。客货车以外其他车辆运输业务的成本计算单位,根据各类车型分别规定,大型车组的成本计算单位为千吨位小时,集装箱车辆的成本计算单位为千标准箱公里(空箱不计)。其他特种车辆,如零担车、冷藏车、罐车等运输业务,其成本计算单位为千吨公里。

(2)装卸业务的成本计算单位。运输企业的装卸业务有机械装卸和人力装卸。装卸业务成本的计算单位为千操作吨。

2. 成本项目

运输企业各类营运业务的特点不同,其与营运业务有关的费用项目构成也不尽相同。因此,应当根据运输企业生产经营特点和管理要求,按照成本的经济用途和生产要素内容相结合的原则或者成本性态等设置各类营运业务的成本项目。下面以运输业务为例,说明成本项目的设置。

(1)运输业务按照成本的经济用途和生产要素相结合的原则可以设置车辆直接费用和营运间接费用成本项目。

车辆直接费用成本项目可以包括以下内容:

①职工薪酬:指按规定支付的营运车辆司机和乘务员的各种职工薪酬。

②燃润料费:指营运车辆运行中所耗用的各种燃料和润滑料,如汽油、柴油、机油等。自动倾卸车辆卸车时所耗用的燃料,也在本项目内。

③轮胎费:指营运车辆耗用的外胎、内胎、垫带、轮胎翻新和修补费。

④修理费:指营运车辆进行各级护养和修理所发生的工料费用,修复旧件费用和行车用机油费用。

⑤折旧费:指营运车辆按规定计提的折旧费。

⑥车辆保险费:指向保险公司交纳的营运车辆的保险费用。

⑦事故损失:指营运车辆在运行过程中,因行车事故所发生的净损失。有旅客保险收入的企业,其旅客伤亡事故损失和车站责任发生的货损货差以及由于不可抗拒的原因而造成的非常损失,均不在此项目内。

⑧车辆通行费:发生的过路、过桥、过遂等费用。

⑨税金:指企业按规定交纳的车船使用税。

⑩其他:指营运车辆在运行过程中发生的不属以上项目的行车杂费等其他费用。如车辆清洗费、车辆牌照检验费、停车费、车辆冬季预热费等。信息通讯费、安全生产费、车辆年审费、司乘人员差旅费、柜费、装卸费、转运费、劳务费、水电费、租赁费、服务物料消耗、劳动保护费(包括制服费)等。

营运间接费用是指在运输生产过程中发生的不能直接归属于成本计算对象的各种间接费用。主要是指运输企业的下属非独立法人的分公司、车队、车场、车站的日常营运管理费用。

需要注意的是,客货运站场可采取独立法人经营的模式,也可以采取在运输企业下设非独立法人性质进行运营管理。如果运输企业拥有的站场实行独立经营核算,单独核算收入和成本,此时,站场所发生的营运管理费用,应作为站场的营运成本进行归集与核算,而不构成运输业务成本的营运间接费用,即此种情况下的营运间接费用不包含站场的营运管理费用。

运输企业可根据生产经营特点和管理要求对上述成本项目做适当调整。对于管理上需要单独反映、控制和考核的费用,以及营运成本中所占比重较大的费用,应专设成本项目;否则,为了简化核算,不必专设成本项目。例如,如果安全生产费在运输业务成本中所占比重较大,在管理上需要对其进行重点控制和考核,则应单设"安全生产费"成本项目;又如,如果行车事故损失发生不多,为了简化核算,可将其并入"其他"成本项目。

按照成本的经济用途和生产要素相结合的原则划分的成本项目,编制运输业务成本报表如表7-1所示。

运 输 业 务 成 本 表 表7-1

项 目	行 次	本期实际数			本期累计实际数		
		合计	客车	货车	合计	客车	货车
一、运输总成本(万元)	1						
(一)车辆直接费用(万元)	2						
1.职工薪酬(万元)	3						
2.燃料费(万元)	4						
3.轮胎费(万元)	5						
4.修理费(万元)	6						
5.折旧费(万元)	7						
6.车辆保险费(万元)	8						
7.车辆通行费(万元)	9						
8.事故损失(万元)	10						
9.税金(万元)	11						
10.其他(万元)	12						
(二)营运间接费用(万元)	13						
二、周转量[千换算吨公里[1],千人(吨)公里]	14						
三、单位成本[元/千换算吨公里,元/千人(吨)公里]	15						
四、成本降低额(万元)	16						
五、成本降低率(%)	17						
补充资料:燃料消耗:天然气(升)、柴油(升)	18						

注:在道路运输领域,10人公里=1换算吨公里;1吨公里=1换算吨公里。

(2)运输业务按照成本性态可以设置营运费用、运输工具固定费用与非营运期间的费用等成本项目。

①营运费用是指企业在货物或旅客运输、装卸等过程中发生的营运费用,包括货物费、中转费、过桥过路费、燃料和动力、安全救助费、装卸整理费等。

②运输工具固定费用,是指运输工具的固定费用和共同费用等,包括检验检疫费、车船使用税、劳动保护费、固定资产折旧、租赁费、备件配件、保险费、驾驶及相关操作人员薪酬等。

③非营运期间费用是指受不可抗力制约或行业惯例等原因暂停营运期间发生的有关费用等。

(3) 费用归集分配。运输企业应当根据生产经营特点,以正常生产能力水平为基础,按照资源耗费方式确定合理的分配标准,进行费用归集分配。

①运输业务成本,按客车、货车耗费进行归集或分配,就构成了客车、货车运输成本。运输生产过程中的各种消耗,主要是运输工具的消耗而不是运输对象(旅客和货物)的消耗。因而运输业务成本的主要组成部分是维持车辆正常运行所消耗的燃料、轮胎、材料配件及车辆磨损等的价值。可以按照客车货车各成本项目进行归集和分配,汇总计算出各运输业务的总成本和单位成本。由于运输企业成本核算对象较少,运输过程中发生的各项燃料材料、人员薪酬、装卸整理费、过路过桥费用等车辆直接费用,可根据有关原始凭证、统计资料、工时(工作量)记录、费用标准等编制各种费用计算表,直接计入成本核算对象。

燃料费可以根据月末车队将当月经审核的所有油票存根(或燃料结算凭证存根)交给统计部门,统计出当月各营运车、各指定加油站的燃料消耗总额计入成本核算对象;各项实物材料耗费,可以按实际领用的数量及账面单价计入成本核算对象。轮胎费用可按月按核定的定额计提,计入成本核算对象。应根据实际情况制定合理的计提标准,计提定额一经核定,不能随意更改;车辆维护、修理费可以根据实际发生费用,计入成本核算对象;一次缴交数月或一年的保险费、车船使用税等税费,应按受益期分月摊销计入成本核算对象;折旧费应根据企业规定的计提方法、使用年限、残值率计提折旧。车队、站场所发生的营运间接费用,应当选择符合经营特点的、合理的分配标准分配计入各成本核算对象的成本。分别计算客车、货车、大型车组、集装箱车、其他特种车辆的总成本和单位成本。

②装卸业务成本,是运输企业的装卸机械和人工在装卸和搬运过程中所发生的耗费。通常分为机械装卸成本和人力装卸成本。自动卸货车在卸货时所发生的费用,不单独计算装卸成本,并入运输业务成本统一计算;为装卸作业而专门配备的汽车、吊车铲车、叉车等车辆所发生的费用,应并入装卸业务成本。以机械装卸为主,配备少量人工配合机械装卸的,可只计算机械装卸成本,人工费用并入机械装卸成本的有关项目;以人力装卸为主,配备少量机械配合人力装卸的,可只计算人力装卸成本,机械费用并入人工装卸成本的有关项目。

③站场业务成本是指客货运站场为本企业营运车辆提供站务服务,也同时面向具有道路运输经营权的其他企业或联运户营运车辆提供客货运服务、客货运代理、安检服务、清洁清洗、货物堆存、停车服务、进展服务等各类站务服务,以及从事小件寄存、商业服务旅馆等服务业务所发生的耗费。月终根据发生的各项费用汇总计算站场业务成本。

④企业总部在组织和经营管理生产中所发生的管理费用、财务费用、销售费用,分别按原始凭证、统计资料和费用预算标准计算期间费用总额,在计算企业利润总额时,直接从收

入中扣减,不列入运输营运成本的计算范围。

第二节 运输企业成本预测、计划与控制

一、运输企业成本预测

运输企业成本预测,就是根据运输企业营运业务成本特性及有关数据资料结合企业发展的前景和趋势,采用科学的分析方法,对一定时期营运业务成本水平、成本目标进行预计和测算。

(一)目标成本预测

目标成本,是事先确定在一定时期内努力实现的成本,它是成本管理工作的奋斗目标。在正常情况下,目标成本应比已经达到的实际成本要低,但经过努力可以实现。正确地预测和制定目标成本,对于挖掘企业降低成本潜力,编制成本计划和保证实现企业经营目标具有重要的作用。

对于运输业务成本的预测,通常有以下几种方法。

1. 目标利润法

目标利润法又称"倒扣计算法"或"余额计算法",其特点是"保利润、挤成本"。它是在事先确定目标利润的基础上,考虑税金、期间费用等项目,推算出目标成本的方法。其测算公式为:

$$目标运输业务成本 = 预测运输业务收入 - 应纳税金 - 目标利润 - 期间费用 \quad (7-4)$$

$$单位目标运输业务成本 = 单位营业收入 \times (1 - 税率) - \frac{目标利润 + 期间费用}{计划周转量} \quad (7-5)$$

2. 选择某一先进成本作为目标成本

该成本既可以是本企业历史上最好的成本水平,也可以是按平均先进水平制定的定额成本或标准成本。这种方法简单易操作,但要注意可行性。如果条件发生变化,就不能生搬硬套,要做及时修正或调整。

3. 根据本企业上年实际平均单位成本或企业按照市场需要与竞争条件规定的成本降低任务测算出目标成本

$$单位目标运输业务成本 = 上年实际平均单位成本 \times (1 - 计划期成本降低率) \quad (7-6)$$

确定企业的目标成本,要充分运用价值工程理论,创造出最优方案,也即要在不超过目标成本的前提下,实现运输业务这种产品的必要功能。

确定目标成本还必须掌握充分的调查资料,主要是市场需求情况,所需轮胎、燃料、零配件价格变动情况,本企业的生产技术、经营管理水平等对运输生产能力的影响,以及有关的统计资料,上期成本升降情况的分析等。在调查研究的基础上进行成本预测,使目标成本既先进又切实可行。这样的目标成本可以作为计划成本,并据以编制成本计划。

运输企业确定目标成本后,还要对一些主要的影响因素进行测算。通常需要测算下列几项:

(1)燃料(轮胎、保修费)节约所影响的成本降低率。按下式计算:

$$成本降低率 = 上期燃料费在总成本中的比重 \times 计划期燃料消耗预计降低率 \quad (7\text{-}7)$$

（2）生产率提高超过工资增长所影响的成本降低率。按下式计算：

$$成本降低率 = 上期工资在总成本中所占比重 \times \left(1 - \frac{1 + 平均工资增长率}{1 + 劳动生产率增长率}\right) \quad (7\text{-}8)$$

（3）因更新营运车辆使折旧费变动对成本降低率的影响。按下式计算：

$$成本降低率 = 上期折旧费在总成本中所占比重 \times \left(1 - \frac{1 + 折旧增长率}{1 + 产量增长率}\right) \quad (7\text{-}9)$$

（4）由于周转量增加使营运间接费用相对节约所影响的成本降低率。按下式计算：

$$成本降低率 = 上期营运间接费用在总成本中所占比重 \times \left(\frac{1}{1 + 产量增长率}\right) \quad (7\text{-}10)$$

（5）由于车辆行驶总行程增加（工作车日和平均车日行程提高）而使周转量增加所影响的成本降低率。按下式计算：

$$成本降低率 = 上期固定成本在总成本中所占比重 \times \left(1 - \frac{1 + 固定成本增长率}{1 + 产量增长率}\right) \quad (7\text{-}11)$$

（6）由于载运系数提高而使周转量增加所影响的成本降低率。按下式计算：

$$成本降低率 = \frac{上期固定成本与车公里}{成本之和占总成本的比重} \times \left(1 - \frac{1 + 载运系数增长率}{因载运系数提高所致产量增加率}\right) \quad (7\text{-}12)$$

以上几项因素成本降低率求和，即可求得总的成本降低率。如已知上年实际成本，则可求得在此情况下的成本，再与所确定的目标成本对比，如目标成本可以实现，于是可以据此编制成本计划。

（二）成本趋势预测

对成本发展趋势的预测，可根据历史资料运用统计的方法进行，这种方法就是将成本发展趋势用直线方程 $y = a + bx$ 表示，其中 y 代表成本总额，a 代表固定成本总额，b 代表单位变动成本，x 代表业务量。

a 和 b 值一经确定，则可以得到任何业务量条件下的成本总额和单位成本。确定 a 和 b 值，可运用高低点法和回归分析法。

1. 高低点法

高低点法是在若干连续时期中，根据历史成本资料，选择其中最高期和最低期业务量及相应的成本总额，以此来推算单位变动成本 b，然后再计算固定成本 a，其计算公式如下：

$$b = \frac{最高期成本总额 - 最低期成本总额}{最高期业务量 - 最低期业务量} \quad (7\text{-}13)$$

$$a = 成本总额 - 单位变动成本 \times 业务量 \quad (7\text{-}14)$$

高低点法计算简单易行便于理解，但这种方法只根据最高、最低两点数据，而不考虑两点之间业务量和成本的变化，使得建立起来的成本性态模型代表性不强，计算结果往往不够精确。只能在成本发展趋势比较稳定的情况下使用，若用在成本变动较大的情况下，则误差较大。

2. 回归分析法

回归分析法,是根据若干期数据资料,运用数理统计方法,建立回归直线方程,据以计算固定成本 a 和单位变动成本 b,从而计算出任何业务量条件下的成本总额和单位成本。

这种方法计算 a、b 值时,必须建立联立方程,联立方程为:

$$\sum y_i = na + b\sum x_i$$
$$\sum x_i y_i = a\sum x_i + b\sum x_i^2 \qquad (7\text{-}15)$$

式中,n 为数据组的期数。

$$a = \frac{\sum y_i - b\sum x_i}{n}$$

于是:
$$b = (n\sum y_i x_i - \sum x_i \sum y_i)/[n\sum x_i^2 - (\sum x_i)^2]$$

运用回归分析法,计算量较大,计算过程也较复杂,但计算结果比较准确,在实际中经常采用这种方法。

二、运输企业成本计划

(一)成本计划的作用与要求

成本计划是企业进行营运生产所需的费用支出和成本降低任务的计划。成本计划是运输生产经营计划的重要组成部分,是考核和评价运输企业生产经营管理成果、实行成本指标分级归口管理、健全成本管理责任制的重要依据,是进行成本控制、成本分析以及编制财务计划的基础。科学的成本计划,可以促进运输生产、技术、劳动效率的提高和运输服务质量的改善。

为了实现企业目标成本、目标利润要求,编制成本计划时,必须对运输工作量、车辆运用效率、燃料供应与消耗定额、修理费用水平以及劳动生产率等提出明确要求,以合理的定额为基础,与企业其他计划有关指标相衔接,保证成本计划的实现。例如要求载运系数必须达到多少,燃料百车公里消耗量不得超过多少,千车公里材料费需要控制在什么范围,工资增长与生产率的增长幅度的合理关系等。编制成本计划要严格遵守国家成本、费用开支标准,并做到成本计划和实际成本计算所采用的方法相一致,以保证正确分析和考核成本计划完成情况。

编制成本计划时,应体现下列要求:
(1)重视成本预测提供的资料;
(2)符合实现目标利润对成本降低指标的要求;
(3)协调好成本计划指标与其生产技术经济指标之间的平衡与衔接;
(4)遵守国家规定的成本、费用开支标准;
(5)成本计划指标的确定要实事求是,既先进可行,又有技术组织措施予以保证。

(二)成本计划的内容

企业成本计划的内容,常因企业性质、所处行业不同而有所不同。一般包括费用预算、营运成本计划等内容。

由于运输企业有自身的营运特点,其成本计划也有其特殊性。运输企业不同类型的营运业务,成本计划内容也有差异。运输企业的营运成本计划包括运输业务成本计划、站场业务成本计划、辅助生产(车辆维修业务)成本计划以及其他各项经营业务成本计划等。其中运输业务成本计划是最基本和最重要的部分。下边重点介绍运输业务成本计划的内容。

1. 费用预算

费用预算反映了运输企业在计划期内预计支出的全部费用总额的计划,其内容主要是按照费用要素计算的各项费用预算数。通过编制费用预算,可以据以核定流动资产定额和计算净产值。同时,还可以使营运成本计划同运输生产、物资供应、劳动工资等计划衔接起来。费用预算的主要内容见表 7-2。

费用预算表(万元)　　　　　　　　表 7-2

费用要素	上年预计数	本年计划数
外购材料		
外购燃料		
外购动力		
职工薪酬		
折旧费		
轮胎费		
修理费		
利息支出		
其他		
费用合计		
减:不包括在营运业务中的费用		
加:在修车辆和在制产品期初余额		
减:在修车辆和在制产品期末余额中构成营运业务成本的费用		

2. 营运成本计划

营运成本计划是按照成本项目编制计算的成本计划,内容包括各项业务的总成本、单位成本和成本降低率。反映计划期各营运业务达到的成本水平。

运输业务成本计划,是在费用预算的基础上,以车辆运用计划、劳动工资计划、车辆修理计划等为依据,按照各种技术经济定额,如行车燃料消耗定额、轮胎行驶定额、修理费定额、汽车各种修理间隔里程、车辆折旧里程定额、各种费用定额及计划价格,据企业的经营目标和成本降低计划计算编制。实行分级核算成本的运输企业,运输业务成本计划由各生产部门(车队、车场)按规定的成本项目,分别就客、货车(车型)编制车队运输业务成本计划,然后由企业汇总编制客、货成本及客、货车综合运输业务成本计划。经过批准后,再将运输业务计划指标分解,下达到各生产部门,据以编制各生产部门的营运成本计划。不实行分级核算成本的运输企业,运输业务成本计划由企业财会部门为主编制。

运输业务成本计划的主要内容见表 7-3。

运输业务成本计划　　　　　　表 7-3

企业名称：　　　　　　　　　　　　　201×年　　　　　　　　　　　　　单位：万元

成本项目	单位	上年预计数	本年计划数		
			客货车综合	客车	货车
一、车辆费用					
1. 职工薪酬					
2. 燃料费					
3. 轮胎费					
4. 折旧费					
5. 修理费					
6. 车辆通行费					
7. 车辆保险费					
8. 事故损失					
9. 税金					
10. 其他					
二、营运间接费用					
三、运输总成本					
四、运输周转量					
五、单位运输成本					
七、上年实际平均单位运输成本					
八、按上年实际平均单位成本计算的总成本					
九、成本降低额					
十、成本降低率(%)					

(三)营运成本计划的编制程序

1. 收集和整理基础资料

在编制营运成本计划之前，要广泛收集和整理所需要的各项基础资料，并加以分析研究。所需资料主要包括：企业制定的成本降低任务、指标或承包经营的指标，企业计划采取的经营决策和经营计划等有关指标，营运生产和其他业务生产计划，物资供应计划，营运设备修理计划，劳动工资计划，技术组织措施计划，各种技术经济定额，各项消耗定额、工时定额，历史成本资料，同类企业的成本资料，同种车型的成本资料，企业内部各部门费用预算和劳务价格等其他有关资料等。

2. 分析报告期营运成本计划的预计执行情况

营运成本计划，应当参考以往经验制定。应对报告年度计划执行情况进行预计和分析，分析各成本部门历年营运支出资料，计划期有关定额、支出预计增减幅度。计算出上年实际平均单位成本，与报告年度计划成本相比，与同行业成本对比，找出差距，总结经验，为计划提供编制依据。

3. 营运成本降低计划任务测算

正式编制营运成本计划之前,在对报告期成本计划执行情况分析的基础上,根据确定的目标利润、目标成本和成本预测的结果,试算计划成本可能降低的幅度,研究降低成本措施,寻求降低成本的途径。

(四) 营运成本计划的编制方法

营运成本计划编制,通常有两种方法:一是定额预算法;二是因素测算法。

1. 定额预算法

又称直接计算法。先详细计算营运业务计划成本,再汇总编制成本计划。一般计算的依据是根据企业营运业务目标和营运支出项目的各项消耗定额、费用预算等资料,按成本项目和企业所采用的成本计算方法来测算。采用这种办法,有利于落实节约措施,及时修正定额,加强费用预算和成本归口管理;但其缺点是计算复杂,工作量较大,故一般适用于基础管理工作较好的运输企业。

具体各项目计划成本的计算方法如下:

(1) 燃料、材料等有消耗定额的费用项目,可根据计划业务量、单位消耗定额和预期单价计算。计算公式如下:

$$本年费用计划数 = 本年计划完成业务量 \times 计划消耗定额 \times 预期单价 \qquad (7-16)$$

【例7-1】 某汽车运输企业客车每百公里耗汽油24.7升,计划年度完成行驶里程为10万车公里,预计计划年度汽油平均价格为7.13元/升。则计划年度燃料费用可计算如下:

$$燃料费用(汽油) = 100000 \div 100 \times 24.7 \times 7.13 = 176111(元)$$

(2) 对于没有消耗定额和开支标准的费用项目,如低值易耗品消耗等,可根据上年实际数或预计完成数,结合本期计划业务量、节约要求及物价上涨情况予以计算,计算公式可参照下式。

$$本期费用计划数 = 上年费用预计完成数 \times \frac{本年计划业务量}{上年预计完成业务量} \times$$
$$(1 - 消耗节约率) \times (1 + 物价上涨率) \qquad (7-17)$$

(3) 相对固定的费用(如办公费、水电费等),可根据历史资料,并考虑节约要求和物价变化情况计算。其公式如下:

$$本年费用计划数 = 上年预计数 \times (1 - 消耗节约率) \times (1 + 物价上涨率) \qquad (7-18)$$

(4) 有规定开支标准的项目(差旅费、劳动保护费等),则按有关标准计算编制。

(5) 其他计划中已有现成资料的费用项目可根据其他计划的有关资料编制。

(6) 分配性费用应根据受益原则和计算的分配率进行计算。

各种营运业务成本计划,应分别按成本项目计算总成本、计划单位成本、计划成本降低额和降低率。

2. 因素测算法

又称因素概算法。它是根据各项增产节约措施计划,通过分析测算出来的各项增产节约因素的经济效果对降低成本的影响程度,从而确定计划期的成本水平,编制成本计划。采用这种方法,计算简便,简化了工作量;但是计算较粗略,不便于归口分级管理,如果与定额预算法结合起来,对重要的且资金耗费较大的成本项目采用定额预算法,对次要的且资金耗费较少的成本项目宜采用因素测算法。这样处理,效果会更好。

因素测算法编制步骤如下:

(1)企业财务部门根据企业预定的成本指标进行初步试算平衡,然后据此结果向企业各部门、单位、车场、车队、车站提出成本目标要求。

(2)企业所属各单位、部门、车场、车队、车站,根据企业下达的成本指标,结合自身实际,制定本单位成本计划。

(3)企业财务部门汇集所属各单位、部门、车场、车队、车站上报的成本计划,综合计算对企业总成本的影响,编制企业总的成本计划。

(4)据企业总的成本计划,分项确定单位业务量成本、成本降低额和成本降低率。

这种方法通常适合于企业计划期与上期预计完成情况比较接近,以及企业在编制季度、月度成本计划或调整成本计划时使用。

三、运输企业成本控制

成本控制是指在成本形成的过程中,根据事先制定的成本目标,对各项运输生产经营活动进行指导、制约和监督,及时发现偏差,采取纠正措施,使企业各项运输生产耗费被控制在既定的范围之内,以保证实现企业的成本目标。

成本控制是现代成本管理的重要方法之一。从成本形成过程来看,要做好成本管理工作,必须了解成本控制的三个环节,即事前控制、事中控制和事后控制。事前控制就是在运输生产之前先做出规划,对影响成本的经济活动和投资效益进行预测、计算。事中控制就是对运输生产过程中的各项费用、人力和各种材料物资消耗进行适时控制,如在支出有关费用时严格审查,对于不符合相关规定和标准的不予支付。事后控制就是对成本进行分析,分析成本超支、节约的因素和确定责任的归属,并对有关责任部门进行必要的奖惩。

(一)成本控制的一般程序

1. 确定成本控制标准

成本控制标准就是在企业运输生产经营过程中规定各项费用开支、燃料消耗、人力消耗等的消耗标准,它是成本控制的目标和依据。为了保证成本计划的完成,可用各项成本计划指标作为成本控制标准,由于成本形成具有全过程性,所以还应结合运输生产过程的各个阶段,制定出全面和具体的标准。

制订成本控制标准有三种方法:

(1)计划指标分解法。该方法是将企业成本计划中规定的成本指标,根据成本控制的要求,分解成各种具体可操作的指标,作为各车场、车队、车站的成本控制标准。

(2)预算法。就是企业下属各基层生产单位根据成本计划中规定的成本总额指标,结合当季、当月的生产任务编制标准,并组织落实。

(3)定额法。就是以各项消耗定额作为成本控制标准。采用这一方法,要求企业制定先进合理的定额,并结合情况变化及时予以调整。

2. 对成本形成过程进行监督

成本控制标准制定后,应在实施过程中定期、系统地同实际成本对比,监督和引导实际成本沿着控制标准所规定的目标形成和发展。

监督成本形成的过程,其内容主要有以下三个方面:

(1)通过对比,确定实际成本脱离控制标准的差异。

(2)根据成本形成的动态,预计偏差及其程度。

(3)掌握企业降低成本和提高效益方面存在的问题,及时提供企业增产节约信息。

3. 及时纠正偏差

成本控制不仅是一种监督活动,在很大程度上是一种纠偏活动,这是成本控制的主要职能之一。分析时,要分清哪些是可控制的,哪些是非可控的;哪些是全面的,哪些是局部的;哪些是管理原因,哪些是技术、工艺方面的原因等。

以上三个程序是相互影响,相互联系的,三者缺一不可。没有成本标准,成本控制就失去了方向和依据,不进行监督和纠正偏差,成本控制就不可能起到作用。

(二)成本控制的内容及途径

运输企业生产经营的特点,决定了成本控制内容的特殊性。营运成本控制的主要内容是对各种费用开支、人力、物力消耗的控制。有些控制是绝对控制,有些控制是相对控制。绝对控制是对费用开支总额的控制,控制其不超过预算数;相对控制是把工作量、成本、收入等指标结合起来而进行的控制。在实际工作中,相对控制应用较为广泛。

1. 固定成本的控制

这类成本主要包括检验检疫费、车船使用税、劳动保护费、租赁费、保险费、驾驶及相关操作人员固定薪酬等。

这类成本在一定时期是相对固定的,一般应实行绝对控制方法,即要控制各项费用的总发生额,使发生额保持在计划或预算范围。

2. 变动成本的控制

这类成本主要包括燃料、轮胎、保修、大修、折旧、行车事故损失、其他车辆费用的变动部分等。这类成本项目应采用相对控制方法,要根据运输生产任务和盈利情况进行分析和控制。

(1)行车耗用燃料管理。行车耗用的燃料费用,一般在运输业务成本中占比较大,因此,节约燃料消耗是降低运输业务成本的重要因素之一。影响车辆行车燃料消耗的因素是多方面的,如公路等级、车辆技术状况、保修质量、驾驶员操作水平以及燃料管理制度等。

节约燃料消耗,首先要制定合理的行车燃料消耗定额,同时要把燃料的节约同驾驶员的经济利益挂钩;其次要加强技术管理,总结推广节油经验,提高车辆保修质量;最后要建立一套科学的油料领发、管理和定额考核的责任制度,要把行车耗用燃料作为考核单车的一项重要指标。

(2)轮胎费和大修理费管理。轮胎和大修费这两项费用的节约和超支,也是影响运输成本的重要因素。延长轮胎使用胎公里和大修理间隔的里程,可以降低千胎公里和千车公里费用,从而可以降低轮胎费用和大修费用。

加强轮胎和大修费用的管理,企业要搞好车装轮胎和在用轮胎的技术鉴定、定期换位、维护、翻修、使用、保管等项工作;企业的营运车辆都要建立单车技术档案和统计台账,记录已行驶里程,定期考核大修间隔里程定额的执行情况,把两项费用定额作为考核单车的主要指标。

(3)提高保修质量,减少小修费用。节约小修费用是降低运输成本的重要影响因素,一般在运输成本中把维护和小修费用列为一项费用来管理,但它们在降低运输成本的要求上是有区别的。维护费用要求按计划开支,小修费要求尽可能节约,只有按计划进行车辆的各级技术维护,才能节约小修费用。在车辆小修费用中,材料费的节约是关键。

(4)零配件管理。目前还有部分运输企业储备零配件,供车辆应急维护或修理使用。零配件管理主要应做好以下几个环节的工作:其一,严格采购管理,确保采购的数量及质量符合要求;其二,做好入库验收管理,杜绝残次品入库;其三,做好库存管理,防止丢失及变质损失;其四,做好领用管理,准确记录出库信息。

(5)车辆通行费控制。企业所在地经济发展速度、客流、货源、运输市场竞争情况、公路等级、通行能力、气候条件和其他各种运输方式发展情况等都会对车辆通行费产生影响。应考虑如何通过对收费高速公路运输与普通公路运输的合理选择来有效控制车辆通行费成本。

3. 运输周转量和车辆运用效率指标控制

道路运输耗费主要体现在营运车辆运行过程中的耗费,而道路运输生产成果则体现在用周转量计量的客货位移上。所以,运行耗费的节约也许不是真正的节约;只有单位周转量成本降低了,才真正体现了经济上的高效率。这意味着,对降低运输业务成本而言,提高营运车辆的运用效率(包括运转效率和载运效率)要比降低运行耗费更为重要。车辆运用效率指标的提高或降低,直接会影响到运输周转量的增减变动,而运输周转量的变动,又会影响到单位运输成本的升降。一般地讲,对运输周转量指标应进行相对控制,对车辆运用效率指标要进行绝对控制,特别是里程利用率和拖运率指标,必须实行绝对控制。

车辆生产率是反映和考核车辆生产效率的一项重要指标。该指标主要有单车期产量、车吨(座)期产量、车公里产量等。单车期产量是指每辆车在一定时期内完成的运输周转量,但由于车辆吨(座)位大小不同,因此,单车期产量是一项不可比指标。车吨(座)期产量是指车辆每一吨位在一定时期内完成的运输周转量,它是综合反映车辆运用效率和生产效率的一项指标。车公里产量是指车公里完成的周转量,它也不能综合反映车辆不同吨位大小之间的生产效率,只反映车辆车公里的生产效率。因此,提高车吨(座)期产量,是增加产量和降低运输成本的有效途径。

车吨(座)期产量的计算公式是:

$$\text{车吨期产量} = \text{计划期日历天数} \times \text{工作率} \times \text{平均车日行程} \times \text{行程利用率} \times \text{吨位利用率} \div (1 - \text{拖运率}) \tag{7-19}$$

上述公式中除计划期日历天数外的其他五项指标,任何一项指标的变动都会影响车吨期产量的高低,但它们对单位运输成本水平影响的程度却不相同。上述公式右侧的前三项,即表现为车辆总行程,属于总量指标;后三项指标属于车吨产出的效率指标。假定车吨产出的效率指标不变,仅靠提高车辆总行程指标来增加车吨期产量,那只能降低单位成本中固定成本,变动成本并不能因此而降低;如果车辆的总行程不变,通过提高车吨产出效率指标来增加周转量,则不仅可以减少单位成本中的固定成本,还可以减少单位成本中的变动成本。

另外,由于车辆的载重吨位的大小与车辆变动成本的消耗水平高低并非线性关系。一般而言,载重吨位越大,则单位变动成本越低,因此提高车辆平均载重吨位对于降低运输成本也有重要意义。

由此可见,里程利用率、吨位利用率以及拖运率指标是影响单位成本升降的主要因素。即只增加少量的车公里变动费用,却可以有效地降低运输成本。但是,效率指标的提高也有一定的限制，它们往往受货源、道路条件、车辆技术状况、生产组织、车辆调度工作等因素的影响。因此，企业应加强货源组织、客流的调查以及车辆的调度工作，做到按计划运输，合理调配车辆，尽可能采用大吨位车辆运输，提高里程利用率、吨位利用率和拖运率。与此同时，也应提高工作率和平均车日行程。只有这样，才能真正有效地降低运输成本。

4. 加强期间费用的预算控制

运输企业应当对期间费用实行预算控制，把费用预算纳入运输企业的预算管理之中。期间费用预算是预算期内对预算执行单位组织经营活动必要的管理费用、财务费用、销售费用的预算安排。在编制时，应当区分变动费用与固定费用，可控费用与不可控费用，根据上年实际费用水平和预算期内经营的需要，结合费用开支标准和运输企业降低成本、费用的要求，按照一定的方法，分项目、分责任单位进行。其中：业务招待费、出国经费、会议费、差旅费、宣传广告费等重要项目，应当重点控制。

由于运输企业成本形成的多因素性和全过程性，涉及企业运输生产经营的全过程。因此，运输企业成本控制，也就必须从成本形成的全过程进行全面控制。不仅要控制各项费用的支出，还要控制人力、各种燃料、材料消耗量、各种技术经济定额以及运输周转量和车辆运用效率指标等，使运输周转量、人力资源、燃材料消耗以及费用支出控制在既定的范围内，以达到降低运输企业成本的目的。

第三节　运输企业成本分析

运输企业成本分析，是企业经济活动分析的重要内容和组成部分，运输企业成本分析与运输生产计划和利润计划完成情况的分析有紧密的联系。运输生产计划完成情况的分析，是运输企业成本分析的基础，利润计划完成情况分析要以成本分析为依据。

一、运输企业成本分析的一般程序和方法

(一) 运输企业成本分析的一般程序

1. 明确分析目标，制定分析计划

进行成本分析工作，首先要确定成本分析的目标、要求、范围，以及需要解决的问题，并在此基础上，制定成本分析计划，合理进行组织分工，周密安排分析进度，以提高成本分析工作的效率和工作质量。具体需要根据运输企业成本的计划资料、实际资料或上年年度实际资料，计算出成本降低额，确定成本分析的对象。

2. 广泛收集资料，掌握全面情况

进行成本分析，必须占有详细的资料，掌握全面情况，这是正确进行成本分析的基础。成本分析需要的资料包括成本报表资料和其他有关的计划、统计、业务技术资料等。收集资料要实事求是，并进行必要的审核和整理，去粗取精、去伪存真。只有根据客观、相关的资料和情况进行分析，才能得出正确的、有指导意义的结论。

3. 从总体分析入手，深入进行因素和项目分析，确定各种差异及其影响因素

成本分析应从全部营运业务成本计划和各项费用计划完成情况的总括分析开始，然后按照影响成本计划完成情况的因素逐步深入、具体地分析。从总评价开始，可以防止片面

性,避免"只见树木,不见森林",并从复杂的影响因素中找出需要进一步分析的问题。但是,分析不能停留在对成本总体指标计划完成情况的总评价上。为了弄清成本升降的具体原因,进一步评价企业成本工作,还必须在总括分析的基础上,根据总括分析中发现的问题及其影响因素,对重点班线、重点车型的单位成本及其成本项目或重点费用项目进行深入具体的分析。这样做也是为了防止另一种片面性,即"只见森林,不见树木",防止分析的表面化、一般化。具体需要对营运成本降低额进行综合分析,计算出固定成本、变动成本各项目和车辆各项运用效率指标变动影响运输成本的降低额。

4. 结合实际情况,查明各种因素变动的具体原因

影响成本指标变动的因素可能有多方面,而各种因素的变动原因也可能是多种多样的。因此,要深入进行成本分析,必须结合企业内外部的实际情况,相互联系地研究运输技术、运输组织和经营管理等方面的情况,查明各种因素变动的原因,以便采取措施,挖掘降低产品成本和节约费用开支的潜力。具体需要对各项成本降低额按成本项目、各项车辆运用效率指标进行详细分析,找出成本升降的具体原因。

5. 以全面、发展的观点对企业成本工作进行评价

在市场经济条件下,评价企业成本工作的优劣不能只看其是否完成计划、达到企业的目标,还要联系竞争对手,分析企业在市场竞争中是否具有优势。另外,社会经济和企业经济的运行过程都在不断地发展变化,因此不能用静止的观点进行分析,要用战略、发展的观点,把企业的工作与社会发展的要求联系起来考虑。也就是说,既要立足现在,又要放眼未来,要注意企业内部条件和外部环境的变化对企业成本管理工作的影响,正确处理短期经济效益与长期经济效益的关系。

6. 编写成本分析报告

在上述各方面、各层次成本分析和全面、客观评价企业成本管理工作的基础上,编写成本分析报告。

从上述分析的一般程序中可以看出,成本分析的过程实际上是成本指标的分解和综合相结合的过程。通过指标分解可以使分析不断深入,通过综合分析才能获得对企业成本工作全面、本质的认识。这一程序也体现了定性分析和定量分析相结合的原则要求。没有定性分析就分不清事物的本质、趋势和与其他事物的联系,没有定量分析就分不清影响因素的数量界限及事物发展的阶段性和特殊性。

(二)运输企业成本数量分析方法

在对营运成本进行分析的过程中,在研究各项成本指标的数量变动和指标之间的数量关系、测定各种因素变动对成本指标的影响程度时,还要应用数量分析方法。常用的有以下几种。

1. 比较分析法

比较分析法是指通过指标对比,从数量上确定差异的一种分析方法。其主要作用在于揭示客观上存在的差距,并为进一步分析指明方向。

比较分析的基数由于分析目的的不同而有所不同。实际工作中通常有以下几种形式:

(1)以成本的实际指标与成本的计划或定额指标对比,分析成本计划或定额的完成情况。

(2)以本期实际成本指标与前期(上期、上年同期或历史最好水平)的实际成本指标对

比,观察企业成本指标的变动情况和变动趋势,了解企业运输生产经营工作的改进情况。

(3)以本企业实际成本指标(或某项技术经济指标)与国内外同行业先进指标的对比,可以在更大的范围内找出差距,推动企业改进经营管理。

比较分析法只适用于同质指标的数量对比,因此,应用此法时要注意指标的可比性。为了使对比的指标具有可比性,可以将对比的指标做必要的调整换算。如对比费用指标,可以先将随业务量变动而变化的费用计划指标按业务量增减幅度进行调整,然后再同实际进行对比。与以前各期资料对比,可以都按不变价格(即按规定的某年价格)换算,或按物价、收费率等变动情况调整某些指标。但也要防止将指标的可比性绝对化。

比较分析法是经济分析中广泛应用的一种分析方法。对比的范围越广泛,就越能发现差距,越有利于企业挖掘潜力,学习和推广先进经验。

比如,某运输集团公司运输业务成本情况见表7-4,在进行成本变动分析时需结合业务数据,按成本情况表中的类别进行分析和细化,如果某项变动与成本变化成反比,需要解释具体原因。

运输业务成本情况表(万元)　　　　　　　　表7-4

项目	本月数	上月数	变动额	变幅	本期数	占比	上年同期	占比	变动额	变幅
营运成本										
其中:燃料成本										
人工成本										
折旧及摊销										
路桥费										
维修费										
车辆保险费										
安全生产费										
其他										

其中,油料成本变动分析需要考虑油价变动、耗油量变化、自营及承包车辆比例的变动等情况,以及各自对成本的影响金额;人工成本变动分析需要考虑人员数量变化、工资社保基数变化、职位变动、薪酬制度变动、用工模式变动等情况,以及各自对成本的影响金额;折旧及摊销变动分析需要考虑车辆数量及单价的变动、折旧及摊销年限的变化等情况,以及各自对成本的影响金额;路桥费变动分析需要考虑车辆数量的变动、路桥费收费标准的变动等情况,以及各自对成本的影响金额等。

2.比率分析法

比率分析法是指通过计算和对比经济指标的比率进行数量分析的一种方法。采用这一方法,先要把对比的数值变成相对数,求出比率,然后再进行对比分析。具体形式有以下几种:

(1)相关指标比率分析。将两个性质不同但又相关的指标对比求出比率,然后再以实际数与计划(或前期实际)数进行对比分析,以便从经济活动的客观联系中,更深入地认识企业的运输生产经营状况。例如,将成本指标与反映运输经营成果的产值、收入、利润指标对比,求出的产值成本率和成本费用利润率指标,可据以分析和比较运输耗费的经济效益。

(2)构成比率分析。构成比率,是指某项经济指标的各个组成部分占总体的比重。例如,将构成运输业务成本的各个成本项目同运输业务成本总额相比,计算其占成本的比重,确定成本的构成比率;然后将不同时期的成本构成比率相比较,通过观察运输业务成本构成的变动,掌握经济活动情况,了解企业改进生产技术和经营管理对运输业务成本的影响。

(3)动态比率分析。动态比率分析或称趋势分析,是将不同时期同类指标的数值对比求出比率,进行动态比较,据以分析该项指标的增减速度和变动趋势,从中发现企业在运输生产经营方面的成绩或不足。由于对比的标准不同,它又可分为基期指数和环比指数两种,其计算公式如下:

$$基期指数 = \frac{分析期指标数额}{固定期指标数额} \tag{7-20}$$

$$环比指数 = \frac{分析期指标数额}{前一期指标数额} \tag{7-21}$$

【例7-2】 假定某运输企业某车型201×年四个季度实际单位运输成本分别为300元、310元、330元、320元。

如果以第一季度为基期,以该季度单位运输业务成本300元为基数,可以计算其他各季度该车型单位运输业务成本与之相比的定基比率如下:

第二季度: $\dfrac{310}{300 \times 100\%} = 103\%$

第三季度: $\dfrac{330}{300 \times 100\%} = 110\%$

第四季度: $\dfrac{320}{300 \times 100\%} = 107\%$

通过以上计算可以看出,该车型单位运输业务成本第二季度、第三季度、第四季度比第一季度有上升的趋势。

如果分别以上季度为基期,可以计算各季度环比比率如下:

第二季度比第一季度: $\dfrac{310}{300 \times 100\%} = 103\%$

第三季度比第二季度: $\dfrac{330}{310 \times 100\%} = 106\%$

第四季度比第三季度: $\dfrac{320}{330 \times 100\%} = 97\%$

通过以上计算可以看出,该车型的单位运输业务成本变动趋势呈倒马鞍形,第二季度、第三季度呈上升趋势,第四季度又有所下降。

3. 连环替代法

连环替代法是用来计算几个相互联系的因素对综合经济指标变动影响程度的一种分析方法。下面以燃料费用总额变动分析为例,说明这一分析方法的特点。

影响燃料费用总额的因素很多,按其相互关系可归纳为三个:运输周转量、单位运输周转量燃料消耗定额和燃料单价。按照各因素的相互依存关系,计算公式如下:

$$燃料费用总额 = 运输周转量 \times 单位运输周转量燃料消耗定额 \times 燃料单价 \tag{7-22}$$

【例7-3】 某运输企业燃料费用总额各项指标的计划数和实际数资料见表7-5。

燃料费用相关指标 表7-5

指标	单位	计划数	实际数	差异
运输周转量	千车公里	2000	2100	+100
单位运输周转量燃料消耗定额	升/千车公里	260	250	-10
燃料单价	元	7.1	7.2	+0.1
燃料费用总额	元	3692000	3780000	+88000

本例中燃料费用总额的分析计算如下：

首先，利用比较法将燃料费用总额的实际数与计划数对比，确定实际脱离计划的差异，作为分析对象。差异是由运输周转量增加、单位运输周转量燃料消耗定额降低和燃料单价升高三个因素综合影响的结果。

其次，按照上述计算公式中各因素的排列顺序，用连环替代法测定各因素变动对燃料费用总额变动的影响程度。其计算程序如下：

(1) 以基数(本例为计划数)为计算基础。

(2) 按照公式中所列因素的同一顺序，逐次以各因素的实际数替换其基数；每次替换后实际数就被保留下来。有几个因素就替换几次，直到所有因素都变成实际数为止；每次替换后都求出新的计算结果。

(3) 将每次替换后所得的结果同与其相邻近的前一次计算结果进行比较，两者的差额就是某一因素变动对综合经济指标变动的影响程度。

(4) 计算各因素变动影响的代数和。这个代数和应等于被分析指标实际数与基数的总差异数。

① 以计划数为基数：$2000 \times 260 \times 7.1 = 3692000$(元)
② 第一次替换：$2100 \times 260 \times 7.1 = 3876600$(元)
② - ① 运输周转量变动影响：$+184600$(元)
③ 第二次替换：$2100 \times 250 \times 7.1 = 3727500$(元)
③ - ② 单位运输周转量燃料消耗定额变动影响：-149100(元)
④ 第三次替换：$2100 \times 250 \times 7.2 = 3780000$(元)
④ - ③ 燃料单价变动影响：$+52500$(元)
合计：$+88000$(元)

最后，通过计算可以看出，虽然单位运输周转量燃料消耗量降低使燃料费用节约149100元，但由于运输周转量增加，特别是燃料单价的提高，使燃料费用增加88000元。进一步分析应查明燃料消耗节约和燃料价格提高的原因，然后才能对企业燃料费用总额变动情况做出评价。

从上述计算程序中，可以看出连环替代法这一分析方法具有以下特点：

(1) 计算程序的连环性。上述计算是严格按照各因素的排列顺序，逐次以一个因素的实际数替换其基数。除第一次替换外，每个因素的替换都是在前一个因素替换的基础上进行的。

(2) 因素替换的顺序性。运用这一方法的一个重要问题，就是要正确确定各因素的替换顺序(即排列顺序)。另外，在分析相同问题时一定要按照同一替换顺序进行，这样计算结果才具有可比性。如果改变各因素的排列顺序，计算同因素变动影响时，所依据的其他因素的条件发生了变化,会得出不同的计算结果。通常确定各因素的替换顺序的做法是:在分析的各因素中,如果既有数量指标又有质量指标,应先查明数量指标变动影响,然后再查明质量指标的变动影响;如果既有实物量指标又有价值量指标,一般先替换实物量指标,再替换价值量指标。如果有几个数量指标和质量指标,要分清哪个是基本因素,哪个是次要因素,先查明基本因素的变动影响,后查明次要因素的变动影响,然后根据它们的相互依存关系确定替换顺序。

(3)计算条件的假定性。运用这一方法在测定某一因素变动影响时,是以假定其他因素不变为条件的。因此,计算结果只能说明是在某种假定条件下计算的结果。这种科学的抽象分析方法,是在确定事物内部各种因素影响程度时必不可少的。

4. 差额计算法

差额计算法是连环替代法的一种简化形式。运用这一方法时,先要确定各因素实际数与计划数之间的差异,然后按照各因素的排列顺序,依次求出各因素变动的影响程度。可见,这一方法的应用原理与连环替代法一样,只是计算程序不同。仍用例7-3(表7-5)的数据资料,以差额计算法测定各因素影响程度如下:

(1)分析对象:

$$3780000 - 3692000 = +88000(元)$$

(2)各因素影响程度:

$$运输周转量变动影响 = (+100) \times 260 \times 7.1 = +184600(元)$$
$$单位运输周转量燃料消耗定额变动影响 = 2100 \times (-10) \times 7.1 = -149100(元)$$
$$燃料单价变动影响 = 2100 \times 250 \times (+0.1) = +52500(元)$$

合计: +88000 元

差额计算法由于计算简便,因此应用比较广泛,特别是在影响因素只有两个时更为适用。

以上所述只是常用的几种数量分析方法。此外,还可以根据分析的目的和要求,采用分组法、指数法、图表法等其他数量分析方法。

需要指出的是,不论采用什么分析方法,都只能为进一步调查研究指明方向,而不能代替调查研究。要确定导致成本管理工作好坏的具体原因,并据以提出切实有效的建议和措施来改进工作,还必须在采用上述分析方法进行分析的基础上,深入实际调查研究。

二、运输企业成本计划完成情况的分析

运输企业成本分析,可以采取综合分析和分项分析相结合,财会部门分析与其他部门、车队、基层单位分析相结合的方法,逐级进行。企业财会部门定期对各项营运业务成本水平及升降情况进行分析;各职能部门重点分析分管项目的计划或预算执行情况和指标差异原因,车队重点分析车队成本升降原因;基层单位重点分析燃料、材料、轮胎、修理费用定额的差异及原因。

由于运输业务是专业的道路运输企业最基本和最具特色的营运业务。本部分以客货运输业务为主要内容进行成本分析。

运输企业通常分别编制客车运输和货车运输成本计划,计算实际成本,并分别计算成本降低额和成本降低率,然后汇总计算客货车运输综合成本。运输业务成本分析,既要从总体出发,分析客货综合运输成本计划完成的总括情况,也要分析客车、货车运输业务成本以及客货运输单位成本计划的完成情况,最后再进一步分析各费用项目。通过分析既可以对客

货综合运输业务成本计划的完成情况有总括了解,也为进一步分析指明方向和重点。

在运输业务成本分析中,通常将成本项目按照司乘工资、车辆行驶费、营运间接费用分类进行分析。其中司乘工资中除行车津贴和奖金部分与工作量有一定联系外,耗用多少决定于司乘人数多少和工资水平。而司乘人数是按保有车数配备,与客货周转量无直接关系,因此属于固定成本性质。车辆行驶费用包括燃料费、轮胎费、修理费、折旧费等项目,按车辆行驶里程制定费用定额,费用多少随车辆行驶里程多少而增减,与客货运输周转量多少有一定联系,属于变动成本性质。

(一)运输业务成本计划完成情况的分析

为了对运输业务成本计划完成情况作出总体的评价,必须对企业运输业务成本计划完成情况进行分析。主要分析实际成本与计划成本的差异,或者对成本降低计划指标完成情况进行对比分析,表明本期实际成本与上期实际成本的差异,计算出成本降低额和成本降低率指标,从而反映本期成本管理工作的改进情况。

成本降低额按下式计算:

$$\begin{aligned}\text{实际与计划对比的成本降低额} &= \frac{\text{实际周转量的计划总成本}}{1} - \text{实际总成本} \\ &= \text{实际周转量} \times \text{计划单位成本} - \text{实际总成本} \\ &= (\text{计划单位成本} - \text{实际单位成本}) \times \text{实际周转量} \quad (7\text{-}23)\end{aligned}$$

$$\begin{aligned}\text{实际与计划对比的成本降低率} &= \frac{\text{实际与计划对比和成本降低额}}{\text{实际周转量的计划总成本}} \times 100\% \\ &= \left(1 - \frac{\text{实际单位成本}}{\text{计划单位成本}}\right) \times 100\% \quad (7\text{-}24)\end{aligned}$$

为了分析本期实际总成本与上期实际总成本的成本降低额和成本降低率,只需将上述公式中的计划单位成本换为上期实际单位成本即可。

(二)客货车运输成本计划完成情况的分析

为了总括分析客货运输业务的实际成本与计划成本发生差异的各项因素,在客货车运输业务成本计划完成情况分析基础上,必须进一步对客货运输业务成本进行综合分析。客车运输业务和货车运输业务的成本分析方法是相同的,下边以货运业务为例,进行成本计划完成情况的分析。

【例7-4】 某运输企业货运业务成本计划和实际成本资料,见表7-6、表7-7。

货运业务成本计划和实际成本资料　　　　表7-6

项 目	计 划	实 际
一、司乘工资(元)	1440000.00	1454400.00
二、车辆行驶费用(元)	4315652.00	4588191.00
燃料费(元)	2805174.00	2982324.00
轮胎费(元)	215783.00	229410.00
修理费(元)	431565.00	458819.00
折旧费(元)	215783.00	229410.00
其他(元)	647347.00	688228.00

续上表

项 目	计 划	实 际
三、营运间接费用(元)	647348.00	688229.00
四、运输总成本(元)	6403000.00	6730820.00
五、周转量(千吨公里)	15123	16873
六、单位成本(元/千吨公里)	423.40	398.91
补充资料		
成本降低额(元)		413219.77
成本降低率(%)		5.78%
燃料消耗:天然气(升)、柴油(升)		

货车运用计划和统计资料　　　　　　　　　　表7-7

项 目	计 划		实 际	
	数量	相对数或平均数	数量	相对数或平均数
一、主车				
平均车数		200 辆		202 辆
营运车日	6000 天		6060 天	
完好率		96.5%		97.2%
完好车日	5790 天		5890 天	
工作车率		94.5%		95.3%
工作车日	5472 天		5613 天	
平均日行程		300 公里		310 公里
总车公里	1641600 公里		1740030 公里	
里程利用率		68.9%		71%
重驶车公里	1131062 公里		1235421 公里	
重驶平均吨位		7.91 吨		7.89 吨
重车吨位公里	8946704 吨		9747472 吨	
重车载重量利用率		97.7%		97.8%
主车吨公里	8740929 吨公里		9533028 吨公里	
二、挂车				
挂车吨公里	6381786 吨公里		7339588 吨公里	
三、主挂车合计				
主挂车合计吨公里	15122715 吨公里		16872616 吨公里	
拖运率		42.2%		43.5%

首先将客车和货车的车辆运用计划和实际完成的统计资料，以及计划成本与实际成本资料根据各种有关报表分别加以整理。

然后再对实际成本与计划成本进行比较分析，查明影响成本高低的各项因素。通常影响成本高低的因素有两个方面，其一是各类费用的变动，如司乘工资、车辆行驶费、营运间接费用的变动；其二是车辆各项运用效率指标的变动，如营运车日、工作车率、车日行驶里程、行驶里程利用率等的变动。现就表7-6和表7-7的货车运输有关资料分析说明如下：

根据表7-6查明某运输企业的货车成本降低额为：

$$(423.40 - 398.91) \times 16873 = 413219.77(元)$$

进一步综合分析如下：

1. 各类费用影响

(1) 司乘工资影响的分析。司乘工资计划与实际比较的降低额可直接计算求得：

$$司乘工资降低额 = 计划司乘工资 - 实际司乘工资 = 1440000.00 - 1454400.00$$
$$= -14400.00(元)[注："-"号表示实际比计划增高（下同）]$$

由于司乘人员是按车辆配备，应按计划与实际的营运车日数进行调整后再进行比较，方为合理。但为了便于进一步详细比较分析差异发生的原因，通常可不予调整，而营运车日对司乘工资的影响可以在计算效率指标变动影响时一并计算。

(2) 车辆行驶费用影响的分析。车辆行驶费用的多少通常随车公里的增减而变动，因此必须考虑计划与实际车公里的变动因素，其计算公式如下：

$$车辆行驶费降低额 = 计划车辆行驶费用 \times \frac{实际主车总车公里}{计划主车总车公里} - 实际车辆行驶费用$$
$$= 4315652.00 \times (1740030 \div 1641600) - 4588191.00$$
$$= -13773.39(元)$$

(3) 营运间接费用影响分析。对营运间接费用的分析，可用营运间接费用的计划或预算与实际比较，其计算公式如下：

$$营运间接费用降低额 = 营运间接费用预算数 - 实际营运间接费用$$
$$= 647348.00 - 688229.00 = -40881(元)$$

2. 效率指标影响

车辆运用计划各项效率指标变动对运输业务成本的影响，是指对吨公里单位成本的影响。因此，各项指标的变动对司乘工资和营运间接费用都有影响；而对车辆行驶费用，仅是车公里以下的车辆利用效率的各项指标变动，才会对其产生影响。各项指标变动影响的降低额，计算方法如下：

①

$$营运车日变动影响 = \left(\begin{array}{c}计划司乘\\工资\end{array} + \begin{array}{c}计划营运\\间接费\end{array}\right) \times \left(\frac{实际主车营运车日}{计划主车营运车日} - 1\right)$$
$$= (1440000.00 + 647348.00) \times \left(\frac{6060}{6000} - 1\right) = 20873.48(元)$$

(7-25)

②

$$工作车率变动影响 = \left(\begin{array}{c}计划司乘\\工资\end{array} + \begin{array}{c}计划营运\\间接费\end{array}\right) \times \left(\frac{实际主车工作日}{计划主车工作日} - \frac{实际主车营运车日}{计划主车营运车日}\right)$$
$$= (1440000.00 + 647348.00) \times \left(\frac{5613}{5472} - \frac{6060}{6000}\right) = 41746.96(元)$$

(7-26)

③

$$\text{平均车日行程变动影响} = \begin{pmatrix} \text{计划司乘} \\ \text{工资} \end{pmatrix} + \begin{pmatrix} \text{计划营运} \\ \text{间接费} \end{pmatrix} \times \begin{pmatrix} \dfrac{\text{实际主车总车公里}}{\text{计划主车总公里}} - \dfrac{\text{实际主车工作车日}}{\text{计划主车工作车日}} \end{pmatrix}$$

$$= (1440000.00 + 647348.00) \times \left(\dfrac{1740030}{1641600} - \dfrac{5613}{5472} \right) = 62620.44(\text{元})$$

(7-27)

④

$$\text{里程利用率变动影响} = \begin{pmatrix} \text{计划司乘} \\ \text{工资} \end{pmatrix} + \begin{pmatrix} \text{计划车辆} \\ \text{行驶费} \end{pmatrix} + \begin{pmatrix} \text{计划营运} \\ \text{间接费} \end{pmatrix} \times \begin{pmatrix} \dfrac{\text{实际主车}}{\text{重驶车公里}} - \dfrac{\text{实际主车}}{\text{总车公里}} \\ \dfrac{\text{计划主车}}{\text{重驶车公里}} - \dfrac{\text{计划主车}}{\text{总车公里}} \end{pmatrix}$$

$$= (1440000.00 + 4315652.00 + 647348.00) \times \left(\dfrac{1235421}{1131062} - \dfrac{1740030}{1641600} \right)$$

$$= 206859.09(\text{元})$$

(7-28)

⑤

$$\text{重驶平均吨位变动影响} = \begin{pmatrix} \text{计划司乘} \\ \text{工资} \end{pmatrix} + \begin{pmatrix} \text{计划车辆} \\ \text{行驶费} \end{pmatrix} + \begin{pmatrix} \text{计划营运} \\ \text{间接费} \end{pmatrix} \times \begin{pmatrix} \dfrac{\text{实际主车重}}{\text{车吨位公里}} - \dfrac{\text{实际主车}}{\text{重驶车公里}} \\ \dfrac{\text{计划主车重}}{\text{车吨位公里}} - \dfrac{\text{计划主车}}{\text{重驶车公里}} \end{pmatrix}$$

$$= (1440000 + 4315652.00 + 647348.00) \times \left(\dfrac{9747472}{8946704} - \dfrac{1235421}{1131062} \right)$$

$$= -17678.50(\text{元})$$

(7-29)

⑥

$$\text{重车载重量利用率变动影响} = \begin{pmatrix} \text{计划司乘} \\ \text{工资} \end{pmatrix} + \begin{pmatrix} \text{计划车辆} \\ \text{行驶费} \end{pmatrix} + \begin{pmatrix} \text{计划营运} \\ \text{间接费} \end{pmatrix} \times \begin{pmatrix} \dfrac{\text{实际主车}}{\text{吨位公里}} - \dfrac{\text{实际主车重}}{\text{车吨位车公里}} \\ \dfrac{\text{计划主车}}{\text{吨位公里}} - \dfrac{\text{计划主车重}}{\text{车吨位公里}} \end{pmatrix}$$

$$= (1440000 + 4315652.00 + 647348.00) \times \left(\dfrac{9533028}{8740929} - \dfrac{9747472}{8946704} \right)$$

$$= 7141.25(\text{元})$$

(7-30)

⑦

$$\text{拖运率变动影响} = \begin{pmatrix} \text{计划司乘} \\ \text{工资} \end{pmatrix} + \begin{pmatrix} \text{计划车辆} \\ \text{行驶费} \end{pmatrix} + \begin{pmatrix} \text{计划营运} \\ \text{间接费} \end{pmatrix} \times \begin{pmatrix} \dfrac{\text{实际主挂车}}{\text{合计吨公里}} - \dfrac{\text{实际主车}}{\text{吨公里}} \\ \dfrac{\text{计划主挂车}}{\text{合计吨公里}} - \dfrac{\text{计划主车}}{\text{吨公里}} \end{pmatrix}$$

$$= (1440000 + 4315652.00 + 647348.00) \times \left(\dfrac{16872616}{15122715} - \dfrac{9533028}{8740929} \right)$$

$$= 160537.93❶(\text{元})$$

(7-31)

---

❶ 含尾差调整。

根据上述计算,各项因素影响的降低额可列见表7-8。

运输业务成本分析表(元)   表7-8

项 目	成本增高额	成本降低额
(一)各类费用影响	86559.38	—
①司乘工资额	14400.00	—
②车辆行驶费类	13773.39	—
③营运间接费	40881	—
(二)效率指标影响	—	499779.15
①营运车日	—	20873.48
②工作车率	—	41746.96
③平均车日行程	—	62620.44
④里程利用率	—	206859.09
⑤重驶平均吨位	17678.50	—
⑥重车载重量利用率	—	7141.25
⑦拖运率	—	160537.93
合计降低额	—	413219.77

以上分析结果,说明各类费用和各项效率指标变动对运输成本的影响程度,但还不能真正说明各成本项目的节约和浪费的具体原因。因此,还必须对运输业务成本的每项费用再进行详细的分析,查明每一成本项目实际节约和超支的具体原因。

(三)运输业务成本项目的分析

运输业务成本各项目费用在总成本中所占比重是不同的,一般情况下,占成本比重比较大的费用,其节约和超支,对运输业务成本升降的影响较大,是分析的重点。但是,降低成本的潜力和比重大小也并不完全一致,在某一时期,占比重大的费用,对于降成本,并不一定起关键作用。因此,必须从实际出发,通过各成本项目实际费用与计划、上年实际、历史最好水平或全行业先进水平比较分析,确定分析重点。下面将列举运输业务成本中几个项目进行分析。

1. 司乘工资的分析

司乘工资计划与实际发生差额的原因,主要是人数变动和平均工资变动两大原因,其分析方法可以用以下公式:

$$人数变动因素影响 = (计划平均人数 - 实际平均人数) \times 计划每人平均工资 \quad (7-32)$$

$$平均工资变动因素影响 = (计划每人平均工资 - 实际每人平均工资) \times 实际平均人数$$
$$(7-33)$$

而人数变动的因素,主要是人员定额变动和平均车数或营运车日的变动,可进一步按如下公式计算分析:

$$人员定额变动因素影响 = 计划司乘工资 \times \frac{实际平均车数}{计划平均车数} - 实际平均人数 \times$$

计划每人平均车数(或营运车平均工资日)变动因素影响

$$= 计划司乘工资 \times \left[1 - \frac{实际平均车数(或营运车日)}{计划平均车数(或营运车日)} \right] \quad (7-34)$$

【例7-5】 某运输企业计划平均车数200辆,每辆配备司乘定额1.2人,共计240人,计划平均工资6000元,计划司乘工资1440000元(200×1.2×6000元);实际平均车数202辆,实际司乘人数242人,实际平均工资6500元,实际司乘工资1573000元(242×6500元)。

根据上列公式计算,得出下面结果:

$$人数变动因素影响 = (240 - 242) \times 6000 = -12000(元)$$

$$平均工资变动因素影响 = (6000 - 6500) \times 242 = -121000(元)$$

$$两项变动因素影响合计 = -12000 - 121000 = -133000(元)$$

司乘工资计划成本与实际成本的差额,即:

$$1440000 - 1573000 = -133000(元)$$

人数变动因素,可进一步分析计算如下:

$$人员定额变动因素 = 1440000 \times \frac{202}{200} - 242 \times 6000 = 2400(元)$$

$$平均车数变动因素 = 1440000 \times \left(1 - \frac{202}{200}\right) = -14400(元)$$

综合以上计算结果,该企业司乘工资变动分析见表7-9。

司乘工资变动分析表(元) 表7-9

项　　目	增 高 额	降 低 额
人数变动因素	12000	—
其中:a.人员定额变动因素	—	2400
b.平均车数变动因素	14400	—
平均工资变动因素	121000	—
合计	133000	—

2.燃料的分析

车辆的燃料消耗按车公里制定定额,在分析时,必须按主车总车公里调整计算其降低额,相应计算公式如下:

$$燃料项目降低额 = 计划燃料成本 \times \frac{实际主车总车公里}{计划主车总车公里} - 实际燃料成本 \quad (7-35)$$

燃料成本的变动原因,通常有行车消耗定额差异、重驶附加率变动差异和车型行驶里程比重变动差异等。

燃料各项差异的计算方法如下:

$$行车消耗定额差异 = (定额耗用量 - 实际耗用量) \times 燃料计划单价 \quad (7-36)$$

$$重驶附加率变动差异 = \sum \left(\frac{定额相同车型}{主车实际车公里} \times 该车型计划车公里燃料成本\right) -$$

$$定额耗用量 \times 燃料计划单价 \quad (7-37)$$

$$车型行驶里程比重变动差异 = 主车实际总车公里 \times 计划车公里燃料成本 -$$

$$\sum \left(\frac{定额相同车型}{主车实际车公里} \times 该车型计划车公里燃料成本\right)$$

$$(7-38)$$

【例 7-6】 某运输企业有解放和跃进两种车型，有关燃料消耗的计划和实际资料见表 7-10、表 7-11。

计划资料　　　　　　　　　　表 7-10

车　型	主车车公里	计划耗用量（升）	计划单价（元）	燃料计划成本（元）	千车公里燃料计划成本(元)
解放	920000	230000	7.00	1610000.00	1750
跃进	82000	18860	7.00	132020.00	1610
合计或平均	1002000	248860	—	1742020.00	1738.54

实际资料　　　　　　　　　　表 7-11

车　型	主车车公里	定额耗用量（升）	实际耗用量（升）	燃料实际成本（元）	千车公里燃料计划成本(元)
解放	940000	241250	229500	1606500	1709.04
跃进	86000	20135	19700	137900	1603.49
合计或平均	1026000	261385	249200	1744400	1700.19

根据上列资料分析计算如下：

$$\text{燃料成本降低额} = 1742020.00 \times \frac{1026000}{1002000} - 1744400 = 39345.03(\text{元})$$

燃料成本降低额进一步分析计算如下：

$$\text{行车消耗定额差异} = (261385 - 249200) \times 7.00 = 85295(\text{元})$$

$$\text{重驶附加率变动差异} = (940 \times 1750 + 86 \times 1610) - 261385 \times 7.00 = -46235(\text{元})$$

$$\text{车型行驶里程比重变动差异} = 1026 \times 1738.54 - (940 \times 1750 + 86 \times 1610) = 282.04(\text{元})$$

以上三项差异之和为 39342.04 元。其与燃料成本降低额 39345.03 元的差异是由计算的舍入误差引起。

3. 轮胎的分析

轮胎成本项目内容包括外胎、内胎、垫带及日常修理费。外胎可以采用一次摊销计入成本的方式，也可以采用按胎公里摊提计入成本。按照采用按胎公里摊提计入成本的方式，轮胎成本项目的差异有：内胎、垫带和日常修理费的数量差异，内胎、垫带和日常修理费的行驶里程变动的差异，外胎里程定额差异以及车型行驶里程比重变动差异等。

轮胎成本项目分析首先按下列公式确定轮胎成本项目的降低额：

$$\text{轮胎成本降低额} = \text{轮胎计划成本} \times \frac{\text{实际主车总车公里}}{\text{计划主车总车公里}} - \text{轮胎实际成本} \quad (7\text{-}39)$$

轮胎成本降低额的详细分析计算方法如下：

$$\text{内胎、垫带和日常修理费的数量差异} = \text{内胎、垫带和日常修理费的计划成本} - \text{内胎、垫带和日常修理费的实际成本} \quad (7\text{-}40)$$

$$\text{内胎、垫带和日常修理费的行驶里程变动差异} = \text{内胎、垫带和日常修理费的计划成本} \times \left(\frac{\text{实际主车总车公里}}{\text{计划主车总车公里}} - 1 \right) \quad (7\text{-}41)$$

$$外胎里程定额差异 = \Sigma \left(\frac{各规格外胎}{超(低)里程} \times 该规格胎公里摊提额 \right) \quad (7-42)$$

$$车型行驶里程比重变动差异 = 实际主车总车公里 \times \frac{计划外胎摊提金额}{计划主车车公里} -$$

$$\Sigma \left(\frac{各车型主车、挂}{车实际车公里} \times \frac{该车型计划外胎摊提金额}{该车型计划主车车公里} \right)$$
$$(7-43)$$

【例7-7】 某运输企业有解放和跃进两种车型，有关轮胎消耗的计划和实际资料见表7-12和表7-13。

计划资料　　　　　　　　　　　　　　表7-12

车型	轮胎规格	外胎					内胎垫带日常修理计划金额	计划轮胎成本
		计划车公里	车装胎数	计划总胎公里	千胎公里摊提额	计划摊提金额		
解放:主车	—	920000	6	5520000	14.00	77280	—	—
挂车	—	680000	4	2720000	10.00	27200	—	—
跃进:主车	—	82000	6	492000	14.00	6888	—	—
挂车	—	36000	4	144000	10.00	1440	—	—
合计:主车	—	1002000	—	—	—	112808	6600	119408
挂车	—	716000	—	—	—	—	—	—

实际资料　　　　　　　　　　　　　　表7-13

车型	轮胎规格	外胎					内胎垫带日常修理计划金额	实际轮胎成本
		实际车公里	车装胎数	实际胎公里	千胎公里摊提额	实际摊提金额		
解放:主车	—	940000	6	5640000	14.00	78960	—	—
挂车	—	740000	4	2960000	10.00	29600	—	—
跃进:主车	—	86000	6	516000	14.00	7224	—	—
挂车	—	38000	4	152000	10.00	1520	—	—
合计:主车	—	1026000	—	—	—	117304	6200	123504
挂车	—	778000	—	—	—	—	—	—

根据上列资料分析计算如下：

$$轮胎成本降低额 = 119408 \times \frac{1026000}{1002000} - 123504 = -1707.84(元)$$

轮胎成本降低额进一步分析计算如下：

$$内胎、垫带日常修理费的数量差异 = 6600 - 6200 = 400(元)$$

$$内胎、垫带和日常修理费的行驶里程变动差异 = 6600 \times \left(\frac{1026000}{1002000} - 1 \right) = 132(元)$$

$$外胎里程定额差异 = 240 \times 14.00 + 60 \times 10.00 = 3960(元)$$

车辆行驶里程比重变动差异

$$= 1026 \times \frac{112808}{1002} - \left(940 \times \frac{77280}{920} + 740 \times \frac{27200}{680} + 86 \times \frac{6888}{82} + 38 \times \frac{1440}{36}\right) = -1794.01(元)$$

4. 修理费的分析

维修成本项目包括润料消耗，通常按燃料定额消耗的百分比制定定额；各级维护规定有里程定额和一次费用定额；车辆修理通常按照各种不同车辆定制每百公里修理费用定额，因此，须采取不同的分析方法。

除上述费用项目外，还有折旧及其他项目等，分析方法相同，这里不一一赘述。

复习思考题

1. 什么是理论成本？什么是现实成本？理论成本与现实成本的联系与区别是什么？
2. 简述费用按经济内容的分类。
3. 简述费用按经济用途的分类。
4. 什么是固定成本？什么是变动成本？划分固定成本和变动成本的意义是什么？
5. 什么是成本降低额和成本降低率？
6. 什么是成本费用预测？进行成本费用预测有何意义？如何理解"成本费用预测是编制成本费用预算的依据"？
7. 什么是成本费用预算？编制成本费用预算有何意义？编制成本费用预算的基本程序有哪些？
8. 什么是成本费用分析？进行成本费用分析的意义和程序？
9. 运输成本分析的方法有哪些？

第八章 运输企业营业收入管理

营业收入管理是运输企业财务管理的重要内容。在市场经济条件下,企业是相对独立的商品生产者和经营者,实行独立核算和自负盈亏,需要用营业收入补偿经营耗费,增加企业利润,这对于保证运输生产经营活动的正常进行具有重要意义。本章主要介绍运输企业营业收入管理的基本内容,详述营业收入构成、营业收入确认、营业收入划拨与结算,以及营业收入的票据管理和营业收入报表分析。

第一节 运输企业营业收入管理概述

一、运输企业营业收入含义及分类

(一) 营业收入的含义

收入有广义与狭义之分。我国《企业会计准则——基本准则》采用的是狭义的收入概念。

广义收入是指会计期间内经济利益的增加。企业获取收入的表现形式是:由于资产流入企业、资产增加或负债减少而引起所有者权益增加。但是,并非所有资产增加或负债减少而引起的所有者权益增加都是企业的收入。例如,企业所有者对企业投资,虽然会导致资产增加或负债减少,并使所有者权益增加,但不属于企业获取收入的经济业务。广义的收入包括营业收入、投资收益、公允价值变动收益、资产处置收益、其他收益和营业外收入等。

狭义收入是指企业在日常活动中形成的、会导致所有者权益增加的、与所有者投入资本无关的经济利益的总流入。其核心内容是营业收入。营业收入是指企业由于销售商品、提供服务(包含各项劳务,下同)等日常经营业务过程中取得的收入。它有各种各样的名称,如销售收入、服务费收入、使用费收入和租金收入等。

(二) 营业收入的分类

营业收入按经济业务的内容分类,可分为销售商品取得的收入、提供服务取得的收入等。

营业收入按经济业务的核心性分类,可分为主营业务收入和其他业务收入。主营业务收入是指企业开展核心性业务取得的收入,是利润形成的主要来源,是企业营业收入的重要组成部分。不同行业、同一行业的不同企业主营业务收入的表现形式均有所不同。比如工业企业的主营业务收入是指销售商品(产成品)、自制半成品以及提供代制代修等服务取得的收入,称为产品销售收入;商品流通企业的主营业务收入是销售商品取得的收入,称为商品销售收入。其他业务收入是指企业在生产经营过程中开展非核心性业务取得的收入。如工业企业出售原料取得的收入等。

本章节所研究的运输企业主营业务收入主要是指传统核心的运输业务和站场业务所取

得的收入。其他业务收入是指除主营业务之外的其他业务所取得的营业收入。

(1) 运输业务收入。指旅客运输、货物运输业务所取得的营业收入。

(2) 站场业务收入。指与运输业务相关的站场经营业务所取得的营业收入。包括客运站场和货运站场经营业务收入。

(3) 其他业务收入。指除运输和站场业务之外的其他营运业务所取得的营业收入。

主营业务与其他业务的划分并不是绝对的,不同运输企业对主营业务与其他业务可以根据企业的生产特点和具体经营范围进行划分。

营业收入按收入确认的期间分类,可分为跨期收入和非跨期收入。跨期收入是指某项经济业务的总收入需要在多个会计期间内分期确认的收入;非跨期收入是指某项经济业务的总收入在一个会计期间内一次性确认的收入。

【案例8-1】 德力西新疆交通运输集团股份有限公司主营业务包括道路旅客运输和客运汽车站业务,其他业务包括房屋与仓库的租赁、车辆维修、车辆租赁、冷链物流、非定线旅游、旅游集散、车辆配件销售及道路货运、商贸服务等业务。

公司客运汽车站业务主要包括向具有道路客运经营资质的企业提供其所属营运车辆进站发班等各类站务服务,向旅客提供候车、休息、安保、信息等相关服务。根据车站级别及交通、物价部门核定的标准收取费用,主要包括客运代理费、站务费、行包运输代理费、退票费、车辆停放费等。目前在国家"放、管、服"改革方针的指引下,部分省市(如广东省)的客运站收费标准已经市场化了,由进站车辆的经营者与车站经营者自行协商确定,物价管理部门不再审批。

【案例8-2】 四川富临运业集团股份有限公司主营业务为汽车客运业务和汽车客运站经营业务,其他业务包括旅游、智能出行、汽车租赁、汽车后服等业务。

1. 汽车客运业务

公司的汽车客运业务主要包含两类,一类是由公司单独购置客运车辆在各客运站承运旅客,向旅客收取承运费用;另一类是公司与合作经营者签订《道路运输服务合作协议》,共同开展旅客运输服务并收取运输服务费。

2. 汽车客运站经营

是公司开展客运业务的支点和载体。根据现行汽车客运行业规定,所有营运客车必须进入各地经政府规划、交通部门审核发放经营许可证的汽车客运站从事客运运输,各汽车客运站按照站级,向进入汽车客运站的营运车辆收取费用,主要包括客运代理费、站务费、安检费、车辆清洗费等。

3. 其他业务

为延伸主业产业链,创新服务模式,公司还开展了旅游、智能出行平台、汽车租赁以及车辆集采、油料集采、汽车维护修理、GPS监控、保险等多方面的汽车后服业务等,该等业务逐渐成为客运业务的重要补充。

【案例8-3】 广东粤运交通股份有限公司目前从事的主营业务是出行服务业务,划分为:①道路客运及站场服务:客货运输、联运物流、客货站场、仓储、驳运、汽车租赁及修理等;②服务区经营:能源业务、便利店零售业务、招商业务、广告传媒业务;③资产运营业务。该集团从事的其他业务为材料物流业务。主要是高速公路及大型基建项目的材料供应及相关服务等。

二、运输企业营业收入的基本内容

运输企业的营业收入按经济业务的内容和业务的核心性进行分类,不同业务收入包含的内容不同。

(一)运输业务收入

运输业务收入是指运输企业经营旅客运输、货物运输业务取得的各项营业收入。按照收入的不同来源,主要包括两类。

1. 客运收入

客运收入是指企业持有线路经营权,向旅客提供人员及随身行李运输服务所取得的营业收入。

2. 货运收入

货运收入是指企业将客户委托的货物运送到指定地点的运输业务所取得的营业收入。如长、短途整车、零担货物运输、冷链运输、货物专用运输(集装箱)等运输收入。

(二)站场业务收入

1. 客运站场经营业务收入

《道路旅客运输及客运站管理规定》中定义的客运站经营,是指以站场设施为依托,为道路客运经营者和旅客提供有关运输服务的经营活动。客运站是运输企业开展客运业务的支点和载体。是集接驳运输、旅游集散、信息服务、商业服务等为一体的综合体,可以增加传统客运的附加值。主要是向具有道路客运经营资质的企业提供其所属营运车辆进站发班等各类站务服务,向旅客提供候车、休息、安保、信息等相关服务。根据现行汽车客运行业规定,所有营运车辆必须进入各地经政府规划、交通部门审核发放经营许可证的汽车客运站从事客运运输,客运站经营业务收入主要是旅客运输的售票工作和站场管理等有价站场配套服务收入和多种经营项目的收入。

(1)客运代理服务。指车站为承运者提供代办组织客源,为其他企业、联运户车辆提供客、货运代理及运费结算等服务。

(2)站务服务。售票、检票、发车、办理退、补票等服务。

(3)旅客服务。客运站从事旅客服务所开设的小卖部、小件寄存、小件快运、饭店餐饮与住宿等服务。

(4)其他。如车辆安检服务、车辆清洁清洗、停车管理等服务。

2. 货运站场经营业务收入

《道路货物运输及站场管理规定》(交通运输部令2016年第35号)中定义的道路货物运输站(场),是指以场地设施为依托,为社会提供有偿服务的具有仓储、保管、配载、信息服务、装卸、理货等功能的综合货运站(场)、零担货运站、集装箱中转站、物流中心等经营场所。货运站经营业务收入是指上述经营业务取得的营业收入。

(1)货物装卸服务。货运站是货物的集散地,一些货物、特别是零担货物需要通过货运站进行重新配载,以满足货物运输的基本要求。这样货物装卸就成为货运站的一项重要功能。装卸业务收入有人工装卸业务和机械装卸业务,并按照规定的费率向货主收取的装卸费收入。

(2) 货物仓储服务。现代货运站(物流中心)一般具有货物仓储的功能,指企业设置仓库、货场为货物托运单位堆存货物所进行的货物堆存仓储业务。可以通过收取堆存仓储费的方式为货主提供货物堆存仓储服务。

(3) 货物配载服务。货物配载是提高货物运输效率的一项重要举措,将不同种类以及运往不同方向和地区的货物进行重新配载,有助于提高营运货车的实载率。

(4) 货物运输信息服务。为运输户提供货物运输需求信息,是现代货运站(物流中心)的重要功能之一。货运站通过向运输户有偿提供货物运输信息,使得该项服务成为货运站重要的经营业务之一。

(三) 其他业务收入

其他业务收入是指运输企业除运输业务、站场业务之外的其他业务所取得的营业收入。如车辆修理,汽车配件销售,对外销售自制产品,提供劳务作业,让售燃润料、配件等材料物资,油品销售,固定资产出租,转让无形资产,旅游服务,保理业务,租赁,广告等业务所取得的收入。

三、营业收入的组织管理及其意义

为了加强营业收入日常管理,企业财会部门应设置专人负责营业收入的核算和日常管理。运输企业的生产经营特点,决定了营业收入管理的组织过程。运输企业的营业收入是由企业下属的各营业站、点、车场或车队通过发售客票和填写货票及其他有关票据而收取的。营业站、点、车场(队)既是管理和组织客货运输业务的生产单位,也是收取营业收入的基层单位。根据运输企业有关结算制度的规定,这些基层组织要正确地组织收入,做到计费正确,手续严密,不错收、不漏收、不少收。应逐日将所收票据、运费款项解缴到企业财务部门或交由银行汇到企业财务部门。正确地编制营收报表,按时报送企业。各基层单位收取的票款执行"收支两条线",收入不得坐支和挪用,基层单位所需资金由企业拨付;对独立核算的或承包的单位和个人,收入将上缴给基层单位的财务部门。运输企业一般设有专门的运输劳务销售机构,其销售行为与运务管理相结合,这就要求企业完成运输劳务后,企业运务部门应协助好财务部门及时清收运费,及时足额上缴票款收入,尽快收回资金,加强营业收入管理。

第二节 运输企业营业收入计算与分析

营业收入是运输企业的一项重要财务指标。及时准确地确认、计量营业收入,对企业收入目标的全面完成,确保运输生产经营正常进行,计算企业经营成果和评价企业经营业绩有着重要意义。

一、运输企业营业收入确认与计量

(一) 营业收入的会计确认

会计确认是指企业财务人员通过交易分析,对企业经济活动及其所产生的经济数据进行分析、识别与判断过程。

收入确认的一般标准是：经济利益流入的可能性会导致资产的增加或负债的减少，并且经济利益的流入额能够可靠地用货币加以计量。这就意味着在确认收入的同时，要确认资产的增加或负债的减少。例如，企业销售商品，确认销售收入增加，同时要确认库存现金、银行存款或应收账款等资产项目的增加；如果现在销售的商品已经预收货款，则在确认销售收入增加的同时，还要确认预收款项这项负债的减少。

营业收入的确认有不同的方式。《企业会计准则第14号——收入》(2017)关于营业收入确认的核心原则为：营业收入的确认方式应当反映企业向客户转让商品或服务的模式，更强调客户合同的履约义务，规定企业应当在履行了合同中的履约义务时确认营业收入。履约义务，是指合同中企业向客户销售商品、提供服务等的承诺，既包括合同中明确的承诺，也包括由于企业已公开宣布的政策、特定声明或以往的习惯做法等导致合同订立时客户合理预期企业将履行的承诺。

1. 营业收入的确认条件

当企业与客户之间的合同同时满足下列条件时，企业应当确认营业收入：

(1)合同各方已批准该合同并承诺将履行各自义务。

(2)该合同明确了合同各方与所提供服务等相关的权利和义务。

(3)该合同有明确的与所提供服务等相关的支付条款。

(4)该合同具有商业实质，即履行该合同将改变企业未来现金流量的风险、时间分布或金额。

(5)企业因向客户提供服务等而有权取得的对价很可能收回。

同时满足上述条件，说明企业取得了内容完整、合法有效、具有商业实质的合同，且很可能收到相关价款，在这种情况下，企业履行了合同中的履约义务，即客户取得相关商品控制权时，企业可以确认营业收入。

需要说明的是，大多数货物运输企业在经营活动中，企业与托运方依据彼此商定的服务期间及货物，批量签订定期运输合同。在这种情况下，应按照规定履行合同中的履约义务，即当货物运送到客户指定的场地且客户取得该货物或服务控制权，企业取得收讫价款或索取价款的凭据后确认收入。

但是，运输企业的旅客运输服务大多在客户付款后直接提供运输服务，不需要专门签订合同。但值得注意的是客运的承运人与旅客之间在法律上形成的是诺承性合同关系，旅客购票后承运人必须严格按照事前诺承的条款将旅客送达目的地；若未完全履行诺承的须承担法定的赔付责任；合法购买的车票(包括电子形式的)，就是旅客运输诺承性合同的证明。因此，按照实质重于形式的要求，可以视为运输企业履行了合同中的履约义务，当向旅客提供运输服务到达指定地点时，可以确认收入。

对于运输企业的站场经营业务收入，当客户接受相关服务并负有现时支付款项义务时，可以确认收入。

对于其他业务收入可以根据业务性质按照《企业会计准则》的原则进行收入确认。

2. 营业收入的确认时间

营业收入的确认，根据履约义务的时间，分为在某一时段内分期确认和在某一时点确认。

（1）在某一时段内分期确认营业收入。是指合同所提供的商品或服务涉及多个会计期间，需要分期确认收入。满足下列条件之一的，属于在某一时段内履行履约义务；否则，属于在某一时点履行履约义务：

①客户在企业履约的同时即取得并消耗企业履约所带来的经济利益。

②客户能够控制企业履约过程中在建的商品或服务等。

③企业履约过程中所产出的商品或服务等具有不可替代用途，且该企业在整个合同期间内有权就累计至今已完成的履约部分收取款项。具有不可替代用途，是指因合同限制或实际可行性限制，企业不能轻易地将商品或服务等用于其他用途；有权就累计至今已完成的履约部分收取款项，是指在由于客户或其他方原因终止合同的情况下，企业有权就累计至今已完成的履约部分收取能够补偿其已发生成本和合理利润的款项，并且该权利具有法律约束力。

例如，某旅客运输企业开展私人定制无缝出行服务，与客户签订一项为期一年的约租班线服务合同，该服务仅为该客户提供，具有不可替代性；合同规定客户每个季度按照服务完成程度付款，客户对服务的质量具有控制的权利。根据上述条件，该服务合同属于在某一时段内履行的履约义务，该企业应当在该段时间内按照履约进度确认营业收入，但是履约进度不能合理确定的除外。

（2）在某一时点确认营业收入。对于在某一时点履行的履约义务，企业应当在客户取得相关服务等控制权的时点确认收入。在判断客户是否已取得商品或服务等控制权时，企业应当考虑下列迹象：

①企业就该服务有收款权利，即客户就该商品或服务有付款义务。

②企业已将该商品或服务的法定所有权转移给客户，即客户已拥有该商品或服务的法定所有权。

③企业已将该商品实物转给客户，即客户已实际占有该商品。

④企业已将该商品等所有权上的主要风险和报酬转移给客户，即客户已取得该商品或服务等所有权上的主要风险和报酬。

⑤客户已接受该商品或服务等。

⑥其他表明客户已取得商品或服务等控制权的迹象。

对于运输企业而言，向旅客或货主已经提供了劳务并且收到款项或已取得收取款项的具有法律效力的凭据时，即确认营业收入的实现。

例如，甲公司与乙公司签订合同，向其销售一批产品，并负责将该批产品运送至乙公司指定的地点，甲公司承担相关的运输费用。假定销售该产品属于在某一时点履行的履约义务，且控制权在出库时转移给乙公司。

根据《企业会计准则第14号——收入》《〈企业会计准则第14号——收入〉应用指南》(2018)等相关规定；本例中，甲公司向乙公司销售产品，并负责运输。该批产品在出库时，控制权转移给乙公司。在此之后，甲公司为将产品运送至乙公司指定的地点而发生的运输活动，属于为乙公司提供了一项运输服务。如果该运输服务构成单项履约义务，且甲公司是运输服务的主要责任人。甲公司应当按照分摊至该运输服务的交易价格确认收入。

【案例8-4】 GY运输集团公司营业收入确认 GY运输集团是从事出行服务业务的上市运输公司，该公司营业收入主要来自出行服务业务。该集团在履行了合同中的履约义务，即在客户取得相关商品或服务的控制权时确认收入。合同中包含两项或多项履约义务的，GY集团在合同开始日，按照各单项履约义务所承诺商品或服务的单独售价的相对比例，将交易价格分摊至各单项履约义务，按照分摊至各单项履约义务的交易价格计量收入。

交易价格是GY集团因向客户转让商品或服务而预期有权收取的对价金额，不包括代第三方收取的款项。该集团确认的交易价格不超过在相关不确定性消除时累计已确认收入极可能不会发生重大转回的金额。预期将退还给客户的款项作为退货负债，不计入交易价格。合同中存在重大融资成分的，GY集团按照假定客户在取得商品或服务控制权时，即以现金支付的应付金额确定交易价格。该交易价格与合同对价之间的差额，在合同期间内采用实际利率法摊销。合同开始日，GY集团预计客户取得商品或服务控制权与客户支付价款间隔不超过一年的，不考虑合同中存在的重大融资成分。

当满足下列条件之一时，GY集团按照在某一段时间内履行履约义务，否则，按照在某一时点履行履约义务：①客户在GY集团履约的同时即取得并消耗GY集团履约所带来的经济利益；②客户能够控制GY集团履约过程中在建的商品；③GY集团履约过程中所产出的商品具有不可替代用途，且GY集团在整个合同期间内有权就累计至今已完成的履约部分收取款项。

对于在某一时段内履行的履约义务，GY集团在该段时间内按照履约进度确认收入。履约进度不能合理确定时，GY集团已经发生的成本预计能够得到补偿的，按照已经发生的成本金额确认收入，直到履约进度能够合理确定为止。

对于在某一时点履行的履约义务，GY集团在客户取得相关商品或服务控制权时点确认收入。在判断客户是否已取得商品或服务控制权时，GY集团考虑了下列迹象：①就该商品或服务享有现实收款权利；②已将该商品的实物转移给客户；③已将该商品的法定所有权或所有权上的主要风险和报酬转移给客户；④客户已接受该商品或服务等。

GY运输集团的主要业务活动取得收入的确认：

(1)道路客运收入，GY集团向乘客提供相关运输服务到达指定地点时，确认收入。

(2)站场服务收入，GY集团客运站场为车队提供车票代售、车队停放等有价站场配套服务收入。当客户接受相关服务并负有现时付款义务时，确认收入。

(3)道路货运收入，GY集团将货物商品运送到客户指定的场地且客户已接受该商品时客户取得货物商品控制权，该集团确认收入。

【案例8-5】 DX运输集团公司收入确认

DX运输集团公司营业收入主要有客运站收入、汽车客运收入，收入确认原则如下：

(1)客运站的结算方式及收入确认方法。客运站向拥有道路运输经营权的企业的营运车辆提供各类站务服务，并根据物价主管部门的核定标准，收取相关服务费用，实现营业收入。客运站最重要的收入来源是客运代理费(一般称为售票劳务费)，即客运站通过为承运者提供代办客源组织、售票、检票、发车、运费结算等服务而实现的收入。

站务收入确认的方式和原则为：车站每月月末根据售票系统的统计，按当月售票款收入的一定比例确认收入。

(2)汽车客运业务的结算方式及收入确认方法。公司的汽车客运业务是指公司为旅客提供人员及随身行李的汽车运输服务，并收取相应费用的经营活动。公司车辆在客运站运营中由各客运站代收票款并向公司提供票款结算单，公司根据客运站给出的结算单据的金额确认收入。

公司的汽车客运业务收入主要分为以下三种模式:①公车公营,车辆产权和线路经营权归属客运企业所有,公司员工与客运企业签订《劳动合同》,公司员工按照标准领取工资及奖金;②责任经营,车辆产权和线路经营权归属客运企业所有,公司员工与客运企业签订《劳动合同》和《道路客运班车目标责任经营合同》,客运企业与该员工(以下称该类员工为"责任经营者",与公车公营的公司员工相区别)按照实现收入情况进行绩效考核,支付相应的绩效工资;③合作经营,即合作经营方与客运企业签订《合作经营合同》,使用自有车辆参与客运企业的班线经营,遵守客运企业对线路经营许可、车辆、司乘、安全、保险等方面的统一管理,并按时向客运企业缴纳管理费用。

公司各经营模式下收入确认方法和确认时点如下:

(1)公车公营。公车公营系公司员工使用公司的车辆和线路经营权提供运输服务的经营模式。当运输服务提供后,与运输服务相对应的劳务交易已完成;通过与客运站等单位的结算,运输收入金额能够可靠地计量,相关的经济利益很可能流入公司;相应的运输成本已发生并能够可靠地计量。所以公车公营收入在运输服务已提供,与客运站等单位办理结算后确认收入。

(2)责任经营。责任经营系责任经营方使用公司的车辆和线路经营权提供运输服务的经营模式。当运输服务提供后,与运输服务相对应的劳务交易已完成;通过与客运站等单位的结算,运输收入金额能够可靠地计量,相关的经济利益很可能流入公司;相应的运输成本已发生并能够可靠地计量。所以责任经营收入在运输服务已提供,与客运站等单位办理结算后确认收入。

(3)合作经营。合作经营系合作经营方使用自有车辆参与客运企业的班线经营,向公司缴纳管理费用的经营模式。当合作经营方使用自有车辆参与公司的班线运营,已使用公司所拥有的班线经营权进行经营,在每月末扣缴管理费用时,收入金额能够可靠地计量,相关的经济利益很可能流入公司。所以根据双方签订的合作经营合同,合作经营者月末扣缴管理费用时公司确认收入。

【案例8-6】 FL运业集团股份有限公司收入确认方法

FL运业集团股份有限公司运输业务、站场业务收入确认原则如下:

(1)客运站经营收入确认。站务服务收入确认的方式和原则为:车站每月月末根据售票系统的统计,按当月代售票款收入的一定比例确认收入。从代售的票款中扣收客运站代理费,费率根据车站等级的不同,按票款的比例计收。

(2)汽车客运业务的结算方式及收入确认方法。FL运业集团股份有限公司汽车客运业务包括两种经营模式:一是,公司单独购置车辆独立开展营运的模式,这种模式是指公司持有线路经营权,直接购置车辆并聘用司乘人员,在相关线路开展道路旅客运输的经营模式;二是,公司与合作经营者按照"公司化经营管理"的模式合作开展道路旅客运输,这种模式是指在汽车客运业务中,为满足和强化对汽车运输安全管理共同开展道路旅客运输,公司与合作经营方签订《道路旅客运输合作协议》或《客运车辆租赁经营协议》,公司对由公司与合作经营方共同出资购置营运车辆,或由本集团(或合作经营方)单独购置车辆,由公司统一负责营运线路经营权的取得和调配,以及客运车辆的营运、调度,统一负责车辆登记,统一负责司乘人员的培训、考核、安全监督管理,统一负责营运车辆的安全生产管理并负责处理交通安全事故,统一负责缴纳车辆保险(即"五统一"),公司按照协议约定收取运输服务费或租赁费等,并确认运输服务费收入的一种经营模式。

①客运收入的确认方法,公司单独购置车辆营运模式下,公司与相关车站结算后的全部票款确认为客运收入。②运输服务费收入的确认方法,公司化经营管理模式下,运输服务费收入的确认方法如下:a.根据客车营运线路,公司与车站签订《车辆进站协议》,到车站应班;b.公司每月将客票票根汇总,由专门的结算员与各应班车站进行核对,并签订《结算单》;c.公司每月月末,根据《结算单》确认的金额,扣除应支付给车站的站务费、客运代理费等,将公司根据与合作方签署的协议应享有的车辆的客运收入确认为营业收入。

【案例 8-7】 LZ 运输股份有限公司收入确认

LZ 运输股份有限公司的客运站站务服务收入、旅客运输收入、货物运输收入确认原则如下:

(1)旅客运输服务的结算方式及收入确认方法:①班车客运收入的确认方法,公司对车站售票,每月月末将车站开具的客运结算凭单进行汇总,由专门的结算员与车站凭单结算系统统计的金额进行核对,将核对无误后的结算收入确认为当月客运收入;公司每日根据随车乘务员售出票款对途中售票进行核对,每月月末将核对无误后的随车售票收入确认为当月客运收入。②公司客运包车模式,每次包车服务结束后即根据该次包车收取价款或应收取价款确认收入。

(2)汽车货运业务收入的确认方法:公司按照客户取货后签字确认的运输清单,每月月末汇总后确认运输收入。

(3)客运站站务服务收入的确认方法:客运站每月月末根据站务系统里统计的站务费确认站务服务费收入,根据凭单结算系统的统计,按当月代售票款收入扣除站务费收入后的一定比例确认客运代理费收入。每月月末根据业务科室开具的各客运车辆清洁清洗、停车管理等收费清单汇总后确认为客运站其他收入。

(二)营业收入的计量

根据会计准则要求,关于营业收入计量需要遵循的核心原则为:计量的金额应反映企业预计因交付这些服务而有权获得的对价。

企业应当按照各单项履约义务的交易价格计量营业收入,即企业因向客户提供服务等而收取的金额。企业代第三方收取的款项以及企业预期将退还给客户的款项,不计入交易价格。

企业应当根据合同条款,并结合以往习惯做法确定交易价格。在确定交易价格时,企业应当考虑合同中存在的可变对价、重大融资成分、应付客户对价等因素的影响。

(1)存在可变对价。可变对价是指对最终交易价格产生影响的不确定的对价,例如,赊销商品承诺给予客户的现金折扣等。合同中存在可变对价的,企业应当按照期望值或最可能发生金额确定可变对价的最佳估计数。每一资产负债表日,企业应当重新估计应计入交易价格的可变对价金额。可变对价金额发生变动的,对于已履行的履约义务,后续变动额应当调整变动当期的营业收入。

运输企业营业收入的计量比较直接,根据实际的或预期的现金流入(或其他等价物)进行计量。企业在提供运输服务时,对于客运服务,一般很少出现销售退回与折让、商业折扣、现金折扣等不确定因素;但对于货运和包车运输等业务,由于运输与取得收入的时间不一致,也可能因服务质量不高或其他原因出现销售折让、商业折扣、现金折扣等现象。

销售退回及折让是指运输企业所销售的"商品"在服务质量、服务品种等方面不符合旅客或货主的要求,被用户退回或虽未退回但用户要求在运输价格上给予一定折让的事项。

商业折扣,即货主要求提供的运输服务是大宗的货源,可以给货主在价格上的一定优惠,实际上是对运输报价进行的折扣。运输企业在向用户提供商业折扣的情况下,应收账款按扣除商业折扣之后的实际成交价格予以确认和计量。

现金折扣,是企业为了鼓励货主在一定时间内早日付清款项的一种折扣。现金折扣使得企业应收账款的实收数额在规定的付款期限内,随着客户付款时间的推延而增加,对营业收入的确认和计量产生影响。在市场竞争的条件下,企业利用现金折扣办法,对那些以信用方式提供的运输服务所发生的应收账款,会起到早日收款的目的。如运输企业为了争取货源,可能往往是先运输,让客户在以后一定时间内付款。例如,某运输企业5月25日采用赊销方式提供运输服务,赊销期为90天,不含增值税的价款为200万元,现金折扣条件为"$\frac{2}{30},\frac{1}{60},\frac{n}{90}$",赊销当日企业已履行承诺的履约义务。该企业根据经验等判断客户很可能在30天内付款,则该项业务的交易价格为196万元(200 − 200×2%),确认营业收入196万元;6月30日,该客户尚未付款,估计客户将于合同签订后60天内付款,则企业将交易价格调整为198万元(200 − 200×1%),企业当期调增营业收入2万元。反之,企业根据经验等判断客户很可能不会提前付款,则该项业务的交易价格为200万元,确认营业收入200万元;6月20日,如果该客户支付货款,取得现金折扣4万元,则企业将交易价格调整为196万元(200 − 200×2%),企业当期调减营业收入4万元。

(2)存在重大融资成分。重大融资成分是指提供服务等收款期较长,导致分期收款的总对价高于其现销价格的差额。企业与客户签订的合同中存在重大融资成分的,应当按照假定客户在取得商品控制权时,即以现金支付的应付金额确定交易价格。该交易价格与合同对价之间的差额,应当在合同期间内采用实际利率法摊销。例如,企业与客户签订一项分期收款提供运输服务合同,不含增值税的总对价为500万元,收款期为5年,每年末收款100万元;该运输服务的现销价格为430万元,则该合同存在重大融资成分,其交易价格不应按照分期收款总对价500万元确定,而应按照其现销价格430万元确定。

如果企业预计客户取得服务与支付价款间隔不超过一年的,根据重要性要求,可以不考虑合同中存在的融资成分,分期收款总额即为交易价格。

(3)存在应付客户对价。应付客户对价是指企业提供服务明确承诺给予客户的优惠等。企业与客户签订的合同含有应付客户对价的,应当将该应付对价冲减交易价格,并在确认相关收入与支付客户对价二者中较晚的时点冲减当期收入。

二、运输企业运输业务收入结算与划拨

运输企业运输业务收入的结算与划拨,是指各运输企业之间相互为对方车辆办理运输业务所取得的运输业务收入之间的相互结算与划拨,包括跨省(区)运输业务收入的结算与

划拨,省内各地(市)运输企业之间运输业务收入的结算与划拨以及代社会其他单位车辆办理运输业务收入的结算与划拨。

(一)货物运输收入的结算与划拨

货物运输收入的结算与划拨,手续相对比较简单。本企业为跨省(区)运输企业和社会其他单位代办货物运输业务的货运收入,月终根据各经办站(所)营业收入月报表中按代理业务货票结算应划拨的货运收入,按照双方协议规定,分别汇付对方单位;也可以由对方企业凭货票结算联汇总,通过开户银行向代办企业办理委托收款。

(二)旅客运输收入的结算与划拨

客运收入的相互结算与划拨相对复杂,而且方法较多。概括起来主要有以下几种。

1. 互不结算

当两家运输企业在同一条跨省、区线路上对开等量客运班车时,如双方各自经营路段设置的营业站、点大致相等,里程所差甚小(基本相等),双方车辆所完成的旅客周转量和客运收入基本接近时,经双方协议,各营业站点的客票收入和行李包裹收入,不管旅客和行包是哪个企业车辆承运的,均作为各站点主管企业的客运收入处理,双方不做补差结算。

2. 相互结算

这是指运输企业同在一条路线上对开固定班车,而各自负责经营的路段里程和站点设置数量相差悬殊时所采用的一种结算方式。在这种情况下,双方所辖站点的收入差额很大。为了使双方车辆所完成的运输工作量与其收入基本相适应,可由双方签订协议,规定差额结算办法。具体做法有下述几种:

(1)相互代售客票,双方根据售票月报相互结算、补差。

(2)根据行车路单记录,双方各自计算本企业车辆在对方站点所完成乘车旅客周转量,按标准客运费率计算应得收入,月终结算,扣除代理业务手续费后相互补差。

(3)固定补差。按双方车辆每月计划总行驶座位公里乘以双方议定的实载率,再按标准费率计算应得全程全月客运总收入,以总收入的50%作为平均每车客运收入,然后根据双方各自负责经营站段里程占整个路段里程的比重,计算双方辖区客运收入。平均收入与辖区收入的差额即为相互补差金额。在一定时间内固定按这个差额结算。在对开班车数、车辆座位、实载率、站点设置等不变时,补差金额可以长期固定不变。

(4)客票上印制副券。副券上印有起讫点站名和票价,旅客上车后由随车售票员或司机将客票副券撕下,月终双方根据客票副券汇总后进行结算。

3. 包干实载率

是指甲公司车辆定期开往乙公司所辖营运区域,去程由甲公司售票,回程全部由乙公司售票,事先经双方商定,乙公司按固定实载率计算客运收入,按月付给甲公司,实际收入多于包干实载率收入或少于包干实载率收入,双方不增拨也不扣补。

4. 汇总分配结算

在省、自治区设有省运输公司(或企业集团)的条件下,各子公司、分公司之间跨区客运收入,可以相互不直接办理结算,由省公司(或企业集团)将全省(或集团内各公司)客运收入汇总后,按一定的分配办法在各公司之间划拨清算。每月终了,由各公司将当月的旅客周转量和客运总收入,在结算省际跨区客运收入后报告省公司(或企业集团),省公司(或企业集团)据以汇总编制客运收入结算分配表,通知各子公司、分公司划拨结算。

各公司划拨结算的办法如下:
(1)先汇总各公司上报的旅客周转量和客运总收入。
(2)计算平均收入。计算公式为:

$$平均收入(元/千人公里) = \frac{\Sigma(客运收入)}{\Sigma(客运周转量)} \qquad (8-1)$$

(3)计算每个公司平衡后应得的客运收入。计算公式为:

$$平衡后某公司应得客运收入 = 某公司实际旅客周转量 \times 平均收入 \qquad (8-2)$$

(4)计算每个公司应退还或补收的客运收入。计算公式为:

$$某公司应退还客运收入 = 某公司实际客运总收入 - 平衡后某公司应得客运收入 \qquad (8-3)$$

或:某公司应补收客运收入 = 平衡后某公司应得客运收入 - 某公司实际客运总收入

(5)相互划拨结算。应退出客运收入的公司按金额相近的原则划投给补收客运收入的公司,如两公司结不清的,余额由其他应退出客运收入的公司再按数额相互划拨,直至相互结清。

【案例8-8】 YC交运集团有限公司收入结算方式及确认原则

YC交运集团有限公司道路客运收入、港站服务收入、出租车辆承包金收入、公铁联运装卸收入结算方式及确认原则如下:

(1)道路客运收入结算方式及确认:
①根据车辆营运线路公司与车站签证《车辆进站协议》,到车站应班;
②公司司乘人员按发班班次验票并清点票根,与车站核对后双方签字形成《结算单》,按月将《结算单》上交公司财务;
③公司按月对所属车辆的《结算单》进行审核汇总,并与车站核对无误后,扣除应支付给车站的站务费、客运代理费等,确认客运收入。

(2)站务服务收入结算方式及确认:
①车站与客运企业签订《车站进站协议》,客运车辆到车站应班,并由车站代售客票;
②发车前由站务人员、司乘人员验票清点票根,汇总票根并经司乘人员核对无误后签字形成结算单,结算单金额为车站向客运公划转票款的依据之一;
③每月月末公司车站根据售票系统的统计与客运公司的《结算单》进行核对,核对无误后,计算应收取的站务费、客运代理费及其他各项费用,确认为收入,次月车站扣除应收取的站务费、客运代理费及其他各项费用后向客运企业支付代收票款。

(3)出租车辆承包金收入结算方式及确认:
公司的营运车辆承包给驾驶员,每月根据不同的车型收取承包金,公司按应收取的承包金确认收入。

(4)公铁联运装卸收入的结算方式及确认:
①公铁联运装卸是指货物经铁路运输、汽车运输到站后的卸载和货物离站前的装载过程中,实施的起重、装卸的作业过程;

②客户凭运输货物清单到本公司业务部门换取装卸作业单,本公司联运部门凭装卸作业单完成装卸作业,已完成的装卸作业单经联运部门签字确认后,返回本公司财务部;

③财务结算人员每月根据返回的作业单进行汇总结算,并分客户开具货物装卸发票,结算联运装卸费用并进行收入确认。

【案例8-9】 FL运业集团股份有限公司收入结算方式及确认原则

(1)站务收入结算方式。运输服务费收入的确认方法和结算方式如下:①车站与客运企业签订《车辆进站协议》,客运车辆到车站应班,并由车站代售票款;②每月月末,各客运企业凭客票票根与车站结算并编制《结算单》,车站收回客票票根并销毁,《结算单》金额为车站向客运公司划转票款的依据之一;③车站根据售票系统的统计,计算应收取的站务费、客运代理费等;根据站务经营各科室开具的各客运车辆应收车辆清洗、车辆停放、车辆安检等票据,在代售的票款中扣收,并确认为收入;④根据车站与客运公司核对的《结算单》金额,扣除车站收取的客运代理费、站务费等收入,次月由车站向客运公司支付代收的票款。

(2)客运收入结算方式。FL运业集团股份有限公司客运收入结算方式如下:①根据客车营运线路,公司与车站签订《车辆进站协议》,到车站应班;②公司每月将客票票根汇总,由专门的结算员与各应班车站进行核对,并签订《结算单》;③公司每月月末,根据《结算单》确认的金额,扣除应支付给车站的站务费、客运代理费等,确认为客运收入。

三、运输企业营业收入票据和单证管理

营业收入票据管理是运输企业营收管理的重要内容。营业收入票据,是运输企业经营客货运输业务、站场业务以及其他业务向旅客和货物托运单位收款的依据和主要凭证,又是旅客或货主单位据以报销的有效凭证,其中客票还是旅客乘车的凭证。各种营业收入票据,是具有特殊用途的有价证券,其发售或签发后可以收回货币资金,未发售或未签发的各种库存票据,属于待变现的财产。因此,加强营业收入票据管理和稽核工作,监督其合理使用,建立健全营业收入的内部控制制度,对于堵塞漏洞,防范舞弊具有重要意义。

运输企业的营运线路有长有短,旅客流向四面八方,因而营运所需票据复杂多样,各企业可根据实际营运线路、区域区别设计使用营运票据。营运票证按其内容可分为客运票证、货运票证和其他票证三类。

客运票证:包括固定客票、定额客票、补充客票、客运包车客票、客运退票费收据等;

货运票证:包括整车货票、零担货票、行李包裹票、代理业务货票等;

其他票证:包括零担装卸费收据、行李装卸费收据、行包暂存费收据、临时收款收据、旅客中途退票报销凭证等。

(一)营业收入票据日常管理

为了加强营业收入票据日常管理,企业财会部门应指定专人负责各种票据的印制、领发、保管和销号等工作。应严格遵守税务部门和企业的有关规定,负责对各站场票据的使用和管理,各种票据必须依法和根据税务部门以及上级主管部门规定的格式、内容和尺寸等印制,企业不得随意更改变动;对印制好的各种票据必须按照交印清单认真清点数量、编号验收入账,妥善保管。各单位请领各种票据,应报企业批准和备案,必须办理领用手续;各单位交回的票根要根据营收报表认真审核销号。企业的财会部门还应组织专人,定期检查各单

位的票据使用和保管情况。财会部门应设置专人负责营业收入的核算和管理、各站场票据缴销和营业收入解缴月报表的审核,并认真贯彻执行和定期进行监督检查。

(二)旅客运输业务和客运站场业务单证管理

鉴于目前货物运输组织方式的复杂性,这里主要讨论旅客运输业务和客运站场业务的单证管理。

1. 旅客运输业务单证管理

(1)站务人员(或代行站务职责的司乘人员)负责在行车路单(或站场的结算单,简称路单)上签名确认乘客人数;取得经站场和企业双方签认的行车路单(或站场的结算单),确认填列无误后,及时向运调部门交单。如有经收运费的,应在规定的期限内,直接向财会部门解款。

(2)运调部门应根据经业务员和运调部门负责人审核无误,并签名的行车路单(或站场的结算单)登记班车营运统计台账,每月按线路、班次编制统计表以及客运收入汇总表,与财务部门核对收入金额。运调部门负责人应审核各种统计表并签名。运调部门应根据合同约定的营收结算期,将行车路单(或站场的结算单)原件连同客运收入汇总表及时交给负责与站场或站务员结算的财会人员,以便及时结算运费。

(3)负责收入结算的财会人员应及时与站场或站务员结算运输业务收入,财会部门对客运业务收入的确认以行车路单(或站场的结算单)为依据。财会部门和运调部门应定期相互检查核对实现的营收情况。

2. 站场业务单证管理

站场是各种票据的具体使用保管单位,对于管好各种票据负有直接的责任。

(1)站场必须严格车票的管理,车票的印制、领、销、存工作应由不同人员负责。

(2)票务人员负责销售车票,并编制售票日报表,并在下班前将当天的售票款、车票存根和售票日报表财会部门。

(3)财会部门将售票员上交的售票日报表、车票存根和售票款的收款凭证相互核对,并编制当天的售票收入表。

(4)统计人员应每天根据站务提供的行车路单(或站场的结算单),与当天的售票收入表核对,并编制有关结算收入统计表。定期将经过业务部门负责人审核签字的收入统计表连同行车路单(或站场的结算单)送达财会部门进行会计核算。

(5)财会部门每月根据统计资料与营运方提供的结算单核对,确认无误后编制跨区运费结算单与对方结算票款;会计主管应对核对情况进行审核,并对差异原因进行分析,及时向企业负责人报告。

(6)业务部门应根据结算单登记收入台账,每月按线路、班次编制统计表与财会部门相互核对。

(7)客运业务的行车路单由于数量较多,可单独装订存放。路单须连续编号,视同有价证券管理,并登记备查本。路单与对应的结算表和入账凭证应相互索引。

四、运输企业营业收入计划

营业收入计划是运输企业编制利润计划的重要依据,也是计算计划年度税费的参考依据。运输企业的营业收入计划是依据运输业务计划、站场业务计划和其他业务计划以及计划千吨(人)公里和千操作吨位平均收入等计算编制的。表 8-1 是以运输业务和其他业务收入计划为例编制的营业收入计划表。

营 业 收 入 计 划　　　　　　　　　表 8-1

201×年度

行 次	项 目	计量单位	上年预计实际	本年计划
1	一、运输周转量			
2	其中:旅客周转量	千人·km		
3	货物周转量	千t·km		
4	二、装卸作业量	千操作吨位		
5	三、平均收入			
6	其中:千人公里平均收入	元/千人·km		
7	千吨公里平均收入	元/千t·km		
8	千操作吨平均收入	元/千操作吨		
9	四、主营业务收入	元		
10	其中:客运收入	元		
11	货运收入	元		
12	装卸收入	元		
13	五、其他业务收入	元		
14	其中:	元		

各项营业收入的计划值,可按下述方法计算。

1. 运输业务收入

$$客运收入计划值 = \left(\frac{计划旅客周转量}{1000}\right) \times 计划千人公里平均收入 \quad (8-4)$$

2. 装卸业务收入

$$装卸收入计划值 = \left(\frac{计划装卸操作吨位}{1000}\right) \times 计划千操作吨平均收入 \quad (8-5)$$

3. 其他业务收入

其他业务收入计划值 = 上年度其他业务收入实际值 × (1 + 计划年度收入增长率)

$$(8-6)$$

五、运输企业营业收入分析

运输企业营业收入分析是指每月根据各项营业收入的实际情况和资料,填写营业收入汇总月报,并据此与营业计划比较,及时检查各站场业务计费结算和营业进款解缴情况,分析差距,找出原因,及时修订调整下期营业收入目标。

营业收入的分析通常是分析营业收入计划的完成程度。按照企业营业收入计划的运输业务、站场业务和其他业务收入的项目,用实际与计划对比,计算出差异额、差异率。然后,对运输业务、站场业务以及其他业务的收入项目,进行因素分析,查明各自完成或未完成计划的具体原因。最后,对各种业务营业收入计划的完成情况作出评价,并针对存在的问题,提出改进意见和措施,从而加强企业营业收入的管理,提高企业经济效益。

营业收入汇总表参考格式见表8-2。

营业收入汇总表　　　　　　　　　　表8-2

企业名称：　　　　　　　　201×年度　　　　　　　　单位:元

项　目	本月数	上月数	变动额	变幅	本期数	上年同期	变动额	变幅
营业收入(万元)								
其中:								
(1)旅客运输业务								
(2)货物运输业务								
(3)客运站场业务								
(4)货运站场业务								
(5)其他业务								
合计								

(一) 总体分析

运输企业在对企业的营业收入进行总体分析时,应注意以下几个方面问题。

1. 企业营业收入的品种构成

运输企业从事的经营业务以及采取的相关管理体制对其营业收入构成及管理有重要的影响。运输企业不仅从事运输业务、站场业务,还从事产品制造、商品销售、房地产开发等其他多种经营业务活动的,企业不同种类经营业务营业收入构成对营收分析具有十分重要的意义:占总收入比重大的业务是企业过去业绩的主要增长点。此外,还可以通过对体现企业过去主要业绩的业务的未来发展趋势进行分析,初步判断企业业绩的持续性,进而分析企业的未来发展趋势。

2. 企业营业收入的地区构成

企业在不同地区提供运输服务及其他业务的情况下,不同地区的营业收入构成对报表分析也具有重要价值:占总收入比重大的地区是企业过去业绩的主要地区增长点。不同地区的市场潜力在很大程度上制约企业的未来发展。

3. 企业营业收入的客户构成

一般情况下,若其他条件相同,企业的服务客户越分散,集中率越低,说明企业劳务提供的市场面越宽,行业争力越强,营业收入的持续性就会越好。同时,对于货物运输来说,企业的服务客户越分散,销售回款因个别客户的坏账所引起的波动会越小,营业收入的回款质量就越有保障。因此,通过分析营业收入客户构成情况,将有助于判断运输企业营业收入的质量和业绩的波动性。

4. 企业内部与关联方交易的收入在总收入中的比重

运输企业在集团化经营的条件下,集团内各个企业之间有发生关联交易的可能性。虽然,关联交易有企业间正常交易的成分。但是,营业收入分析须关注以关联方交易为主体形成的营业收入在交易的价格、交易的实现时间等方面的非市场化因素。

(二) 具体分析

运输企业的营运业务收入计划完成情况的分析,虽然不同业务种类有其各自的考核指标,但运用的分析方法基本相同。对于没有指标考核的部分其他业务,一般可对实际收入与计划收入进行比较,检查影响收入增减的主要因素。

营业收入分析应结合营运业务数据,按业务类别(如运输业务、站场业务、其他业务等)进行分析和细化。比如,旅客运输业务收入分析可以分析包括线路变化、线路平均票价变化、自营车数量变动、客运量变动等情况,以及各自对收入的影响金额。在客运收入中占比较大的业务还需进一步具体分析。又如,班线运输收入同比增加或减少多少,增减幅度的比例是多少。主要原因的分析,可以考虑:一是本期同比增加或减少多少条线路,增加或减少了多少自营车辆,收入同比增加或减少多少;二是除同比因增加或减少外线路导致的自营车增加或减少外,自营车增加或减少多少辆,收入同比增加或减少多少;三是线路平均票价多少,同比增加或减少多少,收入同比增加或减少多少;四是客运量多少,同比增加或减少多少,收入同比增加或减少多少等。

运输企业的其他业务收入,主要是所发生的销售业务收入、发生的燃材料让售或多余材料物资处理而发生的销售收入以及维修业务收入等。企业对外销售收入的分析,应结合辅助生产部门生产任务完成情况的分析,检查是否对剩余的生产能力予以充分利用,比计划多完成或少完成生产任务而增加或减少的销售收入。运输企业通常不将让售材料的销售收入列入计划。只有在材料物资有积压或呆滞的情况下编制积压和呆滞材料处理计划时,才将这部分材料物资处理收入编入其他业务收入计划,促使其按计划完成,有商品产品销售收入的运输企业,对产品销售收入的分析,应进行产品销售计划和销售合同执行情况的分析,检查影响产品销售计划和销售合同完成或未完成的主要原因,挖掘扩大销售的潜力,增加销售收入。

复习思考题

1. 什么是营业收入?运输企业的营运收入一般包括哪些基本内容?
2. 营业收入确认和计量有哪些原则?
3. 运输企业运输业务收入的划拨与结算有哪些方法?
4. 运输企业如何进行营业收入的票据和单证管理?
5. 运输企业如何进行营业收入分析?

第九章 运输企业利润管理

企业作为社会经济中最重要的经济实体,保持利润的持续稳定增长是其生存和发展的重要基石。利润既是企业经营成果的集中体现,也是衡量企业经营管理水平的重要指标。企业管理者可以通过深入分析相关利润指标,找出利润变化的原因,从而改善企业的经营管理水平,提高企业的经营效益。投资者、债权人也可以利用相关利润指标分析企业的盈利能力及变化趋势,从而为其做出合理的决策提供重要支持。利润还是企业分配经营成果的基本依据。因此,加强对利润的管理也是运输企业财务管理的重要方面。本章主要介绍运输企业利润的基本概念、内容构成、计算过程、预测方法、分析手段以及分配政策等相关内容。

第一节 运输企业利润管理概述

一、利润的概念及其构成

利润是指企业在一定会计期间的经营成果。运输企业的利润是指运输企业从事运输生产经营活动以及其他业务活动取得的净收益。目前,我国运输企业在进行利润的会计核算、信息披露、分配管理的过程中,主要依据的是《企业会计准则》和《企业财务通则》,符合要求的规模较小的企业,也可执行《小企业会计准则》,部分企业也会执行《企业会计制度》。

根据以上制度规范,企业的利润既包括自营活动产生的收益,即收入减去费用后的净额、直接计入当期损益的利得和损失等,也包括他营活动产生的收益,即通过直接投资或间接投资其他企业而获取的收益,主要体现在投资收益中。为了更好地分析利润的形成过程和驱动因素,通常将利润分成营业利润、利润总额和净利润三部分进行分析。

二、利润的计算

(一) 营业利润

营业利润是企业日常经营活动的经营成果。运输企业的日常经营活动可以分为自营活动和他营活动。自营活动的经营成果称为经营利润,他营活动的成果称为他营利润,两者之和构成运输企业的营业利润。营业利润的计算公式如下:

营业利润 = 营业收入 – 营业成本 – 税金及附加 – 销售费用 – 管理费用 – 财务费用 – 资产减值损失 + 其他收益 + 投资收益(– 投资损失) + 公允价值变动收益
(– 公允价值变动损失) + 资产处置收益(– 资产处置损失)

(9-1)

或:营业利润 = 营业收入 – 营业成本 – 税金及附加 – 销售费用 – 管理费用 – 财务费用 – 资产减值损失 + 其他收益 – |投资损失| – |公允价值变动损失| – |资产处置损失|

其中,营业收入反映运输企业从事主营业务和其他业务等日常经营活动所形成的收入总额,包括主营业务收入和其他业务收入。

营业成本反映运输企业从事主营业务和其他业务等日常经营活动所发生的实际成本总额,包括主营业务成本和其他业务成本。

税金及附加反映运输企业经营活动中应负担的消费税、城市维护建设税、资源税、土地增值税、房产税、车船税、土地使用税、印花税和教育费附加等相关税费。需要特别注意的是,企业缴纳的增值税和企业所得税不包含在内。

销售费用反映运输企业对外整车销售、销售自制产品、提供劳务作业、让售燃润料及配件等材料物资、油品销售以及专设销售机构(含销售网点、售后服务网点等)等业务活动中所发生的职工薪酬、业务费、折旧费等费用。提供客货运输服务的运输企业,虽然没有直接的销售费用,但是会通过广告宣传、新闻媒介和销售人员上门宣传,发挥推销运输服务的作用;还会通过上门征求客户对本企业运输服务的意见和建议,以利于改进服务、稳定客户,为未来扩大运输服务规模、提高运输服务质量创造条件。以上活动都会产生一定的费用,这些费用可以归集为运输企业的销售费用。

管理费用反映运输企业为组织和管理运输生产经营活动所发生的各项费用,包括企业的董事会和行政管理部门在运输生产经营管理中发生的,或者应由企业统一负担的经费(包括行政管理部门职工薪酬费用、修理费、机物料消耗、低值易耗品摊销、办公费和差旅费等)、工会经费、社会保险费、待业保险费、劳动保险费、董事会费(包括董事会成员津贴、会议费和差旅费等)、聘请中介机构费、咨询费、诉讼费、业务招待费、技术转让费、矿产资源补偿费、无形资产摊销、职工教育经费、研究与开发费用、排污费、存货盘亏或盘盈(不包括应计入营业外支出的存货损失)等。

财务费用反映运输企业为筹集运输生产经营所需资金而发生的各项费用,包括利息支出(减利息收入)、汇兑损失(减汇兑收益)以及相关的金融机构手续费等。

资产减值损失反映运输企业计提各项资产减值准备所形成的损失。

其他收益反映运输企业获得的与日常经营活动相关的政府补助等。

投资收益(或损失)反映运输企业以各种方式对外投资所取得的收益(或发生的损失)。

公允价值变动收益(或损失)反映运输企业资产负债表日按公允价值计量的资产或负债的公允价值变动所形成的应计入当期损益的利得(或损失)。

资产处置收益(或损失)反映运输企业出售划分为持有待售的非流动资产(金融工具、长期股权投资和投资性房地产除外)或处置组(子公司和业务除外)时确认的处置利得或损失,以及处置未划分为持有待售的固定资产、在建工程、生产性生物资产及无形资产而产生的处置利得或损失。债务重组中因处置非流动资产产生的利得或损失和非货币性资产交换中换出非流动资产产生的利得或损失也包括在本项目内。

(二)利润总额

利润总额是企业全部经营活动的成果。运输企业全部经营活动分为日常经营活动和非日常经营活动。日常经营活动的成果称为营业利润,非日常经营活动的成果表现为营业外收入和营业外支出。因此,运输企业的利润总额也为税前利润,包含了营业利润以及营业外收入减去营业外支出的差额。计算公式如下:

$$\text{利润总额} = \text{营业利润} + \text{营业外收入} - \text{营业外支出} \qquad (9\text{-}2)$$

其中，营业外收入反映企业发生的与日常经营活动无直接关系的各项利得，主要包括债务重组利得、与企业日常活动无关的政府补助、除固定资产以外的盘盈利得、捐赠利得（企业接受股东或股东的子公司直接或间接的捐赠，经济实质属于股东对企业的资本性投入除外）等形成的利益流入。

营业外支出反映企业发生的与日常经营活动无直接关系的各项损失，主要包括债务重组损失、公益性捐赠支出、非常损失、盘亏损失、非流动资产毁损报废损失等形成的利益流出。

营业外收支通常是偶然发生的，企业很难加以控制，虽然与企业的日常经营活动没有多大关系，但是也会导致企业利润总额的增减变动。因此，在对利润进行核算和分析的时候也必须将其考虑在内。

（三）净利润

虽然利润总额是企业在一定期间为其投资者赚取的财富增加额，但在向投资者分配之前，国家以所得税的方式参与企业财富的分配，即企业应根据其经营成果向国家缴纳所得税。企业的利润总额扣除应缴纳的所得税后的净额，就是净利润，也即税后利润。计算公式如下：

$$\text{净利润} = \text{利润总额} - \text{所得税费用} \qquad (9\text{-}3)$$

需要注意的是，由于税法和会计核算规则存在一定差异，利润总额与企业计算应缴纳所得税的税基并不完全相同。通常情况下，企业需要将依据会计核算规则计算出来的利润总额，按照税法的相关要求进行调整，才能作为计算所得税的税基，也就是应纳税所得额。

通过以上分析可以看出，我国企业的利润在计算过程中是通过多步计算得出来，这主要是因为我国企业会计准则要求企业在编制利润表时采用多步式格式。采用多步式利润表的好处在于，它将企业日常经营活动过程中发生的收入和费用项目与在该过程外发生的收入和费用分开。这样，那些经常重复发生的收入和费用项目，就成为预测企业未来盈利能力的基础；而那些偶然发生的收入与费用项目，则不能作为预测的依据。例如企业变卖固定资产、遭遇法律诉讼等就属于偶然事项，不可能经常发生。将这类事项产生的损益单独分离出来进行披露，更有助于提高利润表信息的预测价值。另外，适当划分企业的收入和费用项目，并以不同的方式在利润表上将收入与费用项目组合起来，还可以提供各种各样的有关企业经营成果的指标，从而有利于对企业进行财务分析，便于企业开展筹资、投资、资金管理、利润分配等财务管理活动。

第二节　运输企业利润预测与分析

一、运输企业利润预测

（一）目标利润预测

运输企业的利润总额主要由营业利润和营业外收支净额两部分构成。其中，营业利润又分为主营业务利润和其他业务利润。一般来说，运输企业的主营业务利润主要包括客货运输服务利润和站场业务利润。主营业务利润通常是影响企业利润指标的关键因素，因此应该是企业进行利润预测的重点。

目标利润是指企业在一定时期和一定条件下要求实现的利润目标,是企业生产经营计划的重要指标。目标利润应在上年实际利润的基础上有一定的增长,参考本行业先进水平或本企业历史上最好水平制定,并着眼于挖掘企业内部潜力和扩大运输市场占有率;也可以运用本量利分析法和因素分析法来确定。

1. 本量利分析法

本量利分析是成本——产量(或销售量)——利润依存关系分析的简称,也称为 CVP 分析(即 Cost——Volume——Profit Analysis 的缩写),是指在变动成本计算模式的基础上,以数学化的会计模型与图文来揭示固定成本、变动成本、销售量、单价、销售额、利润等变量之间的内在规律性的关系,为企业预测、决策和规划提供必要的财务信息的一种定量分析方法。

运输企业主要是通过分析运输业务成本、运输周转量和利润三者之前的变动关系,为企业提供决策依据。运输企业在经营过程中发生的各项成本,按照成本习性可以划分为固定成本和变动成本两类。所谓成本习性是指成本与业务量之间的依存关系。根据交通运输的业务特点,运输中的变动成本,通常又分为车公里变动成本和吨公里变动成本。车公里变动成本与运输周转量没有直接的变化关系,只有在载运系数(车公里产量)基本稳定的情况下,车公里变动成本才能与运输周转量正比例的增减变动。在载运系数基本稳定的条件下,汽车运输业务成本中的车公里变动成本和吨公里变动成本就可以相互转化和计算。这为运输企业进行本量利分析及其关键指标的计算创造了条件。

运输总收入减去总变动成本后的差额,称为边际贡献。边际贡献首先用来补偿固定成本。如果在补偿固定成本后还有余额,则称之为企业的利润,如果不能补偿固定成本,企业就会出现亏损。当边际贡献与固定成本相等时,企业处于不亏不盈的状态,这标志着企业刚好达到盈亏平衡,使企业处于盈亏平衡状态的产量或销量就称为盈亏平衡点。

本量利分析以变动成本法为基础。交通运输业务的变动成本既包括车公里变动成本,也包括吨公里变动成本;同时既包括变动车辆费用,也包括变动期间费用。也就是说运输业务成本中间接成本和期间费用中的变动部分也包含在交通运输业务总的变动成本范围内。

(1) 盈亏平衡分析法与预测。在现行体制下,运输企业通常采取多元化经营,除了客运、货运等主营业务之外,通常还涵盖站场业务、维修业务等其他业务,但这并不是一个普遍现象。因此,按照现行的《企业财务通则》和《企业会计准则》,运输企业进行本量利分析的基本公式为:

$$运输业务利润 = 运输业务收入 - 运输业务成本 \qquad (9-4)$$

由于运输"劳务"的产销过程同时发生,因此产销量一般都是相等的,以上公式可以改写为:

$$运输业务利润 = 运价 \times 周转量 - 单位变动成本 \times 周转量 - 固定成本 \qquad (9-5)$$

在分析目标利润,通常将运价、单位变动成本和固定成本视为稳定的常量,只有周转量和利润是自由变量。给定周转量,可利用公式直接计算出预期利润;给定目标利润,可直接计算出目标周转量。如果目标利润为零,则对应的周转量即为保本周转量。

以上公式,实际上分析的主要是运输企业客运、货运等主营业务的毛利,并不能全面反映运输企业的经营状况以及营业利润。全面反映运输企业营业利润的公式如下:

$$\begin{aligned}营业利润 = &\,营业收入 - 营业成本 - 税金及附加 - 销售费用 - 管理费用 - 财务费用 - \\&\,资产减值损失 + 其他收益 + 投资收益(-投资损失) + 公允价值变动收益 \times \\&\,(-公允价值变动损失) + 资产处置收益(-资产处置损失) \qquad (9-6)\end{aligned}$$

或:营业利润=营业收入-营业成本-税金及附加-销售费用-管理费用-财务费用-资产减值损失+其他收益-|投资损失|-|公允价值变动损失|-|资产处置损失|

由于其他收益、投资收益、公允价值变动损益以及资产处置损益不确定性较大,受企业自身经营状况影响不大,因此,为了便于进行本量利分析,将公式简化如下:

$$营业利润 = 营业收入 - 营业成本 - 期间成本 \tag{9-7}$$

确切来说,这里的营业收入既包括运输企业客运、货运等主营业务收入,也包括站场、维修等其他业务收入。相应地,营业成本、期间成本既包括运输企业客运、货运等主营业务成本,也包括站场、维修等其他业务成本,以及相关的期间成本。为了便于分析和反映运输企业的本量利关系,这里主要以运输企业提供的运输业务作为分析对象进行说明。

在对运输企业的运输业务进行本量利分析时,不但要分解运输业务成本,还要分解运输期间费用,分解之后的公式变为:

$$\begin{aligned}运输业务利润 &= 运输业务收入 - (变动运输成本 + 固定运输成本) - \\ & \quad (变动期间成本 + 固定期间成本) \\ &= 运价 \times 周转量 - (单位变动运输成本 + 单位变动期间成本) \times \\ & \quad 周转量 - (固定运输成本 + 固定期间成本) \end{aligned} \tag{9-8}$$

如果考虑所得税因素,则以上公式变为:

$$\begin{aligned}运输业务利润 = [&运价 \times 周转量 - (单位变动运输成本 + 单位变动期间成本) \times 周转量 - \\ & (固定运输成本 + 固定期间成本)] \times (1 - 所得税率)\end{aligned} \tag{9-9}$$

根据以上分析,运输企业盈亏平衡点的周转量就可以通过以下公式计算出来:

$$盈亏平衡点周转量 = \frac{f_1 + f_2}{p - (v_1 + v_1)} \tag{9-10}$$

其中,f_1、f_2 分别为固定运输成本和固定期间费用;p 为运价;v_1、v_2 分别为单位变动运输成本和单位变动期间费用。

利润是企业生产经营活动取得的经济效益的综合体现,在运价、税率、单位变动成本以及固定总成本不变的情况下,实现一定的目标利润关键在于完成多少周转量。为实现一定的目标利润而完成的周转量,称为目标周转量。计算公式为:

$$目标周转量 = \frac{f_1 + f_2 + m}{p - (v_1 + v_1)} \tag{9-11}$$

其中,m 为目标利润。

实现目标利润应完成的周转量计算出来以后,要与企业的生产能力、市场占有率等因素结合起来,进行可行性分析。把现有的运输能力与目标周转量相对照。当目标周转量大于企业的运输能力,则需要考虑是否增加营业班次或增加营运车辆,来实现目标利润。当目标周转量小于企业运输能力,则要考虑是否需要开拓运输市场,充分发挥企业闲置的运输能力,为企业创造更多的利润。

在目标周转量受一定条件限制的情况下,要实现目标利润,关键在于降低成本,若采用开拓市场与降低成本双管齐下的办法,效果会更好。影响目标成本中变动部分的因素,主要是各项消耗定额水平、消耗材料的价格和车辆实载率的高低。同时要真正增加利润,还要不断地降低期间费用的开支,这一点是非常重要的,而且最容易被人们所忽视。

(2)边际贡献法分析与预测。边际贡献是指销售产品或提供劳务所得扣除自身变动成本后给企业所做的贡献。边际贡献通常用营业收入减去变动成本后的差额来表示,计算公式为:

$$边际贡献 = 营业收入 - 变动成本 \tag{9-12}$$

单位边际贡献则是指单位营业收入减去单位变动成本后的差额,计算公式为:

$$单位边际贡献 = 单位营业收入 - 单位变动成本 \tag{9-13}$$

由于变动成本既包括运输过程中的变动成本,即运输劳务这种特殊的"产品"的变动成本,也包括期间费用中的变动成本。所以边际贡献也可以具体分为生产边际贡献和营业边际贡献。计算公式为:

$$生产边际贡献 = 营业收入 - 产品变动成本 \tag{9-14}$$

$$营业边际贡献 = 生产边际贡献 - 期间变动成本 \tag{9-15}$$

通常情况下,边际贡献一般是指营业边际贡献。

在分析边际贡献时,还有一个边际贡献率的概念。边际贡献率是指边际贡献在营业收入中所占的比例,可以理解为每一元营业收入中边际贡献所占的比重,它反映产品为企业所做贡献的能力。与边际贡献率相对应的概念是变动成本率,它是指变动成本在营业收入中所占的比率。这样,营业收入被人为地分成了变动成本和边际贡献两部分,前者是直接运输生产过程的耗费,后者是给企业所做的贡献。引入边际贡献的概念后,营业利润的计算公式可以作如下改写:

$$\begin{aligned}营业利润 &= 营业收入 - 变动成本 - 固定成本 \\ &= 边际贡献 - 固定成本 \\ &= 周转量 \times 单位边际贡献 - 固定成本 \\ &= 营业收入 \times 边际贡献率 - 固定成本\end{aligned} \tag{9-16}$$

如果考虑所得税因素、间接成本以及期间费用的影响,则以上公式还需做进一步改进,如下所示:

$$\begin{aligned}税后利润 &= [营业收入 - (变动运输成本 + 变动期间成本) - (固定运输成本 + \\ &\quad 固定期间成本)] \times (1 - 所得税率) \\ &= [营业边际贡献 - (固定运输成本 + 固定期间成本)] \times (1 - 所得税率) \\ &= [周转量 \times 单位营业边际贡献 - (固定运输成本 + 固定期间成本)] \times \\ &\quad (1 - 所得税率)\end{aligned} \tag{9-17}$$

目标利润确定后,要按层次逐级分解为各种经济技术指标,按职责分工,从部门到个人,自上而下层层落实,形成纵分横联的经济责任网络。在增加产出的同时,不断加强成本控制和期间费用支出控制,把职工的收入与企业的经济效益挂钩,促使广大职工在努力增加自身收入的同时实现企业的利润目标。

2. 因素分析法

因素分析法是在上年度企业实现利润总额和各项利润率指标的基础上,分析计划年度影响利润增减变动的各项因素,来预测计划年度利润的一种方法。因素分析法的基本步骤如下:

(1) 分析上年度营业收入利润率、成本费用利润率和总资产报酬率的合理程度,从中剔除一些不合理因素,确定可以作为预测依据的各项利润率。

(2) 根据计划年度预测和确定的目标周转量(或计划周转量)和平均单位运输收入,计算出计划年度的运输收入额,求出计划年度的利润总额。计算公式如下:

$$利润总额 = 目标周转量 \times 平均单位收入 \times 营运收入利润率 \tag{9-18}$$

(3) 根据上年度实际平均单位成本费用水平以及计划年度预测的目标周转量和成本费用降低率,计算营运利润总额。首先计算出总成本和费用,然后乘以经分析确认的成本费用利润率,求出营运利润额;然后将上述计算出来的总的成本费用,乘以计划年度预测的成本降低率,求出成本降低额。在其他条件不变的情况下,此项成本降低额即为增加的利润。两者相加即为按成本费用利润率预测的利润总额。计算公式如下:

利润总额 = 目标周转量 × 上年度实际单位成本费用 × 成本费用利润率 + 目标周转量 ×
上年度实际单位成本费用 × 预测的成本降低率 　　　　　　　　　(9-19)

(4)按上年度经过分析调整确定的总资产报酬率和计划年度预测的资产平均占用额,计算出计划年度息税前利润总额,再考虑到总资产报酬计划年度的增减变化,作出相应的调整,计算公式如下:

息税前利润 = 计划年度总资产平均占用额 × (总资产报酬率 ± 总资产报酬的增减比率)
(9-20)

利润总额 = 息税前利润 - 利息支出 　　　　　　　　　(9-21)

以上按照营运收入利润率、成本费用利润率、总资产报酬率预测的利润总额,可能不一致。这是因为因素分析的准确性主要取决于因素的相关程度,而三者与运输利润总额的相关程度有所差别。因此,既可以以三个预测数据的平均值作为预测的利润总额,也可以选择某一数据作为预测的利润总额。

(二)利润预算

1. 运输企业利润预算的基本内容

利润预算是企业财务预算的重要组成部分,通常以预计利润表的形式表现。预计利润表与实际利润表内容、格式相同,只不过数字是面向预算期的,它是在汇总销售成本、销售费用、管理费用、资本支出等预算的基础上加以编制的。通过编制预计利润表,可以了解企业预期的盈利水平。如果预算利润与最初编制的目标利润有较大差异,就需要调整部分预算,设法达到目标利润或者经企业决策者同意后修改目标利润。

运输企业预计利润表的具体内容主要包括以下四个方面:

(1)企业预算年度的投资构成以及经营业务构成。运输企业的投资构成包括对内投资和对外投资两个部分。对内投资产生营业利润,对外投资取得投资收益。企业经营业务包括经营客货运输业务、站场业务等主营业务和其他业务。主营业务活动产生主营业务利润,其他业务活动提供其他业务利润。

(2)企业预算年度的营业利润。运输企业的营业利润,反映了主营业务收入和其他业务收入,减去主营业务成本、其他业务成本、税金及附加,以及期间费用后的余额。

(3)企业预算年度的利润总额。运输企业预算年度的利润总额由营业利润、投资收益以及营业外收支净额构成,它反映了企业对内对外全部投资的经营成果。企业利润总额减去所得税后的余额,即为企业的净利润。

(4)利润预算说明。在企业的预计利润表中,需要对各项利润的构成、计算依据等进行必要的说明。在必要时,还可以同上年实际完成的利润进行比较,以帮助企业管理人员对利润计划的科学合理性做出判断。

2. 运输企业预计利润表的计算和确定

一般来说,运输企业预计利润表的有关数据可以按照以下方法来确定:

(1)预算年度营业利润预算数的确定。运输企业的收入主要由主营业务收入和其他业务收入两部分构成,即企业提供客货运输服务、站场业务等主营业务以及其他相关业务所形成的收入。相应地,运输企业的营业成本主要由主营业务成本和其他业务成本两部分构成,即企业在提供客货运服务等主营业务以及其他相关业务过程中所耗费的各项支出。企业的主营业务利润和其他业务利润之和,可以视作企业经营业务的毛利。在此基础上,减去企业经营过程中各项期间费用和资产减值损失,加上其他收益,加上投资收益或者减去损失,加上资产处置收益或者减去损失,最终形成企业的营业利润。

(2)预算年度利润总额预算数的确定。预算年度利润总额的预算数,可以根据预算年度的营业利润和营业外收支净额汇总确定。

(3)预算年度净利润预算数的确定。预算年度利润总额减去预算年度所得税后的余额,即为预算年度净利润。由于应纳税所得额的计算客观上存在着时间性差异和永久性差异,所以利润总额在数额上并不等于应纳税所得额,所得税费用在数额上也不等于应纳所得税额。所以在利润预算时,也可以不考虑时间性差异和永久性差异,即根据利润总额与所得税率的乘积来估算所得税费用。

(三)预计利润表的编制

预计利润表的主要内容是确定预算期的营业利润、各项期间费用、投资收益、营业外收支、利润总额、净利润等数据。

按照我国目前对一般企业财务报表格式的最新要求,执行《企业会计准则》的企业在编制利润表时,应按最新格式和要求进行编制。因此,企业在编制预计利润表时也应该按最新格式和要求进行编制。这里假设企业已经执行新金融准则、新收入准则和新租赁准则,其编制的预计利润表格式见表9-1。

预计利润表 表9-1

编制单位: 年 月 单位:元

项 目	上期预算数	上期实际数	本期预算数
一、营业收入			
减:营业成本			
税金及附加			
销售费用			
管理费用			
研发费用			
财务费用			
其中:利息费用			
利息收入			
加:其他收益			
投资收益(损失以"-"号填列)			
其中:对联营企业和合营企业的投资收益			
以摊余成本计量的金融资产终止确认收益(损失以"-"号填列)			

续上表

项　　目	上期预算数	上期实际数	本期预算数
净敞口套期收益(损失以"－"号填列)			
公允价值变动收益(损失以"－"号填列)			
信用减值损失(损失以"－"号填列)			
资产减值损失(损失以"－"号填列)			
资产处置收益(损失以"－"号填列)			
二、营业利润(亏损以"－"号填列)			
加:营业外收入			
减:营业外支出			
三、利润总额(亏损总额以"－"号填列)			
减:所得税费用			
四、净利润(净亏损以"－"号填列)			
(一)持续经营净利润(净亏损以"－"号填列)			
(二)终止经营净利润(净亏损以"－"号填列)			
五、其他综合收益的税后净额			
(一)不能重分类进损益的其他综合收益			
1.重新计量设定受益计划变动额			
2.权益法下不能转损益的其他综合收益			
3.其他权益工具投资公允价值变动			
4.企业自身信用风险公允价值变动			
……			
(二)将重分类进损益的其他综合收益			
1.权益法下可转损益的其他综合收益			
2.其他债权投资公允价值变动			
3.金融资产重分类计入其他综合收益的金额			
4.其他债权投资信用减值准备			
5.现金流量套期储备			
6.外币财务报表折算差额			
……			
六、综合收益总额			
七、每股收益:			
(一)基本每股收益			
(二)稀释每股收益			

　　运输企业还可以根据具体的业务模块和内容,对营业收入和营业成本进行明细预算,进而对经营毛利进行预算,以便于对生产经营活动进行更好的管理和控制。运输企业可参照表9-2编制具体业务的损益预算明细表。

营运业务损益预算明细表　　　　　　　　　　　　　　　表 9-2

编制单位：　　　　　　　　年　月　　　　　　　　单位：元

项　目	2×19 年预算数	2×19 年实际数	2×20 年预算数
一、营运业务收入			
1.运输业务收入			
(1)客运业务收入			
(2)货运业务收入			
(3)装卸业务收入			
(4)其他运输业务收入			
2.站场业务收入			
3.车辆维修收入			
4.客房收入			
5.餐厅收入			
6.行包收入			
……			
营运业务收入合计			
二、营运业务成本			
1.运输支出			
(1)客运支出			
其中:工资性费用			
材料费			
燃料费			
轮胎费			
维修费			
安全生产费			
车辆使用费			
(2)货运支出			
其中:工资性费用			
燃料费			
轮胎费			
维修费			
安全生产费			
柜费、装卸、转运费			
物料消耗			
折旧费			
业务招待费			
车辆使用费			
(3)装卸支出			

续上表

项　　目	2×19年预算数	2×19年实际数	2×20年预算数
其中:工资性费用			
外付装卸费			
安全生产费			
折旧费			
(4)其他运输支出			
其中:工资性费用			
安全生产费			
折旧费			
办公费			
业务招待费			
2.站场支出			
3.车辆维修支出			
4.客房直接成本			
5.餐厅支出			
6.行包支出			
7.货代营运成本			
……			
营运业务成本合计			
三、营运业务毛利			
1.运输业务毛利			
(1)客运毛利			
(2)货运毛利			
(3)装卸毛利			
(4)其他运输毛利			
2.站场业务毛利			
3.车辆维修毛利			
4.客房毛利			
5.餐厅毛利			
6.行包毛利			
……			
营运业务毛利合计			

二、运输企业利润分析

利润分析是企业利润管理的重要手段。不同行业的企业对利润分析的要求有所不同。运输企业利润分析的内容主要包括利润数量分析、利润质量分析和利润差异分析。

(一)运输企业利润数量分析

评价和分析运输企业利润数量的指标主要是利润总额。利润总额是反映企业在一定时期内生产经营取得经济效益的一项综合性财务指标。企业利润总额的多少,直接关系到国家税收收入和企业的经济利益,因此,增加利润是企业的一项最基本任务。

利润总额在企业内部是一项可比指标,它可以与计划期或者上年同期进行比较。但是利润总额在不同行业或者同一行业的不同企业之间则是一项不可比指标,虽然现行财务制度和会计准则对利润总额进行了统一规范,但是由于企业生产经营规模、营运条件和单位成本水平等不同,利润总额会有较大差异。所以,不能单纯用利润总额来评价各个企业的经济效益,还要借助于反映企业利润质量的指标,才能相对客观地评价企业利润水平的高低,才能在同行业之间甚至是不同行业之间进行分析比较。

(二)运输企业利润质量分析

企业选择哪些指标来评价和分析利润质量,应当取决于企业所处的行业特点以及内部管理的特定需要。一般而言,评价和分析运输企业利润质量的指标主要有:营业收入利润率、成本费用利润率、总资产报酬率、净资产收益率和车吨(座)利润额等。

1. 营业收入利润率

营业收入利润率是指营业利润占营业收入的比例,表示企业每一元营业收入所获得的利润,它可以反映运输企业生产经营活动盈利水平和盈利能力。计算公式为:

$$营业收入利润率 = \frac{营业利润}{营业收入} \times 100\% \tag{9-22}$$

运输企业在分析该指标时,既可以通过计算全部营运业务活动的营业收入利润率来综合反映企业主营业务的获利能力;也可以通过计算某项特定业务活动的收入利润来反映其获利能力。值得注意的是,计算营业收入利润率的营业利润一般是税前营业利润;企业还可以根据评价企业获利能力的特殊要求用税后利润计算营业收入利润率。

2. 成本费用利润率

成本费用利润率是指一定期间的利润总额与成本费用总额的比值,它可以反映运输企业为取得利润而付出的代价,反映每一元成本费用可获得的利润,也就是企业控制成本费用的水平。这一指标体现了企业生产经营耗费与财务成本之间的关系,是一个综合反映企业成本效益优劣的重要指标。计算公式为:

$$成本费用利润率 = \frac{利润总额}{成本费用总额} \times 100\% \tag{9-23}$$

在分析成本费用利润率时,企业可以根据自己的实际情况和决策需要,既可以计算某项营运业务的成本利润率,也可以计算全部营运业务的成本利润率。该指标越高,表明企业为取得利润而付出的代价越小,成本费用控制得越好,获利能力越强。需要注意的是,与利润一样,成本费用的计算口径可以分为几个层次,如主营业务成本、营业成本等。因此,在评价成本支出效率时,必须注意成本费用与利润之间在层次和口径上的对应关系。例如,由于利润总额中包括投资收益、营业外收支等,而这些项目与成本费用没有内在联系,对比结果不利于深入分析。因此,分析时可以扣除这些项目,将营业利润与成本费用对比,计算成本费用营业利润率指标。计算公式为:

$$\text{成本费用营业利润率} = \frac{\text{营业利润额}}{\text{成本费用总额}} \times 100\% \quad (9\text{-}24)$$

3. 总资产报酬率

总资产报酬率是指企业息税前利润与企业资产平均总额的比率,它是反映企业资产综合利用效率的指标,也是衡量企业利用债权人和所有者权益总额所取得盈利的重要指标。计算公式为:

$$\text{总资产报酬率} = \frac{\text{息税前利润总额}}{\text{资产平均总额}} \times 100\% \quad (9\text{-}25)$$

总资产报酬率主要用来分析企业总体资产的利用效率及获利能力。总资产报酬率越高,表明企业的资产利用效率越高,整个企业的盈利能力越强。

4. 净资产收益率

净资产收益率又称自有资本利润率,是指企业一定时期净利润与平均自有资金的比率,它是反映自有资金投资收益水平的指标。计算公式为:

$$\text{净资产收益率} = \frac{\text{净利润}}{\text{所有者权益平均总额}} \times 100\% \quad (9\text{-}26)$$

企业从事财务管理活动的最终目标之一是实现企业所有者财富最大化。从静态角度来讲,首先就是最大限度地提高自有资金利润率。该指标越高,说明企业利用自有资金赚取财富的能力越强。

5. 车吨(座)利润额

车吨(座)利润额指标反映一定时期内营运车辆平均每个吨(座)位完成的利润额。计算公式为:

$$\text{车吨(座)利润额} = \frac{\text{营运利润}}{\text{营运车辆平均总吨(座)位}} \quad (9\text{-}27)$$

车吨(座)利润额是反映运输企业利润质量的特有指标,该指标越高说明运输企业的利润质量越高,盈利能力也越强。

(三) 运输企业利润差异分析

目前,我国运输企业在经营客运、货运等主营业务的同时,也在积极探索多元化经营等新的发展模式。因此,利润差异的分析既可以分析主营业务利润,也可以分析营业利润。由于营业外收支项目带有一定的不确定性,因此不是利润分析的重点。

对营业利润进行分析的目的,一是明确实际完成的营业利润与计划完成的营业利润存在的差异额以及差异率,二是明确利润差异产生的原因,分析各影响因素对利润差异产生的具体影响,从而对提高企业利润提出相应的改进措施和建议。

1. 营业利润差异分析

对企业营业利润差异的分析主要是通过将实际完成的营业利润与计划完成的营业利润进行对比,计算出差异额和差异率。企业也可以根据营业利润的结构,将营业利润分解为主营业务利润、其他业务利润以及对外投资收益等更加明细具体的项目,并计算出各项目的差异额和差异率,更加具体直观地反映营业利润的各项差异。

2. 影响营业利润的具体因素分析

影响运输企业利润的因素有很多,而且这些因素往往相互制约、相互影响。一般来说,影响主营业务利润发生增减变动的主要因素有：①客货运输周转量；②运输产品品种结构或者经营业务结构；③运输劳务价格；④单位变动成本和固定成本总额；⑤各项税费等。企业可以运用因素分析等方法，分析不同因素对企业利润差异产生的影响。

第三节　利润分配管理

一、利润分配的基本原则

利润分配是对利润所有权和占有权进行划分，保证其合理归属与运用的管理过程。这里作为分配基础的企业利润有两层含义：一是企业利润总额，二是企业缴纳所得税后的净利润。财务管理研究的主要是企业缴纳所得税后的净利润的分配。

企业所进行的利润分配，从本质上说属于社会产品的初次分配，即利用价值形式直接在生产领域进行的社会产品的分配。这种分配关系决定于特定的生产结构，又反映着企业的经济关系。根据我国企业组织形式和所有制结构的特点，一般企业税后利润分配所体现的经济关系，主要是企业所有者和经营者之间的经济利益关系。这种利益关系的处理与国家关于企业财务管理的体制和政策密切相关。财务管理体制调整变化，企业利润分配政策也随之发生变化。就国有企业来说，我国从1978年起对企业利润上交办法进行了一系列改革，期间经历了企业基金制、利润留成制度、两步利改税、承包经营责任制等制度改革。每一步改革，利润分配的调整变化都很大。因此，不同所有制的企业、不同经营方式的企业在利润分配方面也存在较大差异，有待进一步规范和统一。

制定企业利润分配办法要遵循一定的指导思想，通常要考虑以下几点：第一，既要规范、统一企业利润分配办法，又要体现理顺企业产权关系，充分保障投资者的权益和收益；第二，既要兼容不同所有制企业、不同经营方式企业的利润分配特征，又要尽可能参照国际惯例；第三，既要考虑扩大企业自主权，又要考虑便于加强宏观调控和财务监督与约束。按照这样的指导思想，《企业财务通则》等财务制度在利润分配方面进行了改革，主要体现在以下三个方面：第一，打破了按行业和所有制形式规范利润分配的传统格局，对不同行业、不同所有制企业的利润分配模式进行了统一和规范；第二，参照国际惯例，取消了"税前还贷"，实行利税分流，允许企业弥补以前年度的经营亏损后才依法纳税；第三，引进资本保全观念，以资本金制度取代了名目繁多的"基金"切块，要求企业设立资本公积和法定盈余公积，允许企业保留一定未分配利润，以保障企业资本的保值和增值。

利润分配是企业财务管理的重要内容。为了组织好企业利润分配，必须遵循以下原则，处理好各种财务关系。

1. 利润分配必须遵守国家财经纪律，保障国家财政收入的稳定增长

利润分配必须遵循合法性原则，做到依法纳税，严格遵守国家的财经法规。国家具有管理社会公共事务的政治职能和国民经济宏观调控的经济职能。实现国家职能，维持国家机器的运转，国家需要凭借政治权力，从各种经济性质的企业利润中征收一部分税收形成财政收入，以满足公共支出的需要，这是社会进步和经济繁荣的客观需要。因此，企业利润首先应该按照税法规定缴纳企业所得税，然后才进行税后利润的分配。计算企业所得税时，应纳

税所得额的确定必须遵守税法的规定，正确计算成本费用，合理扣除维持企业简单再生产的各种必要补偿。税前调整项目的确定应严格遵守财务制度，以保障国家财政收入的充足和稳定。另外，税后利润分配须按照《公司法》《企业财务通则》以及相关行业财务制度等法律法规、规章制度的要求和规定进行。

2. 利润分配必须兼顾企业所有者、经营者和员工的利益

税后利润分配政策的合理与否，直接影响着企业所有者、经营者和员工各方的经济利益。对经济利益的追求，是影响所有者投入资产、经营者与员工提高经营积极性的重要因素，因此利润分配应处理好各方的经济利益关系，协调好企业长远发展与近期利益的关系，合理确定留存收益和分配给投资者的利润数额。同时，贯彻物质利益兼顾的原则，必须强调资本保全，即利润分配中必须坚持保证所有者权益的完整，这是企业产权制度的客观要求。只要存在所有者与经营者相分离的情况，维持企业再生产就必须遵循所有权理论这一必然逻辑。此外，分配利润给投资者应做到股权平等、公平利益、同股同利，以保障各方的投资利益。

3. 利润分配要有利于增强企业的发展能力

税后利润分配要注意提高企业的发展能力。企业法人参与税后利润分配，是经营者参与市场竞争的一般要求。这种分配从根本上说也是为了保护投资者的利益而在利润分配上采取的财务约束手段。实际上，企业的利润积累，从最终产权归属来看仍为企业的投资者所有。因此利润分配必须尊重竞争规律的要求，为提高企业抗风险能力进行必要的积累。企业留存的利润用于发展生产，反映企业的积累能力，其数额必须与企业所承担的经济责任大小和所实现的经济效益大小相适应。否则，企业将缺乏应对经营风险的能力，导致信誉下降、融资能力减弱，企业的投资发展也将受到阻碍，最终将损失投资者的利益。

4. 利润分配要处理好企业内部积累与消费的关系，充分调动员工的积极性

利润分配时，必须防止两种倾向，一是积累比例过大，企业员工得不到实惠；二是消费比例过大，积累能力减弱，不能提高协作发展和承受风险的能力，难以在市场竞争中获胜。因此正确处理好积累与消费的比例关系，实质上体现着员工长远利益与近期利益的关系。积累与消费的关系从根本上说是统一的，提高当前利益不应该以损害长远利益为代价。

二、利润分配制度

现行的《企业财务通则》和运输企业相关财务制度，按照利税分流的思路，兼容不同所有制、不同经营方式企业利润分配的特征，设计了尽可能与国际惯例接轨、相对规范的利润分配制度。

（一）所得税前利润分配

1. 弥补以前年度亏损

企业经营收入不足抵偿经营支出就会导致亏损。企业发生的亏损按其性质可以分为政策性亏损和经营性亏损。

（1）政策性亏损及其弥补。政策性亏损是企业完成政府规定的社会公益目标生产和经营特定产品，由于国家限价的原因而发生的亏损。这种亏损一般根据企业计划生产经营亏损产品的数量，经政府主管部门和财政部门批准，按规定的标准给予财政补贴，一般实行定额补贴或亏损包干办法。随着社会主义市场经济体制的逐步完善，政策性亏损将逐步取消。

(2)经营性亏损及其弥补。经营性亏损是由于企业管理不善而造成的亏损。现行制度规定这类亏损原则上由企业自行解决。按照国际惯例,企业亏损的弥补有两个渠道:即税前利润和税后利润。现行的运输企业相关财务制度规定,企业发生的经营性年度亏损可以用后续5年的税前利润来弥补。后续5年的税前利润仍未能弥补亏损的,从第6年开始只能用税后利润弥补。需要注意的是,用税后利润弥补亏损,应该在提取盈余公积之前进行,亏损未弥补完则不得提取盈余公积。另外,企业不得用资本公积弥补亏损。

需要指出的是,企业经营如果发生的亏损较大,不能由企业的留存收益抵补时,所有者权益就可能会受到侵蚀而形成企业亏损。如果亏损严重,总资产已不足抵偿到期债务,债权人要求申请宣告该企业破产,导致该企业的破产清算。

2. 依法缴纳所得税

企业利润总额在依照国家税法规定做出相应调整后,依法缴纳所得税。企业所得税以实行独立核算的企业或者组织为纳税人,以应纳税所得额为计税依据,按照规定的税率计算应纳所得税额。企业所得税的纳税人,包括国有企业、集体企业、私营企业、联营企业、股份制企业以及有生产经营所得和其他所得的其他组织,但不包括个人独资企业和合伙企业。一般来说,企业所得税的多少取决于应纳税所得额与税率的高低。计算公式如下:

$$应纳所得税额 = 纳税人的总收入 - 准予扣除项目$$

或:

$$应纳税所得额 = 利润总额 - 抵补以前年度亏损 - 纳税调减项目 + 纳税调增项目$$

$$应纳所得税额 = 应纳税所得额 \times 所得税税率 \qquad (9-28)$$

上述第一个公式是直接计算应纳税所得额的一种方法,称为"直接计算法"。这种方法的计算工作量大,目前一般不采用。第二个公式是间接计算应纳税所得额的一种方法,又称为"间接计算法"或称"利润总额调整法"。我国企业一般采用第二种方法。

企业利润总额是按财务会计方法计算出来的财务利润,与应纳税利润或应纳税所得额不是同一概念。对企业利润总额进行一系列调整,完全是为了正确计算应税利润,与税后利润分配无关。

利用利润总额调整法计算应纳税所得额,先从企业财务会计计算出来的利润总额中扣除以前年度经营亏损,然后减去纳税调减项目再加上纳税调增项目,所得的金额就是应纳税所得额。其中的纳税调减项目,主要是在制定《企业财务通则》前,国家给予了国企的各种优惠政策所引起的调整项目。这部分项目随着财税制度的改革,将会逐步取消。这一类纳税调减项目主要包括以下三项内容:

(1)税前还贷利润。包括归还基建借款和专用借款的利润。即在实行税利分流办法之前,我国原有财务制度允许国有企业从银行取得的基建借款和专用借款可用企业建设项目完工投产后增加的利润或专项工程完工投产后新增的利润归还,对税前还贷利润免征所得税。财政部曾经规定,实行税前还贷的企业"八五"期间继续执行原办法。但归还借款的利润改变了原来负债转增资本的做法,不再增加企业的固定基金和流动基金,而应全部转作盈余公积。税前还贷办法不够规范,但其优点是可以通过减税让利促进企业技术改造,缺点是混淆了产权关系界限,也削弱了企业的投资责任。

(2)企业的单项留利。国务院及财政部规定,允许企业税前扣除留给企业用于发展生产的各项专项留利，主要包括留给企业的治理"三废"盈利净额、技术转让净收入以及国外来料加工装配业务留给企业的利润等项目。这些项目只有国企可能存在，而且只是过渡性的措施。随着体制改革的深入，这些项目不再存在。

(3) 企业对外投资形成的投资收益，在分回前已缴纳所得税的则应从税前利润中扣除，作为纳税调减项目处理，但所得税率不一致的，少缴部分还应按规定补足。在用利润总额调整法计算应纳税所得额时下列项目不能扣除：①向投资者支付的股息、红利等权益性投资收益；②企业所得税税款；③税收滞纳金；④罚金、罚款和被没收财物的损失；⑤准予在计算应纳税所得额时扣除的公益性捐赠以外的捐赠支出；⑥赞助支出(指企业发生的与生产经营活动无关的各种非广告性质支出)；⑦未经核定的准备金支出(指不符合国务院财政、税务主管部门规定的各项资产减值准备、风险准备等准备金支出)；⑧与取得收入无关的其他支出。

纳税调增项目是指按照会计制度列入的成本费用和损失，但税法规定不能列入成本费用和损失的项目。这些项目主要有：

(1) 企业对外投资收回的利润、股利等投资收益，分回时已经缴纳所得税的，但税率不一致时，少缴部分还应作为纳税调增项目，补缴所得税。

(2) 企业超过国家规定在所得税前列支的费用开支，造成的财务利润与应税利润的时间性差异和永久性差异，作为纳税调增项目处理。永久性差异和时间性差异，是指按照会计制度规定确定的本年账面利润总额与按税收制度规定确定的本年应纳税所得额，由于计算口径与方法不一致而形成的差异。其中，永久性差异是由于把税收制度规定不能冲减纳税所得的某些支出，依会计制度列入营业外支出或费用中而造成的本年利润总额与应税所得之间的差异。时间性差异是指由于有些收入和支出项目计入会计利润的时间与计入纳税所得的时间不一致而形成的会计利润与应税利润之间的差异。

永久性差异主要包括入账范围差异和入账标准差异。入账范围差异或称项目差异，即财务会计上作为收入和费用确认，而税务会计上永久不能作为收入和费用确认，或者相反情况所导致的差异。入账范围差异包括的项目，即上述不得扣除的各项目，在财务会计处理上分别以不同方式作为费用列支，抵减了企业利润总额；但在税务会计上则不能作为费用支出，应将这些支出作为纳税调增项目进行追加调整。

入账标准差异，即财务会计和税务会计都列账，但两者列支标准不同而造成的差异。入账标准差异包括的项目主要有：

(1) 利息支出。税法规定向非金融机构借款利率的数额以外的部分，要作为纳税所得计算，而财务会计中可据实列支。

(2) 工资性支出。财务会计允许一切工资奖金计入成本，但是税法规定由各省、自治区、直辖市人民政府制定应税工资标准，企业实发数超过计税标准的，要计入应纳税所得。

(3) 三项经费支出。财务会计制度规定企业按职工实发工资总额计提工会经费、职工福利费和职工教育经费(简称"三项经费")，但税法规定只允许按计税工资标准总额计提三项经费，实发工资超过计税工资标准的差额计提的三项经费，要列入应纳税所得。

(4) 公益性捐赠支出。为鼓励企业开展社会公益事业，税法和财务会计制度均规定此项支出可列入营业外支出。但税法规定，在年度利润总额12%以内的部分，准予在计算应纳税所得额时扣除；超过年度利润总额12%的部分，准予结转以后三年内在计算应纳税所得时扣除。

(5)业务招待费支出。财务会计制度规定,该项费用应在规定的比例范围内开支,超过部分也可以列支,但税法规定超过部分应列入应纳税所得。

(6)其他超过国家税法规定的成本开支标准的事项,其超过部分计入应纳税所得。如融资租赁发生的租赁费不能直接扣除;保险公司对参加保险的企业有赔偿部分计入应纳税所得;建立坏账准备的企业,原来已经扣除现又收回的坏账,应作为纳税调增项目计算应纳税所得等。

上述项目在日常的会计核算中已经计入有关的成本、费用和损失,并因此减少了本期利润,故在计算应纳税所得额时,要将这些项目追加在本期利润上,使之成为符合税法要求的计税利润或应纳税所得额。

时间性差异是指某些收入、成本费用项目,税法规定在本期可以作为收入和准予扣除项目处理,而在财务会计上则不得计入当期损益,必须到以后各期才能计入。反之亦然。财务会计实行的是权责发生制核算利润,而税务会计有时按权责发生制核算,有时按收付实现制核算。因为税务会计讲求税收的稳定性,所以就会形成二者的时间性差异。又如企业改变折旧的方法,也会使应税利润与会计利润发生时间性差异。

时间性差异对纳税所得和利润来说,只是暂时性的。随着时间的推移,时间性差异将逐步消失,它只是对纳税所得和会计利润产生时间性影响,但是往往形成国家税收递延,造成国家在税款的时间价值上形成损失。因此必须进行相应的调整。

企业的利润总额按上述方法加以调整后即为应纳税所得额。需要特别指出,虽然应税利润与会计利润存在差异,但应纳税所得的计算仍然是建立在会计账簿体系和会计核算的基础上。企业财务会计所编制的利润表中的利润总额,自然是计算企业应纳税所得额和应纳所得税额的主要依据。

企业所得税通常采用分月或者分季预缴,年终汇算清缴的形式。国家对企业按属地原则就地征收。对于企业集团而言,其纳税主体为核心企业,即必须由核心企业规定的方式向税务机关集中缴纳。

(二)所得税后利润分配

企业实现的利润总额在进行调整后依法缴纳所得税,缴纳所得税后除国家另有规定外按如下顺序进行分配:

(1)弥补企业以前年度亏损。

(2)提取法定盈余公积。法定盈余公积按照税后利润扣除弥补亏损后的金额的10%计提,法定盈余公积达到注册资本的50%时,可不再提取。法定盈余公积可用于弥补亏损、扩大公司生产经营或转增资本,但企业用盈余公积转增资本后,法定盈余公积的金额不得低于转增前注册资本的25%。

(3)提取任意盈余公积。公司计提法定盈余公积后,经股东会或股东大会决议通过,还可以从税后利润中计提任意比例的盈余公积。

(4)向投资者分配利润。企业在完成以上利润分配活动以后,如果还有剩余利润,则可以向企业的投资者分配利润。需要特别指出的是,股份有限公司如果发行优先股,向优先股股东支付的股息应该在提取任意盈余公积之前发放。向普通股股东支付的股息和红利则在提取任意盈余公积之后发放。

三、利润分配政策

在现代企业制度下,企业利润分配研究的重点主要在于股份有限公司对股利的分配政策。股利分配是现代公司制企业重要的财务活动,它不仅涉及投资者短期利益和长期利益的权衡,还涉及企业长远发展的问题。因此,如何制定科学合理的利润分配政策,特别是股利政策,是现代企业特别是公司制企业必须要解决的一个重要问题。

股利是股息和红利的统称,是从公司税后利润中分配给股东的部分收益,是公司对投资者的投资回报。股息是股东定期从公司税后利润中获取的收益,其数额一般按股票票面金额的一定比例确定。公司一般会优先向优先股股东支付股息,再向普通股股东支付股息。红利则是股东从公司税后利润中分得的超过股息部分的利润,一般只有普通股股东才享有分红的权利。

(一)股利分配程序

1. 董事会讨论

一般情况下公司董事会每季度、每半年或每年开会一次专门讨论股利分配问题,在此期间,将依据公司目前的财务状况和未来的发展情况,确定股利支付的时间和金额。

2. 召开股东大会

在股东大会上,董事会要介绍股利分配计划,并就公司的财务情况作出说明,同时还将吸收合理化建议。

3. 宣告发放股利

股利发放通知书的主要内容应包括:每股股息的具体金额、不同股份支付股息的先后顺序、何时登记注册的股东可以分得股息、股息支付的具体日期和方式等。

4. 实际发放股利

公司按照股利发放通知书规定的时间、方式和金额向股东发放股利。

(二)股利分配日期

公司从宣告向股东支付股利到实际支付股利,需要经历一段时间。在这段时间内,需要注意一些关键的时间节点,主要包括:股利宣告日、股权登记日、除息日、股利支付日。这些关键的时间节点决定了整个股利分配过程的进度。

1. 股利宣告日

股份公司分配股利的法定程序是,先由董事会提出分配预案,然后提交股东大会审议,股东大会决议通过分配预案之后向股东宣布发放股利的方案,公司董事会将股利支付情况予以公告的日期,叫作股利宣告日。公告中宣布每股股利、股权登记日、除息日和股利支付日等事项。我国的股份公司通常一年派发一次股利。

2. 股权登记日

从公司宣布发放股利到实际支付股东股利,还要一定的时间间隔。在这段时间内,由于公司的股票可以在股市上自由交易,因此股东经常变换不定。为明确股利的归属,公司在宣告发放股利时,往往规定股权登记日及有权领取本次股利的股东资格登记截止日。只有在股权登记日前登记在公司股东名册上的股东才有权分享此次股利。证券交易所的中央清算登记系统为股权登记提供了很大的便利,一般在营业结束的当天即可打印出股东名册。

3. 除息日

除息日即除去股息的日期,也称为除权日。当公司对股东发放股利时,就要对股价进行除息处理,并规定一个除息日,通常是股权登记日后的第一个交易日。除息日之前购入股票的股东享有领取本期股利的权利,而在除息日当天或是以后购买股票的股东,将无权领取本期的股利。换句话说,除息日就是领取股利的权利与股票相互分离的日期。在除息日前,股利权从属于股票;在除息日后,股利权与股票相分离。除息日通常会对公司的股价产生一定影响,当股市上其他条件不变,除息日之后股价会有所下降,因为这时股价中不再包含应得的股利收入。

4. 股利支付日

股利支付日即公司按照公布的股利分配方案,向股权登记日在册的股东正式支付股利的日期。

(三) 股利政策选择

1. 股利理论

股利理论是研究股利分配政策对公司股价和公司价值是否产生影响及如何产生影响的理论。股利理论是公司制定股利分配政策的重要理论依据。有关股利政策的理论目前主要存在两种不同的观点:股利无关论和股利有关论。

(1) 股利无关论

股利无关论认为,股利分配对公司股价和市场价值不会产生影响。这一观点建立在四个基本假设之上:①不存在个人所得税或企业所得税;②不存在股票发行和交易费用;③公司的投资决策与股利决策彼此独立;④公司的投资者和管理者具有相同的机会获得关于未来投资机会的信息。但需要指出的是,上述假设描述的是一种理想的、完美的市场状态,因而股利无关论又称为完全市场理论。

(2) 股利相关论

股利相关论认为,股利分配对公司股价和市场价值会产生影响。这一观点认为,现实生活中不存在股利无关论成立的假设前提,公司的股利分配会受到各种因素的影响,股利支付的多少对投资者而言是非常重要的。这些影响因素包括:法律因素、股东因素、公司因素等。

2. 常见股利政策

股利政策是指在法律允许的范围内可供公司决策者选择的有关股利分配事项的方针和策略。由于股利政策受多种因素的影响,因此不同公司在不同阶段制定的股利政策各不相同的。现实中,可供公司选择的股利政策主要有以下四种:

(1) 剩余股利政策。剩余股利政策是指公司在进行利润分配时,首先应该考虑满足有利可图的投资项目需要,优先增加资本或公积金。只有当增加的资本达到预定的目标资本结构(最佳资本结构)后,如果有剩余,再派发股利,如果没有剩余,则不派发股利。因此,剩余股利政策通常主要适用于初创阶段的公司。剩余股利政策的理论依据是股利无关论。

剩余股利政策的基本操作流程如下:①根据投资机会确定目标资本结构;②根据最优资本结构比例,预计确定投资项目的权益资金数额;③尽可能地使用留存收益来满足投资所需的权益资金数额;④留存收益在满足投资需要后尚有剩余的,再向股东派发现金股利。

剩余股利政策的优点在于,采取剩余股利政策意味着公司只将剩余利润用于发放股利。这样做的好处在于能够保持理想的资本结构,使加权平均资本成本保持最低,促使企业价值趋于最大化。如果公司不按剩余股利政策发放股利，而是将所有利润全部留存用于投资，或是将全部利润作为股利发放给股东，都会破坏目标资本结构，导致加权平均资本成本升高，不利于公司价值的增长。

剩余股利政策的缺点在于，采取剩余股利政策将使股利发放额每年随投资机会和盈利水平的波动而波动。在盈利水平保持不变的情况下，股利发放额与投资机会呈反方向变动。在投资机会维持稳定的情况下，股利发放额将因公司每年盈利的变动而呈同方向变动。因此，剩余股利政策在一定程度上并不利于投资者制定资金流动计划，也不利于公司良好形象的树立。

(2) 固定股利政策。固定股利政策是指公司在一段时间内，不论盈利情况和财务状况，每年派发的股利额固定在某一水平上保持不变。只有当公司预期未来利润增长显著且不可逆转时，才会增加每股股利额。因此，固定股利政策通常适用于经营状况比较稳定或正处于成长期、信誉一般的公司。固定股利政策的理论依据是股利相关论。

固定股利政策的优点在于，首先可以避免由于经营不善而削减股利情况的出现。其次，稳定支付的股利额向市场传递着公司正常发展的信号，有利于树立公司的良好形象，增强投资者对公司的信心，有利于稳定公司的股票价格。最后，在一段时间内固定支付的股利金额，也有利于投资者安排资金流动，特别是对股利具有较大依赖的投资者。

固定股利政策的缺点在于，维持固定的股利支付额势必会与公司实际的盈利状况相脱节，造成风险与收益的不对称。特别是在公司盈利状况不佳仍要支付高额股利时，容易引起公司资金短缺，导致财务状况恶化，使公司陷入财务困境。

(3) 固定股利支付率政策。固定股利支付率政策是指公司在一段时间内，按照一个确定的股利占盈余的比率来支付股利的政策。在这种股利政策下，公司支付的各年股利额随公司经营状况的变动而变动。盈余较多的年份，支付的股利额较高；盈余较少的年份，支付的股利额较低。因此，固定股利支付率政策通常适用于处于稳定发展阶段的公司或者财务状况相对稳定的公司。固定股利支付率政策的理论依据是股利相关论。

固定股利支付率政策的优点在于，可以使股利支付额与公司盈余紧密结合，体现风险与收益之间的关系。由于公司每年的盈利状况不可能保持完全一致，多少都会发生变化，因此公司每年支付的股利也会随着公司的盈利状况发生变动，但二者始终保持一定的比例关系。

固定股利支付率政策的缺点在于，首先，如果各年股利波动较大，容易给市场带来公司经营不稳定的感觉，不利于股价的稳定。其次，公司每年按照固定的比例从净利润中支付股利，在一定程度上降低了公司的财务弹性。最后，确定一个合理的股利支付率并非易事，需要考虑的因素较多，难度较大。

(4) 低正常股利加额外股利政策。低正常股利加额外股利政策是指公司在一般情况下每年只向股东支付固定的、数额较低的股利，在盈余较多的年份再向股东发放额外的股利。公司发放的额外股利是不固定的，视公司盈利的实际情况而定。因此，低正常股利加额外股利政策通常适用于处于快速发展阶段的公司。低正常股利加额外股利政策的理论依据是股利相关论。

低正常股利加额外股利政策的优点在于，首先，可以使股东获得金额较低但相对稳定的股利收入，有利于吸引那些对于股利收入具有较强依赖的投资者。其次，对资金的使用具有较大的灵活性，当公司盈余较少或需用较多资金时，可维持较低的正常股利水平，不会给股东造成股利跌落感；当公司盈余有较大幅度增加时，可适度增加额外股利的发放，与股东分享公司发展的红利,增强股东对公司的信心,有利于稳定股票的价格。最后,有利于优化公司的资本结构,促使公司达到最优的目标资本结构。

低正常股利加额外股利政策的缺点在于,如果公司在较长时期内一直稳定地发放额外股利,股东就会误认为发放的是正常股利。而公司一旦因为某些原因降低或者取消额外股利的发放时,极易给股东造成公司经营出现问题的错觉,甚至有可能导致公司股票遭到抛售,进而导致公司股价大跌,影响公司的形象以及再融资能力。

3. 股利政策选择

企业在进行利润分配时,应充分考虑上述各项股利政策的利弊和自身的实际情况,选择合适的股利分配政策。通常情况下,企业在选择股利政策时应考虑的因素主要有:企业所在的行业特点、企业所处的生命周期阶段、企业的支付能力、企业的获利能力、企业的现金流量状况、企业面对的投资机会、企业的信誉状况、债权人、投资者,以及潜在投资者的态度等。基于企业生命周期理论,企业在不同发展阶段的特点及可选择的股利政策见表9-3。

企业在不同发展阶段的特点及可选择的股利政策　　　　表9-3

企业发展阶段	特　　点	可选择的股利政策
初创阶段	经营风险相对较高,有投资需求,融资能力相对较差	剩余股利政策
快速发展阶段	产品销售快速上升,投资需求不断增大	低正常股利加额外股利政策
稳定增长阶段	产品销售收入趋于稳定增长,市场竞争力持续增强,行业地位逐渐巩固,扩张性投资需求逐渐减少,净现金流入量稳步增长	固定股利政策
成熟阶段	盈利水平趋于稳定,已积累了相当的盈余和资金	固定股利支付率政策
衰退阶段	产品销售收入持续下降,获利能力和现金保有量持续降低	剩余股利政策

(四)股利支付形式

企业在制定股利政策时,有多种股利支付形式可以选择,常见的主要有:现金股利、股票股利、财产股利、负债股利。

(1)现金股利。现金股利是以现金支付的股利,是股利支付的主要形式。公司支付现金股利,除了要有累计盈余,还要有足够的现金,因此公司在支付现金股利前需要筹集足够的现金。

影响公司现金股利支付的最主要的因素就是公司所持有的现金流。公司必须保持足够充裕的现金流,才能保持正常的生产经营活动,不会因支付股利而危及经营上资金周转的灵活性。公司发展与现金股利的支付具有一定的依存关系。现金股利支付过多,公司发展就可能会因资金短缺受到一定影响;支付过少,公司股价可能会有下跌风险,不能实现企业价值最大化。因此公司在用现金支付股利时,要充分考虑企业发展所需资金及企业筹集资金的能力。

一般而言,规模较大、相对成熟的企业比正在快速发展的企业具有更多的外部筹资渠道,在一定程度上可以缓解发放现金股利与公司发展所需资金的矛盾。而对于新设立的正在快速成长的企业,由于具有较大的经营和财务风险,需要经历一段困难的时期才能较顺畅地从外部来源取得长期资金。在此之前所举借的长期债务不仅代价高昂,而且往往附加有较多的限制性条款,其新发行的证券,有时甚至难以销售。因此,这些规模小、发展快的创新型企业往往会限制现金股利的支付而将更多的收益留存企业。

(2)股票股利。股票股利是公司以增发的股票作为股利的支付形式。当公司注册资本尚未足额投入时,公司可以以股东认购的股票作为股利支付,也可以以发行新股支付股利。实际操作过程中,有的公司增资发行新股时,预先扣除当年应分配股利,减价配售给老股东;也有的公司发行新股时进行无偿增资配股,即股东不需缴纳任何现金和实物,即可取得公司发行的股票。发放股票股利不会直接增加股东的财富,不会导致公司资产的流出和负债的增加,因而不是公司资金的支出,同时也并不会因此而增加公司的财产,但会引起所有者权益各项目结构以及每股收益发生变化。

【例 9-1】 CF 运输公司是一家在 A 股上市的股份公司。2019 年 2 月 1 日,公司董事会决定用留存收益按普通股股本的 10% 派发股票股利,现有股东每持 10 股可得 1 股新股,当时股价为每股 11 元。分派股票股利前,CF 公司已发行面值为 1 元的普通股 50000000 股,股本为 50000000 元,资本公积为 100000000 元,盈余公积为 20000000 元,未分配利润为 10000000 元,所有者权益总额为 180000000 元。CF 公司在 2018 年实现的净利润为 55000000 元。甲股东持有 CF 公司发行的普通股 50000 股。CF 公司发行股票股利对公司所有者权益以及甲股东利益的影响,分别见表 9-4 和表 9-5。

发放股票股利对所有者权益的影响(元) 表 9-4

项目	发放前	发放后
股本	50000000	55000000
资本公积	100000000	100000000
盈余公积	20000000	15000000
未分配利润	10000000	10000000
所有者权益合计	180000000	180000000

发放股票股利对甲股东利益的影响 表 9-5

项目	发放前	发放后
每股收益(EPS)/元	$\frac{55000000}{50000000}=1.1$	$\frac{55000000}{55000000}=1$
每股市价/(元/股)	11	$\frac{11}{(1+10\%)}=10$
持股数量/股	50000	55000
持股比例	$\frac{50000}{50000000}=0.1\%$	$\frac{55000}{55000000}=0.1\%$
持股总价值/元	$11\times50000=55000$	$10\times55000=55000$

对公司来说,发放股票股利的意义在于:①在盈余和现金股利不变的情况下,发放股票股利可以降低每股价格,从而吸引更多的投资者;②发放股票股利可以是股东分享公司的盈余而无需分配现金,这就为公司留存了大量的现金,便于公司再投资,有利于公司的长期发展;③公司发放股票股利往往向社会传递公司将会继续发展的信号,从而提高投资者对公司的

信心,在一定程度上可以稳定公司股票的价格。但必须注意的是,公司发放股票股利的费用比发放现金股利的费用要大,因而会增加公司的财务负担。并且在某些情况下,发放股票股利也会被认为是公司资金周转不灵的征兆,从而降低投资者对公司的信心,加剧股价的下跌。

对股东而言,发放股票股利的意义在于:①在股东需要现金时可将分得的股票股利出售以取得现金,并且有些国家税法规定出售股票所缴纳的资本利得税率比收到现金股利所需要缴纳的所得税率低,这使得股东可以从中获得纳税上的利益;②发放股票股利通常由成长性的公司所为,因此投资者往往认为发放股票股利预示着公司将有较大发展,这种心理有利于稳定股价,甚至会刺激股价上升,使股东享受股价上升的好处;③在实际中,有时公司发放股票股利后,其股价并不成比例下降,一般在发放少量股票股利后不会引起股价的立即变化,这同样可以使股东得到股票价值相对上升的好处和利益。

(3) 财产股利。财产股利是股份公司用现金以外的公司财产向股东支付的股利。财产股利通常有两种:一种是有价证券股利,一种是实物股利。

作为财产股利的有价证券主要是公司持有的其他公司的股票、债券、票据等,包括政府债券、金融债券、企业债券。一般在下列情况下用有价证券来支付股利:①当公司已宣布派发股利后,适逢公司现金不足,作为权宜之计,公司可将持有的各种有价证券按一定价格折算后代替现金支付给股东,以解燃眉之急。②公司需要调整资产结构。当公司持有的有价证券比例过高,而现金资产不足时,可以采用支付财产股利的办法,将本应分派给股东的现金留存在公司,而将公司持有的有价证券支付出去,以此减少有价证券的持有量,增加现金资产,与通过金融市场调整资产结构相比,此法无需支付交易成本,还可体现对股东的优惠。③一些大量持有其他公司股票的控股公司,为了回避有垄断行为的嫌疑,采用内部转移的办法,把其他公司的股票作为股利派发给股东,还可以间接维持对其他公司的控制。因股票价值变化性强,加上公司派发的股票一般都低于市价,股东也乐于接受。

实物股利则是指以公司的实物财产充抵股利派发给股东。一般用公司自己的产品作为实物股利或者与有往来的公司互换产品作为实物股利。实物股利的派发一是为了扩大公司产品的销路;二是为了将现金盈余保留在公司用于生产经营。有时在公司当年盈余少的情况下也可采用。以实物派发股利时,公司往往在价格上给股东适当优惠,一般均按成本价计算。

(4) 负债股利。负债股利是指公司以负债支付的股利,通常以公司的应付票据支付给股东。不得以情况下也有发行公司债券抵付股利的。股东持有负债股利,实际上既成为公司的投资者又成为公司的债权人。对股东来说,收到公司债券和应付带息票据后,虽然收到现金的时间还很长,但可获得额外的利息收入。对公司来说会增加支付利息的财务压力。所以,对于负债股利的发放,只是公司在已宣告并必须立即发放股息而现金不足的情况下,采用的一种权宜之计。

财产股利和负债股利,实际上是现金股利的一种替代形式。这两种股利支付形式在我国虽然未被法律禁止,但实务中很少使用。

复习思考题

1. 什么是利润?运输企业的利润构成是什么?
2. 什么是目标利润?目标利润的预测方法有哪些?

3. 什么是盈亏平衡点？本量利分析法的要点是什么？
4. 什么是边际贡献？边际贡献分析法的要点是什么？
5. 评价和分析运输企业利润的指标有哪些？分别有哪些作用？
6. 运输企业进行利润分配应该遵循哪些原则？
7. 运输企业进行利润分配的顺序是什么？
8. 运输企业弥补亏损的渠道有哪些？
9. 什么是股利政策？常见的股利政策有哪些？
10. 运输企业如何合理地选择股利政策？
11. 股利支付形式有哪些？各自的优缺点是什么？
12. 股票股利对运输企业产生的影响是什么？

第十章 运输企业财务分析

运输企业财务分析是财务管理的重要内容之一,是对财务报告所提供的会计信息,做进一步的加工处理,从而为股东、债权人、管理层等信息使用者进行财务预测和财务决策提供依据。本章主要介绍运输企业财务分析的基本内容、基本方法、分析程序和分析基础等相关内容。

第一节 运输企业财务分析概述

一、运输企业财务分析的作用

运输企业财务分析是以企业的财务报告等会计资料为基础,对企业的财务状况、经营成果和现金流量进行分析和评价的方法。运输企业财务分析的作用主要表现在如下几个方面。

(一)评价财务状况,衡量经营业绩

财务分析揭示了运输企业的偿债能力、营运能力、盈利能力、发展能力和获取现金流量的能力,便于财务分析者及时了解企业的财务状况、经营成果和现金流量。运输企业的财务分析可以进一步揭示影响企业财务状况、经营成果和现金流量的主观因素和客观因素,评估管理者对企业营运资源的运用和管理情况,借此可以明确责任,合理评价管理者的工作业绩。

(二)反映财务风险,判断发展趋势

投资者进行财务分析通常侧重于未来投资报酬和相关投资的风险分析。运输企业的投资报酬同其他企业一样,主要来源于分派的现金股利和持有股权而产生的资本增值报酬。投资报酬的高低与企业盈利能力、资产运营能力和现金流动状况密切相关。投资者的投资风险主要来源于企业的财务风险。一旦企业财务风险过大,投资者对于购买和持有企业股份会持极为慎重的态度。财务分析要根据企业过去和现在的盈利能力、偿债能力和资产营运能力等,揭示企业的财务风险及其程度,判断其未来发展趋势,以帮助投资者进行正确的投资决策。

(三)揭示业务差距,寻求改善途径

对于运输企业内部信息使用者而言,除了要借助财务分析评价企业财务状况、衡量经营业绩外,还要通过财务分析揭示企业管理中存在的问题与差距,并通过分析问题与差距形成的原因,寻求改善途径,以提高财务运行效率。

对于运输企业而言,为了兼顾企业的市场形象,或为了融资的便利,要充分考虑市场的认知能力和认知标准,在企业面临重大投资和融资活动时,要根据一般行业标准或投资者所接受的一般标准,有针对性的调整和改进企业财务状况,以及最大限度地改善企业外部形象,充分有效的利用资本市场,提升企业市场价值。

二、运输企业财务分析的目的

财务分析的目的取决于不同的主体使用会计信息的目的,虽然财务分析所依据的资料是客观的,但是不同的主体关心的问题不同,因此进行财务分析的目的也各不相同。运输企业会计信息的主要使用者包括企业投资者、债权人、管理层、供应商和客户、政府部门等,下面分别介绍不同会计信息使用者进行财务分析的目的。

(一)企业投资者

运输企业投资者包括企业的所有者和潜在投资者,他们的投资决策往往决定是否继续持有对某一企业的投资,或是否向某一企业进行投资。为此他们需要了解企业的盈利能力、财务状况和现金流量,需要对企业的投资回报和投资风险作出估计和判断,他们主要关注的是企业未来的盈利能力和风险水平。

由于投资者的持股比例不同,他们对企业的控制力和影响力有着较大的不同,其利益点也存在差异,这种对企业控制力和影响力的不同直接导致了他们对企业财务状况关注重点的差异。对于控股股东和大股东而言,由于他们可以通过自己的努力直接或间接地影响被持股企业管理层的人事安排、发展战略、投资策略、经营决策和利润分配等,这类股东往往关心企业发展战略相关的财务信息,如企业的资产结构、资产质量、资本结构、长期获利能力。而中小股东更多关心的是企业的经营业绩、股利分配政策等信息。

(二)企业债权人

运输企业债权人包括短期债权人和长期债权人。一般来说,短期债权人提供的贷款期限在一年以内,他们更关心企业资产的流动性和企业支付短期债务的能力,对长期获利能力并不十分关心。长期债权人提供的贷款期限通常在一年以上,他们关心贷款的本金和利息是否按时收回,而企业能否按时偿还本金和利息是以企业未来盈利能力和良好的现金流为基础的。因此长期债权人不仅关心企业的偿债能力,也关心企业的盈利能力,会将偿债能力和盈利能力结合起来分析判断企业偿债能力的强弱。同时由于长期债权人提供的贷款期限较长,企业的经营风险和财务风险将直接影响到贷款是否可以收回,以及是否可以按时收回,所以他们也非常关心企业的经营风险和财务风险。

(三)企业管理者

运输企业管理者受托对企业进行经营管理,应对受托财产的保值增值承担责任,他们负责企业的管理决策与日常的经营活动,进行资源的合理配置并努力提高资源的利用效率,目的是提高企业的经济效益。

企业管理者进行财务分析的目的是综合的、多方面的,他们关心企业的盈利能力、营运能力和持续发展能力等各个方面的财务信息。他们会进行盈利结果与原因的分析、资本结构分析、营运状况和效率分析、经营风险和财务风险分析、支付能力和偿债能力分析等。这些分析的目的是及时发现运输生产经营中存在的问题与不足,并采取有效的解决措施,使企业不仅能利用现有的资源获得更多利润,而且能保持盈利能力持续稳定的增长。

(四)供应商与客户

运输企业供应商是企业运输劳务所用运输车辆、固定资产和燃料、轮胎等存货的供应者。企业与供应商之间形成商业信用关系,他们需要分析授信企业的信用状况、偿债能力和风险程度,因此供应商和贷款人类似,他们对企业的偿债能力和信用状况较为关注。

客户是企业运输劳务的消费者,如旅客与货主。他们关心的是企业持续提供运输和劳务的能力、产品质量与后续服务能力,如优质廉价的客货运服务等。因此客户希望通过财务信息了解企业的销售能力和持续发展能力。

(五) 企业雇员

运输企业雇员与企业存在长期稳定的关系。他们关心工作岗位的稳定性,获取劳动报酬的持续性与增长性、工作环境的安全性等。因此,他们关注企业的盈利能力与发展前景。

(六) 竞争对手

运输企业的竞争对手希望获取关于企业的市场份额、盈利水平、成本费用等信息,以便进行产品定价、产品结构调整、市场规划等决策。因此他们对企业盈利能力,竞争战略等各方面的信息均感兴趣。

(七) 政府管理与监督部门

政府管理与监督部门主要指工商、物价、财政、税务以及审计等部门。他们进行财务分析的目的,一方面是监督检查国家的各项经济政策法规制度在企业的执行情况,另一方面是保证企业财务信息和财务分析报告的真实性、准确性,为宏观决策提供可靠信息。

三、运输企业财务分析的内容

(一) 偿债能力分析

偿债能力是指企业偿还到期债务的能力。对运输企业财务报告等会计资料进行分析,可以了解企业资产的流动性、负债水平以及偿还债务的能力,从而评价企业的财务状况和财务风险,为管理者、投资者和债权人提供企业偿债能力的财务信息。

运输企业受季节性运输需求波动和运输市场竞争的影响,对资金的需求具有较大的不稳定性。与工商企业相比,运输企业的债务资金来源中流动负债应占有较大的比重,这有可能导致企业出现资金短缺的危机。

(二) 营运能力分析

营运能力反映了运输企业对资产的利用和管理能力。企业的生产经营过程就是利用资产取得收益的过程,资产是企业生产经营活动的经济资源,对资产的利用和管理直接影响到企业的收益,它体现了企业的经营能力。对营运能力进行分析,可以了解到企业资产的保值和增值情况,分析企业资产的利用效率、管理水平、资金周转状况、现金流量状况等,为评价企业的经营管理水平提供依据。

(三) 盈利能力分析

获取利润是运输企业的主要经营目标之一,它也反映了企业的综合素质。企业要生存和发展,必须争取获得较高的利润,这样才能在竞争中处于不败之地,投资者和债权人都十分关心企业的盈利能力,盈利能力强可以提高企业偿还债务的能力,提升企业的信誉。对企业盈利能力的分析,不仅看其获取利润的绝对数,还应分析其相对指标,这些都可以通过财务分析来实现。

（四）发展能力分析

无论是企业的管理者还是投资者、债权人，都十分关心企业的发展能力，因为这关系到他们的切身利益。通过对企业发展能力进行分析，可以判断企业的发展潜力，预测企业的经营前景，从而为企业管理者和投资者进行经营决策和投资策略提供重要依据，避免决策失误给其带来重大经济损失。

（五）财务综合分析

财务综合分析是全面分析和评价运输企业财务状况，对企业风险、收益、成本和现金流量等进行分析和判断，为提高企业财务管理水平，改善经营业绩提供信息。

四、运输企业财务分析的方法

（一）比率分析法

比率分析法是将企业同一时期的财务报表中的相关项目进行对比，得出一系列财务比率，以此来揭示企业财务状况的分析方法，财务比率主要包括构成比率、效率比率和相关比率三大类。

1. 构成比率

又称结构比率，是反映某项经济指标各个组成部分与总体之间关系的财务比率，如运输企业的流动资产与资产总额比率、流动负债与负债总额的比率。

2. 效率比率

是反映某项经济活动投入与产出之间关系的财务比率、如运输企业投资报酬率、销售净利率等。利用效率比率，可以考察经济活动的经济效益，揭示企业的盈利能力。

3. 相关比率

是反映经济活动中某两个或两个以上相关项目比值的财务比率，如流动比率、速动比率等，利用相关比率可以考察某项经济活动之间的相互关系，从而揭示运输企业的财务状况。

（二）比较分析法

比较分析法是将同一企业不同时期的财务状况或不同企业之间的财务状况进行比较，从而揭示企业财务状况中所存在差异的分析方法。比较分析法可以分为纵向比较分析法和横向比较分析法两种。

1. 纵向比较分析法

又称趋势分析法，是将同一运输企业连续若干期的财务状况进行比较，确定其增减变动的方向、数额、幅度，以此来揭示企业财务状况的发展变化趋势的分析方法，如比较财务报表法、比较财务比率法等。

2. 横向比较分析法

是将本企业的财务状况与其他不同的运输企业的同期财务状况进行比较，确定其存在的差异及差异程度，以此来揭示本运输企业财务状况中存在问题的分析方法。

五、运输企业财务分析的程序

无论是企业的管理者，还是投资者、债权人，在做出财务评价和经济决策时，都必须进行充分的财务分析。为了保证财务分析的有效进行，必须遵循科学的程序，财务分析的程序一般包括以下几个步骤。

(一) 确定财务分析的范围,搜集有关的经济资料

财务分析的范围取决于财务分析的目的,它可以是企业经营活动的某一方面,也可以是企业经营活动的全过程。如运输企业债权人可能只关心企业偿还债务的能力,那么就不必对企业经营活动的全过程进行分析,而企业的经营管理者则须全面的财务分析。财务分析的范围决定了所要搜集的经济资料的数量,范围小,所需资料也少;全面的财务分析,则需要收集企业各方面的近期资料。

(二) 选择适当的分析方法,确定分析指标

财务分析的目的和范围不同,所选用的分析方法和指标也不同。常用的财务分析方法有比率分析法,比较分析法等,这些方法各有特点,在进行财务分析时可以单独使用,也可以结合使用。局部的财务分析可以只选择其中的某一种方法,全面的财务分析,则应该综合运用各种方法,以便进行对比,做出全面而客观的财务评价。选择分析方法之后,就要确定分析指标。分析指标是根据财务分析的目的而确定的,不同的分析目的所使用的分析指标也不同,如分析运输企业偿债能力则应当使用流动比率、资产负债率等指标。

(三) 进行因素分析,抓住主要矛盾

通过财务分析,可以找出影响运输企业经营活动和财务状况的各种因素。在诸多因素中,有的是有利因素,有的是不利因素,有的是外部因素,有的是内部因素。在进行因素分析时,必须抓住主要矛盾及影响企业生产经营活动和财务状况的主要因素,然后才能有的放矢,提出相应的办法,做出正确的决策。

(四) 为做出经济决策提供各种建议

财务分析的最终目的是为经济决策提供依据。通过上述的比较与分析,就可以提出各种方案,然后权衡各种方案的利弊与得失,从中选出最佳方案,做出经济决策。这个过程也是一个信息反馈过程,运输企业的管理决策者可以通过财务分析总结经验,吸取教训,以改进工作。

六、运输企业财务分析的基础

财务分析是以企业的会计核算资料为基础,通过对会计所提供的核算资料进行加工整理,得出一系列科学的、系统的财务指标,以便进行比较分析和评价。这些会计核算资料包括日常核算资料和财务报告,但财务分析主要是以财务报告为基础,日常核算资料只作为财务分析的一种补充资料。进行财务分析,经济决策提供补充的依据。运输企业的财务报告主要包括资产负债表、利润表、现金流量表、所有者权益变动表、财务报表附注以及其他反映企业重要事项的文字说明。这些财务报告及附注集中、概括地反映了企业的财务状况、经营成果和现金流量状况等财务信息,对其进行财务分析,可以更加系统地揭示企业的偿债能力,营运能力,盈利能力,发展能力等财务状况。

根据我国现行企业会计准则体系,运输企业的财务报表主要有以下几种。

(一) 资产负债表

资产负债表是反映企业在某一特定日期的财务状况的财务报表,它以"资产 = 负债 + 所有者权益"这一会计等式为依据,按照一定的分类标准和次序,反映企业在某一特定日期,资

产、负债及股东权益的基本状况。

本节以 FL 交通运输集团股份有限公司为例进行分析,该公司的经营情况如下。

【案例 10-1】 FL 交通运输集团股份有限公司成立于 2002 年,主要从事汽车客运站经营和汽车客、货运输,公司注册资本 5000.00 万元。2010 年 2 月 10 日在深圳证券交易所上市交易,公开发行后股本总额为 8163.78 万股。经过历次资本公积转增,截至 2017 年 6 月 30 日,本公司的注册资本为人民币 31348.9036 万元。其中:有限售条件股份 256777 股,FL 集团持有本公司 124945037 股股份,持股比例为 39.86%,为本公司控股股东。

截至 2017 年末,公司的业务包括汽车客、货运输,汽车租赁服务,石油制品销售,汽车一级、二级维护,汽车、小汽车专项修理(限于分公司经营),保险兼业代理(货物运输保险、机动车辆保险、企业财产保险、意外伤害保险、责任保险)。汽车配件销售,仓储服务,汽车美容,停车服务,货运信息服务,客运站经营,企业管理服务,票务代理,人力资源服务,商务服务。附属子公司共计 45 家,与 2016 年末相比无变化。

表 10-1 为 FL 交通运输集团股份有限公司 201×年度的资产负债表。

FL 交通运输集团股份有限公司资产负债表 表 10-1

201×年 12 月 31 日 单位:万元

资产	年末余额	年初余额	负责和股东权益	年末余额	年初余额
流动资产:			流动负债:		
货币资金	13822	18728	短期借款	44730	16560
结算备付金			向中央银行借款		
拆出资金			吸收存款及同业存放		
以公允价值计量且其变动计入当期损益的金融资产			以公允价值计量且其变动计入当期损益的金融负债		
衍生金融资产			衍生金融负债		
应收票据及应收账款	7080	6703	应付票据及应付账款	9254	9130
其中:应收票据	50		预收款项	1959	2650
应收账款	7030	6703	卖出回购金融资产款		
预付款项	2646	13589	应付手续费及佣金		
其他应收款	3081	5458	应付职工薪酬	5136	5782
买入返售金融资产			应交税费	2156	2177
存货	481	1143	其他应付款	52884	73525
持有待售的资产			应付分保账款		
一年内到期的非流动资产	402		一年内到期的非流动负债	5700	5700
其他流动资产	1126	98	其他流动负债	1666	934
流动资产合计	28638	45721*	流动负债合计	123485*	116458*
非流动资产:			非流动负债:		

续上表

资产	年末余额	年初余额	负债和股东权益	年末余额	年初余额
发放贷款及垫款			长期借款	28691	34391
可供出售金融资产	1092	2967	长期应付款	1510	1000
债权投资			预计负债	120	
长期应收款	1280		递延收益	20333	20973
长期股权投资	84527	54040	递延所得税负债	3441	3626
投资性房地产	7679	7528	其他非流动负债		
固定资产	88974	86387	非流动负债合计	54096*	59990*
在建工程	56	121	负债合计	177581	176448
生产性生物资产			所有者权益:		
油气资产			股本	31349	31349
无形资产	37577	41968	其他权益工具		
开发支出	68	62	其中:优先股		
商誉	26752	29271	永续债		
长期待摊费用	737	1002	资本公积	18026	17255
递延所得税资产	223	200	减:库存股		
其他非流动资产	14026	16095	其他综合收益		
非流动资产合计	262991*	239640*	专项储备		
			盈余公积	7186	5844
			未分配利润	42792	40605
			归属于母公司所有者权益合计	101845	97136
			少数股东权益	12204	11778
			所有者权益合计	114049	108914
资产总计	291630*	285361	负债和所有者权益总计	291630	285361*

注:"*"表示含尾数调整。

资产负债表是进行财务分析的一项重要财务报表,它提供了企业的资产结构、资产流动性、资产来源状况、负债水平以及负债结构等财务信息。通过对资产负债表的分析,可以了解企业的偿债能力、营运能力等财务能力,为债权人、投资者以及企业管理者提供决策依据。

(二) 利润表

利润表也称损益表,是反映企业在一定期间生产经营结果的财务报表。利润表以"利润=收入－费用"这一等式为依据编制而成。利润表可以考核企业利润计划的完成情况,分析企业的盈利能力以及利润增减变化的原因,预测企业利润的发展趋势,为投资者及企业管理者等提供决策有用的财务信息。在利润表中,通常按照利润的构成项目来分别列示。

表10-2为FL交通运输集团股份有限公司201×年度的利润表。

FL 交通运输集团股份有限公司利润表

表 10-2
201×年度 单位:万元

项目	本期发生额	上期发生额
一、营业总收入	119037	129143
其中:营业收入	119037	129143
利息收入		
已赚保费		
手续费及佣金收入		
二、营业总成本	113467	110564*
其中:营业成本	84619	86690
利息支出		
手续费及佣金支出		
退保金		
税金及附加	1283	1458
销售费用	966	313
管理费用	19859	22791
研发费用		
财务费用	3872	50
资产减值损失	2868	-739
加:公允价值变动收益		
投资收益	6606	2992
其中对联营企业和合营企业的投资收益	6565	2573
汇兑收益		
资产处置收益		
其他收益		
三、营业利润	12177	21571
加:营业外收入	3907	3270
减:营业外支出	2107	1413
四、利润总额	13976*	23428
减:所得税费用	4150	4354
五、净利润	9826	19074
六、其他综合收益的税后净额		
七、综合收益总额	9826	19074
八、每股收益		
(一)基本每股收益	0.3	0.57
(二)稀释每股收益	0.3	0.57

注:"*"表示含尾数调整。

企业的利润因收入与费用的不同配比,可以分为三个层次,即营业利润、利润总额和净利润,营业利润是营业收入减去营业成本,再扣除税金及附加、销售费用、管理费用、财务费用,加上公允价值变动和投资净收益等得到的利润,营业利润主要反映企业的经营所得;营业利润,加上营业外收支净额后就是利润总额,是计算所得税的基础;利润总额扣除所得税费用后的余额就是企业的净利润,这是企业所有者可以得到的利益。

(三)现金流量表

现金流量表是以现金及现金等价物为基础编制的财务状况变动表,它提供企业一定期间现金和现金等价物流入和流出的信息,以便于报表使用者了解和评价企业获取现金和现金等价物的能力,并据以预测企业未来现金流量表。

表 10-3 为 FL 交通运输集团股份有限公司 201×年度的现金流量表。

FL 交通运输集团股份有限公司现金流量表　　　　　　表 10-3

201×年度　　　　　　　　　　　　　　　　　　　　　　　单位:万元

项　目	本期发生额	上期发生额
一、经营活动产生的现金流量		
销售商品、提供劳务收到的现金	118787	130915
收到的税费返还	112	48
收到其他与经营活动有关的现金	1729	4714
经营活动现金流入小计	120628	135678
购买商品、接受劳务支付的现金	45925	58738
支付给职工以及为职工支付的现金	35108	31375
支付的各项税费	10923	12423
支付其他与经营活动有关的现金	4914	3467
经营活动现金流出小计	96870	106003
经营活动产生的现金流量净额	23758	29675
二、投资活动产生的现金流量		
收回投资收到的现金	8764	59438
取得投资收益收到的现金	2765	3541
处置固定资产、无形资产和其他长期资产收回的现金净额	6336	1287
处置子公司及其他营业单位收到的现金净额	133	—
收到其他与投资活动有关的现金	1724	2980
投资活动现金流入小计	19723*	67246
购建固定资产、无形资产和其他长期资产支付的现金	23006	22098
投资支付的现金	24048	45908

续上表

项　目	本期发生额	上期发生额
取得子公司及其他营业单位支付的现金净额		101366
支付其他与投资活动有关的现金	227	2521
投资活动现金流出小计	47280*	171892*
投资活动产生的现金流量净额	-27558*	-104646
三、筹资活动产生的现金流量		
吸收投资收到的现金	95	196
取得借款收到的现金	44720	60550
收到其他与筹资活动有关的现金	148	38314
筹资活动现金流入小计	44963	99060
偿还债务支付的现金	22250	19915
分配股利、利润或偿付利息支付的现金	10965	11964
支付其他与筹资活动有关的现金	14052	7991
筹资活动现金流出小计	47267	39870
筹资活动产生的现金流量净额	-2304	59190
四、汇率变动对现金及现金等价物的影响		
五、现金及现金等价物净增加额	-6104	-15781
加：期初现金及现金等价物余额	16834	32615
六、期末现金及现金等价物余额	10730	16834

注："*"表示含尾数调整。

现金流量表反映了企业在一定会计期间的现金流量状况，它将企业的现金流量划分为经营活动产生的现金流量、投资活动产生的现金流量和筹资活动产生的现金流量，按照收付实现制原则编制而成，将权责发生制下的盈利信息调整为收付实现制下的现金流量信息。

第二节　运输企业偿债能力分析

偿债能力是指企业偿还各种到期债务的能力，偿债能力分析是运输企业财务分析的一个重要方面，通过这种分析可以揭示企业的财务风险。运输企业管理者、债权人及股权投资者都十分重视企业的偿债能力分析，偿债能力分析主要分为短期偿债能力分析和长期偿债能力分析，现分述如下。

一、运输企业短期偿债能力分析

短期偿债能力是指企业偿付流动负债的能力，是企业流动资产对流动负债及时足额偿还的保证程度。企业的流动负债一般需要流动资产来偿还。短期偿债能力是衡量企业流动资产变现的重要标志。

衡量企业短期偿债能力的财务指标,主要有以下三种。

(一) 流动比率

流动比率是指企业流动资产与流动负债之间的比率,它反映了企业在某一时点偿付即将到期债务的能力,又称短期偿债能力比率,其计算公式为:

$$流动比率 = \frac{流动资产}{流动负债} \qquad (10\text{-}1)$$

根据表10-1 FL交通运输集团股份有限公司流动资产与流动负债的数额,可知该公司201×年末的流动比率为:

$$流动比率 = \frac{28638}{123485} = 0.23$$

流动比率是衡量企业短期偿债能力的一个重要财务指标,对于流动比率指标的分析,应明确以下思路:

(1)流动比率越高,说明偿还流动负债能力越强,流动负债得到偿还的保障越大。

(2)该指标反映了企业流动资产超过流动负债的数额,流动资产超出流动负债数额越多,企业偿还债务的缓冲作用越强。

(3)该指标反映流动资产抵偿流动负债的程度,反映了企业偿还债务的安全保障。

(4)该指标反映了企业流动资产的数量,但还没有反映流动资产的质量。

运用流动比率分析企业偿债能力时,要注意以下问题:

(1)一般认为流动比率为2∶1较好,它表明企业财务状况稳定可靠,除了能满足日常运输生产经营需要的流动资产外,还有足够财务能力偿还到期的债务。

(2)流动比率高,一般认为偿还债务保证程度较强,但并不意味着一定有足够的现金偿还到期债务,因为流动比率只是反映了企业资产的数量,而并未反映资产的质量,可能真正可以用来偿还债务的现金不一定很多。所以在分析流动比率时最好应分析流动资产项目的构成情况,可以真正变现的资产有多少,以便准确把握企业短期偿债能力的高低。

(3)流动比率过低,可能是企业滞留在流动资产上的资金太多,未能有效加以利用,这必然会影响企业的获利能力、资产应用效率与效益。相反如果流动比率太低,则表现为企业流动资产捉襟见肘,难以足额偿还流动负债,所以应尽可能将流动比率维持在是货币资产部分闲置的状态水平。

(4)分析流动比率时,还要注意流动比率指标的虚假性,因为企业很容易伪造该比率,以显示其偿债能力。

(5)流动比率是否合理,应结合不同行业的特点和资产结构等综合因素来分析。

对于运输企业来讲,其流动比率指标可以适当地降低。因为一般运输企业在提供旅客运输服务前就可通过售票将这方面的款项收回,所以在其流动资产结构中,现金、应收账款等流动性较好的资产较多,这是运输行业的生产特点决定的。此外,在具体分析运输企业的偿债能力时,除了分析流动比率等相关比率外,还要分析企业的其他财务信息,概括起来主要有:

①企业是否具有很好的借款能力和筹资能力,只要企业具有足够的借款和筹资能力,企业的流动比率可以适当降低。

②企业资产是否存在对外抵押,质押或有负债等现象,如果企业确实存在这样的问题,那么流动比率即使很高,也很难说明企业偿债能力就一定很强。

(二)速动比率

速动比率又称为酸性试验比率,速动比率是对流动比率分析的延伸和补充,是企业在某一时点随时可变现资产偿付到期债务的能力。它是速动资产与流动负债之间的比率,一般来说,流动资产扣除存货后的资产成为速动资产,其计算公式:

$$\text{速动比率} = \frac{\text{速动资产}}{\text{流动负债}} = \frac{\text{流动资产} - \text{存货}}{\text{流动负债}} \quad (10\text{-}2)$$

根据表 10-2 中的有关数据,FL 交通运输集团股份有限公司 201×的速动比率为:

$$\text{速动比率} = \frac{28638 - 481}{123485} = 0.23$$

速动资产变现能力较强,因此速动比率被用来衡量企业当即偿还短期负债能力的重要指标,也反映了企业流动资产的质量。

流动比率,在评价企业短期偿债能力时,存在一定的缺陷,利用速动比率评价偿债能力,是在充分考虑企业资产结构的情况下分析评价的,所以评价的准确性更高一些,一般认为速动比率为 1∶1 比较合适。如果速动比率太低,则表现为企业的流动资产难于足额偿还流动负债,企业面临偿债风险,但是该比率也不宜过高,否则可能会增加企业的机会成本。

运输企业存货构成主要是燃料、轮胎及零配件,在流动资产中占有很小的比重,所以会出现 FL 交通运输集团股份有限公司速动比率与流动比率几乎相同的结果。

(三)现金比率

现金比率是企业的现金类资产与流动负债的比值,现金类资产包括库存现金、随时可用于支付的存款和现金等价物,即现金流量表中所反映的现金及现金等价物。其计算公式为:

$$\text{现金比率} = \frac{\text{现金} + \text{现金等价物}}{\text{流动负债}} \quad (10\text{-}3)$$

根据表 10-3 有关数据,FL 交通运输集团股份有限公司 201×年末的现金比率为:

$$\text{现金比率} = \frac{10730}{123485} = 0.09$$

现金比率可以反映企业的直接偿付能力,因为现金是企业偿还债务的最终手段。如果企业现金缺乏,就可能发生支付困难的问题,面临财务危机,因而现金比率高说明企业有较好的支付能力,对偿还债务是有保障的,但是如果这个比例过高,可能意味着企业拥有过多的盈利能力较低的现金类资产,企业的资产未能得到有效运用。

二、运输企业长期偿债能力分析

长期偿债能力是指企业偿还长期负债的能力,分析和评价企业长期偿债能力的主要指标如下。

(一)资产负债率

资产负债率也称负债比率或举债经营比率,是企业负债总额与资产总额的比率,它反映企业的资产总额中有多大比例是通过举债而得到的,其计算公式为:

$$\text{资产负债率} = \frac{\text{负债总额}}{\text{资产总额}} \times 100\% \quad (10\text{-}4)$$

根据表 10-1 的数据,FL 交通运输集团股份有限公司 201×年末的资产负债率为:

$$资产负债率 = \frac{177581}{291630} \times 100\% = 60.89\%$$

资产负债率指标的高低，其实很难笼统评价优缺点。从理论上分析，企业存在着三大不同的利益主体，即债权人，投资者和企业经营者。对于资产负债率，这三大利益主体往往从不同的角度来评价。一般在企业总资产报酬率高于资本成本率的情况下，企业所有者得到的收益会因为负债经营中利息固定性特征而增加。在这种情况下，所有者就希望充分利用举债经营的避税和财务杠杆利益的资本特点，倾向于提高资产负债率。因此在财务分析中，资产负债率也被人们称为财务杠杆比率。

而债权人最关心的是其贷给企业资金的安全性，希望自己提供的债权资金是安全的，如果这个比率过高，说明在企业的全部资产中，股东提供的资本所占比重太低，这样，企业的财务风险就主要由债权人负担，其贷款的安全性也缺乏可靠的保障，因此债权人往往倾向于企业的资产负债率低一些。站在企业管理者的立场，他们既要考虑企业的盈利，也要顾及企业所承担的财务风险。资产负债率作为财务杠杆比率，不仅反映了企业的长期财务状况，也反映了企业管理层的进取精神。如果企业不利用举债经营或者负债比率很小，则说明企业管理者比较保守，对前途信心不足，利用债权人资本进行经营活动的能力较差。但是，负债也必须有一定限度，负债比率过高，企业的财务风险将增大，一旦资产负债率超过100%，则说明企业资不抵债，有濒临倒闭的危险。所以举债经营的企业经营者必须重视因举债带来的财务风险，并采取一些举措完善财务风险的管理，同时还要充分考虑投资者的意愿，实行负债经营战略，合理控制资本结构。

至于资产负债率为多少才是合理的，并没有一个确定的标准。不同行业、不同类型的企业的资产负债率会存在较大的差异。一般而言，处于高速成长时期的企业，其资产负债率可能会高一些，这样，所有者会得到更多的杠杆利益。但是，作为财务管理者，在确定企业的资产负债率时一定要审时度势，充分考虑企业内部各种因素和企业外部的市场环境，在风险与报酬之间权衡利弊与得失，然后才能作出正确的财务决策。

(二)产权比率

产权比率是指负债总额与所有者权益总额的比率，它是反映企业财务结构是否稳健和资本结构的重要指标之一，其计算公式为：

$$产权比率 = \frac{负债总额}{股东权益总额} \qquad (10-5)$$

根据表10-1有关数据，FL交通运输集团股份有限公司201×年末的产权比率为：

$$产权比率 = \frac{177581}{114049} = 1.56$$

从理论上分析，产权比率指标越低，表明企业长期偿债能力越强，债权人权益受保障程度越高；产权比率较高，表明企业为高风险高报酬的财务结构与经营态势，一般来说，在资产报酬率高于负债资本成本率的情况下，也可以适度提高产权比率，以最大限度获取财务杠杆效益。

(三)权益乘数与股东权益比率

权益乘数是指企业的资产总额是股东权益的多少倍，权益乘数越大，说明股东投入的资

本在企业资产总额中占的比重越小,其计算公式为:

$$权益乘数 = \frac{资产总额}{股东权益总额} \qquad (10\text{-}6)$$

根据表 10-1 有关数据,FL 交通运输集团股份有限公司 201×年末的权益乘数为:

$$权益乘数 = \frac{291630}{114049} = 2.56$$

权益乘数指标是反映企业资本结构的另一种表达方式,实际上属于资产负债率指标的变形,它与资产负债率的变化同方向。在综合分析财务状况中,权益乘数是杜邦体系中反映企业资本结构的重要指标。

股东权益比率,又称自有资本比率或净资产比,是股东权益与资产总额的比率,该比率反映企业资产中有多少是所有者投入的,其计算公式为:

$$股东权益比率 = \frac{股东权益总额}{资产总额} \qquad (10\text{-}7)$$

根据表 10-1 的有关数据,FL 交通运输集团股份有限公司 201×年末的股东权益比率为:

$$股东权益比率 = \frac{114049}{291630} = 0.39$$

股东权益比率与权益乘数互为倒数,即资产总额是股东权益的多少倍。该乘数越大,说明股东投入的资本在资产中所占比重越小。

(四) 偿债保障比率

偿债保障比率是负债总额与经营活动现金净流量的比率。一般认为,该比率越低,企业偿还债务的能力越强,其计算公式为:

$$偿债保障比率 = \frac{负债总额}{经营活动现金流量净额} \qquad (10\text{-}8)$$

根据表 10-1 与表 10-3 的有关数据,FL 交通运输集团股份有限公司 201×年末的偿债保障比率为:

$$偿债保障比率 = \frac{177581}{23758} = 7.47$$

从公式中可以看出,偿债保障比率反映用企业经营活动产生的现金净流量偿还全部债务所需的时间,所以该比率亦被称为债务偿还期。一般认为,经营活动产生的现金流量是企业长期资金的最主要来源,而投资活动和筹资活动所获得的现金流量虽然在必要时也可用于偿还债务,但不能将其视为经常性的现金流量。因此,用偿债保障比率可以衡量企业通过经营活动所获得的现金偿还债务的能力。该比率越低,说明企业偿还债务的能力越强。FL 交通运输集团股份有限公司 201×年的债务偿还期为 7.47 天,该公司的债务偿还能力较强。

(五) 利息保障倍数

利息保障倍数又称已获利息倍数,是指企业息税前利润与利息费用之间的比率,用于衡量企业偿付借款利息的能力,其计算公式为:

$$利息保障倍数 = \frac{税前利润 + 利息费用}{利息费用} \qquad (10\text{-}9)$$

根据表 10-1 的有关数据,FL 交通运输集团股份有限公司 201×年末的利息保障倍数为：

$$利息保障倍数 = \frac{17977 + 3872}{3872} = 4.61$$

利息保障倍数的重点是衡量企业支付利息的能力，没有足够大的息税前利润，资本化利息费支出就会比较困难。

利息保障倍数，不仅反映了企业获利能力的大小，而且反映了获利能力对偿还债务的保障程度。它既是企业举债经营能力的前提依据，也是衡量企业成绩、偿债能力大小的重要指标之一。因此从长远来看，利息保障倍数如果很低，企业将面临亏损，存在偿债的安全性与稳定性下降的风险，究竟企业利息保障倍数多大为好，要根据理财经验并结合行业生产特点来分析判断，一般来说，企业的利息保障倍数至少要大于1，否则就难以偿付债务及利息，长此以往，甚至会导致企业破产倒闭。

但是，在利用利息保障倍数这一指标时必须注意，因为会计采用权责发生制来算费用，所以本期的利息费用不一定就是本期的实际利息支出，而本期发生的实际利息支出也并非全部是本期的利息费用；同时，本期的息税前利润也并非本期的经营活动所获得的现金。这样，利用上述财务指标来衡量经营所得支付债务利息的能力就存在一定的片面性，不能清楚地反映实际支付利息的能力。为此，可以进一步用现金流量利息保障倍数来分析经营所得现金偿付利息支出的能力。

FL 交通运输集团股份有限公司 201×年末的利息保障倍数为 4.61，说明企业举债经营能力与偿还债务及利息的能力较强，偿债风险较低。

(六) 现金流量利息保障倍数

现金流量利息保障倍数，是指经营现金净流量为利息费用的倍数，用于衡量企业采用现金偿付借款利息的能力，比收益基础的利息保障倍数更可靠，计算公式为：

$$现金流量利息保障倍数 = \frac{经营现金净流量}{利息费用} \qquad (10\text{-}10)$$

根据表 10-1 与表 10-3 的有关数据，FL 交通运输集团股份有限公司 201×年末的现金流量利息保障倍数为：

$$现金流量利息保障倍数 = \frac{23758}{3872} = 6.14$$

现金流量利息保障倍数表明 1 元的利息费用有多少倍的经营现金净流量作保障，反映了企业一定时期经营活动所取得的现金是现金利息支出的倍数，它更明确地表明了企业用经营活动所取得的现金偿付债务利息的能力。

FL 交通运输集团股份有限公司 201×年末的现金流量利息保障倍数为 6.14，说明企业每 1 元的利息费用有 6.14 元的经营现金净流量作保障，该公司偿还债务及利息的能力较强，偿债风险较低。

三、影响运输企业偿债能力的其他因素

上述财务比率是分析运输企业偿债能力的主要指标，分析时可以比较最近几年的有关财务比率来判断企业偿债能力的变化趋势，也可以比较企业与同行业其他企业的财务比率，

来判断企业偿债能力的强弱。但是在这些指标之外，还应该考虑以下因素对企业偿债能力的影响，这些因素既可以影响企业的短期偿债能力，也可以影响企业的长期偿债能力。

（一）或有负债

或有负债，是企业过去的交易或事项形成的潜在义务，其存在须通过未来不确定事项的发生或不发生予以证实。或有负债很可能会转化为企业的债务，也可能不会转化为企业的债务，因此，其结果具有不确定性。比如以贴现未到期的商业承兑汇票、销售的产品和提供的劳务可能会发生的质量事故赔偿、诉讼案件和经济纠纷可能败诉导致需要赔偿的金额。这些或有事项在资产负债表日还不能确定未来的结果如何，不能作为负债在资产负债表的负债类项目中予以反映。但是，或有负债在将来一旦转化为企业的实际负债，就会对企业的财务状况产生影响，并且影响到企业的偿债能力。

（二）担保责任

在经济活动中，企业可能会发生以本企业的资产为其他企业的债务提供法律担保的情况，如为其他企业的银行借款担保、为其他企业履行有关经济合同提供法律担保等。如果被担保人不履行合同，这种担保责任，就可能会成为企业的负债，增加企业的财务风险。如FL交通运输集团股份有限公司201×年末财务报告中，其对外担保金额(129449.01元)占据该公司净资产(271495.41元)的47.68%，该担保金额较大，在分析该企业偿债能力时不可忽视。

（三）租赁活动

企业在生产经营活动中，可以通过财产租赁的方式解决急需设备。财产租赁通常有两种形式：融资租赁和经营租赁。采取融资租赁方式，租入的固定资产作为企业固定资产入账，租赁费用作为企业的长期负债入账，这在计算前面的有关财务比率时都已包含在内，但是当企业采用经营租赁时，其租赁费用并未包含在负债中，如果经营租赁的业务量较大、期限较长或具有经常性，则其租金虽然不包含在负债之中，但对企业的偿债能力也会产生较大的影响。

（四）可用的银行授信额度

可用的银行授信额度是银行授予企业的贷款指标，该项信用额度已经得到银行的批准，但企业尚未办理贷款手续。对于这种授信额度，企业可以随时使用，从而能够方便、快捷地获取银行借款，可以提高企业偿还负债的能力。

第三节 运输企业营运能力分析

营运能力是指运输企业运用各项资产赚取利润的效率与效益的能力。运输企业营运资产的效率主要指资产的周转率或周转速度。企业营运资产的效益通常是指企业的产出量与资产占用量之间的比率。

营运能力反映了运输企业的资金周转状况，对此进行分析可以了解企业的营业状况及经营管理水平。一般来讲，资金周转速度越快，说明企业的资金利用效率越高，经营管理水平越高。对运输企业的营运能力分析，实际上就是对企业各项资产周转能力的分析。评价营运能力常采用的财务指标有应收账款周转率、存货周转率、流动资产周转率、固定资产周转率、总资产周转率等。

一、应收账款周转率

应收账款周转率是指运输企业一定时期赊销收入净额与应收账款平均余额的比率,反映了应收账款在一个会计年度内的周转次数,可以用来分析应收账款的变现速度和管理效率。应收账款周转率是评价应收账款流动性大小的一个重要财务比率。其计算公式为:

$$应收账款周转率 = \frac{赊销收入净额}{应收账款平均余额} \quad (10\text{-}11)$$

$$应收账款平均余额 = \frac{期初应收账款 + 期末应收账款}{2} \quad (10\text{-}12)$$

式中,赊销收入净额是指销售收入净额扣除现销收入之后的余额,而销售收入净额是指销售收入扣除了销售退回、销售折扣及折让后的余额。反映在利润表中的营业收入就是销售收入净额。对于运输企业来说,营业收入主要包括客货运输收入,场站业务收入,租赁收入,销售收入(包括销售油料、配件等,以及提供修理等劳务),保险代理收入和旅游业务收入等。不同行业不同企业赊销收入占营业收入的比重不同,以 FL 交通运输集团股份有限公司为例,我们假设该企业的营业收入中 20% 是赊销收入,根据表 10-1 和表 10-2 的有关数据,FL 交通运输集团股份有限公司 201×年末应收账款周转率为:

$$应收账款平均余额 = \frac{7030 + 6703}{2} = 6866.50(万元)$$

$$应收账款周转率 = \frac{119037 \times 20\%}{6866.50} = 3.47(次)$$

用应收账款周转率来反映应收账款的周转情况是比较常见的,如上面计算的 FL 交通运输集团股份有限公司 201×年末应收账款周转率为 3.47 次,表明该企业一年内应收账款周转次数为 3.47 次。除此之外,应收账款平均收账期也可用来反映应收账款的周转情况。其计算公式为:

$$应收账款平均收账期 = \frac{360}{应收账款周转率} = \frac{应收账款平均余额 \times 360}{赊销收入净额} \quad (10\text{-}13)$$

应收账款平均收账期表示应收账款周转一次所需的天数。平均收账期越短,说明企业的应收账款周转速度越快。根据该企业的应收账款周转率,可以计算出应收账款平均收账期为:

$$应收账款平均收账期 = \frac{360}{3.47} = 103.75(天)$$

该企业的应收账款平均收账期为 103.75 天,说明企业从赊销产品到收回应收账款的平均天数为 103.75 天。可以看出应收账款平均收账期与应收账款周转率呈反比例关系,该项指标是制定企业信用政策的一个重要依据。

在市场经济条件下,由于商业信用的普遍应用,应收账款成为运输企业一项重要的流动资产,应收账款的变现能力直接影响到资产的流动性。一般来讲,应收账款周转率越高,说明企业回收应收账款的速度越快,坏账损失越少,资产的流动性越强,短期偿债能力也会得到增强。

但是企业的应收账款周转率过低或过高应该引起警惕。该比率过低,说明企业回收应收账款的效率极低,或者信用政策过于宽松,这样的情况会导致应收账款占用资金数量过多,影响企业的资金利用率和资金正常周转。该比率过高,则可能是因为企业奉行了比较严格的信用政策,制定的信用标准和信用条件过于苛刻,这样会限制企业销售量的扩大,从而影响企业的盈利水平,这种情况往往表现为存货周转率同时偏低。

二、存货周转率

存货周转率也称存货利用率,是指运输企业一定时期的销售成本与存货平均余额的比率。在运输企业的流动资产中,存货作为一项组成部分,会影响企业的流动比率。存货周转率是评价存货流动性大小的一个重要财务比率,其计算公式为:

$$存货周转率 = \frac{销售成本}{存货平均余额} \tag{10-14}$$

$$存货平均余额 = \frac{期初存货余额 + 期末存货余额}{2} \tag{10-15}$$

假设营运成本全部为销售成本,销售成本可从利润表中得知。存货平均余额是期初存货余额与期末存货余额的平均数,根据资产负债表可计算得知。根据表10-1和表10-2有关数据,FL交通运输集团股份有限公司201×年末的存货周转率为:

$$存货平均余额 = \frac{481 + 1143}{2} = 812.00(万元)$$

$$存货周转率 = \frac{84619}{812.00} = 104.21(次)$$

该企业的存货周转率为104.21次,表明该企业一年内存货周转次数为104.21次,存货流动性相当高。除此之外,存货周转天数也可以用来反映存货的周转状况。其计算公式为:

$$存货周转天数 = \frac{360}{存货周转率} = \frac{平均存货余额 \times 360}{销售成本} \tag{10-16}$$

存货周转天数表示存货周转一次所需要的时间,天数越短说明存货周转地越快。

根据该企业的存货周转率,可以计算出存货周转天数为:

$$存货周转天数 = \frac{360}{104.21} = 3.45(天)$$

该企业的存货周转天数为3.45天,说明该企业的存货资产从购入到售出的平均天数为3.45天。

存货周转率说明了一定时期内运输企业存货周转的次数,可以反映企业存货的变现速度,衡量企业的存货使用效率。一般来讲,存货周转率越高,说明存货周转速度越快,企业的销售能力越强,营运资金占用在存货上的金额越少,表明企业的资金利用效率越高,资产流动性越好。

通过对存货周转率的分析,有利于及时发现存货管理中的问题。存货储量过多,会增加包括仓储费、保险费、维护费、管理人员工资在内的各项开支,增加管理费用;过少则可能造成燃料、轮胎等的供给不足,无法以最短时间进行车辆的维修、油料补给等,影响运输企业车辆的正常运营,进而影响企业的盈利能力。

三、流动资产周转率

流动资产周转率是指销售收入与流动资产平均余额的比率,它反映了运输企业全部流动资产的利用效率。其计算公式为:

$$流动资产周转率 = \frac{销售收入}{流动资产平均金额} \quad (10\text{-}17)$$

$$流动资产平均余额 = \frac{期初流动资产余额 + 期末流动资产余额}{2} \quad (10\text{-}18)$$

这里的销售收入即营业收入,可以从利润表中得知。根据表 10-1 和表 10-2 的有关数据,FL 交通运输集团股份有限公司 201×年末的流动资产周转率为:

$$流动资产平均余额 = \frac{28638 + 45721}{2} = 37179.50(万元)$$

$$流动资产周转率 = \frac{119037}{37179.50} = 3.20(次)$$

该企业的流动资产周转率为 3.20 次,表明该企业一年内流动资产周转次数为 3.20 次。

流动资产周转率表明在一个会计年度内运输企业流动资产周转的次数,它反映了流动资产周转的速度,是分析流动资产周转情况的一个综合指标。该指标越高,说明企业流动资产周转得越快,在经历营运生产各阶段所占用的时间越短,流动资产的利用效率越高,这样可以相对节约流动资产,增加企业的盈利能力。

四、固定资产周转率

固定资产周转率,也称固定资产利用率,是指销售收入与固定资产平均净值的比率。其计算公式为:

$$固定资产周转率 = \frac{销售收入}{固定资产平均净值} \quad (10\text{-}19)$$

$$固定资产平均净值 = \frac{期初固定资产净值 + 期末固定资产净值}{2} \quad (10\text{-}20)$$

这里的销售收入即营业收入,可以从利润表中得知。根据表 10-1 和表 10-2 的有关数据,FL 交通运输集团股份有限公司 201×年末的固定资产周转率为:

$$固定资产平均净值 = \frac{88974 + 86387}{2} = 87680.50(万元)$$

$$固定资产周转率 = \frac{119037}{87680.50} = 1.36(次)$$

该企业的固定资产周转率为 1.36 次,表明该企业一年内固定资产周转次数为 1.36 次。

对于运输企业来说,固定资产主要指房屋建筑物,运输车辆,以及控制、测试设备和办公设备等。固定资产周转率主要用于分析企业对固定资产的利用效率,该比率越高,说明固定资产的利用率越高,管理水平越好。如果固定资产周转率与同行业平均水平相比偏低,说明企业的生产效率较低,营运能力较弱,可能会影响企业的盈利能力。

在分析企业的固定资产周转率时,还应该充分考虑因计提折旧使固定资产净值不断减少以及因更新重置使固定资产净值突然增加的事实,同时还要剔除由于折旧方法不同对于可比性的不利影响。

五、总资产周转率

总资产周转率,也称总资产利用率,是指销售收入与资产平均总额的比率。其计算公式为:

$$总资产周转率 = \frac{销售收入}{资产平均总额} \qquad (10\text{-}21)$$

$$资产平均总额 = \frac{期初资产总额 + 期末资产总额}{2} \qquad (10\text{-}22)$$

这里的销售收入即营业收入,可以从利润表中得知。根据表 10-1 和表 10-2 的有关数据,FL 交通运输集团股份有限公司 201×年末总资产周转率为:

$$资产平均总额 = \frac{291630 + 285361}{2} = 288495.50(万元)$$

$$总资产周转率 = \frac{119037}{288495.50} = 0.41(次)$$

该企业总资产周转率为 0.41 次,表明该企业一年内总资产周转次数为 0.41 次。

总资产周转率可用来分析运输企业全部资产的使用效率。该比率越高,说明企业利用其全部资产进行经营的效率越高,企业的盈利能力越强。如果总资产周转率与同行业平均水平相比偏低,会影响企业的盈利能力,企业应该采取措施提高营业收入或处置资产,以提高总资产利用率。

第四节 运输企业盈利能力分析

盈利是运输企业重要的经营目标和生存发展的基础,它不仅关系到企业所有者的投资报酬,也是企业偿还各种债务的重要保障。盈利能力是指运输企业获得利润的能力,盈利能力分析是企业财务分析的重要组成部分,也是评价运输企业经营管理水平的一个重要依据。企业的各项经营活动都会影响到盈利,如营业活动、对外投资活动、筹资活动等都会引起企业利润的变化。但是,在对企业盈利能力进行分析时,一般只分析企业正常经营活动的盈利能力,不涉及非正常的经营活动。这是因为一些非正常的、特殊的经营活动虽然也会给企业带来收益,但它不是经常的和持续的,因此,不能将其作为企业的一种持续性的盈利能力加以评价。

评价企业盈利能力的财务指标主要有资产报酬率、股东权益报酬率、销售毛利率、销售净利率、成本费用净利率等,对于股份有限公司,还应该分析每股利润、每股现金流量、每股股利与股利支付率、每股净资产、市盈率与市净率等。

一、资产报酬率

资产报酬率,简称 ROA,也称资产收益率,是运输企业一定时期内的利润总额与资产平均总额的比率。主要是对运输企业利用资产获取利润能力的一种衡量。资产报酬率可以分为资产息税前利润率、资产利润率和资产净利率。

1. 资产息税前利润率

是指运输企业一定时期的息税前利润与资产平均总额的比率。息税前利润是运输企业未扣除债务利息和所得税的利润总额,资产息税前利润率用来评价运输企业全部经济资源获取报酬的能力。其计算公式为:

$$资产息税前利润率 = \frac{息税前利润}{资产平均总额} \times 100\% \qquad (10-23)$$

企业所实现的息税前利润首先要用于支付债务利息,然后才能缴纳所得税和向股东分配利润。因此,息税前利润可以看作企业为债权人、政府和股东所创造的报酬。资产息税前利润率不受企业资本结构变化的影响,反映了企业利用全部资产进行经营活动的效率。债权人分析企业资产报酬率时可以采用资产息税前利润率。一般来说,只要企业的资产息税前利润率大于负债利息率,企业就有足够的收益用于支付债务利息。因此,该项比率不仅可以评价企业的盈利能力,而且可以评价企业的偿债能力。

2. 资产利润率

是指运输企业一定时期的净利润与资产平均总额的比率。反映了运输企业在扣除所得税费用之前的全部收益。资产利润率不仅能综合地评价资产盈利能力,而且能反映运输企业管理者的资产配置能力。其计算公式为:

$$资产利润率 = \frac{利润总额}{资产平均总额} \times 100\% \qquad (10-24)$$

3. 资产净利率

是指运输企业一定时期的净利润与资产平均总额的比率。净利润可以直接从利润表中得到,它是运输企业所有者获得的剩余收益,运输企业的筹资活动、投资活动、经营活动以及国家税收政策的变化都会影响到净利润。因此,资产净利率通常用于评价运输企业对股权投资的回报能力。股东分析企业资产报酬率时通常采用资产净利率。其计算公式为:

$$资产净利率 = \frac{净利润}{资产平均总额} \times 100\% \qquad (10-25)$$

根据表 10-1 和表 10-2 的有关数据,FL 交通运输集团股份有限公司 201×年末的资产净利率为:

$$资产的平均总额 = \frac{291630 + 285361}{2} = 288495.50(万元)$$

$$资产净利率 = \frac{9826}{288495.50} \times 100\% = 3.41\%$$

说明 FL 交通运输集团股份有限公司 201×年末每 100 元的资产可以为股东赚取 3.41 元的净利润,其比率越高,说明企业盈利能力越强。

资产报酬率的高低并没有一个绝对的评价标准。运输企业分析资产报酬率时,通常采用比较分析法,与该企业以前会计年度的资产报酬率做比较,可以判断运输企业资产盈利能力的变动趋势;与同行业平均资产报酬率做比较,可以判断运输企业在同行业中所处的地位。如果资产报酬率偏低,说明企业经营效率较低,经营管理存在问题,应该加强经营管理,适时调整经营方针,提高资产的利用效率。

二、股东权益报酬率

股东权益报酬率,简称 ROE,也称净资产收益率或所有者权益报酬率。是企业一定时期的净利润与股东权益平均总额的比率。股东权益报酬率是评价企业盈利能力的一个重要财务比率,反映了运输企业股东获取投资报酬的高低,该比率越高,说明运输企业的盈利能力越强。其计算公式为:

$$股东权益报酬率 = \frac{净利润}{股东权益平均总额} \times 100\% \qquad (10-26)$$

$$股东权益平均总额 = \frac{期初股东权益总额 + 期末股东权益总额}{2} \qquad (10-27)$$

根据表 10-1 和表 10-2 的有关数据,FL 交通运输集团股份有限公司 201×年末的股东权益报酬率为:

$$股东权益的平均总额 = \frac{114049 + 108914}{2} = 111481.50(万元)$$

$$股东权益报酬率 = \frac{9826}{111481.50} \times 100\% = 8.81\%$$

根据计算可知,FL 交通运输集团股份有限公司 201×年末的股东权益报酬率 8.81%,表示股东每投入 100 元资本,可以获得 8.81 元的净利润。

股东权益报酬率可以进行如下分解:

$$股东权益报酬率 = 资产净利率 \times 平均权益乘数 \qquad (10-28)$$

从式中可以看出,股东权益报酬率取决于企业的资产净利率和权益乘数两个因素。因此,提高股东权益报酬率可以有两种途径:一是在财务杠杆不变的情况下,通过增收节支,提高资产利用效率来提高资产净利率,从而提高股东权益报酬率;二是在资产利润率大于负债利息率的情况下,可以通过增大权益乘数,即提高财务杠杆,来提高股东权益报酬率。但是,第一种途径不会增加企业的财务风险,第二种途径则会导致企业的财务风险增大。

三、销售毛利率与销售净利率

(一)销售毛利率

销售毛利率,也称毛利率,是运输企业的销售毛利与营业收入净额的比率。销售毛利是运输企业营业收入净额与营业成本的差额。销售毛利率反映了运输企业的营业成本与营业收入的比例关系,其比值越大,说明在营业收入净额中营业成本所占比重越小,运输企业通过销售获取利润的能力越强。其计算公式为:

$$销售毛利率 = \frac{销售毛利}{营业收入净额} \times 100\%$$

$$= \frac{营业收入净额 - 营业成本}{营业收入净额} \times 100\% \qquad (10\text{-}29)$$

根据表 10-1 和表 10-2 的有关数据，FL 交通运输集团股份有限公司 201×年销售毛利率为：

$$销售毛利率 = \frac{119037 - 84619}{119037} \times 100\% = 28.91\%$$

根据计算，FL 交通运输集团股份有限公司 201×年末销售毛利率为 28.91%，说明 100 元的营业收入可以为企业创造 28.91 元的毛利。

（二）销售净利率

销售净利率是企业净利润与营业收入净额的比率，可以评价运输企业通过销售赚取利润的能力，该比率越高，说明运输企业通过扩大销售获取报酬的能力越强，其计算公式为：

$$销售净利率 = \frac{净利润}{营业收入净额} \times 100\% \qquad (10\text{-}30)$$

根据表 10-2 的有关数据，FL 交通运输集团股份有限公司 201×年销售净利率为：

$$销售净利率 = \frac{9826}{119037} \times 100\% = 8.25\%$$

根据以上计算可知，FL 交通运输集团股份有限公司 201×年销售净利率为 8.25%，说明每 100 元的营业收入可以为企业创造 8.25 元的净利润。评价企业的销售净利率时，应比较企业历年的指标，从而判断企业销售净利率的变化趋势。

前面介绍的资产净利率可分解为总资产周转率与销售净利率的乘积，其公式为：

$$资产净利率 = 总资产周转率 \times 销售净利率 \qquad (10\text{-}31)$$

从式中可以看出，资产净利率主要取决于总资产周转率与销售净利率两个因素。企业的销售净利率越大，资产周转速度越快，资产净利率越高。因此，提高资产净利率可以从两个方面入手：一方面加强资产管理，提高资产利用率；另一方面加强营销管理，增加销售收入，节约成本费用，提高利润水平。

四、成本费用净利率

成本费用净利率是企业净利润与成本费用总额的比率。可以反映运输企业生产经营过程中发生的耗费与获得报酬之间的关系。其计算公式为：

$$成本费用净利率 = \frac{净利润}{成本费用总额} \times 100\% \qquad (10\text{-}32)$$

成本费用净利率越高，说明运输企业为获取报酬而付出的代价越小，企业的盈利能力越强。所以这个指标一方面是对运输企业盈利能力高低的评价，另一方面也反映了运输企业对成本费用的控制能力和经营管理水平。根据表 10-2 的有关数据，FL 交通运输集团股份有限公司 201×年的成本费用净利率为：

$$成本费用净利率 = \frac{9826}{106860} \times 100\% = 9.20\%$$

根据以上计算可知,FL 交通运输集团股份有限公司 201×年末成本费用净利率为 9.20%,说明企业每耗费 100 元,可以获取 9.20 元的净利润。

五、每股利润与每股现金流量

(一)每股利润

每股利润,也称每股收益或每股盈余,是企业普通股每股所获得的净利润,它是股份公司税后利润分析的一个重要指标。每股利润等于净利润扣除优先股股利后的余额,除以发行在外的普通股平均股数。其计算公式为:

$$每股利润 = \frac{净利润 - 优先股股利}{发行在外的普通股平均股数} \quad (10\text{-}33)$$

每股利润是股份公司发行在外的普通股每股所取得的利润,它可以反映公司盈利能力的大小。每股利润越高,说明公司的盈利能力越强。

根据表 10-2 的有关数据,FL 交通运输集团股份有限公司 201×年末发行在外的普通股平均股数为 31349 万股,并且没有优先股,则 FL 交通运输集团股份有限公司 201×年的每股利润为:

$$每股利润 = \frac{9826}{31349} = 0.31(元)$$

即 FL 交通运输集团股份有限公司 201×年末每股利润为 0.31 元。

虽然每股利润可以很直观地反映股份公司的盈利能力以及股东的报酬,但它是个绝对数指标,在分析每股利润时,还应结合流通在外的股数。如果某股份公司采用股本扩张的政策,大量配股或以股票股利的形式分配股利,这样必然推薄每股利润,使每股利润减少。同时,还应注意到每股股价的高低,如果甲乙两个公司的每股利润相同,但股价不同,则投资于甲乙两公司的风险和报酬是不同的。因此,投资者不能只片面地分析每股利润,最好结合股东权益报酬率来分析公司的盈利能力。

(二)每股现金流量

每股现金流量是企业普通股每股所取得的经营活动的现金流量。每股现金流量等于经营活动产生的现金流量净额扣除优先股股利后的余额,除以发行在外的普通股平均股数。其计算公式为:

$$每股现金流量 = \frac{经营活动产生的现金流量净额 - 优先股股利}{发行在外的普通股平均股数} \quad (10\text{-}34)$$

企业每股现金流量越高,说明该企业每股普通股在一个会计年度内所赚得现金流量越多,说明公司越有能力支付现金股利;反之,则表示每股普通股所赚得现金流量越少。

根据表 10-3 有关数据,FL 交通运输集团股份有限公司 201×年每股现金流量为:

$$每股现金流量 = \frac{23758}{31349} = 0.76(元)$$

根据以上数据可以看出,FL 交通运输集团股份有限公司 201×年末每股现金流量为 0.76 元。

注重股利分配的投资者成当注意,每股利润的高低虽然与股利分配有密切的关系,但它不是决定股利分配的唯一因素。如果某公司的每股利润很高,但是缺乏现金,那么也无法分配现金股利。因此,还有必要分析公司的每股现金流量。每股现金流量越高,说明公司越有能力支付现金股利。

在计算每股利润和每股现金流量时,式中的分母用公司发行在外的普通股平均股数。如果年度内将通股的股数未发生变化,则发行在外的普通股平均股数就是年末普通股总股份数;如果年度内普通股的股数发生了变化,则发行在外的普通股平均股数应当使用按月计算的加权平均发行在外的普通股股数,其计算公式为:

$$加权平均发行在外的普通股股数 = \frac{\sum(发行在外的普通股股数 \times 发行在外的月份数)}{12}$$

(10-35)

六、每股股利与股利支付率

(一)每股股利

每股股利是普通股分配的现金股利总额除以普通股总股份数,表示普通股每股分得的现金股利的多少。其计算公式为:

$$每股股利 = \frac{现金的股利总额 - 优先股股利}{普通股总股份数}$$

(10-36)

假设 FL 交通运输集团股份有限公司 201×年末共计派发现金股利 4702 万元,并且没有优先股股利,根据以上数据可以算出:

$$每股股利 = \frac{4702}{31349} = 0.15(元)$$

该公司向全体股东每 10 股派发现金股利 1.50 元(含税),即每股股利为 0.15 元。每股股利高低和企业的盈利能力、股利政策以及现金持有量有关。倾向于分配现金股利的投资者,应当比较分析公司历年的每股股利,从而了解公司的股利政策。

(二)股利支付率

股利支付率也称股利发放率,是普通股每股股利与每股利润的比率,表示企业的净收益中有多少用于现金股利的分派。其计算公式为:

$$股利支付率 = \frac{每股股利}{每股利润} \times 100\%$$

(10-37)

根据以上数据可以算出:

$$股利支付率 = \frac{0.15}{0.31} \times 100\% = 48.39\%$$

从上面的数据计算可以得出,FL 交通运输集团股份有限公司 201×年末的股利支付率为 48.39%,说明该公司将利润的 48.39% 用于支付普通股股利。股利支付率主要取决于公司的股利政策,没有一个标准来判断股利支付率的好坏。一般而言,如果一个公司的现金量比较充裕,并且目前没有更好的投资项目,则可能会倾向于发放现金股利;如果公司有较好的投资项目,则可能会少发股利,而将资金用于投资。

七、每股净资产

每股净资产也称每股账面价值,等于股东权益总额除以发行在外的普通股股数。其计算公式为:

$$每股净资产 = \frac{股东权益总额}{发行在外的普通股股数} \qquad (10\text{-}38)$$

严格来讲,每股净资产并不是衡量企业盈利能力的指标,但会受企业盈利的影响。若企业的利润较高,那么每股净资产就会随之有较快的增长。因此,可以根据运输企业每股净资产的变动,来了解运输企业的发展趋势和盈利情况。

根据表 10-1 的相关数据,FL 交通运输集团股份有限公司 201× 年末的每股净资产为:

$$每股净资产 = \frac{114049}{31349} = 3.64(元)$$

八、市盈率与市净率

市盈率和市净率是以企业盈利能力为基础的市场估值指标。这两个指标并不是直接用于分析企业盈利能力的,而是投资者以盈利能力分析为基础,对公司股票进行价值评估的工具。通过对市盈率和市净率的分析,可以判断股票的市场定价是否符合公司的基本面,为投资者的投资活动提供决策依据。

(一) 市盈率

市盈率,简称 P/E,也称价格盈余比率或价格收益比率,是指普通股每股市价与每股利润的比率。其计算公式为:

$$市盈率 = \frac{每股市价}{每股利润} \qquad (10\text{-}39)$$

市盈率反映企业市场价值与盈利能力之间关系,投资者对这个比率十分重视,将它作为做出投资决策的重要参考因素之一。市盈率高说明投资者愿意出更高的价格购买企业股票,对企业的发展前景比较乐观,所以,成长性好的企业股票市盈率通常要高一些;对于那些盈利性差、前景不好的企业,其市盈率相对较低。但是,也应注意,如果某股票的市盈率过高,则意味着这只股票具有较高的投资风险。

假设 FL 交通运输集团股份有限公司 201× 年末股票价格为每股 6 元,则其股票市盈率为:

$$市盈率 = \frac{6}{0.31} = 19.35$$

(二) 市净率

市净率,简称 P/B,是指普通股每股市价与每股净资产的比率。其计算公式为:

$$市净率 = \frac{每股市价}{每股净资产} \qquad (10\text{-}40)$$

市净率反映了企业股票的市场价值与账面价值的关系,市净率越高,说明股票的市场价值越高。在有效的资本市场中,如果股价低于每股净资产,即市净率小于1,说明投资者对企业的前景并不看好。一般来说,资产质量好,盈利能力强的企业,其市净率会比较高;而风险较大、发展前景较差的公司,其市净率会比较低。

在假定 FL 交通运输集团股份有限公司 201×年末股票价格为每股 16 元的情况下,该企业的股票市净率为:

$$市净率 = \frac{16}{3.64} = 4.40$$

第五节　运输企业发展能力分析

发展能力也称成长能力,是指运输企业在从事经营活动中所表现出的增长能力,如规模的扩大、盈利的持续增长、市场竞争力的增强等。分析运输企业的发展能力主要考察以下几项指标:销售增长率、资产增长率、股权资本增长率、利润增长率。

一、销售增长率

销售增长率是运输企业本年营业收入增长额与上年营业收入总额的比率,反映企业营业收入的增减变动情况,是衡量运输企业的经营状况和市场占有能力,预测运输企业经营业务拓展趋势的重要标志。其计算公式为:

$$销售增长率 = \frac{本年营业收入增长额}{上年营业收入总额} \times 100\% \qquad (10\text{-}41)$$

$$本年营业收入增长额 = 本年营业收入总额 - 上年营业收入总额 \qquad (10\text{-}42)$$

利用该比率分析运输企业发展能力时应注意:第一,若该比率大于0,表示运输企业本年的营业收入有所增长,生产经营规模扩大,市场占有率上升;反之,表示企业本年的营业收入减少,企业生产经营规模缩小,市场占有率下降。一般来说,销售增长率越高,运输企业生产经营的态势越好,发展能力越强。第二,在实际分析时应结合运输企业历年的营业收入水平、企业市场占有情况、行业未来发展及其他影响运输企业发展的潜在因素进行潜在性预测;或结合企业前三年的营业收入增长率作出趋势性分析判断。

根据表 10-2 有关数据,FL 交通运输集团股份有限公司 201×年销售增长率为:

$$销售增长率 = \frac{119037 - 129143}{129143} \times 100\% = -7.83\%$$

二、资产增长率

资产是运输企业用于取得收入的资源,也是偿还债务的保障。资产增长是运输企业发展的一个重要方面,发展性高的企业一般能保持资产的稳定增长。

资产增长率是运输企业本年总资产增长额与年初资产总额的比率。该比率反映了企业本年度资产规模的增长情况。其计算公式为:

$$资产增长率 = \frac{本年总资产增长额}{年初资产总额} \times 100\% \qquad (10\text{-}43)$$

$$本年总资产增长额 = 本年资产年末余额 - 本年资产年初余 \qquad (10\text{-}44)$$

资产增长率从运输企业资产总量扩张方面衡量企业的发展能力,表明企业规模增长水平对企业发展后劲的影响。该指标越高,说明企业一定时期内资产规模扩张的速度越快。但在实际分析时,应注意资产规模扩张的质与量之间的关系以及企业的后续发展能力,避免资产盲目扩张。

根据表 10-1 有关数据,FL 交通运输集团股份有限公司 201×年资产增长率为:

$$资产增长率 = \frac{291630 - 285361}{285361} \times 100\% = 2.20\%$$

三、股权资本增长率

股权资本增长率,也称净资产增长率或资本积累率,是指企业本年股东权益增长额与年初股东权益总额的比率。其计算公式为:

$$股权资本增长率 = \frac{本年股东权益增长额}{年初股东权益总额} \times 100\% \tag{10-45}$$

$$本年股东权益增长额 = 本年股东权益年末余额 - 本年股东权益年初余额 \tag{10-46}$$

股权资本增长率反映了运输企业当年股东权益的变化水平,体现了企业资本的积累能力,是评价运输企业发展潜力的重要财务指标。股权资本增长率大于 0,说明运输企业自有资本保全性好,积累性强,有利于促进企业的扩大再生产;股权资本增长率小于 0。说明运输企业自有资本减少,积累性差,应对财务风险的能力降低。一般来说,股权资本增长率越高,企业的资本积累能力越强,应对风险。持续发展的能力越强。

根据表 10-1 的有关数据,FL 交通运输集团股份有限公司 201×年的股权资本增长率为:

$$股份资本增长率 = \frac{114049 - 108914}{108914} \times 100\% = 4.7\%$$

四、利润增长率

利润增长率是企业本年利润总额增长额与上年利润总额的比率。其计算公式为:

$$利润增长率 = \frac{本年利润总额增长额}{上年利润总额} \times 100\% \tag{10-47}$$

$$本年利润总额增长额 = 本年利润总额 - 上年利润总额 \tag{10-48}$$

利润增长率反映了运输企业盈利能力的变化。若该比率越高,说明企业的利润增加,获利能力提高;若该比率越低,说明企业利润下滑,获利能力下降。一般来说,利润增长率越高,运输企业的发展潜力越大,市场前景越好。但同时也需考虑企业销售额和成本费用的变动情况,做出正确判断。

根据表 10-2 有关数据,FL 交通运输集团股份有限公司 201×年的利润增长率为:

$$利润增长率 = \frac{13977 - 23428}{23428} \times 100\% = -40.3\%$$

分析时也可以根据分析的目的,计算净利润增长率,其计算方法与利润增长率相同,只需将公式中的利润总额换为净利润即可。根据表 10-2 的有关数据,FL 交通运输集团股份有限公司 201×年的净利润增长率为:

$$净利润增长率 = \frac{9826 - 19074}{19074} \times 100\% = -48.48\%$$

上述四项财务比率分别从不同的角度反映了企业的发展能力。需要说明的是,在分析企业的发展能力时,仅用一年的财务比率是不能正确评价企业的发展能力的,而应当计算连续若干年的财务比率,这样才能正确地评价企业发展能力的持续性。

第六节　运输企业财务综合分析

一、财务比率综合评分法

(一)概述

财务比率综合评分法是指通过对选定的几项财务比率进行评分,然后计算出综合得分,并据此评价企业的综合财务状况的方法。因为最早采用这种方法的是亚历山大·沃尔,故又称为沃尔评分法。他在二十世纪初出版的《信用晴雨表研究》和《财务报表比率分析》中提出了信用能力指数的概念,把若干个财务比率用线性关系结合起来,以此来评价企业的信用水平。他选择了七个财务比率,包括流动比率、产权比率、固定资产比率、存货周转率、应收账款周转率、固定资产周转率和股权资本周转率,并且对各项财务比率分别给定不同的权重,然后以行业平均数为基础确定各项财务比率的标准值,将各项财务比率的实际值与标准值进行比较,得出一个关系比率,将此关系比率与各项财务比率的权重相乘得出总评分,以此来评价企业的信用状况。在沃尔之后,这种方法不断发展,成为对企业进行财务综合分析的一种重要方法。

(二)财务比率综合评分法的程序

采用综合评分法选取的财务比率要多一些,对企业财务状况进行综合分析要遵循以下程序。

1. 选定评价财务状况的财务比率

在选择财务比率时,要注意以下几个方面:

(1)选取的财务比率已经不再局限于当初沃尔所选用的七个比率,而应该是按照一定的目的选定分析所用的比率。

(2)选取的财务比率要具有全面性。一般来说,反映运输企业偿债能力、营运能力、和盈利能力的三类财务比率都应包括在内。

(3)选取的财务比率要具有代表性。选择的财务比率数量不一定要多,但应当具有代表性。即,要选择能够说明问题的重要财务比率。

(4)各项财务比率要具有变化方向的一致性。即当财务比率增大时,表示财务状况的改善;反之,财务比率减少,表示财务状况恶化。

2. 确定财务比率标准评分值

根据各项指标的重要程度,确定其标准评分值,即重要性系数。各项财务比率的标准评分值之和应等于 100 分。各项财务比率评分值的确定是财务比率综合评分法的一个重要问题,它直接影响到对运输企业财务状况的评分多少。对各项财务比率的重要程度,不同的分析者会有截然不同的态度,但是,一般来说,应根据运输企业的生产经营规模、市场形象和分析者的目的等因素来确定。

3. 确定财务比率评分值的上下限

即规定各项财务比率的最高评分值和最低评分值。这主要是为了避免个别财务比率的异常给总分造成不合理的影响。

4. 确定财务比率的标准值

财务比率的标准值是指各项财务比率在本企业现时条件下最理想的数值,亦即最优值。财务比率的标准值,通常可以参照交通运输行业的平均水平,并经过调整后确定。

5. 计算关系比率

计算运输企业在一定时期各项财务比率的实际值。然后计算出各项财务比率实际值与标准值的比率,即关系比率。关系比率反映了运输企业某一财务比率的实际值偏离标准值的程度。

6. 计算出各项财务比率的实际得分

各项财务比率的实际得分是关系比率和标准评分值的乘积,每项财务比率的得分都不得超过上限或下限,各项财务比率实际得分合计数就是运输企业财务状况的综合得分。如果综合得分等于或接近 100 分,说明企业的财务状况是良好的,达到了预先确定的标准;如果综合得分低于 100 分很多,就说明企业的财务状况较差,应当采取适当的措施加以改善;如果综合得分超出 100 分很多,就证明企业财务状况非常理想。

下面采用财务比率综合评分法,对 FL 交通运输集团股份有限公司 201×年末的财务状况进行综合评价。如表 10-4 所示。

FL 交通运输集团股份有限公司 201×年财务比率综合评分表　　表 10-4

财务比率	评分值(1)	上/下限(2)	标准值(3)	实际值(4)	关系比率(5)=(4)/(3)	实际得分(6)=(1)×(5)
流动比率	10	20/2	0.85	0.23	0.27	2.70
速动比率	10	20/2	0.78	0.23	0.29	2.90
资产/负债	12	20/5	1.54	1.64	1.06	12.72
流动资产周转率	10	20/5	0.80	3.20	4.00	20.00
应收账款周转率	8	20/4	10.40	17.34	1.67	13.36
总资产周转率	10	20/5	0.50	0.41	0.82	8.20
股东权益报酬率	15	30/7	3.00%	8.81%	2.94	30.00
销售净利率	10	20/5	8.30%	8.25%	0.99	9.90
成本费用净利率	15	30/7	3.60%	9.20%	2.56	30.00
合计	100	—	—	—	—	129.78

表 10-4 所选择的财务比率包括偿债能力比率、营运能力比率和盈利能力比率三类财务比率。由于发展能力比率需要观察多个会计年度的数据才有效,因此在评价一年的财务状况时没有选用这一比率。根据表 10-4 的综合评分,FL 交通运输集团股份有限公司 201×年财务状况的综合得分为 129.78 分,这说明该公司的财务状况是良好的。

二、杜邦分析法

通过前述的财务比率综合评分法,虽然可以比较全面地分析运输企业的综合财务状况,但无法揭示各种财务比率之间的相互关系。实际上,运输企业的财务状况是一个完整的系统,内部各种因素都是相互依存、相互作用的,任何一个因素的变动都会引起企业整体财务状况的改变。因此,财务分析者在进行财务状况综合分析时,必须深入了解运输企业财务状况内部的各项因素及其相互之间的关系,这样才能比较全面的揭示企业财务状况的全貌。杜邦分析法正是这样的一种分析方法,它利用几种主要的财务比率之间的关系来综合分析企业的财务状况。因这种分析法是由美国杜邦公司首先创造的,故称杜邦分析法。

(一)杜邦分析系统图

杜邦分析法一般用杜邦系统图来表示。图 10-1 是 FL 交通运输集团股份有限公司 201× 年的杜邦分析系统图(金额单位:万元)。

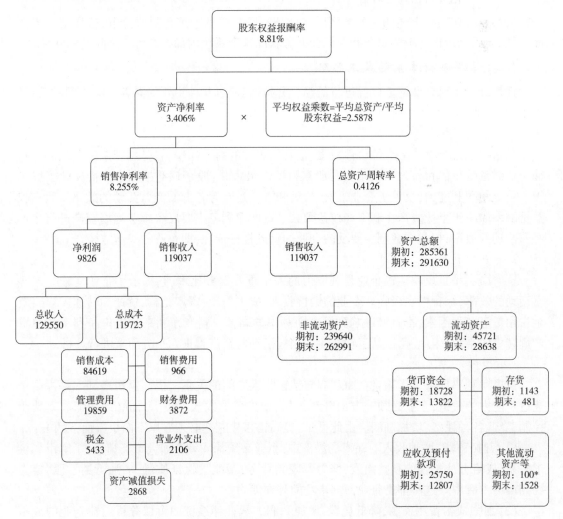

图 10-1　FL 交通运输集团股份有限公司 201×年杜邦分析系统图

（二）杜邦系统反映的财务比率关系

杜邦系统主要反映了以下几种主要的财务比率关系：

1. 股东权益报酬率与资产报酬率及权益乘数之间的关系

$$股东权益报酬率 = 资产净利率 \times 平均权益乘数 \qquad (10\text{-}49)$$

2. 资产净利率与销售净利率及总资产周转率之间的关系

$$资产净利率 = 销售净利率 \times 总资产周转率 \qquad (10\text{-}50)$$

3. 销售净利率与净利润及销售收入之间的关系

$$销售净利率 = \frac{净利润}{销售收入} \qquad (10\text{-}51)$$

4. 总资产周转率与销售收入及资产总额之间的关系

$$总资产周转率 = \frac{销售收入}{资产平均总额} \qquad (10\text{-}52)$$

其中，式(10-50)被称为杜邦等式。

杜邦系统在揭示上述几种关系之后，再将净利润、总资产进行层层分解，这样就可以全面、系统地揭示运输企业的财务状况以及财务状况这个系统内部各个因素之间的相互关系。

（三）杜邦分析体系的基本思路

杜邦分析是对企业财务状况进行的综合分析，它通过几种主要的财务指标之间的关系，直观、明了地反映出企业的财务状况。

1. 股东权益报酬率

股东权益报酬率是一个综合性极强、最有代表性的财务比率，它是杜邦系统的核心。运输企业财务管理的目标之一就是实现股东财富的最大化，股东权益报酬率恰恰反映了股东投入资金的盈利能力，反映了企业筹资、投资和资产运营等各方面经营活动的效率。股东权益报酬率取决于企业资产净利率和权益乘数。资产净利率主要反映企业运用资产进行生产经营活动的效率，权益乘数则主要反映企业的财务杠杆情况，即企业的资本结构。

2. 资产净利率

资产净利率是反映运输企业盈利能力的一个重要财务比率，它揭示了企业运输生产经营活动的效率，综合性也极强。企业的销售收入、成本费用、资产结构、资产周转速度以及资金占用量等各种因素，都直接影响到资产净利率的高低。资产净利率是销售净利率与总资产周转率的乘积，因此，可以从运输企业的销售活动与资产管理两个方面来进行分析。

3. 销售净利率

销售净利率反映了运输企业净利润与销售收入之间的关系。提高销售净利率是提高企业盈利能力的关键，企业必须一方面开拓市场，增加营业收入；另一方面必须加强成本费用控制，降低各种耗费，增加利润。由此可见，提高销售净利率必须在以下两个方面下功夫：

（1）开拓市场，增加收入。在市场经济中，企业必须深入调查研究市场情况，了解市场供求关系，战略上从长远的利益出发，努力开发新业务；策略上保证质量，加强营销手段，努力提高市场占有率。这些都是企业面向市场的外在能力。

（2）加强成本费用控制，降低耗费，增加利润。从杜邦系统中可以分析运输企业的成本费用结构是否合理，以便发现企业在成本费用管理方面存在的问题，为加强成本费用管理提供依据。企业要想在激烈的市场竞争中立于不败之地，不仅要在质量上下功夫，还要尽可能降低成本，这样才能增强其在市场上的竞争力。同时，要控制企业的管理费用、财务费用和销售费用等各种期间费用，降低耗费，增加利润。这里尤其要研究分析企业的利息费用与利润总额之间的关系，如果企业所承担的利息费用过多，就应当进一步分析企业的资本结构是否合理，负债比率是否过高，因为不合理的资本结构一定会影响到企业所有者的报酬。

4. 总资产周转率

总资产周转率揭示运输企业运用资产实现销售收入的综合能力。

在企业资产方面，主要应该分析以下两个方面：

(1) 分析运输企业的资产结构是否合理，即流动资产与非流动资产的比例是否合理。资产结构实际上反映了企业资产的流动性，它不仅关系到企业的偿债能力，也会影响企业的盈利能力。一般来说，如果企业流动资产中货币资金的占比过大，就应当分析企业现金持有量是否合理，有无现金闲置现象。因为过量的现金会影响企业的盈利能力，如果流动资产中的存货与应收账款过多，就会占用大量的资金，影响企业的资金周转。

(2) 结合营业收入，分析运输企业资产周转情况。资产周转速度直接影响到企业的盈利能力，若企业资产周转较慢，就会占用大量资金，增加资本成本，减少企业的利润。在对资产周转情况进行分析时，不仅要分析企业总资产周转率，更有分析企业的存货周转率与应收账款周转率，并将其周转情况与资金占用情况结合分析。

从上述两方面的分析，可以发现运输企业资产管理方面存在的问题，以便加强管理，提高资产的利用效率。

总之，从杜邦分析系统可以看出，运输企业的盈利能力涉及生产经营活动的方方面面。股东权益报酬率与运输企业的资本结构、销售规模、成本水平、资产管理等因素密切相关，这些因素构成一个完整的系统，系统内部各因素之间相互作用，只有协调好系统内部各个因素之间的关系，才能使股东权益报酬率得到提高，从而实现企业股东财富最大化的目标。

复习思考题

1. 企业资产负债率的高低对债权人和股东会产生什么影响？
2. 企业的应收账款周转率偏低可能是由什么原因造成的？会给企业带来什么影响？
3. 为何说企业的营运能力可以反映出其经营管理水平？企业应如何提高营运能力？
4. 你认为在评价股份有限公司的盈利能力时，哪个财务指标应当作为核心指标？为什么？
5. 你认为在评价企业的发展趋势时，应当注意哪些问题？
6. 为什么说股东权益报酬率是杜邦分析的核心？
7. 在应用杜邦分析法进行企业财务状况的综合分析时，应当如何分析各项因素对企业股东权益报酬率的影响程度？

附　录

附　录　1

复利终值系数表

附表 1-1

期数	1%	2%	3%	4%	5%	6%	7%	8%	9%	10%
1	1.0100	1.0200	1.0300	1.0400	1.0500	1.0600	1.0700	1.0800	1.0900	1.1000
2	1.0201	1.0404	1.0609	1.0816	1.1025	1.1236	1.1449	1.1664	1.1881	1.2100
3	1.0303	1.0612	1.0927	1.1249	1.1576	1.1910	1.2250	1.2597	1.2950	1.3310
4	1.0406	1.0824	1.1255	1.1699	1.2155	1.2625	1.3108	1.3605	1.4116	1.4641
5	1.0510	1.1041	1.1593	1.2167	1.2763	1.3382	1.4026	1.4693	1.5386	1.6105
6	1.0615	1.1262	1.1941	1.2653	1.3401	1.4185	1.5007	1.5869	1.6771	1.7716
7	1.0721	1.1487	1.2299	1.3159	1.4071	1.5036	1.6058	1.7138	1.8280	1.9487
8	1.0829	1.1717	1.2668	1.3686	1.4775	1.5938	1.7182	1.8509	1.9926	2.1436
9	1.0937	1.1951	1.3048	1.4233	1.5513	1.6895	1.8385	1.9990	2.1719	2.3579
10	1.1046	1.2190	1.3439	1.4802	1.6289	1.7908	1.9672	2.1589	2.3674	2.5937
11	1.1157	1.2434	1.3842	1.5395	1.7103	1.8983	2.1049	2.3316	2.5804	2.8531
12	1.1268	1.2682	1.4258	1.6010	1.7959	2.0122	2.2522	2.5182	2.8127	3.1384
13	1.1381	1.2936	1.4685	1.6651	1.8856	2.1329	2.4098	2.7196	3.0658	3.4523
14	1.1495	1.3195	1.5126	1.7317	1.9799	2.2609	2.5785	2.9372	3.3417	3.7975
15	1.1610	1.3459	1.5580	1.8009	2.0789	2.3966	2.7590	3.1722	3.6425	4.1772
16	1.1726	1.3728	1.6047	1.8730	2.1829	2.5404	2.9522	3.4259	3.9703	4.5950
17	1.1843	1.4002	1.6528	1.9479	2.2920	2.6928	3.1588	3.7000	4.3276	5.0545
18	1.1961	1.4282	1.7024	2.0258	2.4066	2.8543	3.3799	3.9960	4.7171	5.5599
19	1.2081	1.4568	1.7535	2.1068	2.5270	3.0256	3.6165	4.3157	5.1417	6.1159
20	1.2202	1.4859	1.8061	2.1911	2.6533	3.2071	3.8697	4.6610	5.6044	6.7275
21	1.2324	1.5157	1.8603	2.2788	2.7860	3.3996	4.1406	5.0338	6.1088	7.4002
22	1.2447	1.5460	1.9161	2.3699	2.9253	3.6035	4.4304	5.4365	6.6586	8.1403
23	1.2572	1.5769	1.9736	2.4647	3.0715	3.8197	4.7405	5.8715	7.2579	8.9543
24	1.2697	1.6084	2.0328	2.5633	3.2251	4.0489	5.0724	6.3412	7.9111	9.8497
25	1.2824	1.6406	2.0938	2.6658	3.3864	4.2919	5.4274	6.8485	8.6231	10.8347

复利终值系数表 附表 1-2

期数	11%	12%	13%	14%	15%	16%	17%	18%	19%	20%
1	1.1100	1.1200	1.1300	1.1400	1.1500	1.1600	1.1700	1.1800	1.1900	1.2000
2	1.2321	1.2544	1.2769	1.2996	1.3225	1.3456	1.3689	1.3924	1.4161	1.4400
3	1.3676	1.4049	1.4429	1.4815	1.5209	1.5609	1.6016	1.6430	1.6852	1.7280
4	1.5181	1.5735	1.6305	1.6890	1.7490	1.8106	1.8739	1.9388	2.0053	2.0736
5	1.6851	1.7623	1.8424	1.9254	2.0114	2.1003	2.1924	2.2878	2.3864	2.4883
6	1.8704	1.9738	2.0820	2.1950	2.3131	2.4364	2.5652	2.6996	2.8398	2.9860
7	2.0762	2.2107	2.3526	2.5023	2.6600	2.8262	3.0012	3.1855	3.3793	3.5832
8	2.3045	2.4760	2.6584	2.8526	3.0590	3.2784	3.5115	3.7589	4.0214	4.2998
9	2.5580	2.7731	3.0040	3.2519	3.5179	3.8030	4.1084	4.4355	4.7854	5.1598
10	2.8394	3.1058	3.3946	3.7072	4.0456	4.4114	4.8068	5.2338	5.6947	6.1917
11	3.1518	3.4786	3.8359	4.2262	4.6524	5.1173	5.6240	6.1759	6.7767	7.4301
12	3.4985	3.8960	4.3345	4.8179	5.3503	5.9360	6.5801	7.2876	8.0642	8.9161
13	3.8833	4.3635	4.8980	5.4924	6.1528	6.8858	7.6987	8.5994	9.5964	10.6993
14	4.3104	4.8871	5.5348	6.2613	7.0757	7.9875	9.0075	10.1472	11.4198	12.8392
15	4.7846	5.4736	6.2543	7.1379	8.1371	9.2655	10.5387	11.9737	13.5895	15.4070
16	5.3109	6.1304	7.0673	8.1372	9.3576	10.7480	12.3303	14.1290	16.1715	18.4884
17	5.8951	6.8660	7.9861	9.2765	10.7613	12.4677	14.4265	16.6722	19.2441	22.1861
18	6.5436	7.6900	9.0243	10.5752	12.3755	14.4625	16.8790	19.6733	22.9005	26.6233
19	7.2633	8.6128	10.1974	12.0557	14.2318	16.7765	19.7484	23.2144	27.2516	31.9480
20	8.0623	9.6463	11.5231	13.7435	16.3665	19.4608	23.1056	27.3930	32.4294	38.3376
21	8.9492	10.8038	13.0211	15.6676	18.8215	22.5745	27.0336	32.3238	38.5910	46.0051
22	9.9336	12.1003	14.7138	17.8610	21.6447	26.1864	31.6293	38.1421	45.9233	55.2061
23	11.0263	13.5523	16.6266	20.3616	24.8915	30.3762	37.0062	45.0076	54.6487	66.2474
24	12.2392	15.1786	18.7881	23.2122	28.6252	35.2364	43.2973	53.1090	65.0320	79.4968
25	13.5855	17.0001	21.2305	26.4619	32.9190	40.8742	50.6578	62.6686	77.3881	95.3962

附 录 2

复利现值系数表 附表 2-1

期数	1%	2%	3%	4%	5%	6%	7%	8%	9%	10%
1	0.9901	0.9804	0.9709	0.9615	0.9524	0.9434	0.9346	0.9259	0.9174	0.9091
2	0.9803	0.9612	0.9426	0.9246	0.9070	0.8900	0.8734	0.8573	0.8417	0.8264
3	0.9706	0.9423	0.9151	0.8890	0.8638	0.8396	0.8163	0.7938	0.7722	0.7513
4	0.9610	0.9238	0.8885	0.8548	0.8227	0.7921	0.7629	0.7350	0.7084	0.6830

续上表

期数	1%	2%	3%	4%	5%	6%	7%	8%	9%	10%
5	0.9515	0.9057	0.8626	0.8219	0.7835	0.7473	0.7130	0.6806	0.6499	0.6209
6	0.9420	0.8880	0.8375	0.7903	0.7462	0.7050	0.6663	0.6302	0.5963	0.5645
7	0.9327	0.8706	0.8131	0.7599	0.7107	0.6651	0.6227	0.5835	0.5470	0.5132
8	0.9235	0.8535	0.7894	0.7307	0.6768	0.6274	0.5820	0.5403	0.5019	0.4665
9	0.9143	0.8368	0.7664	0.7026	0.6446	0.5919	0.5439	0.5002	0.4604	0.4241
10	0.9053	0.8203	0.7441	0.6756	0.6139	0.5584	0.5083	0.4632	0.4224	0.3855
11	0.8963	0.8043	0.7224	0.6496	0.5847	0.5268	0.4751	0.4289	0.3875	0.3505
12	0.8874	0.7885	0.7014	0.6246	0.5568	0.4970	0.4440	0.3971	0.3555	0.3186
13	0.8787	0.7730	0.6810	0.6006	0.5303	0.4688	0.4150	0.3677	0.3262	0.2897
14	0.8700	0.7579	0.6611	0.5775	0.5051	0.4423	0.3878	0.3405	0.2992	0.2633
15	0.8613	0.7430	0.6419	0.5553	0.4810	0.4173	0.3624	0.3152	0.2745	0.2394
16	0.8528	0.7284	0.6232	0.5339	0.4581	0.3936	0.3387	0.2919	0.2519	0.2176
17	0.8444	0.7142	0.6050	0.5134	0.4363	0.3714	0.3166	0.2703	0.2311	0.1978
18	0.8360	0.7002	0.5874	0.4936	0.4155	0.3503	0.2959	0.2502	0.2120	0.1799
19	0.8277	0.6864	0.5703	0.4746	0.3957	0.3305	0.2765	0.2317	0.1945	0.1635
20	0.8195	0.6730	0.5537	0.4564	0.3769	0.3118	0.2584	0.2145	0.1784	0.1486
21	0.8114	0.6598	0.5375	0.4388	0.3589	0.2942	0.2415	0.1987	0.1637	0.1351
22	0.8034	0.6468	0.5219	0.4220	0.3418	0.2775	0.2257	0.1839	0.1502	0.1228
23	0.7954	0.6342	0.5067	0.4057	0.3256	0.2618	0.2109	0.1703	0.1378	0.1117
24	0.7876	0.6217	0.4919	0.3901	0.3101	0.2470	0.1971	0.1577	0.1264	0.1015
25	0.7798	0.6095	0.4776	0.3751	0.2953	0.2330	0.1842	0.1460	0.1160	0.0923

复利现值系数表　　　　　　　　　附表 2-2

期数	11%	12%	13%	14%	15%	16%	17%	18%	19%	20%
1	0.9009	0.8929	0.8850	0.8772	0.8696	0.8621	0.8547	0.8475	0.8403	0.8333
2	0.8116	0.7972	0.7831	0.7695	0.7561	0.7432	0.7305	0.7182	0.7062	0.6944
3	0.7312	0.7118	0.6931	0.6750	0.6575	0.6407	0.6244	0.6086	0.5934	0.5787
4	0.6587	0.6355	0.6133	0.5921	0.5718	0.5523	0.5337	0.5158	0.4987	0.4823
5	0.5935	0.5674	0.5428	0.5194	0.4972	0.4761	0.4561	0.4371	0.4190	0.4019
6	0.5346	0.5066	0.4803	0.4556	0.4323	0.4104	0.3898	0.3704	0.3521	0.3349
7	0.4817	0.4523	0.4251	0.3996	0.3759	0.3538	0.3332	0.3139	0.2959	0.2791
8	0.4339	0.4039	0.3762	0.3506	0.3269	0.3050	0.2848	0.2660	0.2487	0.2326
9	0.3909	0.3606	0.3329	0.3075	0.2843	0.2630	0.2434	0.2255	0.2090	0.1938
10	0.3522	0.3220	0.2946	0.2697	0.2472	0.2267	0.2080	0.1911	0.1756	0.1615
11	0.3173	0.2875	0.2607	0.2366	0.2149	0.1954	0.1778	0.1619	0.1476	0.1346

续上表

期数	11%	12%	13%	14%	15%	16%	17%	18%	19%	20%
12	0.2858	0.2567	0.2307	0.2076	0.1869	0.1685	0.1520	0.1372	0.1240	0.1122
13	0.2575	0.2292	0.2042	0.1821	0.1625	0.1452	0.1299	0.1163	0.1042	0.0935
14	0.2320	0.2046	0.1807	0.1597	0.1413	0.1252	0.1110	0.0985	0.0876	0.0779
15	**0.2090**	**0.1827**	**0.1599**	**0.1401**	**0.1229**	**0.1079**	**0.0949**	**0.0835**	**0.0736**	**0.0649**
16	0.1883	0.1631	0.1415	0.1229	0.1069	0.0930	0.0811	0.0708	0.0618	0.0541
17	0.1696	0.1456	0.1252	0.1078	0.0929	0.0802	0.0693	0.0600	0.0520	0.0451
18	0.1528	0.1300	0.1108	0.0946	0.0808	0.0691	0.0592	0.0508	0.0437	0.0376
19	0.1377	0.1161	0.0981	0.0829	0.0703	0.0596	0.0506	0.0431	0.0367	0.0313
20	**0.1240**	**0.1037**	**0.0868**	**0.0728**	**0.0611**	**0.0514**	**0.0433**	**0.0365**	**0.0308**	**0.0261**
21	0.1117	0.0926	0.0768	0.0638	0.0531	0.0443	0.0370	0.0309	0.0259	0.0217
22	0.1007	0.0826	0.0680	0.0560	0.0462	0.0382	0.0316	0.0262	0.0218	0.0181
23	0.0907	0.0738	0.0601	0.0491	0.0402	0.0329	0.0270	0.0222	0.0183	0.0151
24	0.0817	0.0659	0.0532	0.0431	0.0349	0.0284	0.0231	0.0188	0.0154	0.0126
25	**0.0736**	**0.0588**	**0.0471**	**0.0378**	**0.0304**	**0.0245**	**0.0197**	**0.0160**	**0.0129**	**0.0105**

附 录 3

年金终值系数表　　　　　　　　　　　　　　　　　　　　　附表3-1

期数	1%	2%	3%	4%	5%	6%	7%	8%	9%	10%
1	1.0000	1.0000	1.0000	1.0000	1.0000	1.0000	1.0000	1.0000	1.0000	1.0000
2	2.0100	2.0200	2.0300	2.0400	2.0500	2.0600	2.0700	2.0800	2.0900	2.1000
3	3.0301	3.0604	3.0909	3.1216	3.1525	3.1836	3.2149	3.2464	3.2781	3.3100
4	4.0604	4.1216	4.1836	4.2465	4.3101	4.3746	4.4399	4.5061	4.5731	4.6410
5	**5.1010**	**5.2040**	**5.3091**	**5.4163**	**5.5256**	**5.6371**	**5.7507**	**5.8666**	**5.9847**	**6.1051**
6	6.1520	6.3081	6.4684	6.6330	6.8019	6.9753	7.1533	7.3359	7.5233	7.7156
7	7.2135	7.4343	7.6625	7.8983	8.1420	8.3938	8.6540	8.9228	9.2004	9.4872
8	8.2857	8.5830	8.8923	9.2142	9.5491	9.8975	10.2598	10.6366	11.0285	11.4359
9	9.3685	9.7546	10.1591	10.5828	11.0266	11.4913	11.9780	12.4876	13.0210	13.5795
10	**10.4622**	**10.9497**	**11.4639**	**12.0061**	**12.5779**	**13.1808**	**13.8164**	**14.4866**	**15.1929**	**15.9374**
11	11.5668	12.1687	12.8078	13.4864	14.2068	14.9716	15.7836	16.6455	17.5603	18.5312
12	12.6825	13.4121	14.1920	15.0258	15.9171	16.8699	17.8885	18.9771	20.1407	21.3843
13	13.8093	14.6803	15.6178	16.6268	17.7130	18.8821	20.1406	21.4953	22.9534	24.5227
14	14.9474	15.9739	17.0863	18.2919	19.5986	21.0151	22.5505	24.2149	26.0192	27.9750
15	**16.0969**	**17.2934**	**18.5989**	**20.0236**	**21.5786**	**23.2760**	**25.1290**	**27.1521**	**29.3609**	**31.7725**

续上表

期数	1%	2%	3%	4%	5%	6%	7%	8%	9%	10%
16	17.2579	18.6393	20.1569	21.8245	23.6575	25.6725	27.8881	30.3243	33.0034	35.9497
17	18.4304	20.0121	21.7616	23.6975	25.8404	28.2129	30.8402	33.7502	36.9737	40.5447
18	19.6147	21.4123	23.4144	25.6454	28.1324	30.9057	33.9990	37.4502	41.3013	45.5992
19	20.8109	22.8406	25.1169	27.6712	30.5390	33.7600	37.3790	41.4463	46.0185	51.1591
20	22.0190	24.2974	26.8704	29.7781	33.0660	36.7856	40.9955	45.7620	51.1601	57.2750
21	23.2392	25.7833	28.6765	31.9692	35.7193	39.9927	44.8652	50.4229	56.7645	64.0025
22	24.4716	27.2990	30.5368	34.2480	38.5052	43.3923	49.0057	55.4568	62.8733	71.4027
23	25.7163	28.8450	32.4529	36.6179	41.4305	46.9958	53.4361	60.8933	69.5319	79.5430
24	26.9735	30.4219	34.4265	39.0826	44.5020	50.8156	58.1767	66.7648	76.7898	88.4973
25	28.2432	32.0303	36.4593	41.6459	47.7271	54.8645	63.2490	73.1059	84.7009	98.3471

年金终值系数表 附表 3-2

期数	11%	12%	13%	14%	15%	16%	17%	18%	19%	20%
1	1.0000	1.0000	1.0000	1.0000	1.0000	1.0000	1.0000	1.0000	1.0000	1.0000
2	2.1100	2.1200	2.1300	2.1400	2.1500	2.1600	2.1700	2.1800	2.1900	2.2000
3	3.3421	3.3744	3.4069	3.4396	3.4725	3.5056	3.5389	3.5724	3.6061	3.6400
4	4.7097	4.7793	4.8498	4.9211	4.9934	5.0665	5.1405	5.2154	5.2913	5.3680
5	6.2278	6.3528	6.4803	6.6101	6.7424	6.8771	7.0144	7.1542	7.2966	7.4416
6	7.9129	8.1152	8.3227	8.5355	8.7537	8.9775	9.2068	9.4420	9.6830	9.9299
7	9.7833	10.0890	10.4047	10.7305	11.0668	11.4139	11.7720	12.1415	12.5227	12.9159
8	11.8594	12.2997	12.7573	13.2328	13.7268	14.2401	14.7733	15.3270	15.9020	16.4991
9	14.1640	14.7757	15.4157	16.0853	16.7858	17.5185	18.2847	19.0859	19.9234	20.7989
10	16.7220	17.5487	18.4197	19.3373	20.3037	21.3215	22.3931	23.5213	24.7089	25.9587
11	19.5614	20.6546	21.8143	23.0445	24.3493	25.7329	27.1999	28.7551	30.4035	32.1504
12	22.7132	24.1331	25.6502	27.2707	29.0017	30.8502	32.8239	34.9311	37.1802	39.5805
13	26.2116	28.0291	29.9847	32.0887	34.3519	36.7862	39.4040	42.2187	45.2445	48.4966
14	30.0949	32.3926	34.8827	37.5811	40.5047	43.6720	47.1027	50.8180	54.8409	59.1959
15	34.4054	37.2797	40.4175	43.8424	47.5804	51.6595	56.1101	60.9653	66.2607	72.0351
16	39.1899	42.7533	46.6717	50.9804	55.7175	60.9250	66.6488	72.9390	79.8502	87.4421
17	44.5008	48.8837	53.7391	59.1176	65.0751	71.6730	78.9792	87.0680	96.0218	105.9306
18	50.3959	55.7497	61.7251	68.3941	75.8364	84.1407	93.4056	103.7403	115.2659	128.1167
19	56.9395	63.4397	70.7494	78.9692	88.2118	98.6032	110.2846	123.4135	138.1664	154.7400
20	64.2028	72.0524	80.9468	91.0249	102.4436	115.3797	130.0329	146.6280	165.4180	186.6880

续上表

期数	11%	12%	13%	14%	15%	16%	17%	18%	19%	20%
21	72.2651	81.6987	92.4699	104.7684	118.8101	134.8405	153.1385	174.0210	197.8474	225.0256
22	81.2143	92.5026	105.4910	120.4360	137.6316	157.4150	180.1721	206.3448	236.4385	271.0307
23	91.1479	104.6029	120.2048	138.2970	159.2764	183.6014	211.8013	244.4868	282.3618	326.2369
24	102.1742	118.1552	136.8315	158.6586	184.1678	213.9776	248.8076	289.4945	337.0105	392.4842
25	114.4133	133.3339	155.6196	181.8708	212.7930	249.2140	292.1049	342.6035	402.0425	471.9811

附 录 4

年金现值系数表 附表4-1

期数	1%	2%	3%	4%	5%	6%	7%	8%	9%	10%
1	0.9901	0.9804	0.9709	0.9615	0.9524	0.9434	0.9346	0.9259	0.9174	0.9091
2	1.9704	1.9416	1.9135	1.8861	1.8594	1.8334	1.8080	1.7833	1.7591	1.7355
3	2.9410	2.8839	2.8286	2.7751	2.7232	2.6730	2.6243	2.5771	2.5313	2.4869
4	3.9020	3.8077	3.7171	3.6299	3.5460	3.4651	3.3872	3.3121	3.2397	3.1699
5	4.8534	4.7135	4.5797	4.4518	4.3295	4.2124	4.1002	3.9927	3.8897	3.7908
6	5.7955	5.6014	5.4172	5.2421	5.0757	4.9173	4.7665	4.6229	4.4859	4.3553
7	6.7282	6.4720	6.2303	6.0021	5.7864	5.5824	5.3893	5.2064	5.0330	4.8684
8	7.6517	7.3255	7.0197	6.7327	6.4632	6.2098	5.9713	5.7466	5.5348	5.3349
9	8.5660	8.1622	7.7861	7.4353	7.1078	6.8017	6.5152	6.2469	5.9952	5.7590
10	9.4713	8.9826	8.5302	8.1109	7.7217	7.3601	7.0236	6.7101	6.4177	6.1446
11	10.3676	9.7868	9.2526	8.7605	8.3064	7.8869	7.4987	7.1390	6.8052	6.4951
12	11.2551	10.5753	9.9540	9.3851	8.8633	8.3838	7.9427	7.5361	7.1607	6.8137
13	12.1337	11.3484	10.6350	9.9856	9.3936	8.8527	8.3577	7.9038	7.4869	7.1034
14	13.0037	12.1062	11.2961	10.5631	9.8986	9.2950	8.7455	8.2442	7.7862	7.3667
15	13.8651	12.8493	11.9379	11.1184	10.3797	9.7122	9.1079	8.5595	8.0607	7.6061
16	14.7179	13.5777	12.5611	11.6523	10.8378	10.1059	9.4466	8.8514	8.3126	7.8237
17	15.5623	14.2919	13.1661	12.1657	11.2741	10.4773	9.7632	9.1216	8.5436	8.0216
18	16.3983	14.9920	13.7535	12.6593	11.6896	10.8276	10.0591	9.3719	8.7556	8.2014
19	17.2260	15.6785	14.3238	13.1339	12.0853	11.1581	10.3356	9.6036	8.9501	8.3649
20	18.0456	16.3514	14.8775	13.5903	12.4622	11.4699	10.5940	9.8181	9.1285	8.5136
21	18.8570	17.0112	15.4150	14.0292	12.8212	11.7641	10.8355	10.0168	9.2922	8.6487
22	19.6604	17.6580	15.9369	14.4511	13.1630	12.0416	11.0612	10.2007	9.4424	8.7715

续上表

期数	1%	2%	3%	4%	5%	6%	7%	8%	9%	10%
23	20.4558	18.2922	16.4436	14.8568	13.4886	12.3034	11.2722	10.3711	9.5802	8.8832
24	21.2434	18.9139	16.9355	15.2470	13.7986	12.5504	11.4693	10.5288	9.7066	8.9847
25	22.0232	19.5235	17.4131	15.6221	14.0939	12.7834	11.6536	10.6748	9.8226	9.0770

年金现值系数表　　　　　附表 4-2

期数	11%	12%	13%	14%	15%	16%	17%	18%	19%	20%
1	0.9009	0.8929	0.8850	0.8772	0.8696	0.8621	0.8547	0.8475	0.8403	0.8333
2	1.7125	1.6901	1.6681	1.6467	1.6257	1.6052	1.5852	1.5656	1.5465	1.5278
3	2.4437	2.4018	2.3612	2.3216	2.2832	2.2459	2.2096	2.1743	2.1399	2.1065
4	3.1024	3.0373	2.9745	2.9137	2.8550	2.7982	2.7432	2.6901	2.6386	2.5887
5	3.6959	3.6048	3.5172	3.4331	3.3522	3.2743	3.1993	3.1272	3.0576	2.9906
6	4.2305	4.1114	3.9975	3.8887	3.7845	3.6847	3.5892	3.4976	3.4098	3.3255
7	4.7122	4.5638	4.4226	4.2883	4.1604	4.0386	3.9224	3.8115	3.7057	3.6046
8	5.1461	4.9676	4.7988	4.6389	4.4873	4.3436	4.2072	4.0776	3.9544	3.8372
9	5.5370	5.3282	5.1317	4.9464	4.7716	4.6065	4.4506	4.3030	4.1633	4.0310
10	5.8892	5.6502	5.4262	5.2161	5.0188	4.8332	4.6586	4.4941	4.3389	4.1925
11	6.2065	5.9377	5.6869	5.4527	5.2337	5.0286	4.8364	4.6560	4.4865	4.3271
12	6.4924	6.1944	5.9176	5.6603	5.4206	5.1971	4.9884	4.7932	4.6105	4.4392
13	6.7499	6.4235	6.1218	5.8424	5.5831	5.3423	5.1183	4.9095	4.7147	4.5327
14	6.9819	6.6282	6.3025	6.0021	5.7245	5.4675	5.2293	5.0081	4.8023	4.6106
15	7.1909	6.8109	6.4624	6.1422	5.8474	5.5755	5.3242	5.0916	4.8759	4.6755
16	7.3792	6.9740	6.6039	6.2651	5.9542	5.6685	5.4053	5.1624	4.9377	4.7296
17	7.5488	7.1196	6.7291	6.3729	6.0472	5.7487	5.4746	5.2223	4.9897	4.7746
18	7.7016	7.2497	6.8399	6.4674	6.1280	5.8178	5.5339	5.2732	5.0333	4.8122
19	7.8393	7.3658	6.9380	6.5504	6.1982	5.8775	5.5845	5.3162	5.0700	4.8435
20	7.9633	7.4694	7.0248	6.6231	6.2593	5.9288	5.6278	5.3527	5.1009	4.8696
21	8.0751	7.5620	7.1016	6.6870	6.3125	5.9731	5.6648	5.3837	5.1268	4.8913
22	8.1757	7.6446	7.1695	6.7429	6.3587	6.0113	5.6964	5.4099	5.1486	4.9094
23	8.2664	7.7184	7.2297	6.7921	6.3988	6.0442	5.7234	5.4321	5.1668	4.9245
24	8.3481	7.7843	7.2829	6.8351	6.4338	6.0726	5.7465	5.4509	5.1822	4.9371
25	8.4217	7.8431	7.3300	6.8729	6.4641	6.0971	5.7662	5.4669	5.1951	4.9476

参 考 文 献

[1] 周国光,何公定.道路运输财务管理学[M].北京:人民交通出版社,2004.
[2] 财政部注册会计师考试委员会办公室.财务成本管理[M].北京:经济科学出版社,2018.
[3] 荆新,王化成,刘俊彦.财务管理学[M].8版.北京:中国人民大学出版社,2018.
[4] 尤金·F·布里格姆,迈克尔·C·艾哈特.财务管理理论与实践[M].14版.毛薇,王引,译.北京:清华大学出版社,2018.
[5] 何建国,黄金曦.财务管理[M].2版.北京:清华大学出版社,2014.
[6] 理查德·A·布雷利,斯图尔特·C·迈尔斯,艾伦·J·马库斯.财务管理基础[M].6版.郭葆春,周茜,胡玉明,译.北京:中国人民大学出版社,2014.
[7] 鲁爱民.MBA财务管理[M].北京:电子工业出版社,2014.
[8] 卢家仪.财务管理[M].4版.北京:清华大学出版社,2011.
[9] 马小会,蔡永鸿.财务管理学[M].2版.北京:清华大学出版社,2016.
[10] 陈玉菁.财务管理:实务与案例[M].3版.北京:中国人民大学出版社,2015.
[11] 戴德明,林钢,赵西卜.财务会计学[M].10版.北京:中国人民大学出版社,2018.
[12] 于富生,黎来芳,张敏.成本会计学[M].8版.北京:中国人民大学出版社,2018.
[13] 张新民,钱爱民.财务报表分析[M].北京:中国人民大学出版社,2018.
[14] 陈玉菁,宋良荣.财务管理[M].4版.北京:清华大学出版社,2016.